山内睦文［著］
Chikabumi Yamauchi

人類と資源
資源の立場から見た持続性

風媒社

はじめに

　本書は、中部大学における全学共通教育の教育区分—特別課題教育科目—の中の「人類と資源」の参考書として執筆したもので、その目的は、資源の立場から人類の持続性について論じることです。

　中部大学は、4年制大学としては、昭和39年に中部工業大学としてスタートしましたが、その後理系と文系の学部を積み重ね、平成20年度には理系3学部（工学部、応用生物学部、生命健康科学部）と文系4学部（経営情報学部、国際関係学部、人文学部、現代教育学部）からなる総合大学に成長しました。これを契機に、建学の精神に基づく総合大学としての基本理念・使命と教育目的を制定し、これを教育面に着実に反映させるために「新教育改革」を実施しました。著者もその一端を担った一人です。この改革は、学士課程教育（全学共通教育＋学部（学科）教育）を対象に進められてきておりますが、このうち、従来の教養教育を抜本的に改定した全学共通教育が平成23年4月からスタートしました。特別課題教育科目は、2年生以降の学生が履修しますので、そのスタートは平成24年4月になります。

　特別課題教育科目の目的は、「総合大学としての特色を活かして、その時々の社会的背景などに対応した持続性や環境等の学際的・複合的課題を学び、広い視野と総合的能力を修得する」ことです。したがって、「人類と資源」の全体を貫く基軸となるキーワードも"持続性"であり、その内容は9章から構成されています。

　第1章では、理系・文系を問わず最低限把握しておいてほしい「持続性を理解するために必要な教養としての科学の基礎知識」を取り上げました。その内容の多くは、環境問題とも深くかかわっています。第2章では、第3章以降の内容を理解するための準備作業としてエントロピーについての平易な概説を行い、世の中（宇宙）で自発的に起こる変化の方向性を決定する唯一の指標はエントロピーであることを示し、エントロピーをイメージ的にわかりやすくする適切な表現として"汚れ"を取り上げました。さらに、力学的エネルギー保存則に倣ってポテンシャルエントロピーの概念を導入しました。第3章では、持

続性を"生き続けられること"として捉え、その本質だけに着目して、学問、特にエントロピーの立場から検討し、地球が４６億年も生き続けてこられた理由を簡潔に説明しています。第4章では、消費と生産を取り上げ、ポテンシャルエントロピーが拡散能力、さらには消費の使用価値に相当することを示し、生産はエントロピー的に見れば全体的には必ず消費になることなど、を説明しました。第5章は、「資源の持続性」で、再生不能資源としてエネルギー資源（石油、天然ガス、石炭）と金属鉱物資源を、再生可能資源として水資源、食糧資源、水産資源と森林資源を取り上げ、世界と日本の現状を把握した上で、その持続性について考察を加えました。第6章では、東日本大震災に伴う福島第1原子力発電所の大事故を経験して、原子力発電存続の賛否に揺れる世論を鑑み、「電気エネルギー資源」を取り上げました。そこでは、各種発電法の簡単な原理を理解した上で、エネルギー効率、発電コストや発電用燃料の可採年数などを検討し、今後50年間における発電法のベストミックスのあり方について考察しました。第7章は、「リサイクルと循環型社会」です。この両者は、持続性を実現するためのエースのように言われてきましたが、学問的に検討してみますと、"言われていることと"と"現実"との間には大きな乖離のあることが判明しましたので、そのことについて説明しています。第8章では、金属鉱物資源の立場から見た環境問題を取り上げ、その対策ならびに科学技術創造立国を目指す我が国の資源備蓄の国家戦略として人工鉱床の造設が不可欠であることを示しました。第9章は、「地球と人間社会の持続性」で、本書のまとめです。コンピュータ・シミュレーションによる未来予測から推測可能なこととその限界を示した後、西洋的価値観と日本的価値観の特質を考察し、さらに過去における農業革命や産業革命後には、革命以前には予想だにできなかったほどの生活様式や価値観の変化があったにもかかわらず、持続性を失うことがなかったことから、将来も両者を変化させながら、持続可能な社会が維持されるであろう、という結論を導いています。

　「持続性」のような政治・経済・文化をはじめとする社会のあらゆる領域の活動を通して総合的考究が要求される問題の実現には、可能な限り多くの人々がその問題の本質を正しく理解し、議論を積み重ねて、正しい方向を模索していくことが不可欠です。そして、問題の本質を正しく理解するためには、先入

観にとらわれることなく、科学に立脚した客観的な考察が求められます。本書は、このような視点を鑑み、持続性という問題を、既存のデータや歴史的事実に基づいて科学的に検討することを心掛けたつもりです。したがって、中部大学の学生諸君はもとより、他大学の学生諸君や一般の方々のお役にも立てれば、これ以上の喜びはありません。しかし、浅学の身には大きすぎる問題ですので、行き届かない点が多々あろうかと存じます。読者諸氏の温かいご批判とご指摘・ご教示を賜れれば幸甚です。

　本書の出版に当たりましては、多くの方々のお世話になりました。武田邦彦先生には、環境・資源・エネルギー等の持続性に関連する問題についての議論を通して、また先生ご執筆の多数の名著から"目からうろこ"の多くの示唆を頂きました。その上、この度は身に余る「名解説」を著して頂き、ご厚情に対しまして心から厚くお礼申し上げます。小職の人生進路の決定に多大なご教示とご支援を下さいましたお二人のご先達を挙げさせて頂くとすれば、名古屋大学名誉教授の恩師・佐野幸吉先生と東京大学名誉教授の増子昇先生です。両先生からは、種々の物事の本質を見抜き、ときには帰納的に、またあるときには演繹的に考察する術や科学技術と教育の在り方について多くのご教示を頂きました。心から深謝いたします。ベルリン工科大学名誉教授のローランド・カンメル先生と京都大学名誉教授の真嶋宏先生、ならびに高校時代の恩師・持田都也先生と鈴木拓郎先生には終始温かい励ましのお言葉を頂きました。ありがとうございました。中部大学の大西良三前理事長、飯吉厚夫現理事長、山下興亜学長、後藤俊夫副学長をはじめとする多くの方々には、教育改革全体の活動を通して、多大なご支援を頂きました。また、工学部の事務室の皆様には本書の図表の作成などで多大なご協力を頂きました。心から厚くお礼申し上げる次第です。また、何かとお世話になりました先輩・同僚・後輩の方々にも厚くお礼を申し上げたいと存じます。家内と両親ならびに親族には、いろいろと苦労を掛けました。感謝したいと思います。

　最後に、本書出版の機会を与えて下さいました風媒社、特に編集長の劉永昇氏には本書の構成に対して細部にわたって適切なアドバイスを頂きました。ここに記して心から厚くお礼申し上げます。

平成24年1月　　山内　睦文

人類と資源　目次

はじめに　3

第1章　持続性を理解するために必要な教養としての科学の基礎知識　13
第1.1節　地球は毛布を被っている：熱伝達、温室効果　14
 1.1.1　熱伝達　14
 1.1.2　光および光の持つエネルギーと温度の関係　15
 1.1.3　物質による光の吸収と透過　16
 1.1.4　温室効果　17
 1.1.5　地球の温度はどのようにして決まっているか　18
〔トピックス：地球温暖化〕
  （i）CO_2 による温室効果　20
  （ii）ヒートアイランド現象　37
  （iii）太陽活動　44
第1.2節　北極の氷と海面上昇：アルキメデスの原理　53
 1.2.1　アルキメデスの原理　53
 1.2.2　北極　54
第1.3節　南極の氷と海面上昇：蒸気圧、熱膨張　54
 1.3.1　南極の概要　54
 1.3.2　南極の気温　54
 1.3.3　地球が温暖化したら南極の氷が融けて海面が上昇するか　55
第1.4節　ゼロエミッション：物質不滅の法則　57
 1.4.1　ゼロエミッションについて　57
〔トピックス1：カルンボー市の産業シンバイオシス（産業共生）〕　60
〔トピックス2：菜の花プロジェクト資源循環サイクル〕　62
 1.4.2　物質不滅の法則　64
 1.4.3　国連大学が提唱したゼロエミッションの真の意味　65

第 1.5 節　火力発電の仕組み：エネルギー保存則、熱効率、
　　　　　　有効エネルギー、無効エネルギー　　66
第 1.6 節　打ち水をするとなぜ涼しいか：相変態と潜熱　69
第 1.7 節　夏山はなぜ涼しいか：万有引力と重力、空気の組成と気圧、
　　　　　　可逆過程と不可逆過程、断熱膨張と温度降下　　70
　1.7.1　万有引力と重力　70
　1.7.2　空気の組成と気圧　70
　1.7.3　可逆過程と不可逆過程ならびに断熱膨張と温度降下　71
第 1.8 節　島国の日本が温暖な理由：熱容量と比熱および顕熱　73
第 1.9 節　太古の火おこし：力学的エネルギー保存則、摩擦、エネルギー保存
　　　　　　則（熱力学第 1 法則）、固体燃料の燃焼、木材の燃焼機構　　74
　1.9.1　力学的エネルギー保存則、摩擦とエネルギー保存則(熱力学第 1 法則)　74
　1.9.2　固体燃料の燃焼　77
　1.9.3　木材はどのようにして燃えるのか　78
第 1.10 節　太陽からの光を反射鏡で集光して太陽の表面温度（約 6,000K）
　　　　　　より高い温度を得ることができるか：熱力学第 2 法則　　80
　1.10.1　エントロピー　80
　1.10.2　熱力学第 2 法則　81
　1.10.3　太陽からの光を反射鏡で集光して太陽の表面温度（約 6,000K）
　　　　　　より高い温度を得ることができるか　　81
第 1.11 節　鳩山首相の公約「CO_2 25％削減」が経済に及ぼす影響　82
第 1.12 節　個々の技術の省エネルギー・効率化によって全体の省エネル
　　　　　　ギーが可能か　　86

第 2 章　エントロピー入門　91
第 2.1 節　熱力学とは　92
第 2.2 節　エントロピーが主役　92
第 2.3 節　エントロピーをイメージ的にわかりやすくする適切な表現　95
第 2.4 節　ポテンシャルエントロピーの導入　102

第 2.5 節　エントロピーに関する"まとめ"　103

第 3 章　持続性とは　107
　第 3.1 節　生き続けられるために必要なこと　108
　第 3.2 節　地球は生きている：地球の働き　110
　　3.2.1　地球の熱エントロピー処分機構　110
　　3.2.2　地球の物エントロピー処分機構　113

第 4 章　消費と生産　117
　第 4.1 節　消費について　118
　　4.1.1　拡散能力と消費の使用価値　118
　　4.1.2　低エントロピー資源　120
　第 4.2 節　生産について　121
　　4.2.1　動力の生産　121
　　4.2.2　物の生産　122
　　4.2.3　人間にとっての物の価値と無価値　124
　　4.2.4　技術とは　124
　　4.2.5　技術の改善　125
　　4.2.6　生産とは　127

第 5 章　資源の持続性　129
　第 5.1 節　再生不能資源　130
　　5.1.1　エネルギー資源　130
　　　5.1.1-1　石油　132
　　　5.1.1-2　天然ガス　138
　　　5.1.1-3　石炭　139
　　　5.1.1-4　上記の検討を背景にした 21 世紀の見通し　139
　　　5.1.1-5　CO_2 を利用した植物の光合成によって生じた酸素（O_2）量
　　　　　　　から推算される地球の還元炭素（C）の埋蔵量と枯渇年数　139

5.1.2　金属鉱物資源　142
　　　5.1.2-1　陸上金属鉱物資源　143
　　　5.1.2-2　海底金属鉱物資源　150
　　　5.1.2-3　金属鉱物資源の持続性　150
　第5.2節　再生可能資源　151
　　5.2.1　水資源　151
　　　5.2.1-1　地球上の水の存在量　151
　　　5.2.1-2　水の循環　152
　　　5.2.1-3　利用可能な淡水資源量　153
　　　5.2.1-4　世界と日本の淡水使用量とその内訳　154
　　　5.2.1-5　世界と日本の水使用量の将来見込み　154
　　　5.2.1-6　利用可能な水の持続性　155
　　5.2.2　食糧資源　156
　　　5.2.2-1　世界の穀物事情　156
　　　5.2.2-2　バイオエタノール　177
　　　5.2.2-3　日本の穀物事情　184
　　　5.2.2-4　日本の食糧自給率改善に向けた抜本的解決策　190
　　5.2.3　水産資源　197
　　　5.2.3-1　世界の水産資源の動向　197
　　　5.2.3-2　日本の水産資源の動向　207
　　　5.2.3-3　魚介類資源の持続性　208
　　5.2.4　森林資源　210
　　　5.2.4-1　世界の森林資源　210
　　　5.2.4-2　日本の森林資源　227

第6章　電気エネルギー資源　235
　第6.1節　電気エネルギー資源とは　236
　第6.2節　電源別発電電力量の実績と見通し　237
　第6.3節　各種発電法とそれらの将来展望　242

6.3.1　各種発電法の簡単な原理　243
　　　6.3.1-1　原子力発電　243
　　　6.3.1-2　火力発電　251
　　　6.3.1-3　水力発電　254
　　　6.3.1-4　新エネルギーを用いた発電　256
　　　6.3.1-5　燃料電池　261
　　6.3.2　発電コスト　264
　　6.3.3　エネルギー効率　268
　　6.3.4　発電用燃料の可採年数　270
　　6.3.5　今後50年間における発電法（電源）のベストミックスのあり方　271

第7章　リサイクルと循環型社会　279
　第7.1節　リサイクルと循環型社会が注目されるようになった背景と経緯　280
　第7.2節　地球上における昔と今のものの循環　283
　第7.3節　分離工学という学問からリサイクルの労力を知る　285
　　7.3.1　収集と分離　286
　　7.3.2　理想カスケード理論による分離作業量　288
　　7.3.3　製品の価格と原料品位の関係　290
　第7.4節　材料の循環に対する適否を知る　291
　　7.4.1　原子について　291
　　　7.4.1-1　原子とその構造　291
　　　7.4.1-2　原子の電子配置　291
　　　7.4.1-3　希ガス（不活性ガス）の電子配置　292
　　　7.4.1-4　価電子　293
　　　7.4.1-5　原子の結合の仕方　293
　　7.4.2　構造でわかる材料の性質　300
　　　7.4.2-1　構造　300
　　　7.4.2-2　性質　302

7.4.3　材料の劣化　305
      7.4.3-1　単一材料の劣化　305
      7.4.3-2　複数の材料を使用した時の劣化　318
    7.4.4　再使用（リユース）による材料の循環の適否　320
    7.4.5　再生利用（リサイクル）による材料の循環の適否　321
  第7.5節　循環型社会の真の姿　324
  第7.6節　リサイクルの矛盾　326

第8章　資源の立場から見た環境問題とその対策　329
  第8.1節　金属鉱物資源の立場から見た環境問題　330
  第8.2節　金属系廃棄物のリサイクル　331
  第8.3節　人工鉱床の造設　334

第9章　地球と人間社会の持続性　337
  第9.1節　コンピュータ・シミュレーションによる未来予測　338
  第9.2節　地球と人間社会の区別　347
  第9.3節　人間活動と自然活動の比較　348
  第9.4節　日本に限定した場合の地球と人間社会の持続性へ向けての方策　350
  第9.5節　「持続可能な社会」の実現に向けて　353
    9.5.1　持続性を脅かす要因　353
    9.5.2　「持続可能な社会」とは　355
      9.5.2-1　国際的な視点　355
      9.5.2-2　国内的な視点　358
      9.5.2-3　共通的な視点　358
    9.5.3　「持続可能な社会」の実現は可能か　359

〈解説〉『人類と資源』によせて　武田邦彦　367

  さくいん　370

第1章

持続性を理解するために必要な教養としての科学の基礎知識

何事でもそうであるように、持続性も科学的根拠に基づいて考察する習慣を身に付けることが極めて大切である。社会で一般に信じられている事柄の中にも、この点が欠けているがために、間違って理解されていることが時として見かけられる。持続性は将来にかけての重要な課題なので、このようなことを起こさないために、理系とか文系とかを問わず、持続性を理解するために必要な教養としての科学的基礎知識を身に付けておくことが不可欠である。以下に、実例を挙げながら、最小限の科学的基礎知識について説明する。

1.1　地球は毛布を被っている：熱伝達、温室効果

1.1.1　熱伝達（heat transfer）

　熱の移動機構は、熱伝導（conduction of heat）、対流伝熱（convection of heat）と放射伝熱（thermal radiation）とこれらの組み合わせに大別される。前三者は、それぞれ短縮して単に伝導、対流、（熱）放射または（熱）輻射と言われることが多い。これらの機構によって起こる熱の移動現象を総称して熱伝達（heat transfer）という。伝熱あるいは熱移動と言われることもある。

（1）**熱伝導**（conduction of heat）

　物質の移動を伴うことなく、熱が物体の高温部から低温部に伝わる現象をいう。例えば、金属棒の一端を加熱するとその中を熱が伝わって他端も次第に熱くなるような現象である。

（2）**対流伝熱**（convection of heat）

　あるエネルギーを有している物質が一つの場所から他の場所へ移動することによって、すなわち、物質の移動を伴って熱が伝達される現象をいう。例えば、エアコンから冷風や温風が吐き出されて部屋が冷やされたり、暖められたりする現象である。

（3）**放射伝熱**（thermal radiation）

　二つの物体間を光（正確には、電磁波）によって熱が運ばれる現象をいう。太陽から大気圏に熱が伝達される現象がその一例である。

　宇宙と大気の間で起こる熱伝達方式は放射伝熱のみである。一方、大気と

地表の間では熱伝導、対流伝熱と放射伝熱の三つの熱伝達パターンによって熱移動が行われるが、地球の毛布の役割を果たす温室効果（greenhouse effect）はこのうちの放射伝熱のみによって起こる（後述する第1.1.2～1.1.4項を参照）。したがって、これ以降の説明は放射伝熱に関連する事項に限定する。

1.1.2　光（light）および光の持つエネルギーと温度（temperature）の関係

紫外線、可視光線と赤外線を含めて光と呼ぶのが普通である（可視光線だけに限定したり、あるいは逆にX線やγ線などを含めることもある。）。光の特性を表すのに波長（λ）、波数（σ）と振動数（ν）がよく用いられ、それらの間には次のような関係がある。

$$\lambda = \frac{c}{\nu} \qquad (1.1-1)$$

$$\sigma = \frac{1}{\lambda} = \frac{\nu}{c} \qquad (1.1-2)$$

ここで、cは光の速さで、$2.998 \times 10^8 \mathrm{m \cdot s^{-1}}$である。

光はエネルギーを持っている。光は波動的な性質と粒子的な性質を示すことはよく知られているが、光を粒子と見なした時にはその粒子は光子（photon）と呼ばれ、量子論から$h\nu$（$h = 6.626 \times 10^{-34}$ J・s：プランク定数）のエネルギーを持つ。一方、波動的な性質に着目して光子を絶対温度Tの熱源と平衡にある振動子と見なすと、古典統計力学のエネルギー等分配則からkTの平均熱エネルギーを持つことになる。kはボルツマン定数で1.381×10^{-23} J・K^{-1}である。したがって、絶対温度Tの熱源から放射されたり、熱源に吸収される光子の持つエネルギー（E）は次のように表される。

$$E = h\nu = kT \qquad (1.1-3)$$

この式を用いて計算される光（紫外線、可視光線と赤外線）の特性と温度の関係を表1.1-1に示す。

表1.1-1　光の特性と温度の関係

光	波長、λ（m）	振動数、ν（Hz）	絶対温度（K）
紫外線	1.0×10^{-9} 〜 $(3.8 \sim 4.0) \times 10^{-7}$	3.0×10^{17} 〜 $(7.5 \sim 7.9) \times 10^{14}$	1.44×10^{7} 〜 $(3.6 \sim 3.8) \times 10^{4}$
可視光線	$(3.8 \sim 4.0) \times 10^{-7}$ 〜 $(7.6 \sim 8.0) \times 10^{-7}$	$(7.5 \sim 7.9) \times 10^{14}$ 〜 $(3.7 \sim 3.9) \times 10^{14}$	$(3.6 \sim 3.8) \times 10^{4}$ 〜 $(1.8 \sim 1.9) \times 10^{4}$
赤外線	$(7.6 \sim 8.0) \times 10^{-7}$ 〜 1.0×10^{-3}	$(3.7 \sim 3.9) \times 10^{14}$ 〜 3.0×10^{11}	$(1.8 \sim 1.9) \times 10^{4}$ 〜 14.4

　紫外線と赤外線はさらに波長によってそれぞれ遠紫外線（真空紫外線とか極紫外線と呼ばれることもある。$\lambda = 1.0 \times 10^{-9} \sim 2.0 \times 10^{-7}$ m）、近紫外線（$\lambda = 2.0 \times 10^{-7} \sim (3.8 \sim 4.0) \times 10^{-7}$ m）と近赤外線（$\lambda = (7.6 \sim 8.0) \times 10^{-7} \sim 2.5 \times 10^{-6}$ m）、中間赤外線（NaCl赤外線と呼ばれることもある。$\lambda = 2.5 \times 10^{-6} \sim 1.6 \times 10^{-5}$ m）、遠赤外線（$\lambda = 1.6 \times 10^{-5} \sim 1.0 \times 10^{-3}$ m）に細分類される。

　太陽から地表に届く太陽光は可視光線と波長が約 2.5×10^{-6} mより短い赤外線（近赤外線）が大部分を占め、わずかな紫外線を含んでいる。これに対して、地表から熱放射される光は、地表の平均温度を15℃（288 K）とすると、5.0×10^{-5} m前後の波長を中心とする赤外線であることがわかる。また、放射が最大になる波長（λ_{max}）と絶対温度（T）との間の定量的関係を表すWienの変位則、

$$T \lambda_{max} = 2.9 \times 10^{-3} = mK \qquad (1.1-4)$$

によれば、15℃（288 K）では、$\lambda_{max} = 1.0 \times 10^{-5}$ mとなる。したがって、15℃の地表からはこの程度の波長を中心とした幅広い波長の赤外線が放射されていると言える。

1.1.3　物質による光の吸収と透過

　物質を構成する分子が光を吸収する形態には回転遷移（rotational transition）、振動遷移（vibrational transition）と電子遷移（electronic transition）の三つ

がある。これらの遷移はある決められた不連続なエネルギー準位の間で起こる。3種のエネルギー準位の大きさは、電子＞振動＞回転の順であり、それぞれおおよそ二桁の差がある。純粋な回転遷移はエネルギーが小さい遠赤外領域（15〜300μm）やマイクロ波領域（100μm〜10cm）にある各物質の回転遷移に特有な波長で起こる。この領域の波長を持つ光のエネルギーでは振動遷移や電子遷移は起こらないので、吸収スペクトルをとると鋭い線スペクトルが観察される。振動遷移を起こすには近赤外領域（0.8〜2.5μm）より高いエネルギーを必要とする。振動遷移が起こるときには回転遷移が重なるので、両者が分離されない幅広いスペクトルが観察される。電子遷移を起こすにはさらにエネルギーの高い可視・紫外領域の波長（可視領域：380〜780nm、紫外領域：10〜380nm）の光を必要とする。不連続な電子遷移は回転遷移と振動遷移の上に重なるので、観察されるスペクトルはさらに幅広くなる。なお、上に示した波長を表す単位には以下のような関係がある。

nm：ナノメートル ＝ $10^{-3}\mu$m ＝ 10^{-9}m

μm：マイクロメートル ＝ 10^{-6}m

1.1.4 温室効果（greenhouse effect）

大気圏を有する地球の表面（地表面）は太陽光の内の主として可視光線による放射エネルギーを受けると同時にその地表面から赤外線放射によって大気中にエネルギーを放出している。このとき地表から放射された赤外線の多くは大気圏外に達する前に大気中の物質に吸収され、そのエネルギーの一部は大気圏外に逃げることなく、地表に向かって放射され、その結果として地表を含む大気圏内の温度が上昇する現象を温室効果（greenhouse effect）という。温室内の空気が暖まるのと現象が似ているので、この名が付けられているが、原理は全く異なる。温室では、室内の地表が太陽放射によって暖められ、そこから熱伝導によって暖められた空気の対流による上昇が温室の覆いによってせき止められることによって室内の温度が上昇する。

第1.1.3項の説明から推察されるように物質にはそれぞれ吸収しやすい光の波長がある。オゾンは近紫外線、窒素と酸素は遠紫外線を吸収するため、これらの光は太陽から地表に届く前にほとんど吸収されてしまう。これに

対して可視光線を吸収する物質は大気中にはほとんど無いので、可視光線の大部分は大気を透過して地表に届く。したがって、太陽によって地表が暖められるのは主として可視光線によっている。このようにして暖められた地表から放射される赤外線は大気中に存在する温室効果ガス（greenhouse gas, GHG）と呼ばれる物質によって吸収される。京都議定書で排出量削減対象となっている温室効果ガスは二酸化炭素（炭酸ガス、CO_2）、一酸化二窒素（亜酸化窒素、N_2O）、ハイドロフルオロカーボン類（HFCs）、パーフルオロカーボン類（PFCs）、六フッ化硫黄（SF_6）の6種類である。水蒸気（H_2O）も地表から放出される赤外線を吸収して温室効果の役割を果たすが、大気圏内で循環して地表を冷却する効果も大きいので、温室効果ガスには含めないのが普通である。温室効果のイメージ図を図1.1 - 1に示す。

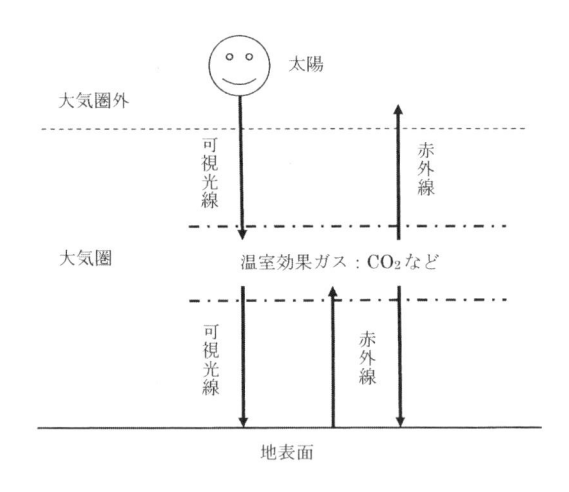

図1.1 - 1　温室効果のイメージ図

1.1.5　地球の温度はどのようにして決まっているのか

第1.1.1項～第1.1.4項の説明と図1.1 - 1から推察されるように、地表は、太陽から大気圏で吸収されることなく直接届く可視光線を中心とする光と大気に含まれる温室効果ガスから地球に向かって放射される赤外線によって暖められると同時に、一方では地表から大気への熱伝導、水の蒸発や赤外線放

射によって冷やされている。この暖房効果と冷却効果がバランスしたところで地表の温度が決まる。その平均温度は約15℃である。このとき、地表が温室効果ガスから受けるエネルギーは太陽から直接受けるエネルギーの約2倍である。もし、地球が大気圏を有していないとしたときの地表の平均温度は約−19℃と推定されている。これでは、寒すぎて多くの生物は生きてゆけない。地表の温度が、多くの生物が生きていけない−19℃ではなく、生物が生きていける約15℃に保たれているのは、まさに温室効果ガスを含む大気による温室効果のお蔭である。地球は温室効果ガスを含む大気という毛布に覆われて適度な暖かさを保っているのである（この節に関する詳細な説明は第3章 第3.1節 第3.1.2項を参照されたい。）。

トピックス：地球温暖化

　地球温暖化は、現時点において、人類およびその他の生物の存続に係る重要な国際的課題として注目を集めており、資源とも深い係わりを持つので、ここで少し詳しく取り上げることにする。

　地球温暖化の原因としては、

　（ⅰ）CO_2による温室効果：人為的現象、下記の（B）

　（ⅱ）ヒートアイランド現象：人為的現象、下記の（A）

　（ⅲ）太陽活動：自然現象

の三つが考えられる。(ⅲ)の太陽活動が地球温暖化の原因ならば、これは自然現象であるがゆえに、人間にはどうすることもできない。一方、(ⅰ)と(ⅱ)はいずれも人間活動からもたらされる人為的現象であるが、その原理は全く異なる。ところで、寒いときに室内を暖かくして体を温めるには原理的に次の二つの方法がある。

　（A）ストーブやカイロなどを使って直接加熱する（焚火効果）。

　（B）家では断熱材、衣類では防寒服などを使って、熱を逃さないようにする（断熱効果）。

　このような考え方に従えば、(ⅰ)のCO_2による温室効果は、第1.1節 第1.1.5項で説明したように大気中の毛布の役割に相当するので、原理的には、(B)

の断熱効果であり、(ii)のヒートアイランド現象は、人間がエネルギー資源を燃焼させる熱に起因するので、(A)の焚火効果ということができる。

以下に、地球温暖化に対する上記三つの原因について、現時点で保有しているデータに基づいて、考察を試みる。

(i) CO_2による温室効果

CO_2による地球温暖化に関して世間には脅威論者と懐疑論者がいる（2011年10月現在）。

地球温暖化脅威説を唱える人々の言い分は次のように要約できる。

（1）20世紀に入って地球の平均気温が急上昇し、温暖化が急速に進行している、

（2）この現象は、主として人間活動から放出されるCO_2に起因する、

（3）温暖化は、人間の生活や生態系を脅かす、

（4）したがって、CO_2の排出を減らさなければならない、

ということで、CO_2の排出削減を行い、低炭素社会を目指さなければならない、と脅威論者は主張する。しかし、（1）～（3）のうちの一つでも否定されれば、CO_2削減を目指す主張、そしてその主張に基づく政策は全く意味をなさないことになる。政策の実施には国民の税金が使われるので、意味をなさないどころか、国民に対する欺瞞行為と言えよう。そこで、2011年10月現在で公表されている情報を基に、（1）～（3）について以下に順次検証することにする。

（1）「20世紀に入って地球の平均気温が急上昇し、温暖化が急速に進行している」ことは真実か

（1-1）気温データとは

気温データには、温度計を用いて測定した温度計気温データと年輪、氷床コア、湖底堆積物など（代替指標）から推定した推定気温データがある。

（1-2）世界の気温データの収集・解析・公表

世界各地の気温データは、主に、米国・商務省・海洋大気圏局（NOAA）

のNCDC（National Climate Data Center）とGHCN（Global Historical Climatology）および英国・気象庁のHadley Centreによって収集される。この元データを、米国では、航空宇宙局（NASA）のゴダード宇宙研究所（GISS）が、英国では、イーストアングリア大学（UEA）の気候研究所（Climate Research Unit, CRU）が解析して公表している。国連の組織であるIPCC（Intergovernmental Panel on Climate Change、気候変動に関する政府間パネル、1988年に設立）が作成した第3次報告書と第4次報告書はこの公表されたデータを採用している[1-1]）。

（1-3）ホッケースティック曲線

20世紀の後半に地球温暖化が急速に進行し、その主たる原因が人為的なCO_2の排出によるとする決定的証拠として登場したのが、1998年と1999年にペンシルベニア州立大学のマン（M.Mann）教授らがNatureに発表し、2001年にIPCCの第3次報告書の「政策決定者のための要約」に取り上げられたホッケースティック曲線（図1.1-2）である。

気温の経年変化を表す曲線の形がアイスホッケーのスティックのそれに似

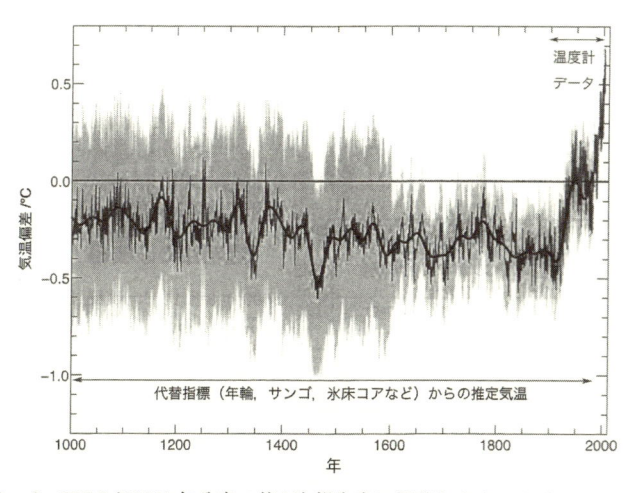

図1.1-2　IPCCが2001年公表の第3次報告書に掲載したホッケイスティック曲線
　　　　　縦軸は1961～1990年の平均値をゼロとした時の気温差。
　　　　　（出典：文献[1-1]）

ていることからこのように呼ばれるようになった。その後この曲線は世界中の多くのマスメディアに取り上げられ、とくに日本では政府関連資料、ＮＨＫや大手新聞紙上などで大々的に宣伝されたので、前述した（１）20世紀に入って地球の平均気温が急上昇し、温暖化が急速に進行している、（２）この現象は、主として人間活動から放出されるCO_2に起因する、（３）温暖化は、人間の生活や生態系を脅かす、（４）したがって、CO_2の排出を減らさなければならない、という考え方を一般社会人に常識として植え付ける結果を招いた。このホッケースティック曲線が登場するまでは、過去1100年間におけるに地球気温の変化は、中世温暖期や小氷期のある図1.1－3（1990年のIPCCの第１次報告書にはこの図が掲載されている）が長い間の常識となっていた。しかし、図1.1－2に示したホッケースティック曲線では中世温暖期や小氷期が平らに削られ、20世紀に入ってからの気温の急上昇が際立つ形で目に飛び込んでくる。しかし、このホッケースティック曲線に対しては多くの研究者が異議を唱えたため、2007年のIPCCの第４次報告書からはその姿を消した。しかし、その後も新しいホッケースティック曲線が作成され、マンら以外の研究者によって公表されたものを含めて複数のバージョウンがある。最新のバージョンは2008年にやはりマンらによって米国科学アカデミー紀要に発表されたホッケースティック曲線[1-2)]である。

　しかし、最近になって、カナダの統計学者であるＳ．マッキンタイヤの果

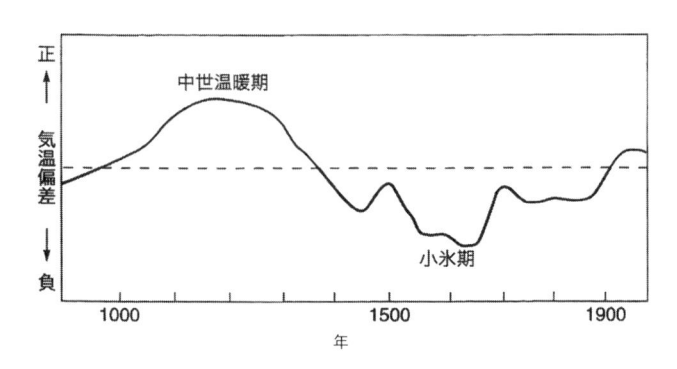

図1.1－3　IPCCが1990年公表の第１次報告書に掲載した「過去1100年間の推定気温」
　　　　　（出典：文献[1-1)]）

てしない追跡により、ホッケースティック曲線の疑惑が"間違いないもの"として確証されるまでに至った。これに決定的な打撃を与えたのが2009年11月17日に発生したClimategate事件（後述）である。まず、最新のホッケースティック曲線の問題点から取り上げてみよう。

すべてのホッケースティック曲線の気温の主体をなすものは、樹木年輪や湖底堆積物など（代替指標）の解析による推定気温データである。例えば、図1.1－2に示したホッケースティック曲線では、1970年頃までの推定気温データと20世紀に入ってからの温度計気温データとが結びつけられている。まず、最新のホッケースティック曲線で用いられている湖底堆積物からの推定気温データの検証から始めよう。

湖底堆積物からの気温の推定は大略次のような原理に基づいている。湖底堆積物の主要構成要素は鉱物と有機物である。①気温が高くなり、温暖になると植物が繁茂するため、湖底堆積物中に含まれる有機物の割合が多くなる。②逆に、気温が低くなり、寒冷になると植物の繁茂が抑えられるため、湖底堆積物中に含まれる鉱物の割合が多くなる。③水素や炭素などの軽い元素を多く含む有機物は、重い元素を多く含む鉱物に比べてX線吸収が弱い。④したがって、湖底堆積物のX線吸収強度を測定することにより気温を推定することができる。最新のホッケースティック曲線に用いられた補足資料には19のデータが取り上げられているが、このうちで20世紀に入ってから気温の急上昇を示すものは五つだけで、その他の14のデータからは20世紀がとくに高温であるとは認められない。しかも気温の急上昇を示す五つのデータのうち四つはフィンランドのM．ティルヤンデルらのグループが報告したものである[1-3]。彼らのX線吸収強度の測定結果には中世温暖期やその後の小氷期が表れているが、20世紀に入ってからの温暖期は見て取れない。しかし、ティルヤンデルらは、20世紀に入ってからは農業と牧畜の発展のために湖に流入する水量が変わったため、X線吸収強度と気温が対応しないとした。しかし、20世紀に入ってからのX線吸収強度の高いデータをそのまま解釈すれば20世紀に入ってから気温が下がっているとすべきである。適当な理由をつけて測定データを都合の良いように捻じ曲げて解釈するのは科学者のとるべき態度ではない。さらに、マンらの最新のホッケースティック曲線の

作成では、信じ難い驚くべきトリックが行われていたことがマッキンタイヤによって暴露された。M. ティリヤンデルらのX線吸収強度から推定される気温が上下逆にされていたのである。全く信じ難い驚くべきトリックである。このようなトリックの効果は、中世温暖期を表す他のデータと足し合わせることにより、図1.1−2に示すように、その時期の気温の経年変化が平坦になって中世温暖期が消えてしまい、20世紀に入ってからの気温上昇を異常に目立たせる結果を招く、ことである。

　他のホッケースティック曲線にも主として使われている樹木年輪からの推定気温データに対しても疑問が生じてきている。多くの研究者は、過去気温の再構成に、英国・イーストアングリア大学・気候研究所のK. ブリッファ教授が纏めたロシア・ヤマル地方の樹木年輪から推定した気温データを用いている。このデータを見てみると、「20世紀の急激な気温上昇」を示している資料は12あるが、同じ場所で採取された他の34の資料には「20世紀の急激な気温上昇」は見られず、全体としてみれば、20世紀の気温が特別であった証拠はない。しかし、ホッケースティック曲線では、12の資料のデータだけが採用された。樹木年輪からの気温の推定にも注意が必要である。森林などの開発が進んで周辺の樹木が減少すれば、日照が増えたり、栄養競争が有利になったりして、樹木の成長速度が増し、年輪幅は大きくなる。上記の12の資料の年輪幅はこの効果が現れている可能性が高い。この件に関する解説は伊藤の文献[14]に詳しい。

(1−4) Climategate事件

　ホッケースティック曲線に対する疑惑に決定的な打撃を与えたのが前述したClimategate事件である。2009年11月17日に英国・イーストアングリア大学（UEA）気候研究所（CRU）のサーバーから、「気候科学が大問題となった今、もう隠してはおけない。……通信文と計算コード、文書の一部を公開する。気候科学の実態と、背後にいる人物の素顔を見抜く一助となろう」との口上つきで、交信メール1073件と文書3800点ほどがロシア・トムスク市のサーバー経由で米国の複数のブログサイトに流出した。流出した通信文などは、(1−2)項で述べた「世界の気温データの収集・解析・公表」を行う

組織に属しIPCCの報告書作成に深く係っている人物の間で交わされたものである。この通信文などから、ホッケースティック曲線の作成に当たって気温データが捏造されていたことが世に公開されてしまったのである。信じ難いことであるが、これによってホッケースティック曲線の信憑性は完全に崩壊した。なお、Climategate事件という名称は、ニクソン大統領に絡むWatergate事件（陰謀暴露事件）にちなんで、英国のジャーナリストによってつけられたものである。この事件は、日本では、小規模でしか報道されなかった。CO_2による地球温暖化の脅威を吹聴してきた政府、NHKや大手新聞社などが報道してきた内容を自ら否定することになるからである。しかし、欧米諸国では、事件発覚後即座に大々的に報道された。この件に関する詳しい情報は文献[1-1], [1.4], [1-5], [1-6]を参照されたい。

（1-5）気温変動の真相は？
〔地球の気温変動〕

米国・航空宇宙局（NASA）のゴダード宇宙科学センター（GISS）が発表した過去130年間の地球の平均気温（世界の数千ヶ所で温度計により測定した気温を使用）の推移を図1.1-4に示す。これは、IPCCが2007年に公表

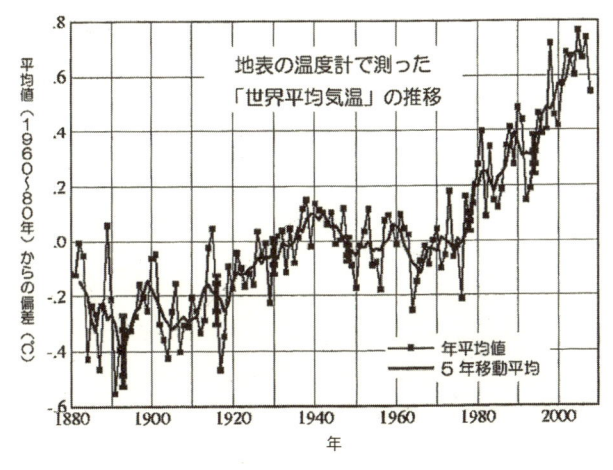

図1.1-4　NASA/GISSによる世界平均気温の推移（出典：文献[1-7]）

した第4次報告書で採用した気温データの一つになったものであり、IPCCはこの報告書の中で過去130年間に地球の平均温度は0.74℃上昇したと明記した。この図をそのまま受け止めれば、1970年以降に地球が急激に温暖化しているように見て取れる。しかし、ここで注意しなければならないことは、温度計で測定したある場所の気温とは、その場所に置かれた温度計の読みでしかなく、測定場所の状況変化などは考慮されていない（考慮しようがない）ことである。1970年以降は世界各地で都市化が急速に進行した時代である。都市化は、人間のエネルギー消費の急増によって大気中への排熱を急激に増加させ、高層ビルの乱立によって通風を鈍化させ、地表をアスファルトで覆って水の蒸発による冷却効果を減退させるなどして温度計の置かれている環境を変化させ、温度計の読みをじわじわ上げてきたであろうことは、都市に住む者であればその体験からしても、想像に難くない。GISSは，図1.1－4は都市化の影響を補正して作成したものである、と述べている。しかし、都市化の影響を補正するためには、温度計が置かれている場所周辺の建造物、道路の整備状況と交通量、樹木の成長や伐採、風向きや通風状態などの変化が130年に亘って克明に記録されている必要があるが、世界の数千ヶ所の観測点でこのような条件を満たしているところは皆無と言っていいだろう。たとえそのような条件が満たされていたとしても、0.1℃単位で補正することは

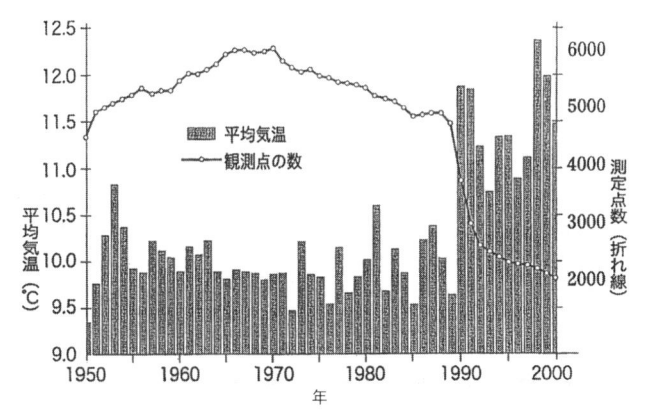

図1.1－5　IPCCが採用している世界の気温観測点の数と平均気温の経年変化
（出典：文献[1-8]）

不可能に近い。

　また、図1.1-4に現れている近年における気温の急上昇には、気温観測点数の変化の問題も含まれていることに注意すべきである。図1.1-5に、IPCCが採用している世界の気温観測点の数と平均気温の経年変化を示す[1-8]。IPCCは、1990年までは5000を超える観測点の気温データから平均気温を求めていたが、1990年以降は「不適切な観測点を含む」という理由でその数を2000近くまで徐々に減少させた。その結果、平均気温が急激に上昇する結果を招いた（IPCCは、平均気温の経年変化の図には観測点の数の変化を併記していない。）。1950年以降の平均気温の経年変化を一つの図で示すのであれば、1950～1990年の平均気温も1990年以降と同じ観測点のデータを用いて求めるべきであるが、そのようにしていないことは、1990年以降の地球の温暖化を強調したい恣意的意図が感じられる。

　ヒートアイランド現象の影響を受けにくい気温観測のデータがある。アラバマ大学では、海洋大気局（NOAA）の衛星を用いて、1979年1月から、地表付近（対流圏下層）、4000～5000m上空（対流圏中層）、約10000m上空（対流圏と成層圏の境界付近）と約17000m上空（成層圏）の気温を誤差0.01℃の高い精度で測定している。このうち、よく撹拌されていてヒートアイランド現象の影響を受けにくい対流圏中層の気温の推移を図1.1-6に示す[1-7]。3

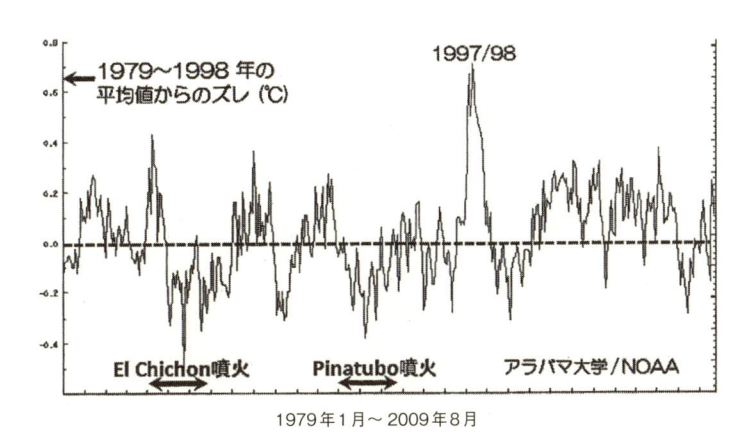

図1.1-6　衛星観測による対流圏中層の気温の経年変化（出典：文献[1-7]）

〜4年おきに現れている上向きおよび下向きの変化はほとんどがそれぞれエルニーニョとラニーニャの発生した時期に相当する。1997／1998年の巨大なピークは20世紀最大の"スーパーエルニーニョ"によるものである。また、下向きの変化のうち、1982年と1991年からの数年間はメキシコのエルチチョンとフィリピンのピナツボ火山の大噴火によるものであるが、どちらの時期も強いエルニーニョの発生した時期に当たるので、火山の噴火がなければ高い気温が観測されたであろう。このようにヒートアイランド現象の影響を受けない大気の気温は、ほとんどが自然活動によって左右されており、明確な昇温傾向は見られない。この項に関する内容は文献[1-1]に詳しい。

〔日本の気温変動〕

　気象庁は、①長期の観測データがある、②都市化の度合いが少ない、という二つの理由から網走、根室、寿都、山形、石巻、伏木、長野、水戸、飯田、銚子、境港、浜田、彦根、宮崎、多度津、名瀬、石垣島の17地点を選定し、そこでの気温観測データから日本の平均気温の経年変化を公表している。それを図1.1－7に示す[1-7]。気象庁は、この経年変化を直線的な単調増加と見なし、過去110年間で日本の平均気温が1.1℃上昇したとしている。武田は、この経年変化をより注意深く観察すると、図1.1－8に示すように、2回の

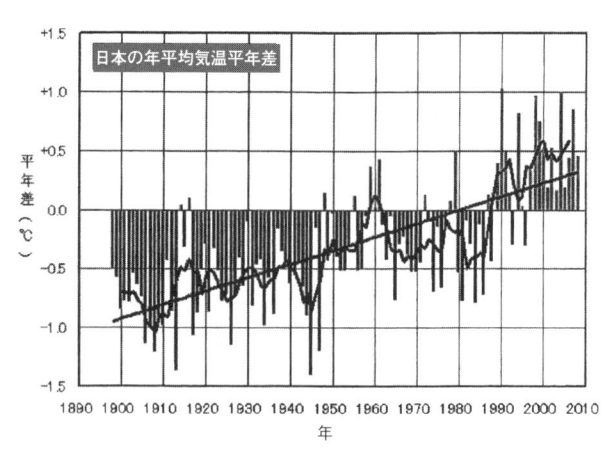

図1.1－7　気象庁による日本の平均気温の経年変化（出典：文献[1-7]）

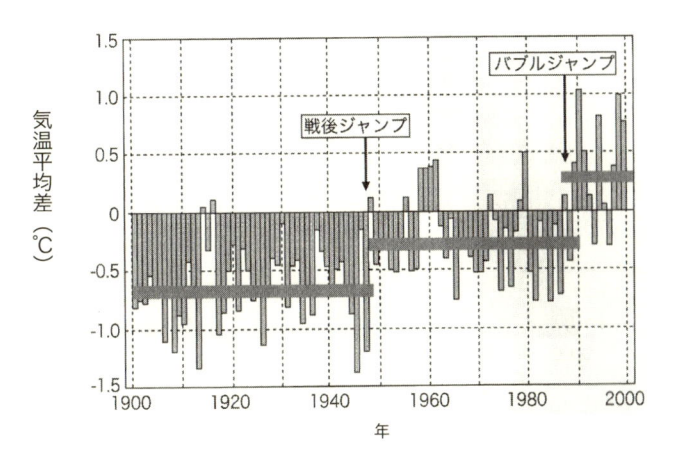

図1.1 - 8　日本の平均気温のジャンプ（出典：文献[1-8]）

ジャンプが見られると解釈している[1-8]。すなわち、第2次世界大戦後とバブル崩壊後のジャンプである。いずれも急速な経済成長前後の時期に相当しており、この時期における平均気温の2回のジャンプは都市化によるヒートアイランド現象の強い影響を臭わせる（気象庁に問い合わせてもその原因はわからないとしているが）。

　この推測を支持する証拠がある。上述したように、気象庁が「都市化の度合いが少ない」として選定した宮崎の気温の経年変化を図1.1 - 9に示す。1980年以降に気温の急上昇が見られる。気温測定の17地点に入る他の小都市や中都市の気温も1980年以降その人口規模に応じて0.5～1.0℃の気温上昇を見せている。ここからもヒートアイランド現象の影響が強く見て取れる。

　東北大学の近藤純正名誉教授が日本の測候所について丹念な調査を行っている。気温測定点近くの樹木の成長や建物の建立などによって「日だまり効果」が起こるため、過去110年間に亘って「ヒートアイランド現象の影響を受けることなく気温を測れているのは17地点のうち3～5ヶ所だけ」としている[1-9]。同じように米国の気象研究家アンソニー・ワッツが米国の基準観測点1221ヶ所のうちの1003ヶ所（82％）を調べたところ、ヒートアイ

ランド現象の影響を受けることなく気温をまともに測れているのはせいぜい20ヶ所（2％）だけであり、「地表気温データのほとんどが信用できない」と結論している[1-10]。

ここまでの議論を総合して判断すると、CO_2による地球温暖化は脅威論者によって恣意的につくられた「作り話」であり、近年の気温の上昇はヒートアイランド現象の影響を強く受けた結果である、と推測される。このような立場から図1.1－4、図1.1－7と図1.1－9の右端を見てみると、世界と日本における「都市化の終わり」を匂わせる気温の一定化が現れているように見て取れる。

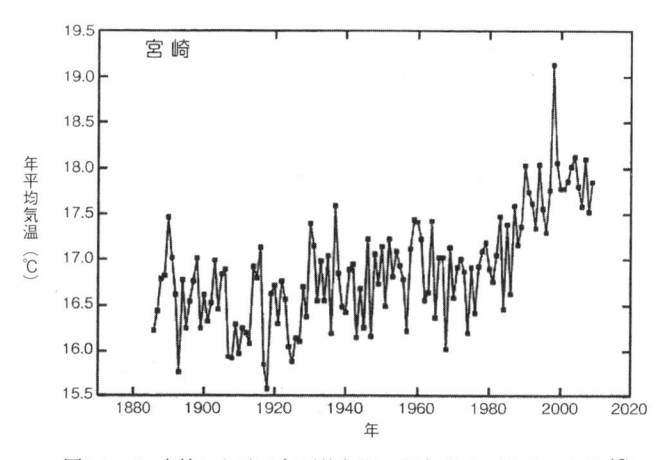

図1.1－9 宮崎における年平均気温の経年変化（出典：文献[1-7]）

（2）「20世紀に入って地球の平均気温が急上昇しているのは、主として人間活動から放出されるCO_2に起因する」ことは真実か

大気中のCO_2の濃度について精密な機器分析が開始されたのは、国際地球観測年に当たる1957年である。それ以降2007年までのハワイ（マウナロア）における大気中CO_2の年平均濃度の経年変化を図1.1－10に示す。CO_2の年平均濃度は1958年の316 ppmから2007年の384 ppmまで単調に増加している。図1.1－4および図1.1－6と図1.1－10を対比してみよう。図1.1－4をよく見てみると、1940年頃から1970年頃にかけて地表の温度計で測った世界の

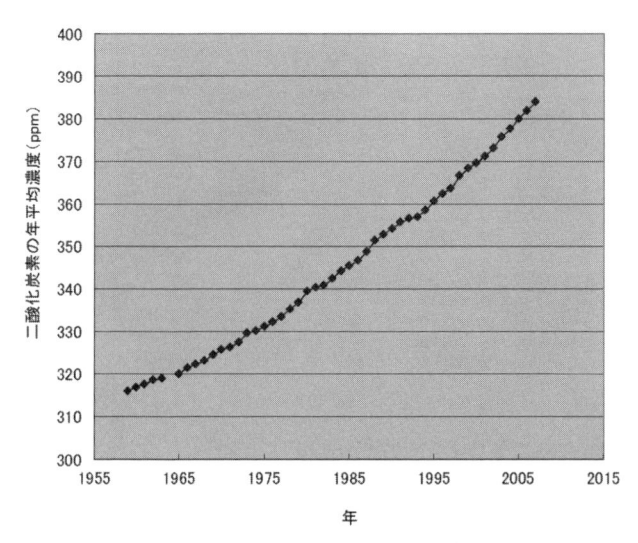

図1.1 − 10　ハワイ(マウナロア)の大気中二酸化炭素の年平均濃度の経年変化
（出典：文献[1-11]のデータに基づいて作成）

平均気温が一旦低下していることがわかる。また、図1.1 − 6に示したように、対流圏中層の気温は1979年から現在に至るまでほとんど一定に保たれている。しかし、図1.1 − 10に示したように大気中のCO_2濃度は単調に増加しているので、人為起源のCO_2が20世紀に入ってからの地球の平均気温の急上昇の主要因であるとするならば、図1.1 − 4と図1.1 − 6に示した現象は起こりえない。このことからもCO_2を地球温暖化の犯人にすることには無理があると推察される。逆に、温暖化が起こると海水中のCO_2が大気中に放出され、大気中のCO_2濃度が上昇すると主張する研究者も存在し、それを支持する現象も見られることも忘れてはならないが[1-12]、その詳細な説明はここでは省略する。

（3）「温暖化は、人間の生活や生態系を脅かす」ことは真実か

上述したように、都市化によるヒートアイランド現象は起こっていてもCO_2による地球の温暖化は起こっていないとするのが正しい見方であると推論される。しかし、この項では「温暖化は、人間の生活や生態系を脅かすこ

とは真実か」を検証することが目的なので、ここでは"これから地球の温暖化が進む"ことを前提にして話を進める。

IPCCは第4次報告書で次に述べる①〜③の三つのシナリオを用意してそれぞれの場合における100年後の平均気温の上昇を予測している。
① 最良のシナリオ：世界が協力して温暖化を抑制したケース
② ①と次に述べる③の中間のケース
③ 資源を使い放題にして温暖化対策を取らないケース

IPCCは③のケースに対して100年後の地球の平均気温の上昇を2.4〜6.4℃と予測した。今後100年間「資源を使い放題にして温暖化対策を取らないケース」など考えられないのに、NHKは6.4℃だけを強調して報道し、日本の温暖化脅威世論を作り上げた（外国ではこのような偏った報道は行われていない。）。

これはともかくとして、IPCCは日本については三つのケースに対する最良の見積もりとして①の場合1.8℃、②の場合2.8℃、③の場合3.4℃の上昇と公表している。日本の気象庁はさらに検討を加えて①の場合2.1℃、②の場合3.2℃、③の場合4.0℃と予想している。これは、緯度、季節によってどの程度の温度上昇に相当するかを、緯度が高くかつ冬ほど温度上昇が大きいことを考慮して具体的に示すと、「冬の気温は、北海道で4℃、本州山岳地帯で3℃、大阪以北の平野部で2℃上がる」、「夏の気温は、北海道で2℃上がるが、本州は変わらない」といったところで、釧路が青森くらいの気候になる程度で温暖化による被害がでるレベルではない。事実、IPCCの第4次報告書にも日本への影響は記述されていない。

IPCCは、第4次報告書の「政策決定者向け要約」の中で、アフリカ、アジア、ヨーロッパ、ラテンアメリカと北アメリカに対して温暖化による人間生活への影響について報告している。この内容は大略、（A）ある種の生物が絶滅ないし減少する、（B）農作物の収穫量が減少する、（C）熱波などによる死者が増える、（D）洪水などにより伝染病が増える、のように要約されるが、このような地域もあるということである。IPCCは地域によっては起こりうる悪いことだけを書いているが、地球全体で見れば温暖化によってもたらされる現象は良いことも多いはずである。例えば、（B）に関連する

表1.1 - 2 温暖化後の純一次生産量（農水省・研究所データ）

国	純一次生産量（MT）		増加割合（%）
	2005年	温暖化後	
アメリカ	2112	1387	65.7
カナダ	151	1307	865.6
ロシア	297	1715	577.4
ブラジル	1492	2637	176.7
中国	1609	3449	214.4
インド	1795	1988	110.8
合計	7460	12507	167.7

農作物の収穫量については、農水省の調査研究によれば、表1.1 - 2に示すように、温暖化後は世界の農作物収穫量が1.7倍近くになると推算している。アメリカは、他国と水源事情が異なるために栽培可能面積が減少し、減産することになっているが、緯度が高くて寒いカナダやロシアの収穫量は飛躍的に増大する。日本だけの数字は示されていないが、温帯地方であることを考えると、収穫量は2倍近くになることが予想される。また、IPCCの第4次報告書では、（C）と（D）のように温暖化による健康被害には触れているが、温暖化による寿命の延長には全く触れていない。しかし、衛生状態が整っていて疫病の心配がなければ、寒いよりは暖かい方が脳や循環器関連の病気が減って長生きできそうなことは容易に想像がつく。事実、厚生労働省のデータを見ても気温が高いほど死亡率が低くなっている[1-13]（図1.1 - 11を参照）。

このように暖かくなれば、農作物の収穫量は増えるし、緯度の高い寒い地方では病気が減って死亡率が低下する。悪いことより良いことの方が遥かに多いのである。

CO_2による温暖化が人間の生活や生態系を脅かすのであれば、その影響は海洋性気候である日本よりは大陸性気候の国々における方が格段に大きいはずである。しかし、大陸性気候である米国、ロシア、中国などはCO_2の排出削減に全くと言っていいほど熱心ではない。その理由は、CO_2が温暖化の主犯人でないこと、温暖化が人間の生活や生態系を脅かさないことを感じ取っ

ているからであろう。

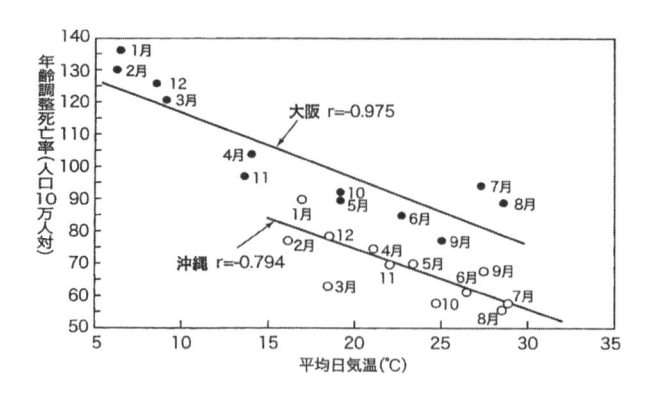

図1.1 - 11　気温と死亡率の関係（出典：文献[1.13]）

（4）CO_2の排出を減らさなければならないか

　1980年代に入り地球温暖化が叫ばれるようになって、（1）20世紀に入って地球の平均気温が急上昇し、温暖化が急速に進行している、（2）この現象は、主として人間活動から放出されるCO_2に起因する、（3）温暖化は、人間の生活や生態系を脅かす、（4）したがって、CO_2の排出を減らさなければならない、ということでCO_2はいつの間にか悪者にされてしまった。CO_2がそんなに悪者なのかを検証するためにCO_2に関連する地球の歴史を掘り起こしてみたい。

　地球は約46億年前に誕生した。地球が誕生してから3億年位経って海が出来上がったが、その当時の大気の成分は主として窒素とCO_2であった。このCO_2は、誕生したての海に吸収され、大気中の濃度が次第に減少していった。海に吸収されたCO_2は、川によって山から運ばれてきたカルシウムと反応して炭酸カルシウム（$CaCO_3$）となり（(1.1 - 5)式参照）、石灰岩や大理石などをつくった。

$$Ca^{2+} + CO_2 + H_2O = CaCO_3 + 2H^+ \quad (1.1-5)$$

現在も建築資材として使われているセメントやコンクリートや石膏ボードなどは石灰岩を主成分としているので、これらの原料の一つはCO_2であると言うことができる。石灰岩や大理石などができて海の中のCO_2濃度が最初の1／10位になった頃に海の中に藻類などが繁殖してきて海中のCO_2を食料にして少しづつ光合成をはじめた。光合成とは、藻類などが太陽の光を利用してCO_2とH_2O（合計すると、CH_2O_3）から、自分の身体をつくる栄養素であるCH_2Oを体内に取り込み、余分になったO_2（酸素）を体外に放出する反応をいう。この反応は、一般には、グルコース（ブドウ糖ともいう、$C_6H_{12}O_6 = 6CH_2O$）を生成する次のような形で表される。

$$6H_2O + 6CO_2 = C_6H_{12}O_6 + 6O_2 \quad (1.1-6)$$
　　水　　二酸化炭素　　グルコース　　酸素

しかし、はじめのうちは藻類が海面近くに出てくると太陽光に含まれている紫外線によって殺されてしまうので、藻類は光の少ない海の深いところで細々と光合成を行っていた。細々ではあったが、長年に亘って海中で発生した酸素（O_2）は、最初のうちは、海水に溶けている2価の鉄を3価の鉄に酸化して沈殿させ（(1.1-7)式）、現在我々が使っている鉄鉱床の源をつくった。2価の鉄は緑色なので原始の海はきたない緑色をしていたと予想される

$$4Fe^{2+} + 8OH^- + O_2 = 2Fe_2O_3 + 4H_2O \quad (1.1-7)$$

が、2価の鉄を3価の鉄として沈殿させることにより今のようなきれいな海になったと考えられる。2価の鉄の酸化が終わると海中で光合成により発生した酸素は、空気中に放出されるようになり、対流圏の上にある成層圏に達して、そこで強い紫外線を浴びてオゾン（O_3）に変わり、オゾン層を形成した。オゾンは紫外線を吸収するので、有害な紫外線はほとんど地表まで届かなくなった。全く偶然ではあるが、このようにして有害な紫外線が地表に届かなくなると、海中深くに潜んでいた生物が海水面に出てこられるようになり、さらに陸地にまで上がってきた。このような状況になれば太陽の光を十

分に浴びることができるし、当時はまだ大気中のCO_2濃度も現在に比べて高かったので、光合成の速度が加速して大気中の酸素濃度が急速に増加し、この酸素を使って生命を維持する生物が現れて次第に力を付けいった。すなわち、陸上に植物が現れると、この植物が太陽の光を利用して大気中のCO_2と根から吸収したH_2Oを原料にして光合成を行い、このとき発生する酸素（O_2）を動物が利用することによって、現在のように命に満ち溢れるすばらしい地球をつくり上げてきたのである。上述の様子を図1.1－12に示す。

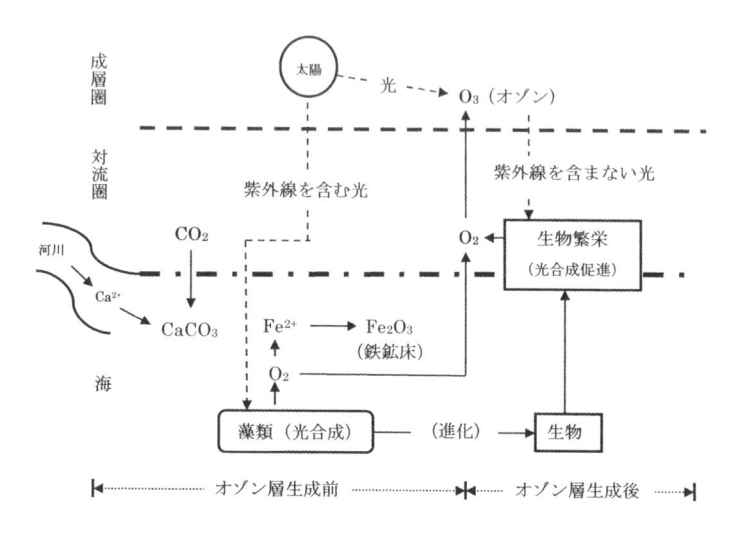

図1.1－12　地球上における生物の生息環境の変遷

　植物は人間を含む動物の食料になるし、人間の使う多くの日用品の原料にもなる。CO_2に関してこのように検証すれば、人間を含む動物の身体と我々の身の回りのものはほとんどがCO_2からできていると言っても過言ではない。
　現在の大気中のCO_2濃度は0.04％（400ppm）程度にしか過ぎない。ものづくりの一般常識からすれば原料濃度としては異常に低い。植物は原料不足に悩みながら、懸命に光合成を行っているのである。
　上述したように、温暖化とCO_2にはむしろ負のイメージは少ない。生命の営みに対する貢献度の大きい両者を悪者扱いする行動が良い結果をもたらす

であろうか、疑問が多い。

———————————— (ii) ヒートアイランド現象 ————————————

（i）において、20世紀の後半における地表温度の上昇傾向は、ヒートアイランド現象によるところが大きいのではないかと推測した。ここでは、この点に関してさらに検討を深めることにする。

（1）我が国におけるヒートアイランド現象に関する検討の推移

ヒートアイランド（heat island）現象とは、都市の気温がその周囲より高い状態のことで、一般に、ある都市の気温分布図を描くと等温線の形が地形図における島に似た形になるので、このように呼ばれるようになった。図1.1 - 13は、1981年と1999年の7月から9月の各地点のアメダスデータから30℃を超えた延べ時間数を集計し、分布を等時間線で示したものである。色について言えば、赤色が濃いほど総時間数が長く、緑色が濃いほど総時間数が短い。気温分布が島形になっていることと都市化の進行に伴ってヒートアイランド現象の進展していることが見て取れる。1999年には東京の影響を

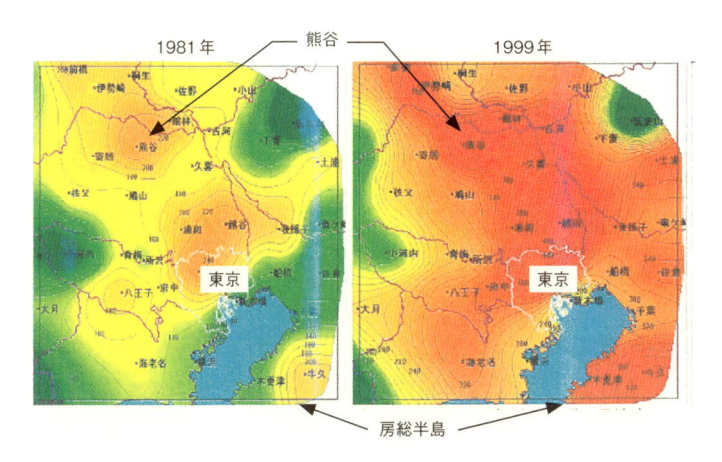

図1.1 - 13　東京地域における高温延べ時間の広がり（出典：環境省）
　　　　　　首都圏における気温30℃以上の高温延べ総時間が濃度で示されている。赤色が濃いほど総時間数が長く、緑色が濃いほど総時間数が短い。1999年には房総半島も東京の影響を受けて高温域になっている。

受けて東京湾を超えた房総半島も高温域になっている。

　ヒートアイランド現象は、単に熱気団をつくって都市の温度を上昇させるだけでなく、光化学スモッグの発生による健康被害や雲量の増大や集中豪雨などの局地的な気候変動を引き起こしたり、熱中症の増加にもつながるので、近年において都市特有の環境問題として注目を集めるようになった。政府は、平成14年3月に閣議決定された「規制改革推進3か年計画（改定）」の中で、ヒートアイランド現象の解消対策に係る大綱の策定について検討し結論を出す等を定めた。これを受けて、平成16年3月30日に関係府省連絡会議によって「ヒートアイランド対策大綱」が取りまとめられ、基本方針として①人工排熱の低減、②地表面被覆の改善、③都市形態の改善、④ライフスタイルの改善、を取り上げ、これらに対して今後実施すべき具体策が示された[1-14]。気象庁は、この方針に則って、まずはヒートアイランドの実態や発生メカニズムに関する科学的知見を得るために、ヒートアイランドに関する実態調査と解析を実施し、平成16年度から「ヒートアイランド監視報告」を気象庁ホームページ上で公開している。

（2）ヒートアイランド現象が起こる原因

　ヒートアイランド現象とは、「都市がなかったと仮定した場合に観測されるであろう気温に比べ、都市の気温が高い状態」として定義することもできる。都市では、田畑、草原や森林等の植生域に比べて、以下のような特徴（都市化の影響）があるため、ヒートアイランド現象が発生し、それに伴い風の流れにも変化が生じる[1-15]。

① 土地利用状態の変化

　農地、緑地、水辺空間等では、水分の蒸発に伴う潜熱が気温の上昇を抑える働きをするが、都市では、地表面がアスファルトやコンクリートで覆われて水分が少なくなり、水の蒸発量が減少する。また、地表面がこのような状態にあると太陽光の反射率が低下し、地表面の熱吸収量が増加する。その結果、地表面から大気に与えられる熱量が多くなり、気温が上昇する。

② 建物の効果

都市では、太陽からの直達光や地面からの反射光の一部と、地面から大気へ放出される赤外線の一部を建物が吸収する。コンクリートの建物は、熱容量が大きく、暖まりにくく冷めにくいため、最高気温が観測される時刻が遅れるとともに、夜間は日中に溜め込んだ熱を放出するため、気温の低下が抑えられる。また、建物によって地表付近の風速が弱められ、地面の熱が上空に運ばれにくくなるために、ヒートアイランド現象が強化される。

③ 人工排熱

都市では、多様な産業活動や社会活動によって多くの熱が排出されるため、大都市の中心部における昼間の排熱量は$1m^2$当たり100Wを超えると見積もられている。この値は、太陽に垂直な$1m^2$の平面が受ける太陽放射エネルギー（1368Wで太陽定数と呼ばれる。後述）の約7％に相当する。

上述の三つの原因によって引き起こされるヒートアイランド現象発生の様子を図1.1－14に示す。

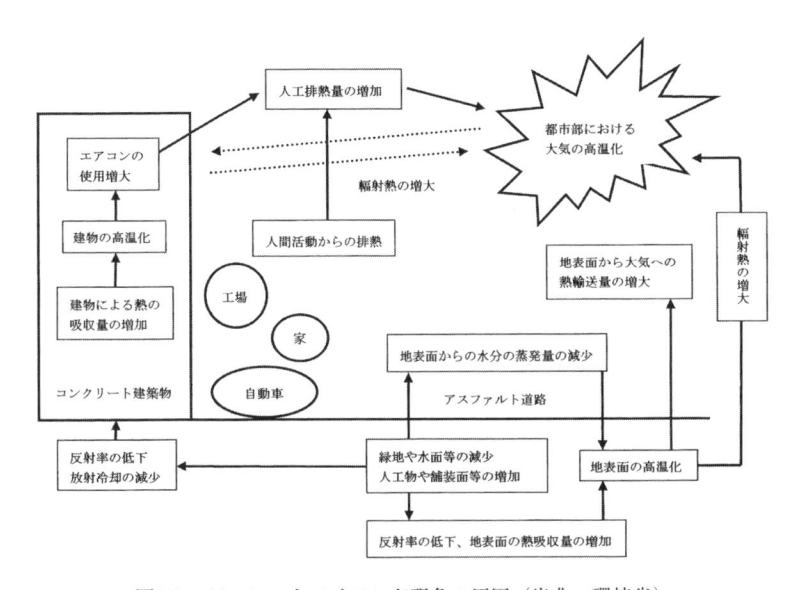

図1.1－14　ヒートアイランド現象の原因（出典：環境省）

（3）ヒートアイランド現象の実態

　大都市として東京、名古屋、京都と福岡を選び（大阪は統計期間内に庁舎の移転があったために含まれていない。）、1931年から2007年までの各都市における日最低気温25℃以上（熱帯夜）の年間日数を図1.1－15に、日最低気温0℃未満（冬日）の年間日数を図1.1－16に示す[1-16]。棒グラフは毎年の値、折れ線は5年移動平均である。各都市ともに都市化の進展に伴って2000年頃までは熱帯夜が次第に増加し、冬日が次第に減少している。しかし、2000年以降は両者とも一定値に近づいており、都市化が一段落した様子を窺わせる。

　気象庁は、平成22年6月にホームページに掲載した「ヒートアイランド監視報告（平成21年）」の中で、全国の主要都市における気温等の長期変化傾向を公表している[1-15]。表1.1－3に1931年から2009年までにおける主要都市および都市化の影響が少ないと考えられる17地点（気象庁の選定による。）の平均気温変化率（℃/100年）を示す。

　主要都市の気温の上昇率は、全般的に17地点平均に比べて大きいことがわかる。年平均気温は、17地点平均は100年当たり1.5℃の上昇であるのに対して、東京では3.3℃、名古屋と大阪で2.9℃、福岡で3.2℃、鹿児島で3.0℃上昇しており、これらの都市では約2倍の上昇率である。日最高気温（主に日中に記録される。）と日最低気温（主に早朝に記録される。）を見てみると、夏季（8月）と冬季（1月）のいずれにおいても日最低気温の上昇率が大きく、その傾向は、17地点平均に比べて、主要都市において顕著である。札幌と東京では、1月の日最低気温の100年当たりの上昇率が6℃を超えている。また、夏季と冬季を比較すると、冬季の方が気温上昇率が大きく、主要都市と17地点平均の気温上昇率の差も大きい。一般に、ヒートアイランド現象に伴う大都市と田舎の気温差は夏季より冬季に、昼間より夜間に大きいと言われているが、観測結果はそれを如実に表している。

　表1.1－4に主要都市と都市化の影響が少ないと考えられる15地点平均の冬日（日最低気温が0℃未満の日）、熱帯夜（日最低気温が25℃以上の日）および猛暑日（日最高気温が35℃以上の日）の年間日数の10年当たりの変化率を示す[1-15]。統計期間は、冬日と熱帯夜が1931年から2009年まで、猛暑

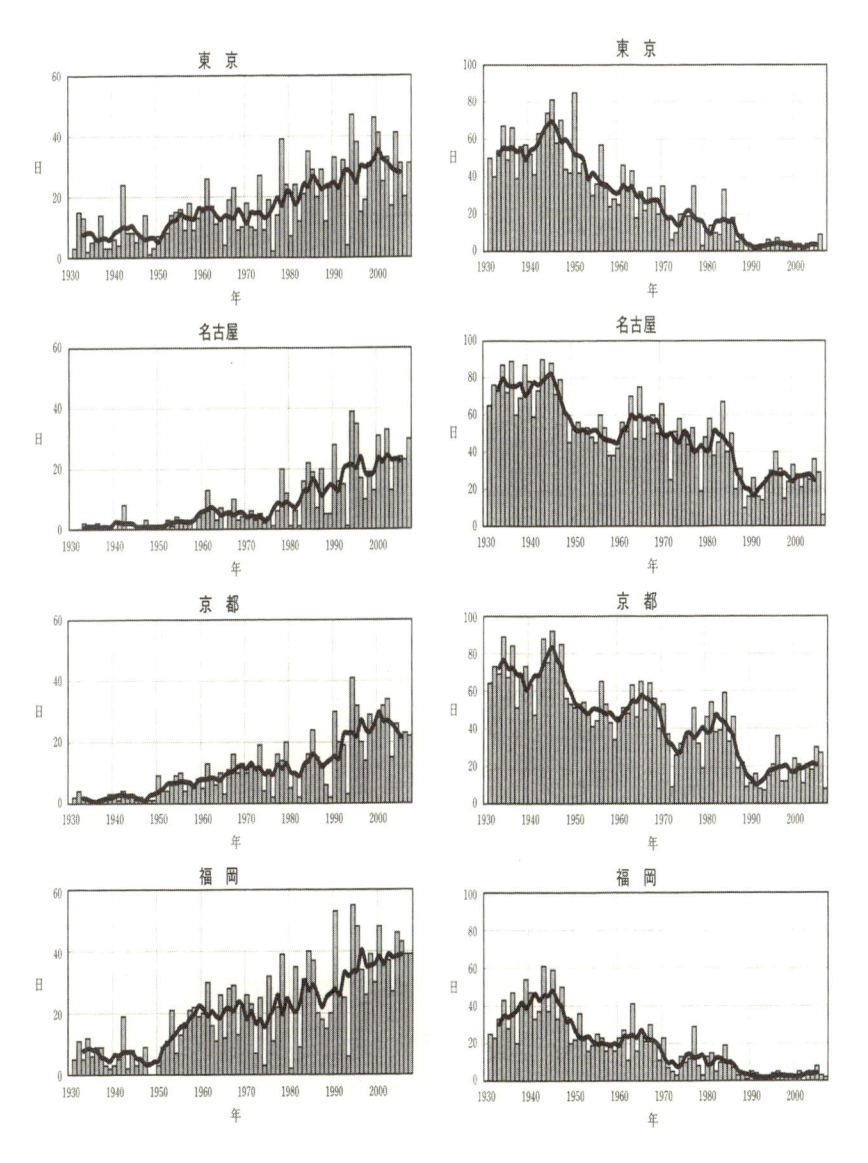

図1.1 - 15　大都市の日最低気温25℃以上（熱帯夜）の年間日数
（出典：文献[1-11]）

図1.1 - 16　大都市の日最低気温0℃未満（冬日）の年間日数
（出典：文献[1-11]）

日が1961年から2009年までである。

表1.1 – 3　主要都市および都市化の影響が少ないと考えられる17地点の平均
　　　　　気温変化率（℃/100年）（出典：文献[1-15]）

年、1月、8月の平均気温、日最高気温、日最低気温の100年当たりの変化率を示す。斜体字は統計的に有意な変化傾向がないことを意味する。※を付した地点（17地点平均は飯田と宮崎）の値は、統計期間内に庁舎の移転があったため、移転に伴う影響を補正して算出されている。補正の方法は、気象観測統計指針（気象庁、2005a）（http://www.data.jma.go.jp/obd/stats/data/kaisetu/index.html）の「主成分分析による方法」による。補正値はデータの見直しにより変更される場合がある。

都市	気温変化率（℃/100年）								
	平均気温			日最高気温			日最低気温		
	年	1月	8月	年	1月	8月	年	1月	8月
札　幌	2.6	3.8	*1.0*	0.8	1.6	*-0.6*	4.5	6.4	2.6
仙　台	2.3	3.2	*0.3*	0.9	1.6	*-0.6*	3.1	4.2	*0.9*
東　京	3.3	4.8	1.5	1.4	1.6	*0.5*	4.6	6.9	2.3
新　潟※	2.1	2.8	1.2	1.9	3.1	*0.4*	2.3	2.9	1.8
名古屋	2.9	3.4	2.2	1.0	1.6	*0.8*	4.1	4.3	3.2
大　阪※	2.9	2.7	2.4	2.3	2.0	2.2	3.9	3.4	3.6
広　島※	2.1	2.2	1.4	1.0	*1.1*	*0.8*	3.2	3.2	2.4
福　岡	3.2	3.3	2.3	1.6	1.9	*1.1*	5.2	4.9	3.7
鹿児島※	3.0	3.4	2.6	1.4	1.6	1.3	4.3	4.7	3.7
17地点平均※	1.5	1.9	*0.7*	0.9	1.3	*0.1*	1.8	2.3	1.1

表1.1 – 4　主要都市と都市化の影響が少ないと考えられる15地点平均の冬日（日最低気温
　　　　　が0℃未満の日）、熱帯夜（日最低気温が25℃以上の日）および猛暑日（日最
　　　　　高気温が35℃以上の日）の年間日数の10年当たりの変化率（出典：文献[1-15]）

統計期間は、冬日と熱帯夜が1931年から2009年まで、猛暑日が1961年から2009年まで。斜体字は統計的に有意な変化傾向がないことを意味する。表1.1 – 3で示した新潟（冬日、熱帯夜）、大阪、広島と鹿児島は統計期間内に庁舎の移転があり、累年の統計が行えないため表示されていない。

都市	日数の変化率（日/10年）		
	冬日	熱帯夜	猛暑日
札　幌	-4.9	*0.0*	*0.0*
仙　台	-6.4	0.2	*0.1*
東　京	-8.8	3.4	*0.4*
新　潟	----	----	0.7
名古屋	-7.7	3.3	2.0
福　岡	-5.6	4.6	0.8
15地点平均	-2.3	1.3	0.3

冬日の年間日数は、すべての主要都市で15地点平均に比べてその減少傾向が顕著であり、都市規模が大きくなるほどその傾向が大きい。熱帯夜の年間日数も、元々が少ない札幌と仙台を除くと、やはり15地点平均に比べて、増加傾向が顕著である。猛暑日については、札幌と仙台ばかりでなく東京でも有意な増加傾向が見られていないので、今後の検討課題としている。
　ヒートアイランド現象の実証例は、この他にも多くの書物や報告書等に示されているが、その詳細については文献を参照されたい[1-17], [1-18]。

（4）都市気候モデルによるヒートアイランド現象のシミュレーション結果

　気象庁では、ヒートアイランド現象に対する有効な対策を立てるために、まずはその実態と発生メカニズムに関する科学的知見を得ることを目的にして、土地利用形態や人工排熱の効果を取り入れて気温や風の詳細な分布を再現する都市気候モデルを開発した。関東地方を対象にしたシミュレーション結果を図1.1 – 17に示す[1-19]。同図には、都市と人工排熱有りとした時の基準シミュレーション結果、都市と人工排熱を除いた時のシミュレーション結果および両者の気温差が示されている。都市と人工排熱を有りとした基準シミュレーション結果では日中に広域的なヒートアイランドが形成されているが、都市と人工排熱を取り除くとヒートアイランド状の高温域は全く現れなくなることがわかる。（a）の基準シミュレーション結果と（c）の気温差を

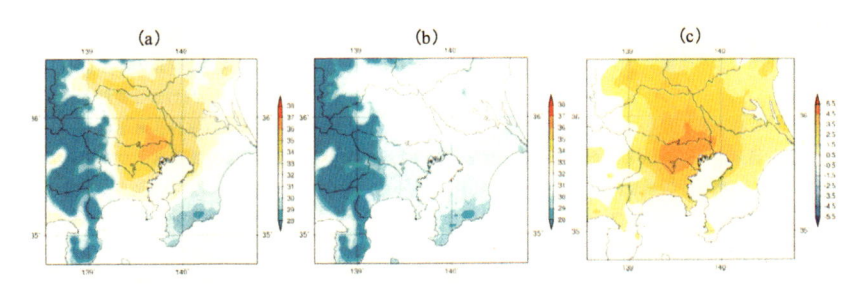

図1.1 – 17　関東地方に対する都市気候モデルによるシミュレーション結果（午後2時の気温分布、単位：℃）（出典：文献[1-15]）
　　　　　（a）基準シミュレーション結果（都市と人工排熱あり）、
　　　　　（b）都市と人工排熱を除いたシミュレーション結果
　　　　　（c）（a）と（b）の気温差

見ると、日中の昇温域は関東地方のほぼ全域におよび、約2〜4℃の昇温域が関東平野の西側を中心にして茨城県や千葉県にも広がっている。この他に関西地方と東海地方に対しても同様のシミュレーション結果が示されている[1-20],[1-21]。これらの結果から、「都市」と「人工排熱」の効果が、大都市圏の広域にわたる昇温をもたらす主な原因になっていることが分かる。

(iii) 太陽活動[1-22]

太陽は、図1.1 – 18に示すように、約11年周期でその活動の強弱を繰り返してきている。

図中の数字は太陽活動周期（サイクル）数を表している。また、太陽の光球面上では黒点や黒点群が観測されるが、同図縦軸の相対黒点数とは、観測される個々の黒点数に黒点群の数を10倍して加え合わせた数字であり、太陽活動の活発さを表す指標として用いられる。相対黒点数が多いほど太陽活動が活発であることを意味する。上述したように、太陽活動の周期は凡そ11年であるが、その前後で短くなったり、長くなったりしている。そして太陽の活動周期が短い時ほど太陽活動が活発であることもわかっている。図1.1 – 19に太陽活動周期の長さ（太陽活動の活発さ）と北半球の気温の変化

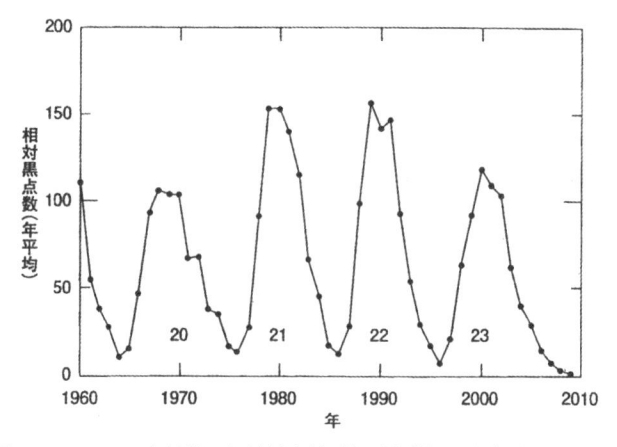

図1.1 – 18　1960年以降の相対黒点数（年平均値）の経年変化
　　　　　数字は太陽活動周期（サイクル）を示す。（出典：文献[1-22]）

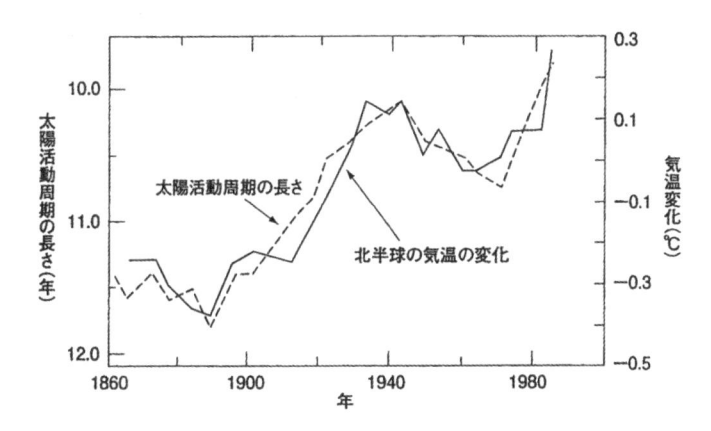

図1.1 - 19　相対黒点数から求めた太陽活動周期（サイクル）の長さ（破線）と地球北半球における年平均気温（平年からのずれ、実線）の経年変化
（出典：文献[1-22]）

との関係を示す。太陽活動の活発さに対応する形で気温変化が起こっていることがわかる。このように両者の間に非常に良い相関があることから、地球の気温変動の主たる原因は太陽活動に求めるべきではないかとする研究者もかなり存在する。その理由は何であろうか。太陽から地球に送られてくるものには電磁放射（光）と太陽風がある。このうち電磁放射（光）エネルギーの総量は、太陽活動の極大時と極小時で0.2％しか変動しないことが知られており（図1.1 - 20参照）、このような小さな変動では地球の気温変動を説明することができない（1980年代にアメリカによって打ち上げられた太陽観測衛星（SMM）の詳しい観測によれば、電磁放射エネルギーフラックスの値は1368 W／m^{2}で、太陽活動の極大時と極小時で0.2％しか変動しないことから、この値はあらためて太陽定数（solar constant）と呼ばれることがある。）。IPCCが、地球温暖化の真の原因は大気中における二酸化炭素（CO_2）の蓄積にある、と強調しているのも太陽定数の変動幅が0.2％しかないことによっている。したがって、地球の気温変動の原因を太陽活動に求めるのであれば、太陽風の影響について調査する必要がある。

太陽風とは、太陽大気の外延を構成しているコロナ（正、負の荷電粒子が

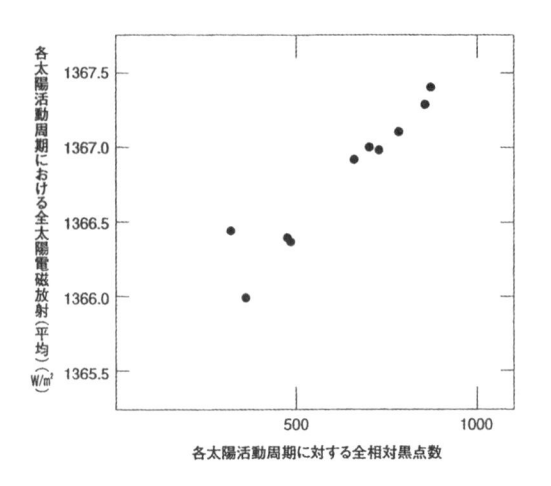

図1.1－20　1882年以後における太陽からの電磁放射エネルギー総量と各太陽活動周期の全相対黒点数との関係（出典：文献[1-22]）

共存して電気的中性を保ちながら自由に運動するプラズマの状態にある。）が宇宙空間に向かって溢れ出るプラズマの流れである。太陽風が吹き荒れている領域を太陽圏という。また、太陽の表面直下にある対流層内には強い磁場が存在する。この磁場が太陽表面に現れた領域に黒点や黒点群が生成されるが、この磁場の一部は太陽風によって宇宙空間へ運び出され、太陽圏に広がっている。この太陽起源の磁場の強さは、太陽光球面に現れる黒点や黒点群の発生頻度に関係しており、その発生頻度が大きいほど、すなわち太陽活動が活発な時ほど大きい。一方、地球も磁場を持っているが、この地球起源の磁場は、もし地球周囲の空間が真空ならばその空間に広く広がるが、実際には地球の公転軌道を越えて吹き込んでくる太陽風（超音速のプラズマ）に曝されているので、この流れによって押さえ込まれて、地球周囲の空間に押さえ込まれてしまっている。地球公転軌道における太陽起源の磁場の強さと地球起源の磁場の強さ（地球磁場aa指数）の関係を図1.1－21に示す。両者には良い相関関係があり、太陽起源の磁場が強い時ほど、言い換えれば、太陽活動が活発な時ほど地球起源の磁場も強くなることがわかる。

また、太陽圏外の天の川銀河内には太陽より質量の大きい星が比較的多く

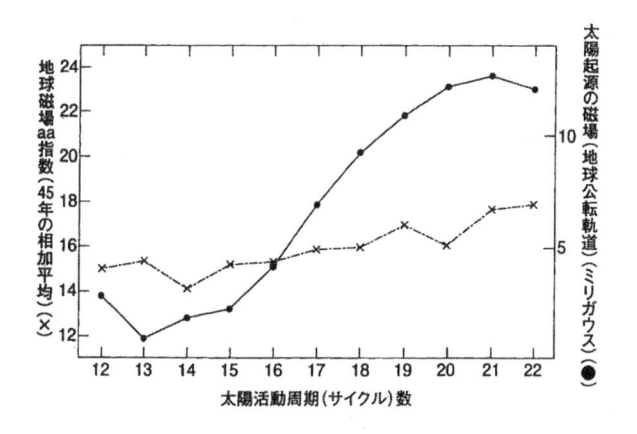

図1.1 – 21　地球の磁場の乱れの度合いを示すaa指数と太陽から延び広がる磁場の強さとの関係（出典：文献[1-22]）

存在している。これらの星の一生は太陽のそれに比べて短く、その最期には超新星爆発と呼ばれる大爆発を引き起こすが、この時高エネルギー粒子群である宇宙線を放出する。このうちの一部が地球にまで達するが、その量は、後述するように、太陽活動と相関がある。

このようなことをバックグランドにして、宇宙線の地球圏内への侵入量が地球気候変動の主な原因ではないかと最初に指摘したのは、デンマークのスヴェンスマーク（H. Svensmark）ら[1-23]であった。

彼らの考え方をイメージ図として示せば図1.1 – 22のようになる。天の川銀河内の超新星爆発によって発生した宇宙線が、太陽圏内に入ってくると、太陽風によって運ばれてきた太陽起源の磁場によって跳ね飛ばされたり、曲げられたりしながら地球の公転軌道にまで到達し、そのうちのごく一部が地球起源の磁気圏の障壁を越えて地球の大気中に侵入してくる。この宇宙線が大気中の窒素分子や酸素分子と衝突すると、これらの分子を破壊して陽子や中性子ならびにパイオンと呼ばれる素粒子などを生成させるとともに、炭素の放射性同位体^{14}Cやベリリウムの放射性同位体^{10}Beを生じさせる。パイオンの寿命は一億分の一秒ほどの短命なので、生成しても直ちに崩壊してミューオンとなる。これらの粒子群は地上にまで降ってくるが、このうちの

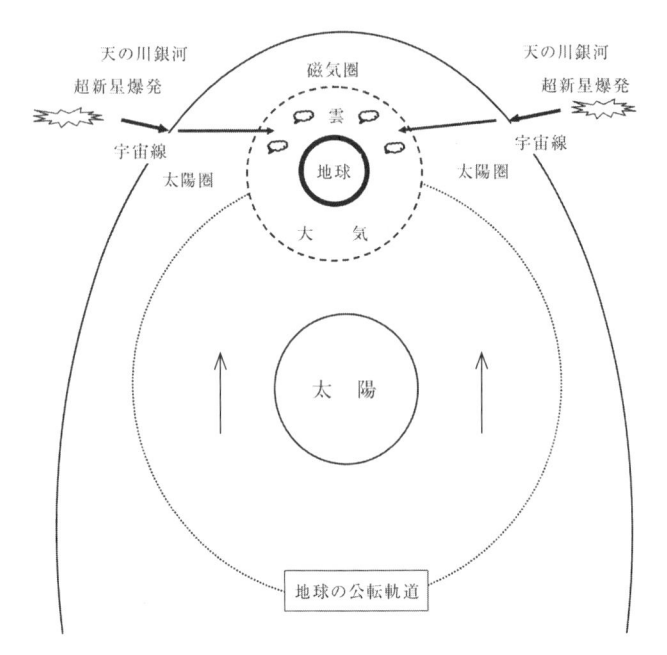

図1.1 - 22　宇宙線の地球圏内への侵入によって起こる地球気候変動のイメージ図

ミューオンが下層大気中の窒素分子や酸素分子に衝突するとこれらの分子をイオン化する。イオン化されたこれらの分子の一部は大気中に存在する水分子に出会って結合し、水滴を成長させるための凝縮核となる。この凝縮核の生成量が多ければ下層雲の発達が促進されるし、少なければ下層雲の発達が抑えられる。下層雲の発生が多ければ、太陽からの電磁放射エネルギーの地上への到達を阻止して地上気温の低下をもたらし、逆に少なければ、太陽からの電磁放射エネルギーの地上への到達を促進して地上気温の上昇をもたらす。この仮説を裏付ける証拠が幾つかあるので、次にそれを紹介する。

　1958年1月から2000年8月までの間にモスクワで観測された宇宙線中性子強度と相対黒点数の経年変化を図1.1 - 23に示す。陰影を付けたグラフが相対黒点数である。相対黒点数が少ない（太陽活動が弱い）時ほど宇宙線中性子強度が高く（宇宙線の地球大気への侵入量が多く）、相対黒点数が多い（太陽活動が強い）時ほど宇宙線中性子強度が低く（宇宙線の地球大気への侵入

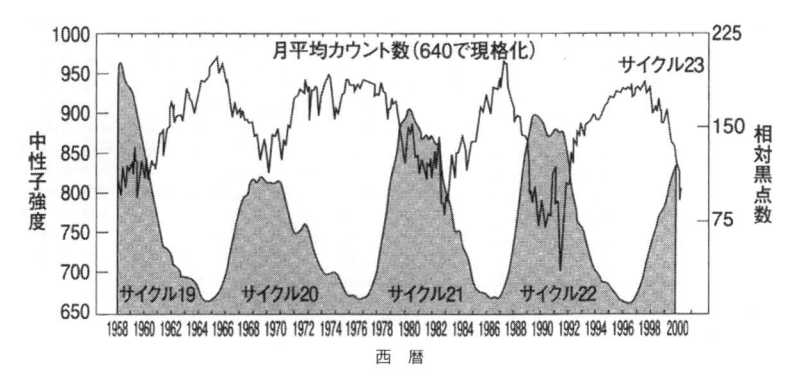

図1.1 − 23　1958年1月〜2000年8月にわたる期間にモスクワで観測された宇宙線中性子強度の経年変化（陰影のグラフが相対黒点数を表す。）
（出典：文献[1-22]）

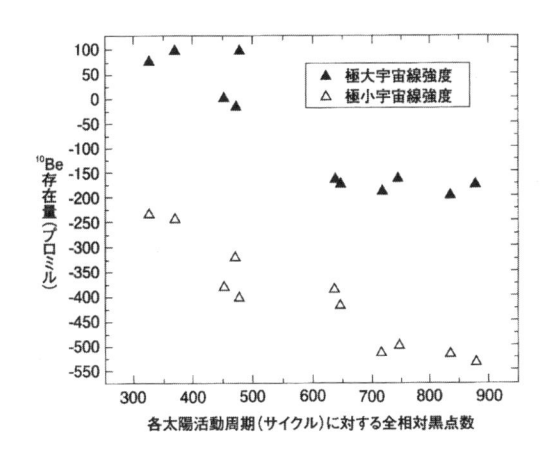

図1.1 − 24　宇宙線による核破砕で生じたベリリウム同位体（^{10}Be）の存在量と各太陽活動周期に対する全相対黒点数との関係（出典：文献[1-22]）

量が少なく）なっている、ことが見て取れる。また、図1.1 − 24は、宇宙線による核破砕で生じたベリリウム同位体（^{10}Be）の存在量と各太陽活動周期に対する全相対黒点数との関係を示したものであるが、この図からも、太陽活動が活発な時ほど地球大気中への宇宙線の進入量が少なく、活発でない時ほど宇宙線の進入量の多いことが明白に見て取れる。この^{10}Beに関連して、

各太陽活動周期に対応してグリーンランドの氷中に存在する^{10}Be量と世界の年平均気温との関係を示すと、図1.1 - 25のようになる。この図からも、太陽活動が活発で大気中に到来する宇宙線の量が少なくなるほど年平均気温も上昇する傾向にあることが窺える。さらに、宇宙線によって生成された炭素の放射性同位体（^{14}C）量の紀元1000年以降の経年変化を示すと図1.1 - 26のようになる。

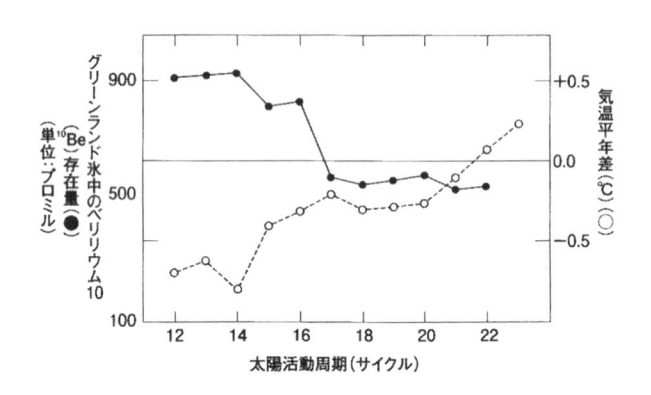

図1.1 - 25　各太陽活動周期に対応してグリーンランドの氷中に存在する ^{10}Be量と世界の年平均気温との関係（出典：文献[1-22]）

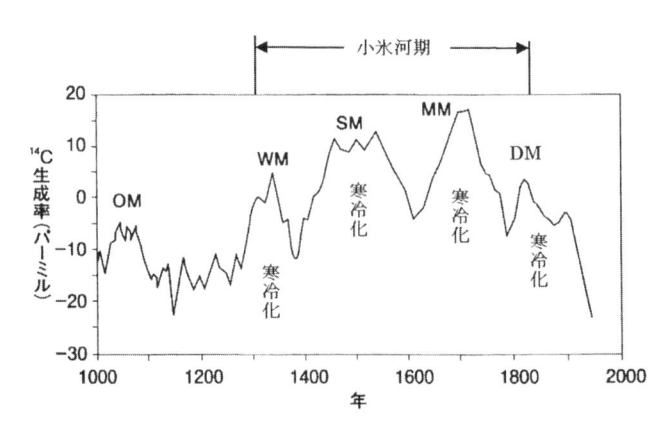

図1.1 - 26　過去1000年にわたる太陽活動の活発さの変動 （文献[1-22]の図43を若干改変）

図中、^{14}C生成量の多い（大気中への宇宙線進入量の多い）時期に相当するOM、WM、SM、MM、およびDMはそれぞれオールト極小期（Oort Minimum）、ウォルフ極小期（Wolf Minimum）、シュペーラー極小期（Spoerer Minimum）、マウンダー極小期（Maunder Minimum）およびドールトン極小期（Dalton Minimum）と呼ばれている。このうちのオールト極小期（OM）は太陽活動が特に活発であった中世の時期における太陽活動の停滞期であったので、人々の生活に大きな支障をきたすような寒冷化は起こらなかったが、他の四つの極小期には地球の寒冷化が起こっている。そのため、この四つの極小期を含む約500年の時期は小氷河期（小氷期）と呼ばれている。なお、WM，SM，MMとDMは約100年周期で起こっている。太陽活動の極端な衰退期が約100年周期で起こるという何らかの性質が太陽の中に隠されているのかもしれない。次に、近年における世界の気温変動を見てみよう。図1.1－27から明らかなように、1975年以降2000年頃までは気温に上昇傾向が見られるが、それ以降2009年までほぼ一定に維持されていることがわかる。すなわち、2000年以降はホッケースティック曲線で示されたような急激な温度上昇は見当たらない。この現象はCO_2の単調増加とは一致しない。図1.1－28に太陽活動周期23における相対黒点数の変化を示す。太陽活動周期の平均値である11年からすれば、太陽活動周期は2007年頃から24サイクルに入るはずであるが、2009年現在未だに休眠状態にある。図1.1－27に示した

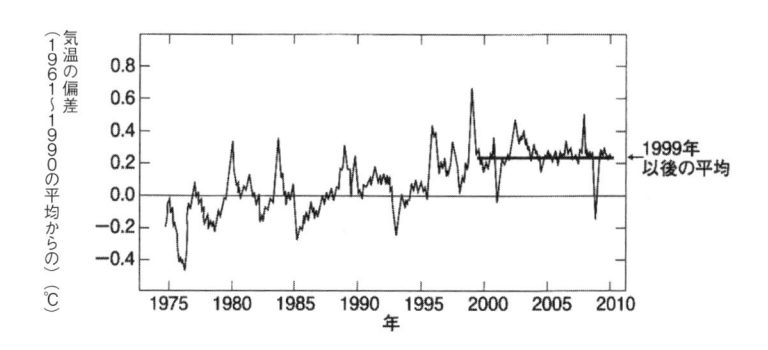

図1.1－27　1975年以降に測定された世界の気温変動
　　　　　　（直線は温度変動の傾向を示す。）（出典：文献[1-22]）

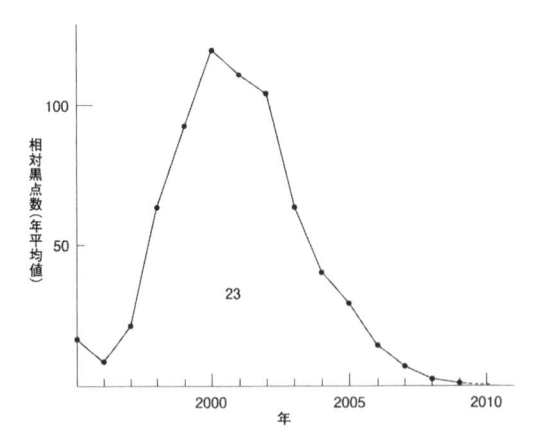

図1.1 − 28　1995年以降（サイクル23）における年平均相対黒点数の変動
　　　　　（出典：文献[1-22]）

2000年以降の一定気温は、このような太陽の異常な衰退状態を反映している可能性がある。近年における太陽の異常な衰退期は1900〜1920年頃であった。前述した100年周期がもし真実だとしたら現在が次の異常な衰退期の時期に当たる。もしそうだとしたらこれから寒冷化に向かう可能性も否定できないであろう。

　以上、世界の気温変動と太陽活動との間にも良い相関が見られることを述べてきたが、この気温変動は、(i)と(ii)で説明したように、ヒートアイランド現象とも対応している。したがって、著者は、現時点においては、主に太陽活動とヒートアイランド現象の両者が重なり合って気温変動を引き起こしているとみるのが妥当ではないかと考えている。赤祖父は、図1.1 − 4に示した気温上昇は、報告されている多くの観測・観察事実から、大気中のCO_2量がまだきわめて少なかった1800年頃から始まって現在まで続いている現象であることを証明し、この間の気温上昇率を0.5℃／100年と見積もって、これを自然変動による気温上昇率とした。また、IPCCは、前述したように、図1.1 − 4を用いて過去130年間に0.74℃上昇したとしているので、この気温上昇率は0.6℃／100年である。これより、赤祖父は、現在の温暖化の5/6は自然変動によるものであり、CO_2による温暖化は1/6に過ぎないと

している[1-24]。しかし、現時点では、地球温暖化の原因として考えられる（i）CO_2による温室効果、（ii）ヒートアイランド現象、（iii）太陽活動、のどれが主原因であるか、解明されていない課題が多々残されているので、科学的に結論を出せる段階には至っていないのが真相である。

1.2　北極の氷と海面上昇：アルキメデスの原理

1.2.1　アルキメデスの原理（Archimedes' principle）

　1気圧の状態で、ビーカーに入っている0℃の水の中に0℃の氷の塊を入れると、氷塊は次第に水の中に沈んで行き、最終的に少しだけ頭を出した状態で静止し、その後その状態を保ち続ける（浮き続ける）ことを経験として我々はよく知っている（図1.2 − 1参照）。

　一般にある物体をある流体の中に静かに入れると、その物体は重力の作用で流体の中に沈もうとするが、物体によって押しのけられた流体も重力の作用で元の位置（物体の存在する位置）へ戻ろうとする。流体が元の位置に戻ろうとするときに物体には色々な方向から力が働くが、その力の合力（同時に働く二つ以上の力と等しい効果を持つ一つの力を前者の合力という。）を浮力という。浮力は、重力と正反対の方向に働き、その大きさは沈んでいる物体の体積を周囲の流体で置き換えた時、その流体に働く重力に等しい。これをアルキメデスの原理という。物体の重心に働く重力と浮力が釣り合ったところで物体は沈むのを止め、浮いた状態を保ち続ける（図1.2 − 1参照）。

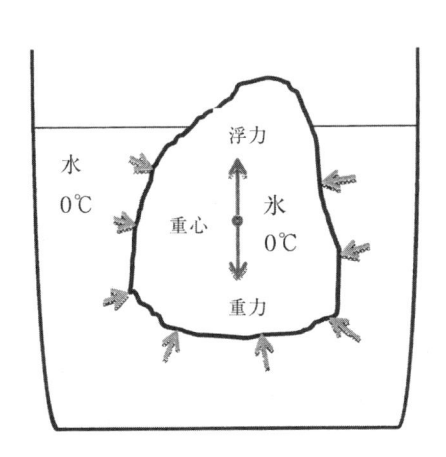

図1.2 − 1　アルキメデスの原理の説明

　上記の説明は、水面に浮いている木材のように物体の密度（単位体積あた

りの重量）が流体のそれより小さい場合であるが、水中に置かれた鉄塊のように物体の密度が流体のそれより大きい場合には、物体は流体中に完全に沈んでしまう。

両者の場合を含めると、アルキメデスの原理は「流体中の物体の重量は、その物体が押しのけた流体の重量だけ軽くなる。」と表現することができる。

1.2.2　北極

北極は大陸ではなく、海に浮いた氷であり、図1.2－1に示した状態と全く同じである。したがって、北極の氷が融けても温度が変わらなければ海面は上昇しない。一時、報道機関で地球温暖化により北極の氷が融けると海面が上昇すると報道され、アルキメデスの原理を知っている一部の専門家もそれを支持していた。これは対象の大きさが著しく異なると錯覚を起こす典型的な例である。真理は普遍であることを肝に銘じておかなければならない。

1.3　南極の氷と海面上昇：蒸気圧、熱膨張

1.3.1　南極の概要

南極は、北極のような氷の島ではなく大陸で、その面積は約1400万km^{2}であり、6大陸中オーストラリア大陸についで2番目に小さく、地球陸地面積の8.9％に相当する。南極大陸の98％が氷に覆われており、平均標高が2,200 mで、高度1,000 m以下の部分が14.2％しかなく、他の5大陸に比べて、平均高度が極めて高いことが特徴的である。降水量は、大陸内部の高地と沿岸部ではかなりの差があるが、大陸全体における年間平均の総降水量は166 mmで非常に少ない。南極の降水現象は雨ではなく、雪だけである。

1.3.2　南極の気温

南極大陸は、前述したように標高が高い上に、大陸性の気候に支配されているために、地球上で最も寒い場所である。図1.3－1に南極観測基地が置かれている内陸部（Amundsen-ScottとVostok）と沿岸部（Esperanza, ShowaとMcMurdo）における月別平均気温を示す。南極の中で最も気候が

穏やかなEsperanza基地の年間平均気温は−5.2℃、寒極に近いVostok基地のそれは−55.3℃で内陸部と沿岸部でかなりの差があるが、Esperanzaの夏のごく一部を除くと一年中零下であり、特に、南極大陸の大部分を占める高地はマイナス何十度の世界である。

1.3.3　地球が温暖化したら南極の氷が融けて海面が上昇するか

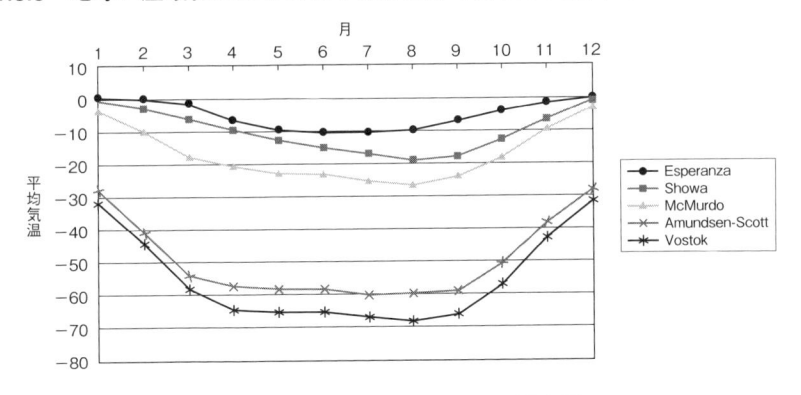

図1.3−1　南極観測基地の月別平均気温

　北極の氷は海に浮んでいるのでそれが融けても海面の高さが変わらないことを第1.2節で学んだが、南極の氷は大陸の上に載かっているので、単純に考えれば、それが融けたら海水の量が増えて海面が上昇すると感じてしまうのも無理からぬ話である。南極大陸を覆っている氷の量は少なく見積っても約3000万km^{3}で全世界の氷の約90％、淡水の約70％を占めると言われ、この氷がすべて融解した場合には世界の海面が60m以上上昇すると見積られている。しかし、実際にはこのようなことは起こらず、南極大陸の氷の増減だけに着目すると、表1.3−1の2列目に示すように「南極近辺の気温が上昇すると、南極大陸の氷の量が増え、僅かではあるが海面が下がる。」というのが"気候変動に関する政府間パネル（IPCC：Intergovernmental Panel on Climate Change）の結論である[1-25]。
　その理由は、気温が上昇するということが単に南極大陸の氷を融かすことだけに影響するのではなく、その他の因子にも影響を及ぼすからである。そ

の一つが水の蒸気圧である。蒸気圧（vapor pressure）とは、一定温度において液相または固相と平衡にある蒸気相の圧力のことで、蒸発しやすさの目安を与える量である。水の蒸気圧の温度依存性の一例を表1.3－2に示す[1-26]。温度が上がるほど蒸気圧も高くなることがわかる。したがって、南極近辺の気温が上昇すると海水が多く蒸発して大気中の水蒸気の量が増え、この大気が海から陸に向かって吹く風に乗って南極大陸上空に達すると零下の世界で水蒸気は雪となり、陸上に積もることになる。雪の積もる速度が氷の解ける速度を上回れば、気温の上昇とともに南極大陸の氷の量は増え、その分海水量が減少して海面が下がることになる。表1.3－1の2列目に示されている結果は、実際にこのことが起こっていることを示唆している。

表1.3－1　IPCCが提出した海水面の上下動に関する数値（出典：文献[1-25]）

報　告　年	南極氷床の影響(cm／year)	すべての影響の合計(cm／year)
1900	－0.0089	0.42
1995	－0.0091	0.44
2001	－0.068	0.32

表1.3－2　水の蒸気圧（出典：文献[1-26]）

温度(℃)	0	1	2	3	4	5	6	7	8	9
蒸気圧(mmHg)	4.581	4.925	5.292	5.683	6.099	6.542	7.012	7.513	8.405	8.609

表1.3－3　水の比体積の温度依存性（文献[1-27]のp.II-3に掲載されている密度から算出）

温度（℃）	0	1	2	3	4
比体積(cm^3／g)	1.000160	1.000101	1.000060	1.000036	1.000028
温度（℃）	5	6	7	8	9
比体積(cm^3／g)	1.000036	1.000060	1.000098	1.000151	1.000219

気温の上昇はさらに水の熱膨張（thermal expansion）をも引き起こす。一般に物質は温度が上昇するとそれに伴って単調に体積が増加し、膨張する。水の比体積(単位質量あたりの体積)の温度依存性を表1.3-3に示す[1-27]。水は、特殊な物質で、0℃から4℃までは温度上昇とともに体積が収縮するが、4℃以上では他の物質と同様に温度が高くなると膨張して比体積が増加する。表1.3-1の3列目に示されている「すべての影響の合計として海面が僅かに上昇している」のは気温の上昇による海水の膨張が効いているからである。

このように環境問題は複雑系であるから、一つの因子の変化に対して一つの影響だけを考えるのではなく、考えられるあらゆる影響につて検討する必要のあることがこの例からも判るだろう。

1.4　ゼロエミッション：物質不滅の法則

1.4.1　ゼロエミッションについて

我が国における高度経済成長時代以降の生産プロセスに対する環境対策は、図1.4-1に示すように、End-of-Pipe → Cleaner Production → Zero Emissionという考え方の下で推移してきた。End-of-Pipe技術（EOP技術）とは、1970年代の高度経済成長時代に起こった公害問題を解決するために、生産プロセスから出る汚染物質を排出口の末端（End-of-Pipe）で処理する技術である。しかし、このような公害防止対策は、環境負荷を削減するために生産プロセスに追加的に付け加えられたもので追加的費用を伴う方策であり、経済的負担が増すのみで、それ自体で利潤を生み出すものではなかったので、排出物処理の考え方は1980年代の後半からCleaner Productionに移行した。Cleaner Production技術（CP技術）とは、生産プロセスの各工程で生ずる副生物を再利用可能なものはできるだけ再使用し（Reuse）、また

図1.4-1　我が国における生産プロセスの環境対策に対する考え方の推移

再生利用可能なものもできるだけ再生利用する（Recycle）することによって、生産プロセスに入る物質量を減らし、生産プロセスから出る廃棄物をできるかぎり減らそうとする（Reduce）、いわゆる３Ｒの考え方に基づくものである。そして生産に伴う省資源や省エネルギーならびに有害原料の排除、廃棄物の削減と有害性の低減などを実現することによって経済性の向上も図ろうとするもので、公害防止対策のEOP技術とは異なり、経済性に配慮しつつ環境悪化を予防する環境保全技術である。しかしながら、この技術も、単一の生産プロセスを対象にしたものであったので、その成果には自ずから限界があった。そこで、1990年代に入って生まれたのが、異種の生産プロセスをネットワーク化した生産システムを構築（クラスタリング）することによって、単一の生産プロセスではなしえなかった資源利用の効率化と環境負荷の低減を意図する「ゼロエミッション（zero emission）」という考え方である。

　ゼロエミッションとは、持続可能な開発（sustainable development）に向けて1994年に国連大学から提唱された構想で、それが提案されたもう一つの背景とその進展状況は以下の通りである。

　まず、国外に目を向けると、1987年にノルウェーで、The Commission on Environment and Development（ブルントラント委員会）が開かれ、そこで議論された内容が"Our Common Future"という表題の報告書として提出された。そこでは、持続可能な開発に対して、"将来の世代がそのニーズを充足する能力を損なうことなしに、現在のニーズを満たす開発"という一つの解釈が示された。国連は、その趣旨を引き継いで、1992年にブラジルのリオ・デ・ジャネイロで「環境と開発に関する国際会議（地球サミット）」を開催し、地球規模で進行する環境悪化や地球資源の枯渇等に対する方策を検討した。このサミットで採択された「環境と開発に関するリオ宣言」は、それを実現するための具体的な行動計画、すなわち、アジェンダ21「持続可能な発展のための人類の行動計画」として公表され、それ以降の国際社会の行動理念・指針として位置付けられた。　一方、我が国では、1970年代以降、部分的にはすでに前述したように、国や自治体等の行政機関、産業界および学術機関が、環境改善と地球資源の有効利用を一つの総合課題として捉え、その課題の解決に向けて努力が積み重ねられてきたが、この活動は、リオ宣

言によって一層加速され、産官学の中核的な機関に市民社会やNGO，NPO等も加わって全社会的に展開されるようになった。

国連大学は、このような背景を受けて、1994年に持続可能な開発・社会構築を目標にして、環境と調和する資源の効率的利用を目指した循環システム（資源循環型社会）を実現するためのゼロエミッション研究構想を提唱した。提唱者は、当時国連大学で学長顧問をしていたベルギー人実業家のグンター・パウリであり、この構想が1995年の4月に開催された第1回ゼロエミッション世界会議で公表された。これを契機にして、国内において、国連大学は、社会経済的研究および科学技術的研究を実施するとともに、社会各パートナーとの密接な協力関係の下に、当該構想の普及活動を積極的に推進した。そして、この協力関係のさらなる強化を図るために、2000年4月に自治体ネットワーク、学会ネットワークと産業界ネットワークの三分野からなる国連大学ゼロエミッションフォーラムを設立し、三グループが一体となってゼロエミッション構想の普及活動に努め、現在に至っている[1-28]。一方、世界に目を向けると、第2回ゼロエミッション世界会議が1996年の5月に米国のチャタヌガ市で、第3回のそれが1997年の7月にインドネシアのジャカルタ市で開かれ、日本発のゼロエミッション運動が次第に世界的な広がりをみせていった。このようにして、ゼロエミッションという考え方は、単に生産システムに留まることなく、色々な社会システムにも適用が試みられ、今日に至っている。

このように、これまでに国内外で試みられてきたゼロエミッションプロジェクトには、産業プロジェクト、地域（県や市など）プロジェクト、民間プロジェクトなどがあるが、ここでは産業プロジェクトとしてデンマークのカルンボー市における企業間連携プロジェクト[1-29]、民間プロジェクトとして滋賀県環境生活協同組合の菜の花プロジェクト資源循環サイクル[1-30]を"トピックス"として簡単に紹介する。地域プロジェクトについては、我が国の経済産業省が環境省と連携して1997年度より開始した「エコタウン事業（ゼロエミッションを基本理念にして、地域の環境調和型経済社会形成を目指す事業）」があり、2006年1月現在、北海道、札幌市、青森県、秋田県、釜石市、栗原市、千葉市、東京都、川崎市、飯田市、富山市、愛知県、岐阜県、四日

市市、鈴鹿市、大阪府、兵庫県、岡山県、広島県、山口県、直島町、高知市、愛媛県、北九州市、大牟田市、水俣市の26地域が承認されているので[1-31]、それらのホームページを参照されたい。

トピックス1：カルンボー市の産業シンバイオシス（産業共生）[1-29]

シンバイオシスとは、生物学由来の言葉で、異種の生物が様々な相互利益関係をもって共に生きていくことを意味する。したがって、産業シンバイオシスとは、異種の企業が相互の利益を追求した結果結びついた産業共生システムのことである。その発祥例としてよく引用されるのが、デンマークのシェラン島北西部にあるカルンボー（Kalundborg）市の産業シンバイオシスで

表1.4−1　カルンボー市の産業シンバイオシス（産業共生）（出典：文献[1-29]）

企　業　等	供給物質	供　　給　　先
アスネス石炭火力発電所	蒸気	製薬工場、精油所
	石膏	石膏ボード工場
	石炭灰	セメント会社（外部）
	温水	魚の養殖場、カルンボー市
	排水	再利用貯水池を経由して火力発電所に循環
スタットオイル精油所	硫黄	化学肥料産業
	ガス	火力発電所、石膏ボード工場
	冷却水	再利用貯水池を経由して火力発電所
	処理済排水	火力発電所
ノボノルディスク社（製薬会社）	イースト菌飼料	農業
	バイオマス	農業
	排水	カルンボー市役所
ジプロック社（石膏ボード会社）		
A・Sバイオテクニクスヨードレンス（土壌改良会社）		
カルンボー市	汚泥	土壌改良会社

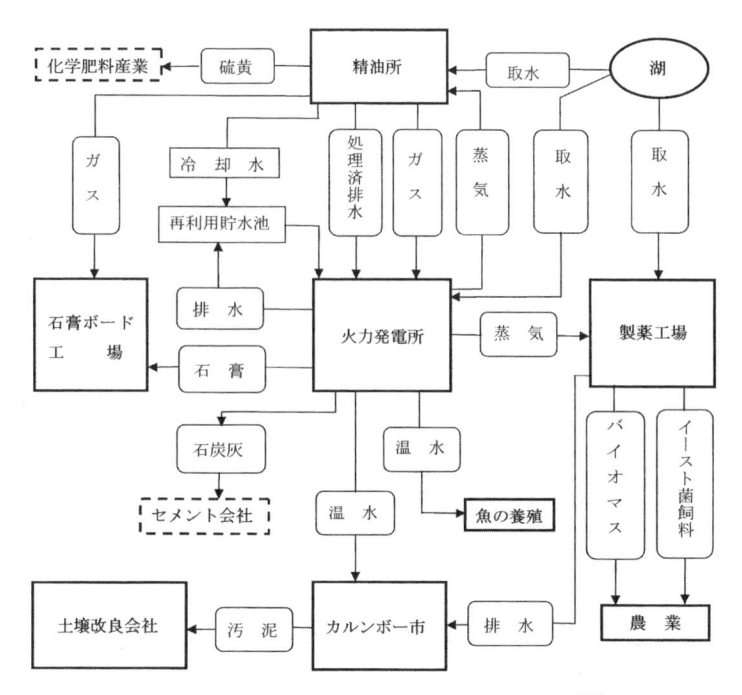

図1.4－2　カルンボー市の産業シンバイオシス（産業共生）（文献[1-29]に基づいて作成）

ある。この産業シンバイオシスは、表1.4－1と図1.4－2に示すように、市内にある五つの企業（アスネス石炭火力発電所、スタットオイル精油所、製薬会社のノボノルディスク社、石膏ボード会社のジプロック社、土壌改良会社のA・Sバイオテクニクスヨードレス）、市外の二つの企業（化学肥料産業、セメント会社）とカルンボー市（市役所と一般家庭）などから構成されており、一つの企業から出された副生物を他の企業の大切な原料に使用するなどして全体としての資源使用量を削減し、環境負荷を低減する資源循環システムを作り上げているので、ゼロエミッションの考え方を成功させた代表的な実施例としてよく紹介される。しかし、この産業シンバイオシスが誕生したのは1970年代でゼロエミッション構想が提唱される前であり、事実その動機は単にそれぞれの企業の利潤を追求することにあった。そのような経済的活動によって生じた結果が、後になって出てきたゼロエミッション構想に一

致したというのが真相である。しかし、人類の持続可能な開発にとって、環境問題と経済発展のバランスをどのようにとっていくかが最大の課題であるので、カルンボー市の産業シンバイオシスから、経済的な利潤追求の結果が結果的に資源使用量の削減と環境負荷の低減をもたらす、という貴重な教訓を学ぶことができる。

トピックス２：菜の花プロジェクト資源循環サイクル[1-30]

　このプロジェクトの発端は、今から三十数年程前に家庭の主婦が、自分たちの使った天ぷら油を捨てることが自分たちの飲み水を汚していることに"気付き"、これを石鹸にリサイクルしようとした取り組みに遡る。折りしも1977年に琵琶湖に大規模な淡水赤潮が発生し、事の重大さに気付いた近隣住民が一丸となってこの取り組みを大きく加速させた。すなわち、琵琶湖の主としてリンによる富栄養化を防ごうとして展開された水環境保全運動は、廃食油の石鹸リサイクルに止まらず、リンを含む合成洗剤の製造、販売、贈答を禁止する条例の制定へと発展し、1980年に琵琶湖条例（琵琶湖の富栄養化防止に関する条例）が施行された。この条例が施工されると、今度は洗剤メーカーがリンを含まない無リン合成洗剤を製造し販売を始めたので、石鹸の使用率が低下し、廃食油を石鹸にリサイクルする必要性が急降下した。そのため、石鹸に代わる廃食油のリサイクルに対する別の道の模索が始まった。そんな折の1998年に滋賀県環境生活協同組合理事長の藤井絢子氏がドイツの「化石燃料代替である菜種油燃料化プログラム」の訪問からヒントを得て、廃食油の動力用燃料化の取り組みを始めた。これが後の菜の花プロジェクトの本格的なスタートとなった。このプロジェクトに積極的に協力した地域が琵琶湖の東側にある愛東町であった。同町は早くから廃食油の回収に熱心で、燃料化の第1号テストプラントの導入にも取り組み、役場の公用車に廃食油燃料を使用することに踏み切った。このようにして、廃食油燃料が軽油に代わる代替燃料として使用できるという目途が立つと、また別の問題が生じた。それは軽油の使用量に比べて、廃食油燃料の原料となる廃食油の量が極めて少ないということであった。そこで、目をつけたのが、ドイツ訪問

の経験を生かして、生産調整で米を作れなくなった転作田を利用した菜の花栽培であった。そして、菜種から搾取した菜種油は、ドイツのようにすべてを直接動力用燃料に転化するのではなく、その一部を食用油として使用した後に動力用燃料に転化する方法とその他を直接転化する方法を採用した。この取り組みにも愛東町が真っ先に協力した。菜種栽培をきっかけにして人々の目が農業に向き始めると、そこから地域にとって有益な色々な課題が浮かび上がってきた。田園や山の機能を見直すこと、一次産業を評価しなおすこと、地産地消に注目すること、地域の未来を地域自身で考えること、などである。この活動が進展するにつれて地域の自立と自律を伴った「資源循環型社会」の形が浮かび上がってきた。その様子を図1.4－3に示す。このような活動のすばらしさは、理屈から出発したのではなく、地域住民が必要に迫られて楽しみながら改善に改善を重ねた実践の結果として資源循環型社会の具体的な地域モデルが出来上がってきたことである。持続可能な資源循環型社会と言っても、言葉と理屈だけでは、一般人にはなかなかそのイメージが

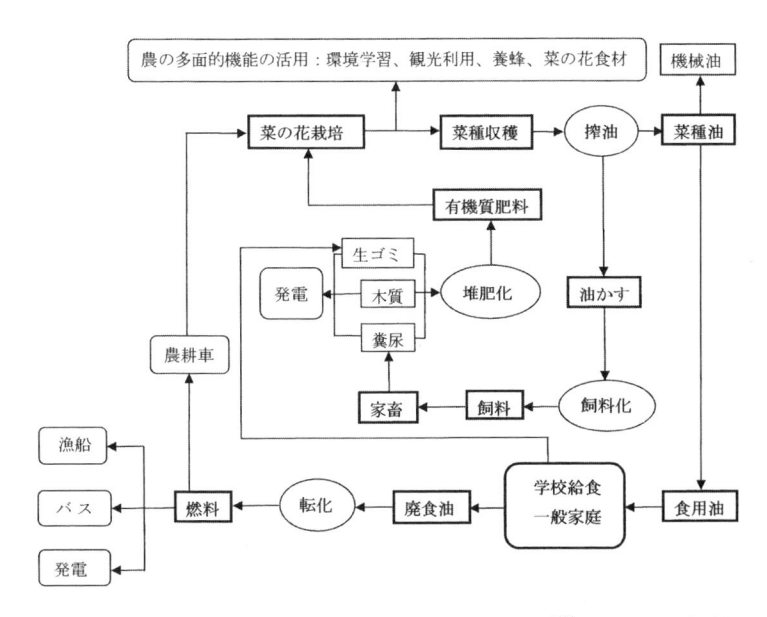

図1.4－3　菜の花プロジェクト資源循環サイクル（文献[1-30]に基づいて作成）

沸きにくい。菜の花プロジェクトは、愛東町での具体的な地域モデルが示されたことによって人々の理解が得られ急速に全国に普及した。現在36道府県約80の地域に広がりをみせている。そして、各地域は愛東町のまねをするのではなく、それぞれの地域が持つ特色を生かした菜の花プロジェクトを展開している。

1.4.2　物質不滅の法則

　ゼロエミッションという表現は、言葉通りに取れば、気体、液体、固体を問わず、すべてのエミッション（排出物）をゼロにすることである。したがって、この表現は、世間一般には、これが実際には不可能であるにも拘らず、本当に実現できるかのような誤解を生みやすい。その最たる例は、工場から出る廃棄物をゼロにする"ゴミゼロ工場"とか、社会から出る廃棄物をゼロにする"ゴミゼロ社会"という考え方である。しかし、人間は、"物質はいろいろ変化するが、それはそれを構成している要素の組み合わせが変わるだけで、物質の本質とみられる質量は保存される[1-32]"という物質不滅の法則(law of indestructibility of matter)を打ち破ることはできない。しかし、このように学術的に表現しただけでは理解しにくいので、この法則についてもう少し具体的に説明すると次の通りである。

　我々が今あるものに注目したとき、その注目したものを系（system）と呼ぶ。ある工場に注目すればその工場が、ある社会に注目すればその社会が、また図1.4－2に示した産業シンバイオシスや図1.4－3に示した菜の花プロジェクトに注目すれば、そのそれぞれが系である。一般に、系にある量の物質が入ると、その物質は系内で姿・形を変えてある量が系内に蓄積され、その他のある量が系外に排出される（図1.4－4参照）。このことを、質量に着目して、式で示せば次のようになる。

$$入量 ＝ 蓄積量 ＋ 出量 \qquad (1.4-1)$$

これが物質不滅の法則の数学的表現である。この法則に従えば、系外への出量（有用物＋エミッション）がゼロになるのは、系内に入った物質（入量）

```
入量 → [ 系  蓄積量 ] → 出量
```

図1.4-4 物質不滅の法則の説明

がすべて系内に蓄積されるときに限定される。系内に系外から物質が入り続ければいずれ系内は満杯になるので、それ以降は系内に物質が入れば、系内で姿・形は変わっても、同じ質量の物質（有用物＋エミッション）が系外に出て行くことになる。これが物質不滅の法則の教えるところである。

1.4.3　国連大学が提唱したゼロエミッションの真の意味

　第1.4.2項の説明では、系外から系内に入った物質がすべて有用物になれば、系外に排出されるエミッションはゼロになる。しかし、このようなことは実際には起こりえない。このことを図1.4-2に示したカルンボー市の産業シンバイオシスの例を取り上げて説明する。ここでは、例えば火力発電所からの廃棄物である石膏や石炭灰がそれぞれ石膏ボード工場やセメント会社の原料になっているので、一見ゼロエミッションになっているように見えるが、ボードやセメントが使用されて寿命がきた後のことは記されていない。寿命がきたものに使用価値がなければエミッションとして系外に排出されることになる。例え使用価値が生じて他の企業の原料になったとしても、この状況が永遠に続くことはなく、どこかで必ずエミッションとなって排出される。物質不滅の法則に縛られる限り、エミッションを最終的に零にすることは不可能なのである。

　事実、ゼロエミッションの推進者の一人である東京大学生産技術研究所所長で国連大学の副学長も務めた鈴木基之教授は科学研究費補助金「重点領域研究」平成9年度発足重点領域申請書「ゼロエミッションをめざした物質循環プロセスの構築」の中で、"ゼロエミッション"について以下のように記述している。すなわち、ゼロエミッションをそのまま受け取れば、何も排出しないということであり、排水、廃棄物、果ては二酸化炭素も排出しないことになる。しかし、生産活動そして人間活動には様々なエミッションがあり、生命活動がある限りすべてのエミッションを同時にゼロにすることは不可能

である。本研究がめざしているゼロエミッションとは、ある空間および時間スケールの系において、生産工程のみならず社会活動全体から環境への排出負荷を限りなく削減できる、負荷のツケ回しを廃絶した物質循環プロセスを創生することである"、と述べている。このようにゼロエミッションの真意は、単に"ゴミゼロ工場"とか"ゴミゼロ社会"というようなことではなく、異なるプロセス、産業、民間、自治体等の間で物質やエネルギーのやり取りのネットワークを構築することによって、資源の最大限の利用と無駄の最小化を達成し、加えて新しい収入源を創出し、新しい産業の創生を図って新しい雇用を生み出そうとするところにある、ことを明確に理解し、その立場でこの課題に対処すべきであることを忘れてはならない。

1.5 火力発電の仕組み：エネルギー保存則、熱効率、有効エネルギー、無効エネルギー

重油、液化天然ガス（LNG）や石炭などの燃料を燃やして、ボイラで高温・高圧の蒸気をつくり、この蒸気で蒸気タービンを回し、タービンにつないだ発電機を動かして電気を取り出す方法を汽力発電方式という。図1.5 - 1にその模式図を示す。多くの火力発電はこの方式で行われている。

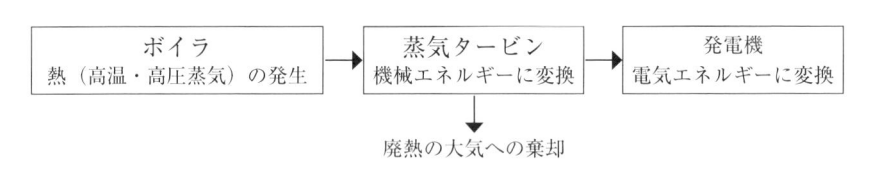

図1.5 - 1　火力発電（汽力発電方式）の模式図

この発電方式において熱に注目すると、燃料を燃やして得られた熱が熱機関（heat engine、熱の形で供給されたエネルギーを仕事に変える原動機、この例では、蒸気タービン＋発電機がこれに相当する。）に入ってその一部が蒸気タービンで機械エネルギー、さらに発電機で電気エネルギーという仕事に変換され、残りの熱は蒸気タービンから大気に捨てられている。この状

況を模式的に示せば図1.5 – 2のようになる。

この図では、ボイラの高温・高圧の蒸気を絶対温度T_Hの高熱源、大気を絶対温度T_Lの低熱源としている。この模式図を使って火力発電の仕組みを説明しなおすと、火力発電とは、「蒸気タービン＋発電機」からなる熱機関が絶対温度T_Hの高熱源からQ_Hという熱エネルギーを受け取ってその一部を仕事Wに変え、仕事に変えることができなかった熱エネルギーQ_Lを絶対温度がT_Lの低熱源に捨てることによって電気エネルギーを生み出す仕組みであるということができる。このとき、

$$Q_H = W + Q_L \qquad (1.5-1)$$

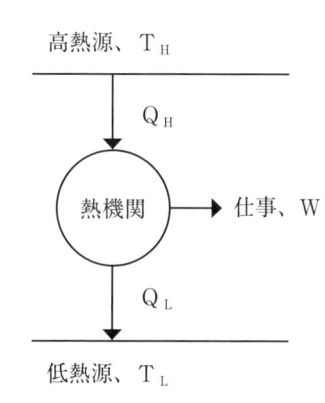

図1.5 – 2 火力発電の模式図

すなわち、熱機関に入っていったエネルギーの総和はそこから出ていったエネルギーの総和に等しくなければならない。このように、エネルギーは形を変えることはあっても消失してしまうことはなく、必ず保存される。この事実をエネルギー保存則（law of conservation of energy）あるいは熱力学第1法則（first law of thermodynamics）という。この法則については第1.9節でさらに詳述する。

　これまでの説明から予測されるように、熱をすべて仕事に変換することは不可能である。このことは頭の中にしっかり留めておいてほしい。すなわち、熱機関を運転し続けるためには高熱源だけではなく低熱源とも熱を交換しなければならない、というのが人類の経験から導き出された熱力学第2法則（second law of thermodynamics）の一つの結論である。高熱源から熱機関に与えられた熱Q_Hのうちどれだけが仕事Wに変換されたかを表す割合、

$$\eta = \frac{W}{Q_H} \quad (1.5-2)$$

を熱効率（thermal efficiency）という。この熱効率という表現を使えば、上記の結論は、熱効率が100％の熱機関はありえない、と言い換えることができる。

それでは熱効率の最大値はどのようなときに得られ、その値はどの位になるのだろうか。熱力学から導かれた結論によれば、熱効率の最大値は熱機関を無限にゆっくりと（正確には可逆的（第1.7.3項参照）に）作動した時に得られ、その値 η_r は高熱源と低熱源の温度だけで決まり、

$$\eta_r = 1 - \frac{T_L}{T_H} \quad (1.5-3)$$

で与えられる。例えば、高熱源の温度が1000K、低熱源の温度が300Kの場合には、η_r = 1 − 300K／1000K = 0.7となり、最高でもQ_Hのうちの70％しか仕事に変換することができず、30％はQ_Lとして低熱源に捨てなければならない。言い換えれば、この条件下では、熱Q_Hのうちで仕事に変換できる最大値は0.7Q_Hで、それ以上はどんなに頑張っても仕事に変換することはできない、ということである。このように、与えられた条件下で（この例では、高熱源の温度が1000 K、低熱源の温度が300 Kという条件下で）、熱Q_Hのうちで仕事に変換されうる最大値を有効エネルギー（available energy）、どのようにしても仕事に変えられない部分を無効エネルギー（unavailable energy）という。

実際の熱機関は有限の速度で運転されるので、その熱効率は、(1.5 − 3)式ではなく、(1.5 − 1)式と(1.5 − 2)式を組み合わせて得られる、

$$\eta = \frac{W}{Q_H} = \frac{Q_H - Q_L}{Q_H} = 1 - \frac{Q_L}{Q_H} \quad (1.5-4)$$

で与えられ、η は η_r より必ず小さな値となる。言い換えれば、実際の熱機関で取り出せる仕事は有効エネルギーよりも必ず小さな値となる。

1.6 打ち水をするとなぜ涼しいか：相変態と潜熱

　夏に庭先に打ち水をすると涼しくなることを我々は経験としてよく知っている。これは水が蒸発して水蒸気になるときに周囲の地表や空気から熱を奪ってそこの温度を下げるからである。このように水が水蒸気になる、すなわち、相（phase、明確な物理的境界により他と区別される物質系の均一な部分。それが気体、液体、固体であるのに応じて気相、液相、固相と呼ばれる。）が変化することを相変態（phase transformation）という。等圧、等温の下で、相変態に伴って相に入ったり、あるいは相から出たりする熱は一般に潜熱（latent heat）と呼ばれる。上述の打ち水の場合には、打ち水された水に周囲の地表や空気から熱が入るが、その熱によって水が蒸発し、水蒸気が同じ量の熱をもって逃げる場合には、水の温度は一定に保たれる。しかし、このとき周囲の地表や空気から熱が奪われるとともに、その熱を奪った水蒸気が上空に逃げていくので、涼しくなるのである。

　固相、液相、気相の間の相変態には、図1.6－1に示すように、固相→液相、液相→気相、気相→液相、液相→固相の四つの相変態があるが（昇華と呼ばれる固相→気相の相変態もあるが、ここには含めない。）、それぞれの相変態を融解（fusion）、気化あるいは蒸発（vaporization）、凝縮（condensation）および凝固（solidification）といい、それに伴う潜熱をそれぞれ融解熱（heat of fusion）、気化熱あるいは蒸発熱（heat of vaporization）、凝縮熱（heat of condensation）および凝固熱（heat of solidification）という。ついでに触れておくと、零下になる寒冷地で周囲に水があると冷えにくいのは、水（液相）が凝固して氷（固相）になる時に凝固熱を出して周

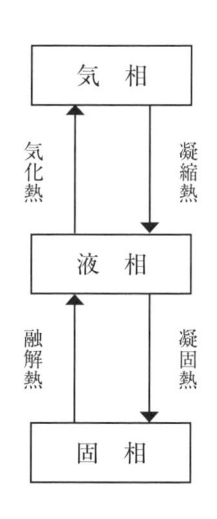

図1.6－1　相変態とそれに伴う潜熱

囲を暖めるからである。

1.7 夏山はなぜ涼しいか：万有引力と重力、空気の組成と気圧、可逆過程と不可逆過程、断熱膨張と温度降下

1.7.1 万有引力と重力

　すべての物体の間に働く引力（attraction or attractive force、二つの物体の間に働く力のうち相互間の距離を減少させる方向に働く力）を万有引力（universal gravitation）という。物体を質点（material particle or material point、物体の質量中心にその全質量が集まっているとみて、その点の位置、運動によって物体の位置、運動を代表させるとき、その質量中心を質点という。）として取り扱う場合には、二つの質点間に働く万有引力は距離の2乗に反比例する。地球上の物体に地球が作用する力を重力（gravity）という。重力には、地球の自転に基づく見掛けの力も含まれるが、それは僅かであり、通常は重力を地球の万有引力と見做すことができる。したがって、重力も二つの質点間の距離の2乗に反比例するとして差し支えない。

1.7.2 空気の組成と気圧

　天体（celestial body）の気相の部分を大気（atmosphere）といい、特に、地球を包む大気の下層部分を構成する気体を空気（air）と呼ぶ。水蒸気を除いた空気の組成は表1.7－1の通りである[1-32]。酸素と窒素でほぼ99％を占めていて、酸素と窒素の体積比はおおよそ1対4である。酸素の分子量が32、窒素の分子量が28、水蒸気の分子量が18であるから、空気が水蒸気を含むと軽くなる。このことに関するより正確な説明は後述する。

　この他に都市の空気には二酸化硫黄（SO_2）、アンモニア（NH_3）、亜硝酸（NO_2）、塩化物、炭化水素などが、海岸地方の空気には塩化物などが含まれている。

　大気の圧力を気圧（atmospheric pressure）という。気圧は空気を構成する気体分子と地球との間に働く重力によって生じるので、空気中のある高さにおける気圧はその上に載っている空気の重さに相当する。したがって、気

圧は地表から離れるほど低くなる。

表1.7-1 空気の組成

気体の種類	化学記号	重量百分率（％）	体積百分率（％）
酸素	O_2	23.01	20.93
窒素	N_2	75.51	78.10
アルゴン	Ar	1.286	0.9325
二酸化炭素	CO_2	0.04	0.03
ネオン	Ne	0.0012	0.0018
ヘリウム	He	0.00007	0.0005
クリプトン	Kr	0.0003	0.0001
キセノン	Xe	0.00004	0.000009

1.7.3 可逆過程と不可逆過程ならびに断熱膨張と温度降下

図1.7-1に示すようなシリンダーとピストンに囲まれた圧力pの気体の膨張を考える。気体の圧力pが外圧Peに等しいときには膨張も圧縮も起こらない。しかし、pをPeより無限小だけ大きくすれば、無限大の時間をかけて気体は膨張すると考えることができる。このような仮想的な過程あるいは変化を準静的過程（quasistatic process）あるいは準静的変化（quasistatic

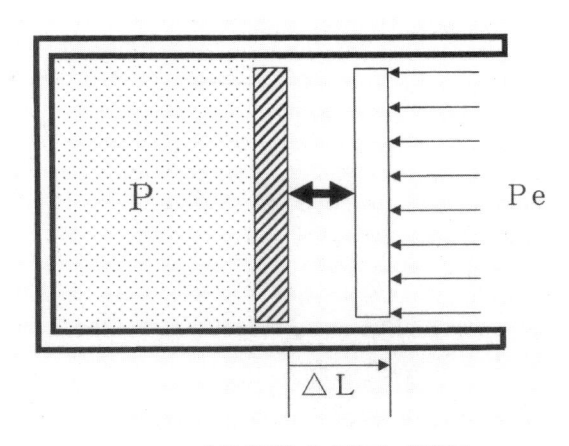

図1.7-1 断熱膨張と温度降下の説明図

change)という。このような準静的過程は、膨張の一つの極限状態であると同時に、収縮の極限状態でもあるので、膨張と同時に収縮も起こりうる過程である。このように逆行可能な過程あるいは変化を可逆過程（reversible process）あるいは可逆変化（reversible change）という。そうでない過程あるいは変化を不可逆過程（irreversible process）あるいは不可逆変化（irreversible change）という。より分かりやすく表現すれば、無限小の速度で進む過程（変化）を可逆過程（変化）、有限の速度で進む過程（変化）を不可逆過程（変化）という。自然界で自発的に起こる変化はほとんどが不可逆変化である。

　今、シリンダー内の圧力 p の気体が可逆的に膨張するときに外界に対して行う仕事 W は、ピストンの面積（シリンダーの断面積）を A，ピストンの移動距離を ΔL とすると、仕事の定義は「力×距離」であるから、

$$W = p \times A \times \Delta L = p \Delta V \qquad (1.7 - 1)$$

で与えられる。ΔV は気体の膨張した体積である。もし、このシリンダーとピストンが完全な断熱壁で囲まれていれば、気体は外界と熱のやり取りを行うことはできない。したがって、断熱状態で気体が外界に対して仕事をすれば、エネルギー保存則によって、その分だけ気体のエネルギー（内部エネルギー）は低下し、温度降下として現れる。

　1気圧（101,325 Ｐａ）、20℃における空気と水蒸気の密度はそれぞれ1.205kg／m^3と0.753kg／m^3である。したがって、太陽光によって地表が暖められ、水が蒸発して空気に水蒸気が含まれると軽くなる。また、空気は暖められただけでも膨張して密度が低下し、軽くなる。このようにして軽くなった空気は上昇するが、上空ほど気圧が低いので、上昇空気は断熱膨張（adiabatic expansion）を起こす（上昇空気は、実際には断熱壁で囲まれているわけではないが、膨張する速度が周りの空気と熱のやり取りをする速度よりはるかに速いので、事実上断熱膨張と見做すことができる。）。したがって、上述した理由により、上昇空気の温度降下起こる。この気温の下がり方を気温減率というが、その割合は平均すると0.6℃／100ｍである。夏に山の上に行く

と涼しいのはこの理由による。

1.8　島国の日本が温暖な理由：熱容量と比熱および顕熱

　お風呂を沸かすときには、浴槽中の水を直接加熱する。そして、お湯になった状態で浴槽の蓋をとると浴室の空気の温度もすぐに上昇し、お湯の温度に近づいていく。しかし、浴室の空気を加熱して浴槽の蓋をとっても浴槽中の水の温度は中々上昇しない。しかも、空気の加熱を止めると、空気の温度もすぐに浴槽中の水の温度に近づいてしまう。なぜだろうか。これは物質によって熱を抱え込む能力（熱容量、heat capacity）が異なるからである。熱容量は、正確には、物質の温度を単位温度（通常は1℃）だけ上昇させるに必要な熱量、と定義される。また、単位質量の物質の温度を単位温度だけ上昇させるに要する熱量を比熱（specific heat）という。したがって、熱容量は比熱と物質の質量の積で与えられる。常温、1気圧における水と空気の比熱は、それぞれ4.18 J／℃・gと0.24 J／℃・gで、水の方が約17倍大きい。さらに、浴槽中にある水の質量は浴室中の空気の質量よりはるかに大きい（例えば、浴槽中の水の体積を$1m^3$、浴室中の空気の体積を$10m^3$とすると、その質量はそれぞれ1000kgと12.05kgであるから、熱容量に換算すると、水の方が空気より約1400倍大きい。）ので、水は温まりにくく、かつ冷めにくいが、空気は、水に比べて、はるかに温まりやすく、冷めやすいのである。

　海に囲まれた島国の日本の気候は、浴槽中の水と浴室中の空気の関係に類似している。日本の陸地の空気の熱容量は陸地を取り巻く海水のそれに比べて著しく小さいので、日本の陸地の温度は、温まりにくく冷めにくい海水の温度の影響を強く受ける。そのため、夏は大陸に比べて涼しく、冬は暖かい。昼夜の寒暖の差も小さい。海洋性気候はこのようにして生まれるのである。したがって、地球の温暖化や寒冷化の影響も日本は最も受けにくい国の一つである。

　なお、物質の相変化に使われる熱を潜熱（latent heat）といったが（第1.6節参照）、これに対して物質の温度上昇に使われる熱は顕熱（sensible heat）と呼ばれる。

1.9 太古の火おこし：
力学的エネルギー保存則、摩擦、エネルギー保存則（熱力学第1法則）、固体燃料の燃焼、木材の燃焼機構

冬の寒い日にかじかんだ手を擦り合わせると、暖かくなることを体験として知っている。これは手を動かす運動エネルギーが摩擦を介して熱エネルギーに変換されるからである。縄文時代や弥生時代の太古の人々は同じ原理を用いて木を擦り合わせることにより火をおこしていた。太古の火おこしには多くの科学的な基礎知識が潜んでいる。以下にそれを探り出してみよう。

1.9.1 力学的エネルギー保存則、摩擦とエネルギー保存則（熱力学第1法則）

エネルギーの分類法には視点の相違により種々あるが、物理の視点から見ると、力学的エネルギー（運動エネルギーとポテンシャルエネルギー）、熱エネルギー、電磁エネルギーなどのように分類される。このうちで、外力の働かない系に対する力学的エネルギー保存則（principle of conservation of mechanical energy）は、

〔運動エネルギー〕＋〔ポテンシャル(位置)エネルギー〕＝一定　　(1.9 − 1)

で表される。例えば、真空中である高さに静止していた物体が落下するときの運動エネルギーは、ポテンシャル（位置）エネルギーが姿を変えたもので、落下中の任意の位置における物体の全エネルギー（力学的エネルギー）は常に一定で保存される。

すでに第1.5節で取り上げた熱力学第1法則(first law of thermodynamics)はすべての物理エネルギーを包含したエネルギー保存則(law of conservation of energy)で、これは力学的エネルギー保存則の拡張と見做すことができる。ここに至るまでには長い歴史があった。

17世紀に始まった熱の本質を明らかにしようとする動きの中で最初に出てきた学説は、ドイツのC. WolfやイギリスのJ. Blackらによって導入され、

発展させられた熱素説（caloric theory）であった。18世紀に入ってからのことである。彼らは、重さのない熱素（caloric）の存在を仮定し、その流れによって熱の発生や伝熱現象をたくみに説明していた。しかし、この熱素説を覆すきっかけとなる重大な発見が1798年に訪れた。神聖ローマ帝国のG. V. Rumford伯爵はミュンヘンの造兵廠で大砲を作るための穿孔作業を監督していたときに、膨大な熱が発生するのを見て、熱素の存在を仮定する熱素説に疑問をもち、熱は力学的エネルギーの消費（摩擦：friction）によって生ずると考え、熱素説を覆すきっかけをつくった。その40年後の1840年頃までには、熱と力学的エネルギーが互いに変換するものであることがよく認められ、熱は物質を構成する最小粒子の運動の形式であると理解されるようになったが、力学的エネルギー保存則を熱エネルギーも含めたエネルギー保存則に一般化するまでには至らなかった。

　この一般化に成功したのが、1814年にドイツのHeilbronnの薬剤師の息子として生まれたJ. R. Mayerであった。彼は医学を学ぶためにTuebingen大学に入学し、有名なGmelin教授の下で化学の基礎を修得した。ここまでは平凡な学生で科学の発展に大貢献するような様子はまったく窺えなかった。卒業後、世界を知りたくなって船医となり、1840年2月にオランダのRotterdam港を出帆した。途中寄港したSurabayaのドックで土地の船員の採血をしたとき、血の色が鮮紅色であったので、静脈ではなく動脈の血をとったのかと思った。しかし、土地の医者から、この色は熱帯に住む人間に特有なものであり、寒冷地に住む人間に比べて体温を保持するに必要な酸素の消費量が少ないためである、ことを教わった。これをきっかけにして、彼は、船上で、熱と仕事の関係について没頭する毎日を過ごすことになった。人間は食物を食べ、それによって体温を保ち、仕事をする。体温を保つための熱は食物の酸化によって生ずる。食物から得られるエネルギーは一定なので、状況によって体温を保つ熱の発生量が変わるということはそれに応じて仕事の量も変わらなければならない。その結果、彼は、熱と仕事は互いに交換できる種類のものである、という結論に達した。彼の考えを纏めた論文は最初は雑誌の編集者の判断で受理されなかったが、1842年にAnnalen der Chemie und Pharmazieという雑誌に受理され、エネルギーの力学的単位（J

（ジュール）、1 Jとは1 N（ニュートン）の力が物体に作用してその方向に1 mだけ動かす間にその力がなす仕事。1 Nとは質量1 kgの物体に作用して1 m／s^{2}の加速度を生じさせる力）と熱的単位（cal（カロリー）、1 calとは純水1 gを1気圧の下で1℃昇温させるに必要な熱量）とを関係付ける次式を提出した。

$$W = JQ \qquad (1.9-2)$$

ここで、Wは仕事（J）、Qは熱量（cal）で、Jは熱の仕事当量（J／cal）と呼ばれる。

　Mayerが求めたJの値は3.65 J／calでまだ不正確な値であった。この法則はその後のJ. P. Jouleの華麗で精密な実験により実験的に確立された。Jouleの提出したJの値は4.154 J／calであった。現在はJ = 4.184 J／calが用いられている。Mayerの哲学的考察とJouleの実験的研究を経てエネルギー保存の概念がようやく受け入れられるようになった。

　一般に、図1.9－1に示すように、重力場が作用している状態で、系と外界との間に熱Q（外界から系に加えられるときに正とする。）と仕事W（系が外界に対して行なうとき正とする。）のやり取りがあると、系の力学的状態と内部の状態が変化する（電磁場が作用しているときの電磁状態の変化は内部状態の変化に含める。）。

　このときのエネルギー保存則は、力学的状態を規定するものが運動エネル

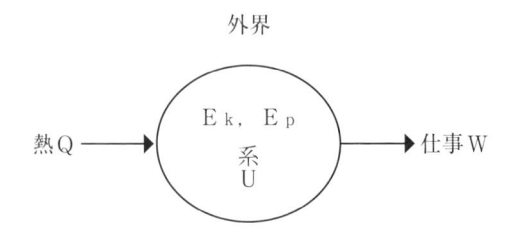

図1.9－1　エネルギー保存則の説明

ギーE_kとポテンシャル（位置）エネルギーE_pであるので、内部状態を規定するものを内部エネルギーUと定義すると、

$$\Delta E_k + \Delta E_p + \Delta U = Q - W \qquad (1.9-3)$$

で表される。Δは変化量を意味する。これが一般化されたエネルギー保存則（熱力学第1法則）である。

系が静止している場合には、$\Delta E_k = \Delta E_p = 0$であるから、この場合のエネルギー保存則は、

$$\Delta U = Q - W \qquad (1.9-4)$$

となる。

1.9.2 固体燃料の燃焼

木材、木炭、石炭、コークスなどの固体燃料の燃焼の仕方には次の4通りがある。

（1）蒸発燃焼

常温では固体である燃料が温度の上昇に伴って溶け、蒸発して気体となり空気と混合しながら燃焼する形態を蒸発燃焼という。ろうそくのような炭素数の多い固体の炭化水素の燃焼でよく見られる。

（2）分解燃焼

高分子の固体燃料には、主成分の沸点より低い温度で熱分解する成分が含まれている。この成分が熱分解して生ずる気体は、水素（H_2）、一酸化炭素（CO）、炭化水素（HC）などの可燃性ガスと二酸化炭素（CO_2）、水蒸気（H_2O）などの不燃性ガスとの混合気体である。これが空気と混合しながら燃焼する形態を分解燃焼という。木材の燃焼のはじめの状態において観察される。

（3）表面燃焼

炭素の融点は3770K以上で非常に高いために、炭素は燃焼前に溶融したり蒸発したりすることはない。したがって、炭素だけからできている燃料で

第1章 持続性を理解するために必要な教養としての科学の基礎知識

は、空気中の酸素が燃料表面まで拡散して行き、そこで燃焼が起こる。この燃焼形態を表面燃焼という。木材の燃焼で、熱分解ガスの発生が終了した燃焼の後半には炭素を主成分とする燃料だけとなるので、表面燃焼が起こる。
（4）いぶり燃焼

　燃料の中に燃焼できる成分が少なかったり、燃焼できる成分があってもそれが空気の流れによって燃焼領域の外に流されてしまったり、あるいは可燃成分に比べて供給される酸素が少ない場合には、十分な燃焼ができないために煙を伴った燃焼が起こる。この燃焼形態をいぶり燃焼という。生の木材が燃焼するときによく見られる。

1.9.3　木材はどのようにして燃えるのか

　太古の火おこしのように、乾燥した二つの木材を擦り合わせると、第1.9.1項で説明したように、木材を擦り合わせる力学的エネルギーが摩擦によって熱エネルギーに変換され、木材表面の温度が次第に上昇してやがて着火し、その後燃え続ける。このような木材の燃焼の仕方は次のような三つの燃焼機構に分類される。

（1）分解燃焼（初期状態）

　プラスチックのような高分子材料は、そのもの自体は燃えにくく、温度が上昇して高分子が分解し可燃性ガスとなってはじめて燃焼する。高分子であるセルロース（$C_6H_{10}O_5$）とリグニン（$C_{60-65}H_mO_x$、正確な化学構造は明らかではない。）を主成分とする木材の燃焼はこれに類似している。図1.9-2は、擦り合わせた二つの木材のうちの一方だけを取り出して、分解燃焼の初期状態における燃焼機構を示したものである。摩擦によって木材の表面温度が上昇し、高分子の

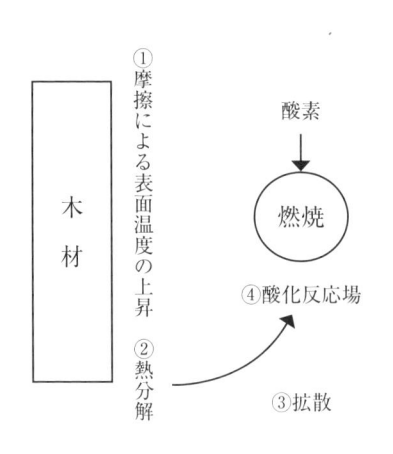

図1.9-2　分解燃焼（初期状態）

分解温度に達すると、より低分子の可燃性ガスが発生する。この可燃性ガスが空気中の酸素と反応するために、燃焼の初期には木材表面近くに酸化反応場が形成される。しかし、木材表面から可燃性ガスが噴出し、表面近傍の酸素も消費されるので、酸化反応場はすぐに表面から数mmの位置に後退する。図1.9－2はこの状態を示したものである。

(2) 分解燃焼（定常状態）

燃焼の初期には酸素は木材表面に供給されるが、燃焼反応は激しいので、酸素の供給が追いつかなくなる。そのため、酸化反応場は次第に後退し、定常状態では木材表面より10－20mm離れた位置に形成される。この状態の燃焼機構を図1.9－3に示す。

燃焼が続くかどうかは、酸化反応場への可燃性ガスと酸素の供給のバランスによって左右される。可燃性ガスの供給が不足しても酸素の供給が不足しても燃焼は継続しない。両者の供給がバランスする時にはじめて燃焼が継続する。酸化反応場で燃焼が継続的に起こると、そこの温度が高温に保たれ、放射や空気の対流によって木材表面が加熱される。放射による材料表面の加熱は、Stefan-Boltzmannの法則により絶対温度の4乗に比例するので、酸化反応場の温度が少しでも下がると、木材表面に到達する熱量が急激に減少して燃焼を継続することが困難になる。例えば、酸化反応場の温度が1000℃（1273 K）から900℃（1173 K）さらには800℃（1073 K）に低下したとすると、

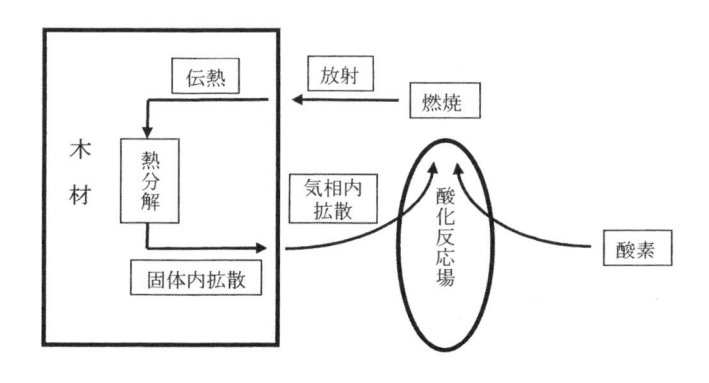

図1.9－3　分解燃焼（定常状態）

木材表面に放射で到達する熱量は、1000℃のときに比べて、それぞれ72％〔(1173／1273)^4×100＝72.1％〕と50％〔(1073／1273)^4×100＝50.5％〕に減少する。また、燃焼する材料の表面が白いと放射熱を反射するので材料内部に熱が伝わりにくいが、木材の燃焼では表面にススなどが付着して黒くなるので、放射熱を反射せず、効率よく熱を吸収するようになる。このような場合に、水酸化マグネシウムをかけると、表面に白色の酸化マグネシウムの膜を生成し、放射熱を反射して、熱を木材の内部に伝えにくくする。このような物理的・化学的現象は燃えにくくしたり、消化したりするときの参考になる。

　燃焼が継続して木材表面に熱が伝わり続けると、その熱は木材内部へ伝導し、木材を熱分解して低分子の可燃性ガスを発生させる。可燃性ガスは、木材の内部ですべての方向に拡散可能であるが、物質の拡散係数（拡散のしやすさを表す係数）は温度の高いほど大きいので、木材表面に向かって拡散する。材料表面に達した可燃性ガスは、気相に出て気相拡散し、酸化反応場に達して、燃焼を継続する。このように、分解燃焼の定常状態では、図1.9－3に示すように、可燃性ガスの燃焼→放射→伝熱→熱分解→固体内拡散→気相内拡散→酸化反応場への供給と空気中の酸素の酸化反応場への供給がバランスした状態で燃焼が継続するのである。

（3）表面燃焼

　分解燃焼が継続して木材中の熱分解成分が消失すると炭素分だけが残る（木炭化）。前述したように、炭素は通常の燃焼温度では蒸発しないので、このような状態に達すると表面燃焼が進行することになる。この燃焼の継続性は、空気中の酸素の燃料表面への拡散・供給によって支配される。

1.10　太陽からの光を反射鏡で集光して太陽の表面温度（約6000K）より高い温度を得ることができるか：エントロピー、熱力学第2法則

1.10.1　エントロピー

　絶対温度Tの熱Qが移動するとき、この熱によって運ばれるエントロピーSを、

$$S = \frac{Q}{T} \qquad (1.10-1)$$

で定義する。このように定義されるエントロピーとは、エネルギーの質の低下や物の無秩序さの程度を表す指標である。エネルギーの質の低下や物の無秩序さを"汚れ"という一言で置き換えれば、エントロピーとは、汚れの程度を表す指標と言い換えることができる。

エントロピーについては第2章で詳述する。

1.10.2 熱力学第2法則

外界と物質のやり取りもエネルギーのやり取りもない系を孤立系(isolated system)という。上述のエントロピーを用いると、熱力学第2法則（second law of thermodynamics）は、"孤立系における不可逆変化のエントロピーは常に増大する"というように表現される。
宇宙は孤立系であり、宇宙で起こる変化は、特殊な場合を除けば、すべて不可逆変化であるから、宇宙に住んでいる我々の身の回りで起こる変化は、常にエントロピーが増大する方向、すなわち、汚れが増大する方向にしか起こらないことを示す法則である。熱力学第2法則は人類の経験から導き出された法則であるが、この法則に反する現象は未だに見出されていない。

1.10.3 太陽からの光を反射鏡で集光して太陽の表面温度（約6000 K）より高い温度を得ることができるか

エントロピーは、自然界で起こる自発的な変化を大局的・定性的に判断するのに優れた指標でもある。例えば、太陽の表面温度は約6000 Kであるが、太陽光を大きな凹面鏡を用いて一点に集光したら、6000 K以上の温度が得られるかという問題に対して、エントロピー増大の法則を知っていれば、複雑な計算をすることなく直ちに答えることができる。正解は"不可能である"である。もし、これが可能であるとすれば、低温物体から高温物体に熱が移動し、エントロピーを減少させるからである。エントロピーを減少させるような自発変化は起こらないのである。

ところで、持続性を維持するために昔の生活に戻れという主張もある。しかし、このことは熱力学第2法則から絶対に不可能であることを銘記しておいて欲しい。時代はエントロピーを増大させる方向に進展してきたのであるから、時代を遡ることはエントロピーを減少させることになるからである。エントロピーを減少させる方向には時代は動けないのである。

　このように、エントロピーは、自然界で起こる自発的な変化を大局的・定性的に判断することを得意とする。しかし、多くの場合定量的・時間的に予測することは不得手であることをわきまえておく必要がある。

　以下に述べる2項の内容は、科学の基礎知識とは若干異なるが、温暖化対策に対する世界各国の戦略や技術と経済の関係を理解する上で大切な事柄でありながら、一般には必ずしも行き渡っているとは言えないので、ここで取り上げることにする。

1.11　鳩山首相の公約「CO_2 25％削減」が経済に及ぼす影響

　約90カ国の首脳が集まって2009年9月22日にニューヨーク国連本部で開催された国連気候変動首脳会合で、就任6日目の鳩山首相は、「すべての主要国の参加による意欲的な目標の合意が、我が国の国際社会への約束の前提になる」との条件付ではあったが、「2020年までに1990年比で温室効果ガス（CO_2）の排出量を25％削減する」と公約した。ここで記した「1990年比」というのは、1997年12月に先進国と発展途上国の161カ国が参加して京都で開かれた「温暖化防止を義務付ける国際会議」である京都会議で締結された京都議定書に初めて現れた表現で、日本にとって極めて不利な不平等基準なので、まずこの点から振り返ってみることにしよう。

　京都会議は1997年に開かれたのであるから、基準年は同年とするのが常識的な考え方である。それにも拘わらず1990年になったのには、ドイツをはじめとするヨーロッパ先進諸国のしたたかな戦略があったからである。

　ところで、図1.1－3に示したように、1940年から1970頃までの30年間は地球の温度が下降を続けていたので、「21世紀は寒冷化の時代」と言われ、

農作物の不作などが心配されていた。しかし、その後に到って気温が上昇するようになると、フィラハ会議が1985年に開かれ、学者が集まって温暖化に関する討論が行われた。これが温暖化が国際的に注目を集めるきっかけとなり、その結果は直ちに政治問題へと発展した。すなわち、1988年にヨーロッパが中心になって「気候変動に関する政府間パネル（IPCC）」が設立され、1992年にリオデジャネイロで開かれた「環境と開発に関する国連会議（通称、地球サミット）」、1995年ベルリンで開かれた「気候変動枠組条約第1回締結国会議」、そして1997年の「京都会議」へと続くことになった。

　省エネなどの技術が進歩した状況下でのCO_2の排出削減は、後述するように、経済成長の阻害に直接結ぶつくことを見抜いていたヨーロッパは、他国、特に日本および急激な経済成長が見込まれるアジア諸国との経済競争を有利に進めるために、CO_2による温暖化を政治戦略として利用することを考え付いたのであろう。フィラハ会議以前からこの戦略のための準備を着々と進め、京都会議に挑んだのである。これに対して日本は、ヨーロッパが妥協するために持ち出した温室効果ガス排出権取引についての事前の打ち合わせを環境庁と経済産業省との間で行っていないほど準備不足の状態で臨んだのである。その結果締結されたのが、日本にとって極めて不利な京都議定書である。京都会議では議論の結果、温暖化防止を義務付ける国際会議としてはこの会議が最初であったことや発展途上国に温室効果ガスの排出削減を義務付けると経済発展を妨げることになり不平等であるということから、最終的に先進国だけが温室効果ガスの排出削減義務を負うことになった。その削減義務の状況を表1.11－1の削減率－議定書の欄に示す。削減率は、日本が6％、アメリカが7％、ドイツが8％、イギリスが8％、カナダが6％、ロシアが0％である。削減率達成の目標期間は2008年から2012年の4年間である。これだけ見れば、日本が不利とは読み取れないが、そこにトリックが隠されていたのである。それが「1990年比」である。ドイツをはじめとしてイギリスとロシアも基準年を1990年にすることに強く固執したが、その理由をこの表を用いて説明してみよう[1-33]。

　ドイツでは、東西ドイツの統合が1990年10月に行われたので、1990年の温室効果ガス排出量の統計値は西ドイツと東ドイツの排出量の合計となり、

表1.11−1 京都議定書の怪（出典：文献[1-33]）

国	温暖化ガス排出量（CO_2換算億トン）		削減率			実施状態	
	1990年	2000年	会議の時	議定書	実質	実施状況	削減
日本	11.9	13.4	13%	−6%	−19%	批准	○
アメリカ	61.3	70.4	15%	−7%	−22%	批准せず	―
ドイツ	12.5	10.1	−19%	−8%	11%	批准	―
イギリス	7.4	6.5	−12%	−8%	4%	批准	―
カナダ	6.1	7.3	19%	−6%	−25%	離脱	―
ロシア	(30)	(18)	−38%	0%	38%	批准	―

（　）内の値は推定値

その値は12.5億トンであった。東西ドイツ統一後は効率の悪い東ドイツ所属の発電所の運転を止めることにより、2000年には温室効果ガスの排出量を10.1億トンにまで削減できることがわかっていた。これは1990年比で19%の削減率に相当する。したがって、8%削減することを約束しても実質的には11%の排出増を獲得したことになる。イギリスも同じような事情を抱えており、1990年以前は効率の悪い石炭火力発電が中心であったため、1990年の温室効果ガス排出量は7.4億トンであったが、1990年以降は北海油田の活用が進み、石油火力発電に切り替えることによって、2000年には6.5億トンまで削減できることがわかっていた。この削減率は12%であるので、8%の削減を約束してもやはり実質的には4%の排出増を獲得したことになる。ロシアも、1991年12月にソビエト社会主義共和国連邦（ソ連）が崩壊してロシア連邦（ロシア）が設立され、近代化が進められることによって2000年時には38%の削減率が見込まれていたので、削減率0%を約束しても、実質的にはやはり38%の排出増を獲得したことになる。このように、ドイツとイギリスは、8%という他の国々より高い削減率を示して地球の環境に貢献することを見せかけながら、実際には温室効果ガス排出の増加枠を獲得するというトリックを使ったのである。このようなトリックを使った理由は、温室効果ガス排出削減という切り札を使って、私達も8%も削減するのだからあなた達もそれに習ってそれ相当の量を削減しなさいと主張することに

よって、ヨーロッパ以外の国々の経済発展を抑え、自分たちの国際的経済競争を有利に展開しようと目論んだのだ、と考えるのが妥当であろう。このように環境問題は政治問題に利用されているのが現状である。

次に日本の場合を見てみよう。図1.11−1に1970年から2005年までの日本におけるGDPとCO_2排出量の推移を示す[1-7]。1985年頃まではGDPが増加

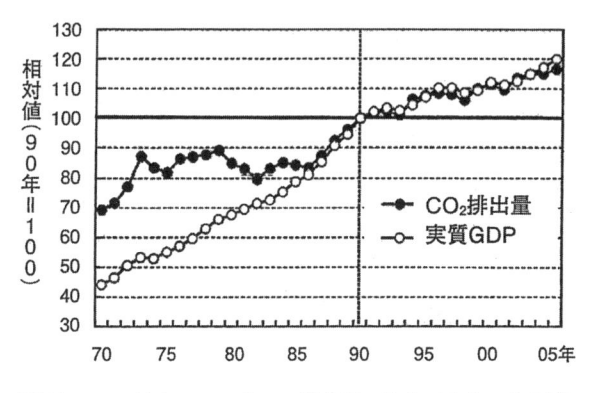

図1.11−1 日本のGDPとCO_2排出量の推移（出典：文献[1-7]）

してもCO_2の排出量はほとんど増えていない。これは省エネ技術開発によりエネルギー使用の効率化が進んだからである。しかし、1985年以降では、GDPの増加に比例する形でCO_2の排出量が増加している。このことは日本の省エネ技術は1985年頃までにほぼ改善し尽くされたことを意味する。したがって、基準年として選ばれた1990年には、日本の省エネ技術は"雑巾を絞りきった状態"にあり、ヨーロッパ諸国のようにトリックを使えるような状況には全くなかった。したがって、1990年比の削減率を6％と約束しても、1990年から1997年までの経済成長に必要なCO_2排出増の13％を配慮すると、目標期間（2008年から2012年）までに実質1990年比19％削減することを約束したことになる。

アメリカとカナダも日本と同じような事情にあった。しかし、アメリカは京都議定書には署名しても国内では批准しないことを決めていたし、カナダも批准はしたが、自国のオイルサンドの有効利用を図るために、その後脱退して現在に至っている。したがって、京都議定書を守ってCO_2の削減義務を

負い、それに向かって努力しているのは、先進国で日本だけという異常な事態になっているのが現状である。

また、図1.11 − 1から、現在の日本では、CO_2の排出量の削減がGDPの減退（経済成長の減退）に1：1に対応することが直ちに理解される。このことを念頭に置いて、「2020年までに1990年比で温室効果ガス（CO_2）の排出量を25％削減する」ことの経済的な意味を考えてみよう。

同図から、1990年から2005年までの15年間にGDPは1.2倍になっていることがわかる。そこで、1990年のGDPを100、15年間における1年間当たりの成長率をxとして、$100 \times (1 + x)^{15} = 100 \times 1.2$よりxを求めると、x = 0.012となる。すなわち、1年間当たりの成長率は1.2％である。資本主義の下で生活レベルを維持するに必要な最低の成長率は2％と言われているので、1.2％はこれに比べて低いが、我慢して2020年までこのままの経済成長を続けるとすると、2020年におけるGDPは、$100 \times (1 + 0.012)^{30} = 143$となる。$CO_2$の排出量も、その排出増加率はGDPの成長率と同じであるから、やはり143である。一方、鳩山首相の公約は、2020年のCO_2排出量を、$100 \times (1 - 0.25) = 75$、にする、ということである。すなわち、$CO_2$排出量を2020年には実質$(75 / 143) \times 100 = 52.4$、までほぼ半減させるということである。GDPについても同じことが言えるので、このことは日本の経済を2020年には半分に縮小することを意味する。日本人の年収は半減するのである[1-6]。こんなことは許されるはずもないし、できるはずもない全くの暴挙と言わざるを得ないだろう。

1.12 個々の技術の省エネルギー・効率化によって全体の省エネルギーが可能か

次の二つのことについて考えてみよう。
(1) あなたの家庭で電燈やその他の電気・電子機器のスイッチをこまめに切ったり、エアコンの温度を調節したりしたら、日本全体の省エネルギーに繋がるか。この問題を解く鍵はあなたのその後の行動に係っている。このような省エネの努力によって浮いたお金をあなたはどうするであろ

うか。そのお金で旅行でもすれば、そこでエネルギーが消費されることになるし、銀行に預金すれば銀行がそのお金を企業に融資してそこでエネルギーが消費されるので、あなたの家庭内での省エネ努力も日本全体の省エネルギーには繋がらない。あなたの家庭内での省エネ努力を日本全体の省エネルギーに繋げたいと考えるなら、浮いたお金を焼いて捨てるしか方法がない。

(2) 日本は1960年代に始まった高度経済成長期以来絶えず使用エネルギーの効率化に努め、今では世界一省エネ技術の発達した国になった。単純に考えれば、省エネ技術が進歩すればエネルギー消費量は減るはずであるが、図1.11-1示したように、エネルギー消費量（CO_2排出量）は増える一方で、全く減る傾向にはない。なぜなのだろうか。ある企業がある製品をつくるのに従来は10のエネルギーを必要としていたが、省エネ技術の開発によって5のエネルギーで生産できるようになったとする。そうすると製品の価格は大雑把に言って半分になるし、日本全体のエネルギー供給量は変わらないので、2倍売れることになり、企業も2倍生産することになる。その結果、日本全体のエネルギー消費量は変わらないことになる。しかも、資本主義の下では経済成長は不可欠であるから、日本全体のエネルギー消費量は増え続けることになる。

以上の二つの例から、全体のエネルギー消費量を減らすためには、個々の省エネ技術の改善では不可能で、全体の生産量の規制（総量規制）を行うほかに手がないことが理解されよう。

〔参考文献〕

1-1) 渡邊 正：『Climategate事件－地球温暖化説の捏造疑惑－』、化学、Vol.65（2010）No.3、pp.34-39.

1-2) M.Mann et al.: Proc.Nat. Acad. Sci. U.S.A.,Vol.105（2008）, p.13252.

1-3) M.Tiljander et al.：Boreas, Vol.32（2003）,p. 566.

1-4) 伊藤公紀：『ホッケースティック曲線の何が間違いなのか－本当の気温変動はわかったか？－』、現代化学、（2010年1月）、pp.58-62.

1-5) 渡邊 正：『続・Climategate事件－崩れゆくIPCC温暖化神話－』、化学、

Vol.65（2010）No.5、pp.66-71.

1-6) 武田邦彦：『"CO₂・25％削減"で日本人の年収は半減する』、（産経新聞出版、2010）、pp.23- 29.
1-7) 渡邊　正：『木を見て森を見ぬ温暖化騒ぎ』、アリーナ・中部大大学編、（風媒社、2009・第7号）、pp.12-31.
1-8) 武田邦彦：『"CO₂・25％削減"で日本人の年収は半減する』、（産経新聞出版、2010）、pp.225-231.
1-9) http://www.asahi-net.or.jp/~rk7j-kndu/kenkyu/ke40.html
1-10) http://wattsupwiththat.com/
1-11) 国立天文台編：『環境年表（平成21・22年）』、（丸善、2009）．
1-12) 広瀬　隆：『二酸化炭素温暖化説の崩壊』、（集英社新書、2010）、p.125.
1-13) 武田邦彦：『"CO₂・25％削減"で日本人の年収は半減する』、（産経新聞出版、2010）、p.255.
1-14) 『ヒートアイランド対策大綱』、（関係府省連絡会議、平成16年3月30日）．
1-15) 『ヒートアイランド監視報告（平成21年）』、（気象庁、平成22年6月）．
1-16) 国立天文台編：『環境年表（平成21・22年）』,（丸善）、pp.16-17.
1-17) 尾島俊雄：『ヒートアイランド』、（東洋経済新報社、2002年）．
1-18) 広瀬　隆：『二酸化炭素温暖化説の崩壊』、（集英社新書、2010）、pp.132〜149．
1-19) 『ヒートアイランド監視報告　（平成16年夏季・関東地方）』、（気象庁、平成17年3月）．
1-20) 『ヒートアイランド監視報告（平成18年夏季 - 関東・近畿地方）』、（気象庁、平成19年3月）．
1-21) 『ヒートアイランド監視報告（平成20年 - 東海地方）』、（気象庁、平成21年5月）．
1-22) 桜井邦朋：『移り気な太陽 − 太陽活動と地球環境との関わり −』、（恒星社厚生閣、2010）．
1-23) H. Svensmark and N. Calder: The Chilling Stars- A New Theory of Climate Change, Icon Books（2007）．
1-24) 赤祖父俊一：『正しく知る地球温暖化』、（誠文堂新光社、2009）．
1-25) 武田邦彦：『環境問題はなぜうそがまかり通るのか』、（洋泉社、2007）．
1-26) 化学便覧・基礎編　改訂3版、日本化学会編、丸善、p.II-117.
1-27) 化学便覧・基礎編　改訂3版、日本化学会編、丸善．
1-28) 国連大学ゼロエミッションフォーラム2001年度（2002年5月）〜2008年度（2009年5月）報告書．
1-29) 北海道市長会：第27回海外都市行政視察調査団報告書(2003 10.17〜10. 29）．
1-30) 藤井洵子、菜の花プロジェクトネットワーク編著：『菜の花エコ革命』、（創森社、2004）．

1-31) 経済産業省産業技術環境局環境政策課：エコタウン事業の承認地域マップ、(2006).
1-32) 玉虫文一他：『岩波・理化学辞典・第3版増補版』、(岩波書店、1983).
1-33) 武田邦彦：『バイオ燃料で、パンが消える』、(PHP Paperbacks、2008). pp.36-42.

第 2 章

エントロピー入門

この章では、第3章以降の内容をより深く理解するために、第1.10.1項で導入したエントロピーに関する基礎概念についてより詳しく説明する[2-1]。しかし、このような概念の理解が苦手な読者は、この章を跳ばして第3章に入っても差し支えない。

2.1 熱力学とは

少数の基本原理から演繹的に広範かつ多種多様な定理を組み立てている自然科学には三つの大きな分野がある。それらは力学、電磁気学と熱力学である。熱力学は、熱的な現象を巨視的な立場[*1]から現象論として取り扱う古典物理学の一部門であり、長年にわたる経験的事実に基づいて人間が築き上げた学問的金字塔の一つである。

熱力学の全体的な基礎は19世紀の中葉に出来上がったが、その適用は物理学、化学、生物学、工学、経済学や社会学などの多岐にわたる。上述した"少数の基本原理"は、熱力学の場合には、熱力学第1、2、3法則の三つである（温度の存在定理を熱力学第0法則と呼ぶことがあるが、ここでは省いた。）。このうち、熱力学第1法則は第1章の第1.5節と第1.9節の第1.9.1項で、熱力学第2法則は第1.10節の第1.10.1項で説明した。熱力学第3法則は、絶対零度におけるエントロピーに関する法則で、"絶対零度ですべての純物質の結晶のエントロピーは零である"と表現されるが、この書物ではこれ以上深く立ち入らない。

*1：「われわれの感覚で直接識別できる程度の空間的広がり、時間的継続、およびエネルギーの大きさを持つ対象あるいは現象を取り扱う立場」をいう。

2.2 エントロピーが主役

エネルギーやその他の資源の持続性、環境問題などを取り扱うときには、熱力学の中でもエントロピーが主役の役目を果たすことを説明する。

高温物体と低温物体の間の熱の移動を考える。われわれは、高温物体から低温物体へは熱が自発的に流れるが、低温物体から高温物体へは熱が自発的

に流れないことを経験として知っている。熱力学第1法則は、第1章の第1.5節と第1.9節第1.9.1項で説明したように、エネルギー保存の法則であったので、もし低温物体から高温物体へ熱が流れたとしてもエネルギーは保存される。したがって、この現象は熱力学第1法則に反してはいない。この例が示すように、自然界で、ある変化がどの方向に向かっていくかを見極めるには、熱力学第1法則だけでは不十分であることがわかる。また、熱力学第3法則は、上述したように、絶対零度に関連する法則なので、この法則でこの現象を説明できないことはすぐに理解できるだろう。残されたのは熱力学第2法則"孤立系における不可逆変化のエントロピーは常に増大する"、だけである。

　上述した熱移動の例をより具体的に図2.2－1に示す。エネルギーも物質も通さない壁で囲まれた空間の中に絶対温度（以降、単に温度と記す。）T_Hの高温物体と温度T_Lの低温物体を置き、両者を併せたものを注目している系とする。このままでは何の変化も起こらないが、いま両物体を、熱を伝えることのできる棒で橋渡しすると、高温物体から低温物体に熱が流れる。これは自発的に（自然に）起こる不可逆変化である。この時流れる熱をQとする。

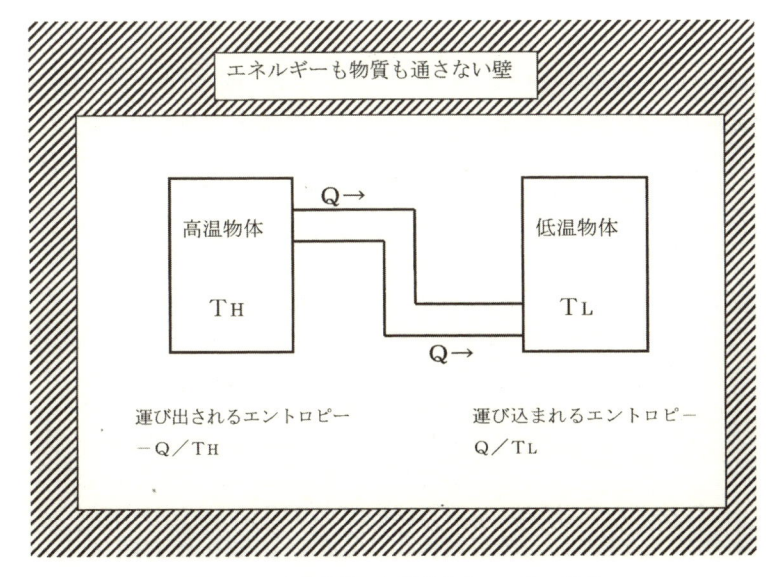

図2.2－1　高温物体から低温物体への熱の移動

この熱Qの流れに伴って高温物体から運び出されるエントロピーをS_Hとし、低温物体に運び込まれるエントロピーをS_Lとすると、(1.10.1)式より、$S_H = -Q/T_H$、$S_L = Q/T_L$で表される。したがって、注目している系のエントロピー変化ΔSは、

$$\Delta S = S_H + S_L = -\frac{Q}{T_H} + \frac{Q}{T_L} = Q\left(\frac{1}{T_L} - \frac{1}{T_H}\right) = Q\left(\frac{T_H - T_L}{T_H T_L}\right) > 0 \quad (2.2-1)$$

となる。$T_H > T_L$なので、$\Delta S > 0$である。このエントロピーの増加分は、橋渡しをする棒の部分で生じたのである。エネルギーも物質も通さない壁で囲まれた空間は、外界とエネルギーのやり取りも物質のやり取りもないので、孤立系である。すなわち、孤立系の不可逆変化では確かにエントロピーが増大している。この例から、孤立系で自発的に（自然に）起こる変化（不可逆変化）の方向性（どの方向に変化が進むか）を指定する法則は、熱力学第2法則、すなわち、エントロピー増大の法則であることがわかる。ここで、この法則が成り立つための大切な条件を付け加えておく。1モルとはアヴォガドロ数（6.02×10^{23}）個の物質粒子から構成される物質の量を表す単位であるが、熱力学第2法則（エントロピー増大の法則）は、このような巨大数の物質粒子によって構成される系において成り立つ法則である（例えば、1モルの炭素は12g、酸素ガス32g、二酸化炭素ガスは44gなので、1gの物質でさえ約$10^{21} \sim 10^{22}$個という巨大数の物質粒子から構成されている）ことに常に留意しなければならない。

　このようにエントロピーSは、自発的に起こる変化の方向性を指定するものであり、力学におけるポテンシャルに類似した役割を果たすので、熱力学ポテンシャルと呼ばれる。熱力学ポテンシャルはその他にも種々あるが、頻繁に使われるものにヘルムホルツ自由エネルギーとギブス自由エネルギーがある。しかし、前者は温度一定、体積一定、後者は温度一定、圧力一定という条件下で使用可能な熱力学ポテンシャルである。これに対して、エントロピーは、内部エネルギー一定、体積一定の条件下で使用可能な熱力学ポテンシャルである。例えば、溶鉱炉での鉄の生産工程を取り上げてみると、この工程は、ごく簡潔に表現すれば、常温の鉄鉱石と炭素および石灰石を溶鉱炉

に装入し約1300℃の高温で処理して鉄とスラグ（鉱滓）と二酸化炭素（炭酸ガス）を得るが、これらの物質も最終的にはすべて常温になるので全工程が一定の温度（等温）で行われるわけではない。したがって、全工程の変化が進む方向を判定する場合には、両自由エネルギーは適さず、エントロピーだけが有効となる。言い換えると、変化の全工程の中で等温とか等圧というような特殊な条件が成り立つ部分では自由エネルギーが変化の方向を判定する熱力学ポテンシャルとして役立つが、等温でも等圧でもない全工程の変化の方向性を判定する熱力学ポテンシャルとしてはエントロピーしかない、ということである。

　宇宙は、存在しうる限りの物質と放射を含む全空間であるから、内部エネルギー一定、体積一定の孤立系である。したがって、宇宙で起こる変化の方向性を指定できる熱力学ポテンシャルもエントロピーだけである。エネルギーやその他の資源の持続性、環境問題などで対象となる空間は正確には宇宙という孤立系であるが、人間が生産などを行う対象（例えば、上述の溶鉱炉）の物的・熱的容量はそれを取り巻く大気と地表のそれに比べて十分に小さいので、「人間が生産などを行う対象」と「大気＋地表」を合わせた系を近似的に孤立系として取り扱うことができる。したがって、この場合も対象となる熱力学ポテンシャルはエントロピーである。

　また、エントロピーは、すでに第1章第1.10節で説明したように、自然界で起こる自発的な変化を大局的・定性的に判断するのに優れた指標でもあるが、多くの場合定量的・時間的に予測することは不得手であることをわきまえておく必要がある。

2.3　エントロピーをイメージ的にわかりやすくする適切な表現

　エントロピーは、上述したように、世の中のあらゆる不可逆変化の方向性を指定する大切な指標（熱力学ポテンシャル）にも拘らず、通常の教科書を買ってきて読んでみてもそのイメージを掴むのはなかなか難しい。そこで、一目でイメージが湧く"わかりやすい表現"はないかということで、"でたらめさ"、"乱雑さ"、"無秩序さ"、"多様性"、"汚れ"などの表現が入り乱れて

提案されている。著者は、以下に示す内容を含めて"汚れ"が最も適切な表現であると考えている。

(1) 例えば、1000℃の熱源の熱は25℃の大気に向かって自発的に流れるので、両者の間に何らかの仕組みを置けば仕事を取り出すことができる（何らかの仕組みのことを一般に熱機関（第1章第1.5節参照、例：発電機）という。）。しかし、大気の温度と同じ25℃になってしまった熱は25℃の大気に対して流れることができないので、この熱からはもはや仕事を取り出すことができない（この場合、熱源の熱が大気の温度になったとき、熱源と大気から構成される系のエントロピーが最大値に達する。このときのエントロピーを最終エントロピーと呼ぶことにする。詳しくは後述する第2.4節を参照されたい。）。このことから温度の低い熱ほどエネルギーとしての質が低いことがわかる。言い換えると、同じ量の熱QでもQ／T（エントロピー）の値が小さいほどエネルギーとしての質が高く、この値が大きいほどエネルギーとしての質が低い。"汚れ"はこの"質の低さ"の意味を含む。なお、この例でわかるように、1000℃の熱源から25℃の大気に熱が流れるとき、それに伴ってエントロピーも流れている。このように熱に付随したエントロピーを以後熱エントロピーと呼ぶ。

(2) 図2.3 − 1に示すように、容器1に巨大数の粒子からなる理想気体（内部エネルギーが容積や圧力に依存せず、温度だけで決まる理想的な気体。完全気体とも言う。）を入れ、一方、容器2は真空にして、両者をコックを閉じた連結管で接続する（〔初めの状態〕）。コックを開くと、容器1の中にあった理想気体が容器2へ移動するが、両容器の濃度が同じになると、この移動は止まる（〔終わりの状態〕、この状態で系のエントロピーが最大値に達する。）。このとき理想気体は容器2へ移動するだけであるから外界には何の仕事もしない（$W = 0$）。また、理想気体の内部エネルギーは体積に依存しないので（$\Delta U = 0$なので）、(1.9 − 4)式から$Q = 0$となる。すなわち、外界との間に熱のやり取りもないので、この理想気体の移動は等温で進行する。この場合も、(1)と同じように、コックの位置に何らかの仕組みを置けば、気体の流れを利用して仕事を取り

出すことができる。しかし、流れが止まった状態の気体からはもはや仕事を取り出すことはできない。このことから、ある一種の気体で質量が同じなら、体積が小さく密度が大きい（圧力が高い）気体ほど仕事をする質が高く、体積が大きく密度が小さい（圧力が低い）気体ほど仕事をする質の低いことがわかる。この場合の"質の高低"は熱ではなく、物質に依存しているのに、Q／Tで定義されるエントロピーとなぜ関係するのか疑問に思うだろう。そこで次にこのことについて説明する。

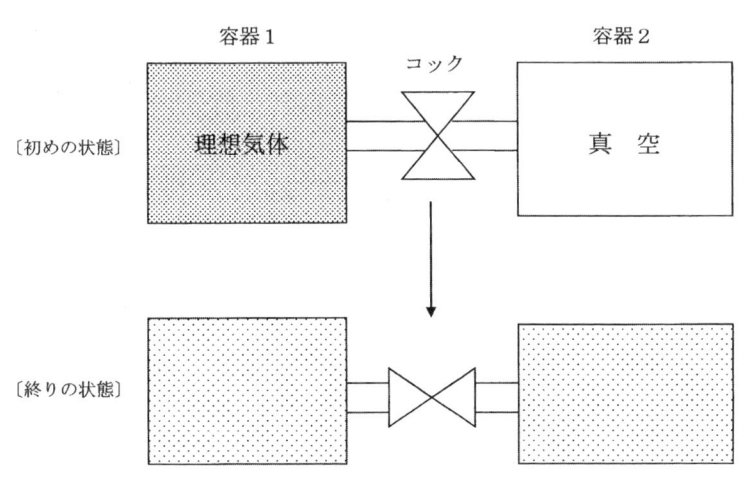

図2.3－1　理想気体の真空中への拡散

〔初めの状態〕から〔終わりの状態〕に変化するときにエントロピーが増加することは次のようにして証明される。〔終わりの状態〕を〔初めの状態〕に戻すためには、図2.3－2の〔終わりの状態〕に示すように、容器2の右端にピストンを取り付け、外界から仕事を加えてピストンを押し、容器2にある気体を容器1の中に押し返さなければならない。このとき外界から気体に仕事が加えられるので、その分だけ気体の温度が上がる。〔初めの状態〕まで戻すのに外界からWだけの仕事が加えられたとすると、等温（T＝一定）を保つためには仕事Wに等価な熱Qが外界に放出されなければならない。すなわち、両容器を合わせて系とする

と、元に戻す過程でQ／Tのエントロピーが系から外界に放出される。したがって、その逆の過程である〔初めの状態〕から〔終わりの状態〕への変化では、系内でQ／Tのエントロピーが生成したことになる。このことから、エントロピーの小さい気体ほど仕事をする質が高く、エントロピーの大きい気体ほど仕事をする質の低いことがわかる。したがって、"汚れ"はこのような場合の"質の低さ"も含む。なお、この場合のエントロピーの生成は、気体（物）の移動に伴って起こっている。このように物に付随したエントロピーを以後物エントロピーと呼ぶ。

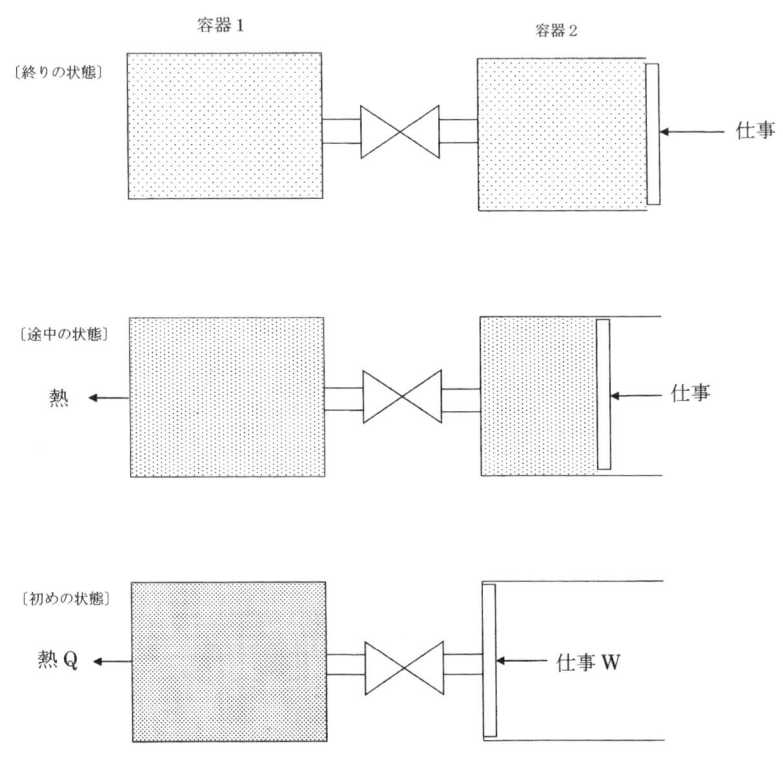

図2.3-2 理想気体の真空中への移動によりエントロピーが生成されることの説明

(3) 図1.7－1に示したように、断面積Aのシリンダーと、同じ面積を持つピストンで囲まれた圧力p（圧力：単位面積当たりの力）の気体が膨張して圧力がp_eの外界に対してする仕事W（仕事とは「力×距離」である。）を考える。pがp_eに限りなく近い準静的な膨張（可逆膨張）で系（気体）がピストンを押して距離ΔLだけ移動したときに、系が外界に対してする仕事Wrは、Wr＝p×A×ΔL、で与えられる。A×ΔL＝ΔV（ΔV：気体が膨張した体積）であるから、結局、Wr＝p×ΔV、となる。一方、p＞p_eの状態で、系（気体）が不可逆膨張するとき系（気体）が外界に対してする仕事Wirは、Wir＝p_e×ΔV、で与えられる。すなわち、自発的に不可逆膨張が起こる場合には、系がなし得る最大の仕事、Wr＝p×ΔV、のうち、実際にはその一部の仕事、Wir＝p_e×ΔV、しかなしえないことになる。このときの仕事のロス、Wr－Wir＝（p－p_e）×ΔV、は、経験から、摩擦などの機構を通じて熱として散逸されることが知られている。この操作が温度Tで行われ、このとき摩擦により発生した熱をQ'とすると、この操作による熱Q'の発生に伴ってQ'／Tのエントロピーが生成した、と言われる（これに対して、図2.2－1に示したように、熱の移動がある場合には、熱Qの移動に伴ってQ／Tのエントロピーが輸送された、と言われる。）。このようにQ'／Tの値は仕事のロス（損失）に関係する量であるから、"汚れ"にもこのロス（損失）の意味が含まれる。

(4) 図2.3－3の〔初めの状態〕に示すように、理想気体Aの入った容器1と理想気体Bの入った容器2をコックを閉じた連結管で接続する。次いでコックを開くと、理想気体Aは容器2の方向へ、理想気体Bは容器1の方向に移動して、両容器ともにAとBの濃度が均一になったところで移動が止まる（正確に表現すれば、AとBの両方向への移動速度が等しくなる。この状態で、系のエントロピーが最大値に達する。）。

〔初めの状態〕から〔終わりの状態〕への変化により系のエントロピーが増加（系内でエントロピーが生成）することは次のように説明される。〔終わりの状態〕を〔初めの状態〕に戻すためには、図2.3－4に示すような工夫が必要である。この工夫は、机上の工夫でよい。すなわち、図

2.3 - 4の〔終わりの状態〕に示すように、まず理想気体AとBが均一に混合した容器1と容器2を結合して同じ容積を持つ容器3とする。次に、容器3の左端に、Aは通すがBは通さない半透膜Xを取り付け、その左側に理想気体Cで満たされ、容器1と容積の等しい容器4を接続する。さらに、容器4の左端に、Cは通すがAは通さない半透膜Yを取り付ける。この状態で容器3の右端にピストンを取り付け、外界から仕事を与えてピストンを押すと、半透膜Xを介してAとBの分離が、半透膜Yを介してAとCの分離が進行する（〔途中の状態〕）。そして、容器3の容積が容器2のそれに等しくなるまでピストンを押すと、図2.3 - 3に示した〔初めの状態〕に戻る。〔終わりの状態〕から〔初めの状態〕に達するまでに外界からピストンに加えられた仕事をWとすると、等温（T＝一定）でこの過程が行われるためには、系から外界に仕事Wに相当する熱Qが放出されなければならない。すなわち、この過程でQ／Tのエントロピーが系から外界に放出されたことになる。このことは、これとは逆の変化である図2.3 - 3の〔初めの状態〕から〔終わりの状態〕への変化において、系内でQ／Tのエントロピーが生成したことを意味する。このことから、純粋な気体（物）ほどエントロピーが小さく、混じりあった気体（物）

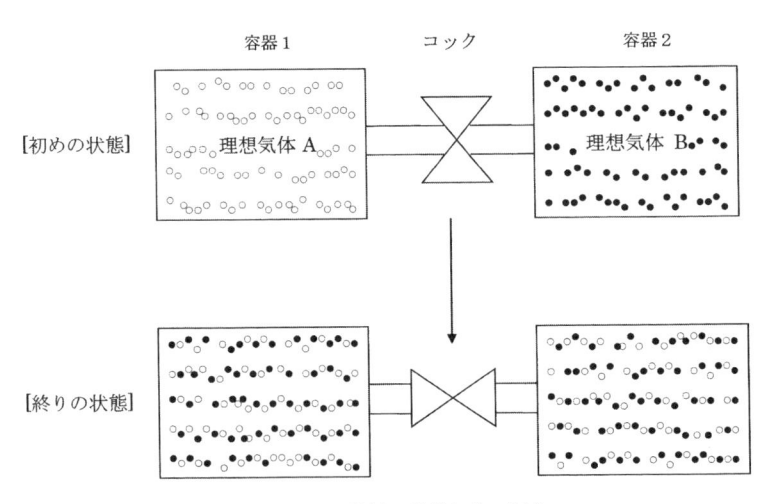

図2.3 - 3　二種類の理想気体の混合

ほどエントロピーの大きいことがわかる。したがって、"汚れ"はこのような"混合"の意味も含む。

　以上の四つの例は、熱にしろ物にしろいずれもエントロピー（"汚れ"）が増大することによってそれらの活動能力が減少することを示している。したがって、「エントロピー増大の法則」は、"汚れ"に上述したすべての意味を含めれば、「"汚れ"増大の法則」と言い換えることができる。

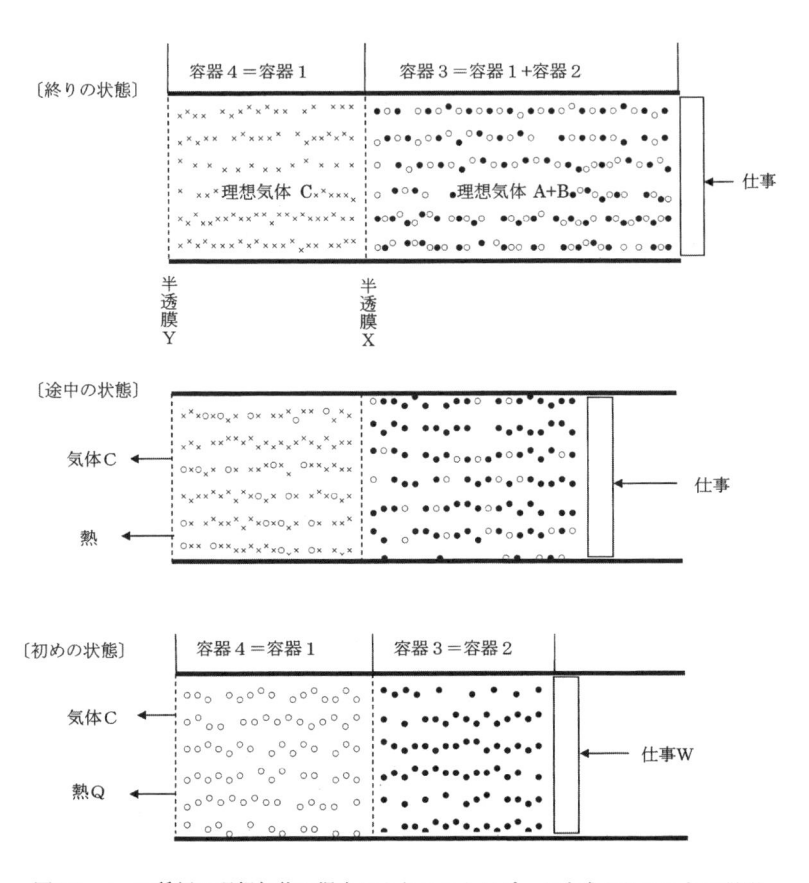

図2.3-4　二種類の理想気体の混合によりエントロピーが生成されることの説明

2.4 ポテンシャルエントロピーの導入

「エントロピー増大の法則」が理解しにくい理由の一つは、図2.2－1に示した高温物体から低温物体への熱の移動の場合のように両者の橋渡しをする棒内で突然エントロピーが生成する、すなわち、無から有が生ずるように増加することにある。この状況は、力学で言えば、真空中のある位置で静止していたボールが落下し始めて次第に運動エネルギーを増加させていく状態に類似している。この場合、力学では、無から運動エネルギーが生じたというのではなく、ボールの持っていたポテンシャルエネルギー（位置エネルギー）が運動エネルギーに変換された、というように説明する（力学エネルギー保存の法則）。すなわち、

〔ポテンシャルエネルギー〕＋〔運動エネルギー〕＝一定

のように表す。

これに倣って、エントロピーについても、

〔ポテンシャルエントロピー〕＋〔エントロピー〕＝一定

と表現すれば、ポテンシャルエネルギーが運動エネルギーに変換されるように、ポテンシャルエントロピーがエントロピーに変換される、と見做すことができる。孤立系では、そこで起こる不可逆変化によってポテンシャルエントロピーがエントロピーに変換され、系のエントロピーが最大になった時点で平衡に達し、変化が停止する。この最終状態における系のエントロピーを最終エントロピーと呼べば、このときのポテンシャルエントロピーはゼロであるから、上式右辺の一定値は最終エントロピーで置き換えることができ、次式が得られる。

〔ポテンシャルエントロピー〕＝〔最終エントロピー〕－〔エントロピー〕(2.4－1)

2.5 エントロピーに関する"まとめ"

　上述した内容を含めてエントロピーについての"まとめ"を行う。
(1) 孤立系において自発的に（自然に）変化が進行するときには（不可逆変化では）常にエントロピーが増大する（エントロピー増大の法則）。したがって、自然界で孤立系とみなしうる系内で自発的に進行する変化の方向性を指定できる指標（熱力学ポテンシャル）はエントロピーだけである。より砕けた表現を用いれば、自然の工場の中で自発的に進む変化に対して指導的な役割を果たしているのは「エントロピー増大の法則」であって、「物理エネルギー保存の法則」は物理エネルギー収支のつじつまを合わせているに過ぎない、ということができる。このことは自然の工場のみならず、孤立系と見なしうるすべての系に当てはまる。
(2) エントロピー増大の法則は、巨大数の物質粒子によって構成される系において成り立つ法則である。図2.3-3を用いて、二種類の気体が混合し、容器1と容器2の組成が均一になったところで〔終わりの状態〕に達し、このとき系のエントロピーが最大になることを説明した。このことは、〔終わりの状態〕から〔初めの状態〕へ自発的に戻るような現象は決して起こらない、ことを意味している。もし、このような現象が起これば、系のエントロピーを減少させるからである。しかし、系を構成する物質粒子の数が少ないときにはそうはいかない。例えば、A粒子が1個入った容器1とB粒子が1個入った容器2をコックの閉まった連結管で接続した後コックを開くと、次の時点ではA粒子とB粒子が容器2に集まり、さらに次の時点では、A粒子が容器1に戻り、B粒子は容器2に残って〔初めの状態〕に復帰することも起こりうる。このことから、エントロピー増大の法則は、巨大数の物質粒子によって構成される系において成り立つ法則であることが理解される。
(3) エントロピー増大の法則は、自発的に起こる変化は時間的に決して逆行しないことを意味している。もし、逆行できるとしたら、その変化がエントロピーを減少させることになってしまうからである。

(4) エントロピーをわかりやすい形でイメージするための適切な表現は"汚れ"である。ただし、"汚れ"というと物の汚れをイメージし易いので、ここでいう"汚れ"の中味をより具体的に分解すると次のようになる。①エネルギーや物の"質の低さ"、②仕事のロス（損失）、③物の混合 この表現を用いれば、「エントロピーの増加」は「汚れの増加」に対応する。

(5) 熱はQ／Tというエントロピーを持つエネルギーであるが、熱エネルギーからエントロピーを取り除いてつくられる電気エネルギーや機械エネルギーなどの熱エネルギー以外のエネルギーは、エントロピーがゼロ

表2.5-1 身近な単体と無機化合物の標準エントロピーS°（1気圧、25℃）
((出典：文献[2.2]) より抜粋)

固体		液体		気体	
物質	$S°$ ($JK^{-1}mol^{-1}$)	物質	$S°$ ($JK^{-1}mol^{-1}$)	物質	$S°$ ($JK^{-1}mol^{-1}$)
C（ダイヤモンド）	2.38	H_2O	69.9	He	125.9
C（黒鉛）	5.74	CS_2	151.3	H_2	130.57
Si	18.8	HNO_3	155.6	Ar	154.73
Fe	27.3	H_2SO_4	156.9	H_2O	188.72
Al	28.3	NH_4OH	165.6	NH_3	192.3
S（斜方）	31.8			CO	197.56
Cu	33.15			O_2	205.03
Ag	42.6			CO_2	213.6
Au	47.4			Cl_2	222.96
U	50.21			CS_2	237.7
Pb	64.8			O_3	238.8
CaO	39.7			SO_2	248.1
SiO_2	41.8			SO_3	256.6
Al_2O_3（コランダム）	50.9			HNO_3	266.3
FeS	60.3				
PbO（黄色）	68.7				
Fe_2O_3	87.4				
Cu_2O	93.1				
Cu_2S	121				

のエネルギーである。

(6) エントロピーの性質

① 熱でも物でもエントロピーが小さいほど質が高く（汚れが小さく）、エントロピーが大きいほど質が低い（汚れが大きい）。

② 熱エントロピーは高温ほど小さく、低温ほど大きい。

③ 物エントロピーについてはおおよそ次のことが言える。

・純粋な物質ほどエントロピーが小さく、混合した物質（元素が化学的に結合した化合物も含む。）ほどエントロピーが大きい。

・固体→液体→気体の順にエントロピーが大きくなる。同一物質の場合には必ず成り立つ。

表2.5－1に身近な単体と無機化合物の標準エントロピーの値を示す。この表から、物エントロピーに関する上記のおおよその性質を読み取ることができる。

〔参考文献〕

2-1) 山内睦文：『資源の立場から見た持続性に関する一考察』、アリーナ・中部大学編（風媒社）、Vol.7（2009）、pp.32-79.

2-2) 化学便覧・基礎編　改定3版、日本化学編、丸善、pp.II-305- II313.

第3章

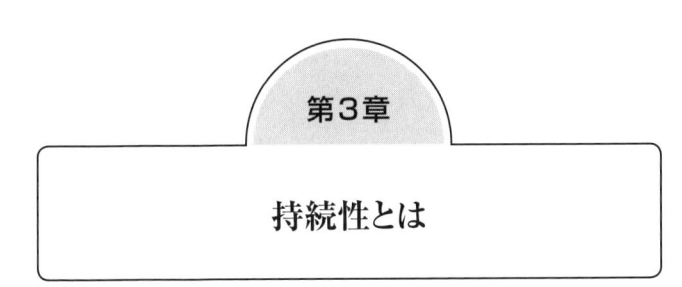

持続性とは

人間社会の持続性に関する解釈については第9章で取り上げるので、ここでは、持続性を"生き続けられること"として捉え、その本質だけに着目して、学問の立場からの検討を試みる。

3.1　生き続けられるために必要なこと

最初に一つの系（注目する物質のある部分）を取り上げる。ある系が生き続けられるためにはその系は開放系（open system）[*1]であって、そこを通して安定したエントロピーの定常流が存在しなければならないことを、ワインの醸造を例にして説明する[3-1]。

ワインを手短に造るときには、図3.1-1に示すように、ブドウ液と酵母を容器に入れて蓋をする。すると酵母はブドウ液中の糖分を食べてアルコールに変えるが、糖分が少ないとやがて食糧不足になって酵母は休眠するか死んでしまい、アルコール度が低く、糖分も低い辛口のワインができ上がる。

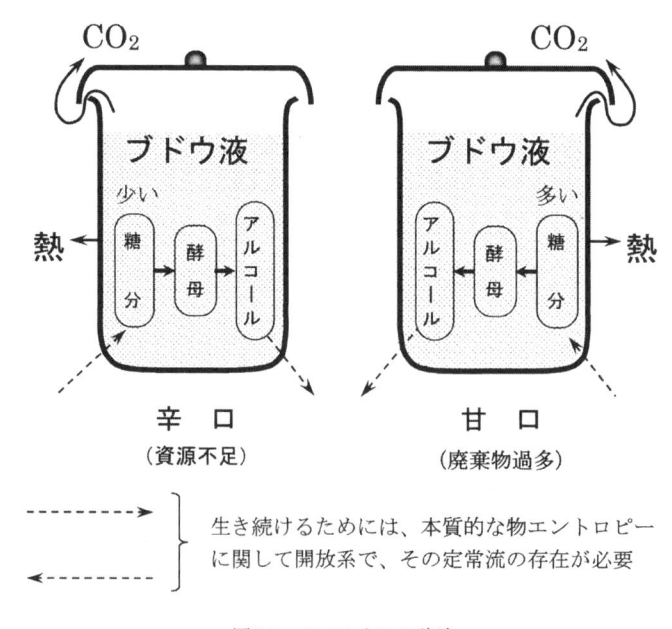

図3.1-1　ワインの醸造

これは人間社会でいう資源不足の状態に相当する。一方、ブドウ液中の糖分が多い場合には、つくられるアルコール濃度が高くなり、糖分すなわち食料は残っているが、酵母は自分でつくったアルコールで殺されてしまい、アルコール度が高く、糖分も高い甘口のワインができ上がる。これは人間社会でいう廃棄物過多の状態に相当する。

ブドー液の入った容器に蓋をした系は、糖分がアルコールに変換されるときに発生する熱と二酸化炭素（CO_2）は容器外に放出されているので、この両者に関しては開放系になっている。しかし、残っている糖分と生成したアルコールに付随している物エントロピー[*2]に関しては、両者が容器内に留まっているので、閉鎖系になっている。この例は、熱エントロピーに関しては開放系であっても系を支配している本質的な物エントロピー（この場合には、残っている糖分と生成したアルコールに付随している物エントロピー）に関して閉鎖系であると、生き続けることが不可能なことを示している。したがって、生き続けられるためには、本質的な物エントロピーに対しては開放系にして、容器内に一定速度で糖分（資源）を投入し、一定速度でアルコール（廃棄物）を抜き出して、容器内の状態を常に一定に保つ安定した本質的物エントロピーの定常流の存在が必要であることがわかる。地表に存在する人間社会はこの容器内の状態に相当する。

次に、二つ以上の系の持続性について考える。これを考えるに当たっての一例として地表に存在する動物系、植物系と微生物系を取り上げる。動物は植物を食べて成長し、動物の遺体や排泄物は微生物の餌となり、微生物の分解物を植物が吸収して成長するというように、互いが互いを食べ合いながら、すなわち敵対的にバランスを取り合いながら共生する生物循環が互いが生き延びられる最善の方法であることは、長年に亘って繰り返されてきた自然の営みが教えるところである。このことから、二つ以上の系が持続可能であるためには敵対的に共生する状態を維持する必要のあることがわかる。地球上に敵対的に共生する多様性が求められるのはこのためであり、人間社会の存在も例外ではないことをわきまえるべきである。

[*1]：系と外界（系以外の部分）との間でエネルギーと物質のやり取りのある系を開放系あるいは開いた系（open system）という。その他に、系と外界との間でエネルギー

のやり取りはあるが物質のやり取りのない系を閉鎖系あるいは閉じた系（closed system）、系と外界との間でエネルギーと物質のやり取りのない系を孤立系（isolated system）という。

＊2：エントロピーは、その定義から明らかなように、物や熱に付随した属性であり、エントロピーだけを切り離して移動させることはできない。物に付随したエントロピーを物エントロピー、熱に付随したエントロピーを熱エントロピーという。詳しくは第2章第2.3節を参照されたい。）

3.2　地球は生きている：地球の働き

　地球上で生きている人間は地球の能力以上のことはできない。したがって、人間社会の持続性を考える場合には、地球の持つ能力を理解しておく必要がある。「地球の持つ能力」を学問、とくに熱力学の立場から定性的に検討してみよう[3-1]。

　地球の年齢は46億年程度と言われている。地球上のほとんどの活動は非可逆的に進行するので、エントロピー（汚れ）が増大し続けるにも拘らず、昨年と同じ今年を46億回も繰り返して生き続けてこられたのにはそれなりの理由がある。その理由は、一言で言えば、地球にエントロピー（汚れ）を捨てる機構が備わっているからである。

　エントロピーには、第2章の第2.3節あるいは第3.1節の脚注＊2で述べたように、熱エントロピーと物エントロピーがある。このうち熱エントロピーは、光は重力の影響を受けないので、熱線の形で宇宙に捨てることができる。一方、物エントロピーは、重力に逆らうことはできないので、空気より軽いものを除いて、宇宙に捨てることはできない。

3.2.1　地球の熱エントロピー処分機構

　図3.2－1に地表と大気と宇宙の関係を示す。地球の位置での太陽光の強さは、$1.37 kJ/m^2 \cdot s$（$1.37 kW/m^2$）で太陽定数と呼ばれ、1 m^2当たり約1.4kWのヒーターで暖められていることに相当する。しかし、地球は球形をしているので、平均してその1/4の0.34 $kJ/m^2 \cdot s$（0.34 kW/m^2）の日射を受けている[＊1]。図中には、この値を基準に取って100とした時の数字が示されてい

地球の位置で太陽光の強さ
$1.37 \text{kJ/m}^2 \cdot \text{s} = 1.37 \text{kW/m}^2$（太陽定数）
平均すると
$1.37 \times 1/4 = 0.34 \text{kJ/m}^2 \cdot \text{s} = 0.34 \text{kW/m}^2$

シュテファン・ボルツマンの法則
$q = 1.67 \times 10^{-8} \times T^4$

入力　　　　出力

宇宙

日射　反射　　　　　　　　　　熱放射
100 − 31 = 69　　　　　　　　　69

熱(光)：開放系　　(−19℃)　　　　　　　物：閉鎖系
　　　　　　　　(冷的死)
　　　　　　　　　　　20　　　　　　　　75

　　　　　　　　　(32℃)
　　　　　　　　　(熱的死)　　144
　　49 ＋ 95 ＝ 144　(物質の循環が　熱放射
　直射日光 温室効果　　がない)

熱エントロピー

動物　植物
生物循環
(敵対的共生)
微生物

水の　空気へ
蒸発　の伝導　熱放射
23 ＋ 7 ＋ 114 ＝ 144
　　　　　　　　　(14℃)
　　　　　　　　　　　　103
　　　　　　　　　　　(大気の窓)

水循環
大気循環

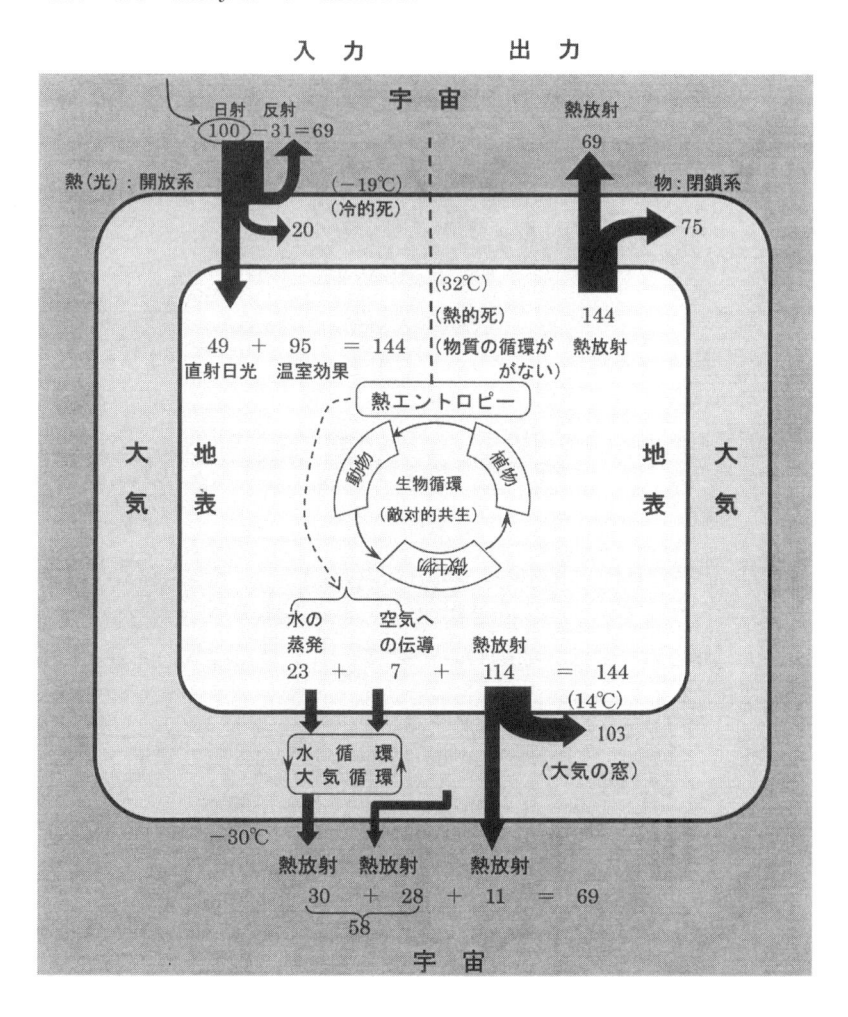

−30℃

熱放射　熱放射　熱放射
30 ＋ 28 ＋ 11 ＝ 69
　　58

宇宙

図3.2−1　地表、大気と宇宙の関係

る。これらの数値を用いて以下の計算を行う。入射光100のうち31を地球はそのまま反射するので、太陽光の69％が地表に入射する。この数値を黒体放射に関するシュテファン・ボルツマンの法則に代入して温度を計算すると－19℃となる。もし地球に大気がなかったとすると、地表の平均温度はこの程度となり、これでは生物は生きるのが困難である。冷的死の世界である。しかし、地球には大気がある。この大気は平均日射量69のうち20を吸収するので、地表の受ける日射量はさらに減って49になる。しかし、地表の受ける熱量は、この49だけではなく、大気からの温室効果95が加わる。この直射日光と温室効果の合計144を熱放射の形で処分するとすれば、再びシュテファン・ボルツマンの法則により、その温度は32℃となる。これは、地表のほとんどすべてが熱帯であることを意味するばかりでなく、熱平衡だけが成り立っていて物質循環が全くない熱的死の世界である。この熱平衡を破り、地表に色々な変化をもたらしているのが、水の蒸発23と空気への伝導7の合計30である。したがって、熱放射の形で処分する地表の熱は114となり、これを温度に換算すると14℃となる。生物が生きられる環境である。

　ところで、水の蒸発23と空気への伝導7の合計30がどうして地表に色々な変化をもたらす原因になるのだろうか。空気が水蒸気を含んだり、暖められると軽くなるので上昇する。上空程圧力が低いので上昇した空気は断熱膨張を起こして温度が下がり、上空数kmのところでは－30℃位になる。この温度で大気中の水蒸気は、遠赤外線の形で熱を宇宙に放射処分し、熱を失った水蒸気は雲となり、やがて雨または雪となって地表に戻ってくるし、冷たくなった空気も降下してくる。そして再び地表の熱を奪って大気上空へと上昇する。これが水循環、大気循環と呼ばれるものである。すなわち、この水循環と大気循環は、14℃（287 K）の地表という高熱源から熱Qを得て－30℃（243 K）の大気上空で宇宙という低熱源に熱Qを捨てて循環する熱機関である。このQは、水の蒸発23と空気への伝導7の合計30であるから、年間$3.22 \times 10^6 \mathrm{kJ/m^2}$に相当する。この値を用いてこの熱機関の熱エントロピー収支を計算すると、年間1 $\mathrm{m^2}$当たり、地表から$3.22 \times 10^6 \mathrm{kJ}/287\mathrm{K}=1.12 \times 10^4 \mathrm{kJ/K}$の熱エントロピーを奪い、宇宙へ$3.22 \times 10^6 \mathrm{kJ}/243\mathrm{K}=1.33 \times 10^4 \mathrm{kJ/K}$の熱エントロピーを捨てているので、差し引き$0.21 \times 10^4 \mathrm{kJ/K}$の熱

エントロピー（"汚れ"）を余計に宇宙に捨てていることになる。このように、地球には、水循環と大気循環を介して、地表で発生した熱エントロピー（"汚れ"）を宇宙に捨てる安定した定常流が存在する。すなわち、地球は、大気上空で熱エントロピー（"汚れ"）を捨てることによって水を再生産し、水の持つ拡散能力（第4章 第4.1節 第4.1.1項参照）を地表に供給する機構を持っている。この"汚れ"を掃除し かつ地表に水の拡散能力を供給する機構こそが地表に生物を発生させ、その維持を支え、地球を生き続けさせてきたのである。

*1：地球に流入する全光エネルギーは太陽定数と太陽に面した地球の面積（πr^2、r：地球の半径）との積で与えられるが、地球の全表面は$4\pi r^2$であるので、地球表面全体に対するフラックスは太陽定数の1／4になる。

3.2.2　地球の物エントロピー処分機構
（1）人間が生産活動しない場合

　この場合、地表には動物、植物と微生物が存在し、互いが敵対的共生関係を保ちながら活動している（第3.1節参照）。このような活動のいたるところで廃物（物エントロピー）が発生する。例えば、図3.2－2に示すように、動物の遺体や排泄物は微生物が適度の水分を使って、最終的に簡単な無機物に変えるが（例えば、動物の遺体や排泄物中のタンパク質は地中の微生物の一種である腐敗細菌によって分解されてNH_4^+になる。このNH_4^+はさらに硝化菌（亜硝酸菌と硝酸菌）によって酸化されてNO_3^-になる。）、この過程で、遺体や排泄物中の物エントロピーの持つエネルギーの一部は熱エントロピーに変換される。この熱エントロピーは土壌に含まれる水の蒸発で水蒸気になり水循環に渡される。一方、微生物が分解した無機物は、植物が根から吸収し、最終的にタンパク質を合成する。さらに、大気中から吸収したCO_2と土壌から吸収したH_2Oを原料にして太陽光を利用した光合成でグルコース（ブドウ糖）を作る。この過程は酵素が媒介するので限られた狭い温度範囲でしか進行しない。したがって、太陽光から来た熱エントロピーを適宜植物中に含まれる水の蒸発によって奪い取ることによりこの温度範囲が維持される。このとき発生した水蒸気はやはり水循環に渡される。このように自然界では、

生物循環によって発生した熱エントロピーは水循環との巧みな連携で宇宙に処分されている。そして物自体である互いの廃物は、互いに他に有用な資源に変換されている。

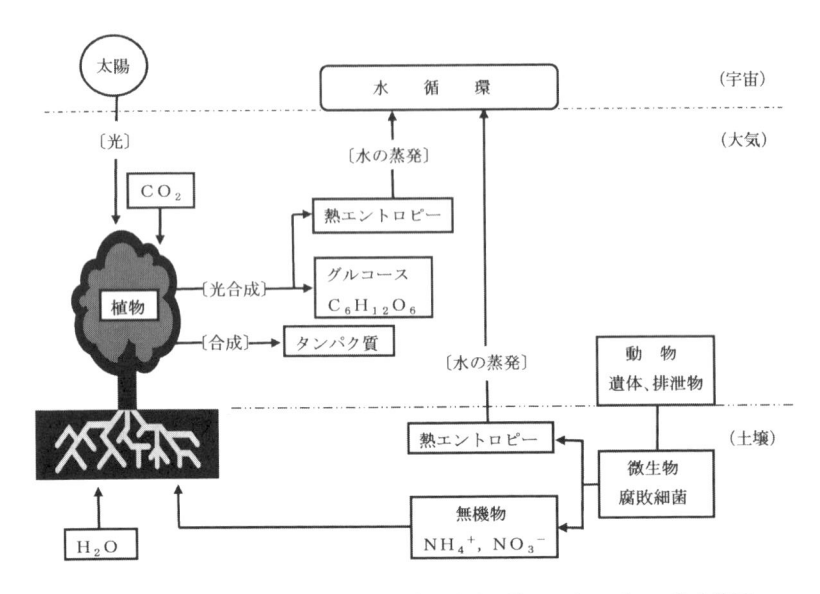

図3.2-2　人間が生産活動しない場合の地球の物エントロピーの処分機構

　以上の説明から、生物循環の中の熱エントロピーの定常的な流れは、より大きな水循環の中の熱エントロピーの定常流の中に含まれていることがわかる。このことは、小さな系が、より大きな系の能力以上のことをすれば、大きな系に異常をきたす可能性のあることを示している。人間が生産活動をしない場合には、生物循環は水循環の能力以上のことをしないし、生成した物の物エントロピーも低いので、地表の最終エントロピーに対して大いなる余力を残しており（拡散能力と拡散能力が拡散する空間的余力を十分に残しており、第4章 第4.1節参照）、地球は生き続けられることになる。

（2）人間が生産活動をする場合

　まず、人間の活動が自然の活動に比べて十分に小さい場合から考える。

人間が生産活動をすると、人間社会には耐久財と消費材が存在することになる。しかし、人間の活動が自然の活動に比べて十分に小さい場合には、耐久財が如何に長く持続的に保存されようとも、地球にはそれを受け入れるに足る十分な空間的余裕がある。一方、消費財から生ずる廃棄物も最終的には太陽光と空気中の酸素と反応して分解され、二酸化炭素、窒素ガス、水などになる。この時、物エントロピーの変換により発生する熱エントロピーも水の蒸発によって水蒸気となり、やはり水循環に渡される。ただし、物からエントロピーが取り除かれても、物そのものがなくなるわけではないが、人間の活動が自然の活動に比べて十分に小さい場合には、高エントロピーを有する物(廃棄物)は自然の働きによりエントロピーを取り除かれることによって形を変え、地球上に存在する人間や動・植・微生物などの資源（物エントロピーの低い物質）となるので、(1)と類似の状態が保たれる。すなわち、人間の活動が自然の活動に比べて十分に小さければ、やはり地球は生き続けられることになる。

　次に、人間の活動が自然の活動に比べて大きくなった場合について考える。このような場合には、人間社会の中の耐久財の種類が多様化し、その量も増加し続けるので、人間社会は次第に耐久財による飽和状態に接近し、持続性の低いものから廃棄物として排出されるようになる。また、消費財も、多種・多量化する耐久財を生産するために、その種類と量を増し、それを使用することによって生ずる廃棄物と熱エントロピーが増加する。この時発生した熱エントロピーは、現在全世界の消費エネルギーが地球が受ける太陽エネルギーの約一万分の一であることから判断して、水を用いて水蒸気に変換し、地球の持つ水循環に引き渡すことによって十分処分されうると考えられる。ただし、人間社会におけるエネルギー消費は、太陽エネルギーのように地球全体に満遍なく行き渡っているわけではなく、地域的に偏っているので、地域的な異常気象に対する覚悟は必要かもしれない。一方、耐久財と消費財に起因する廃棄物（本質的な物エントロピー）に関しては、地表は閉鎖系であるから、人間社会からの廃物の排出速度が自然の処理速度を上回る限り、地表はいずれ最終エントロピーの状態に達し、第2章の第2.4節と第3.1節で説明した理由により死に至ることになる。しかし、地球は今も生きている。生

きている状態を将来にわたって持続させなければならない。そのためにはどのような方策を取ることが必要なのだろうか。これに関しては第4章以降の随所で触れることにする。

〔参考文献〕
3-1) 山内睦文：『資源の立場から見た持続性に関する一考察』、アリーナ・中部大学編（風媒社）、Vol.7（2009）、pp.32-79.

第4章

消費と生産

人間の活動には消費活動と生産活動がある。何が消費され、何が生産されるかを熱力学、特にエントロピーの立場から考える[4-1]。

4.1 消費について

人間が何の活動もしなければ、エネルギー資源も"もの"を作る原料資源も必要ない。したがって、環境問題も起こらないし、持続性を考える必要もない。これらの問題を起こすのは、人間がエネルギー資源や原料資源を活用するからである。それでは人間はそれらをどこまで活用できるのだろうか。エネルギー資源を例にして考える。

4.1.1 拡散能力と消費の使用価値

高温の熱は、適当な仕組みを用いればそこから仕事を取り出すことができるが、大気と同じ温度になってしまった熱からは、もはや仕事を取り出せないことを第2章 第2.3節で説明した。しかし、同じ量の熱ならば、それが高温状態にあろうと低温状態にあろうと物理エネルギーとしては等価である（エネルギー保存の法則）。このことから、世間で言うエネルギー問題は、物理エネルギーを対象にしているのではないことがわかる。対象にしているのは、エネルギー資源が持っている潜在能力のうちで人間が活用できる部分である。エネルギー資源が持っている潜在能力が活用されて次第にエントロピーになり、これ以上活用できなくなった時点で、この資源を含む孤立系のエントロピーが最大値に達する（最終エントロピーに達する）ので、(2.4 - 1) 式の〔ポテンシャルエントロピー〕が"人間が活用できる資源の潜在能力"に対応することがわかる。このことから、世間で言うエネルギー問題とは、エントロピー問題である、と言い換えることができる。"人間が活用できる資源の潜在能力"は"消費可能な資源の潜在能力"と同義であるし、消費は物理学の拡散[*1]に対応するので、"資源の拡散能力"と言い換えることができる。この表現を用いると (2.4 - 1) 式は一般に次のように書き換えられる。

〔拡散能力〕＝〔最終エントロピー〕－〔エントロピー〕　　(4.1 - 1)

この式は、資源がこれからどのくらい消費されることが可能かを示している。このことを、石油、天然ガス、石炭などエネルギー資源の主要構成元素である炭素の消費を取り上げ例示を試みる。炭素の消費とは、その拡散能力が消費されて、生成した廃物（二酸化炭素）や廃熱が大気中に拡散していくことであるが、このとき炭素が持っていた拡散能力は、(4.1－1) 式を用いて概略次のように示される。炭素（グラファイト）1kgの燃焼熱（ある一定量の物質が酸素と化合して完全燃焼するときに発生する熱）は約32800kJ／kg（1トンの風呂の水の温度を約8℃上昇させる熱量に相当）である。そこで、1kgの炭素を燃やしてその熱を熱溜に溜め、1300℃の熱源を得たとする。この熱源の熱の持つエントロピーは、(1.10－1) 式より、Q／T＝32800kJ／kg÷1573 K＝20.9kJ／K・kgである。この熱を420℃で亜鉛を溶融したり、水を温めて100℃のお湯を得ることに用いると、420℃の亜鉛の熱と100℃のお湯の熱が持つエントロピーは、それぞれ47.3kJ／K・kgと87.9kJ／K・kgとなる。そして、これらの熱が30℃の夏の大気に拡散し、同じ温度になると、そのエントロピーは、最終エントロピーの 108.3kJ／K・kg、に達する。これらのエントロピーの値から (4.1－1) 式を用いて、 1kgの炭素（グラファイト）と各温度における32800kJの熱の拡散能力を求めると、表4.1－1のようになる。なお、炭素（グラファイト）そのもののエントロピーは、1気圧、30℃で0.48kJ／K・kgで、上記の値に比べて十分に小さいので拡散能力の計算では考慮に入れなかった。

　この表から、高温の熱ほど拡散能力の大きい（質の高い）ことがわかる。エンジンや発電機などの熱機関で高温化が目指されるのはこの理由によるが、高温化の限界は高温に耐えられる材料の存在で決まるのが現状である。

　30℃の熱は、30℃の夏の大気に対しては全く拡散能力を持たないが、例えば、0℃の冬の大気に対しては11.8kJ／K・kgの拡散能力を持つ。したがって、1kgの炭素（グラファイト）やそれを燃やして得られた熱が0℃の冬の大気に拡散する場合の拡散能力は、表4.1－1に示した値に11.8を加えた値となる。このことから、拡散能力は、エネルギー資源の持つ"拡散する能力"とそれが拡散していく空間の持つ"拡散される能力"から構成されていることがわかる。すなわち、拡散能力とは、"拡散する能力"と"拡散される能力"の

表4.1-1　1kgの炭素（グラファイト）とそれを燃やしたときに得られる
　　　　　燃焼熱（32800kJ）の種々の温度における拡散能力

	拡散能力（kJ／K・kg）
炭素（グラファイト）1kg	108.3
1300℃の熱	87.4
420℃の熱	61.0
100℃の熱	20.4
夏の大気温（30℃）の熱	0
冬の大気温（0℃）の熱	11.8

両者が結合してはじめて決まる量である。上述した炭素の燃える能力は炭素と酸素を含む空間の結合によって生じる能力であり、決して炭素だけの能力ではない。この拡散能力が経済学で言う消費の使用価値に相当する。したがって、拡散能力は世の中のあらゆる活動の源になっており、拡散能力が拡散して最終エントロピーに近づいていく過程が世の中の変化である。

*1：図2.2-1に示したような熱の移動を表す熱拡散と図2.3-1や図2.3-3に示したような物の移動を表す物拡散があるが、後者は、単に物質が移動する場合だけでなく、物質が化学的に結合して化合物をつくるような場合も含む。ここで、拡散と言う表現を導入したので、今まで用いてきた"熱の移動"および"物の移動"と言う表現を今後はそれぞれ"熱の拡散"および"物の拡散"に置き換える。

4.1.2　低エントロピー資源

　拡散能力の消費を直接の使用目的にしていて、①資源そのもののエントロピーが小さい、②拡散後のエントロピーが大きい、③使用が簡単である、という条件を備えた資源を低エントロピー資源と呼ぶ。③の条件が必要なのは、使用が簡単でない資源の場合には、それを使い易くするための処理で他の資源の拡散能力を消費し、エントロピーを発生してしまうからである。この条件を満たす低エントロピー資源には、石油、天然ガスや石炭などの燃料、食料、エントロピーがゼロの力学的エネルギーや電気エネルギー、水などがある。　水は、一般に拡散する能力より拡散される能力において優れている

が、便宜上低エントロピー資源に含める。低エントロピー資源は次章で取り上げる生産工程で重要な役割を果す。

4.2 生産について

4.2.1 動力の生産

　第2章 第2.3節の（1）で示したように、熱を原料にして動力（単位時間当たりの仕事）を取り出す生産装置を熱機関という。火力発電所の発電機がその一例である。火力発電所では、石油、天然ガスや石炭などを燃やして得た熱を原料にして電力という動力を取り出すが、エントロピーを有する熱からエントロピーがゼロの電力を直接取り出すことはできない。この過程がエントロピーを減少させるからである。したがって、電力を取り出すためには熱からエントロピーを抜き取らなければならないが、そのために低エントロピー資源の水が使われる。図4.2 - 1に、動力の生産工程において単位量の動力が生産されるときの"熱"、"水"と"熱＋水"のエントロピー変化を模式的に示す。低エントロピー資源の水も冷却水として使う前にエントロピーを有しているが、ここではその変化だけに着目すればよいので、便宜上ゼロ

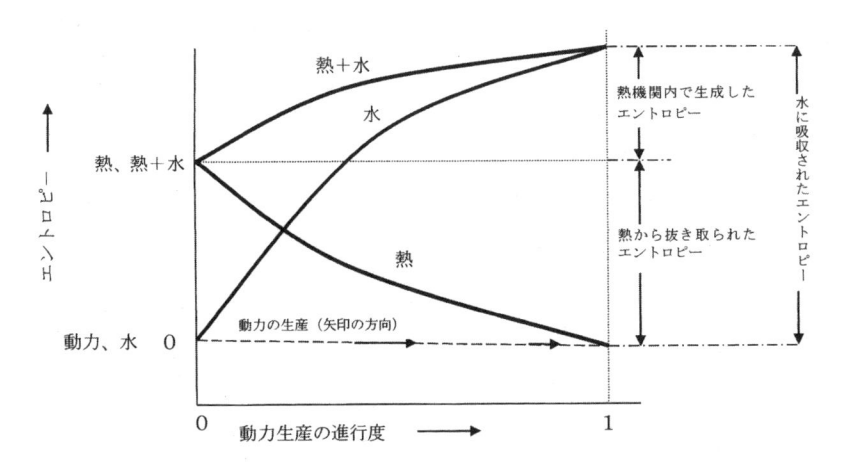

図4.2 - 1　動力の生産工程において単位量の動力が生産される時の
　　　　　エントロピー変化を示す模式図

とした。現実の熱機関は不可逆的に進行するので、熱機関内で必ずエントロピーが生成する。この生成エントロピーと原料の熱に含まれていたエントロピーを冷却水に吸収させることにより、エントロピーがゼロの動力が生産される。このように、石油、天然ガスや石炭などの燃料だけでは動力を生み出すことはできない。エントロピーを抜き取る水が必ず必要である。このことから、石油・天然ガス産出国や石炭産出国に水がないと石油文明や石炭文明が発達しにくいことが推察される。

4.2.2 物の生産

原料資源から、動力のように目に見えない製品ではなく、目に見える製品を造り出す生産の例として鉄の生産を取り上げる。

溶鉱炉で原料資源として使用される鉄鉱石の主成分は赤鉄鉱（Fe_2O_3）で、その含有率は約85％であり、残りの約15％はシリカ（SiO_2）やアルミナ（Al_2O_3）などを含む脈石である。したがって、このような鉄鉱石から鉄を生産するには、赤鉄鉱中で鉄（Fe）と結合している酸素（O）と脈石を取り除かなければならない。前者の目的でコークス（粘結炭を主成分とする配合石炭を1000～1100℃の高温で乾留して得られる炭素を主成分とする多孔質固体）が、後者の目的で石灰石（$CaCO_3$）が用いられる。また、コークスで鉄と結合している酸素を取り除く反応は発熱反応なので、反応を進行させるためには発生した熱を取り除かなければならないが（ルシャトリエの原理）、そのために冷却水が用いられる（多量の空気も用いられるが、空気は一般に資源とは見なされないので、ここでは考慮に入れない。）。

鉄の生産は、一般的には上記のように説明されるが、エントロピー（汚れ）の視点から説明し直すと次のようになる。図4.2−2は、鉄の生産をエントロピーの視点から示した模式図である。物エントロピー（汚れ）の小さな鉄をつくるためには原料資源である物エントロピー（汚れ）の大きい鉄鉱石からそれを取り除かなければならない。ところが、物エントロピーは、第2章第2.3節の(2)で説明したように、物への属性なので、エントロピーだけを取り除くことはできない。そこで、低エントロピー資源であるコークスや石灰石を使って取り除く。さらに、溶鉱炉内で発生した熱エントロピーは冷却

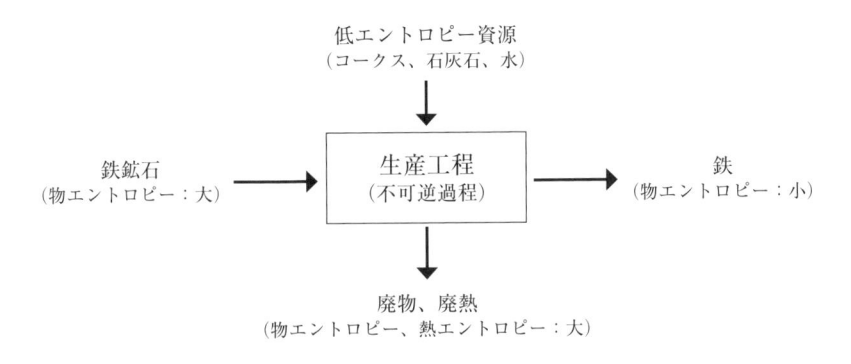

```
                低エントロピー資源
               (コークス、石灰石、水)
                       ↓
   鉄鉱石         ┌─────────┐         鉄
 (物エントロピー:大) → │ 生産工程  │ → (物エントロピー:小)
                │ (不可逆過程) │
                └─────────┘
                       ↓
                    廃物、廃熱
              (物エントロピー、熱エントロピー:大)
```

図4.2-2 鉄の生産

水に吸収させて除去する。ここで、低エントロピー資源を雑巾に例えれば、鉄の生産とは、原料資源である鉄鉱石中の物エントロピー（汚れ）を雑巾で拭い取ってやる操作である。しかも、この生産工程は不可逆過程で行われるので、鉄鉱石の物エントロピー（汚れ）が取り除かれて鉄としてきれいになる分よりは雑巾の物エントロピーと熱エントロピーの増加分（雑巾が汚れる分）の方が大きく、全体としては必ず汚れが増大する、すなわちエントロピー

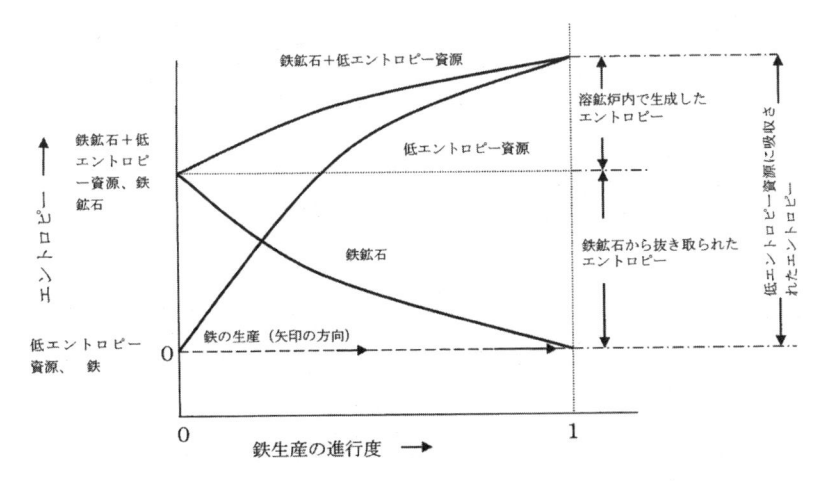

図4.2-3 鉄の生産工程において単位量の鉄が生産される時の
　　　　　エントロピー変化を示す模式図

が増大することは熱力学第2法則（エントロピー増大の法則）が教えるところである。この模様を図4.2－3に示す。低エントロピー資源（水を含む。）と鉄もエントロピーを有しているが、ここでも便宜上ゼロにとってある。このように、一般に言われる生産とは、エントロピー的に見れば、全体としてのエントロピーは必ず増加するので、必ず消費になっている（ゼロエミッション工場などはありえない）ことに注意する必要がある。

4.2.3　人間にとっての物の価値と無価値

　物の価値は人間の価値観に左右されるので、ここで、人間にとっての価値と無価値の大枠について簡単に触れておきたい。人間にとっての物の価値には、大別すると、「原材料や耐久財の保存性」と「消費財の拡散能力」がある。エントロピー的に見れば、前者は原材料や耐久財の拡散を抑え、保存性を持続することに意義を見出す価値であるから、等エントロピー的価値であり、鉄、アルミニウム、銅、金などの原材料や建造物、自動車、家電製品などの耐久財がこれに当たる。一方、後者は拡散能力に意義を見出す価値であるから、ポテンシャルエントロピー的価値であり、石油、天然ガス、石炭などの燃料や食料などの低エントロピー資源を含む消費財がこれに当たる。無価値材は、等エントロピー的であるが、人間にとって使用価値のないものであり、有用物質に変換されえない廃棄物がこれに当たる。

4.2.4　技術とは

　石油をただ燃やしただけでは油田火災と同じで高温の熱は次第に大気温の熱に変わるだけでそこからは何の仕事も取り出せない。しかし、前述したように、高温の熱と大気温の熱の間に発電機を挿入すれば電気エネルギーを取り出すことができる。また、溶鉱炉による鉄の製造においても、コークスを燃やしただけでは、石油を燃やしただけのときと同じことが言える。溶鉱炉という設備を設けて、その中でコークスの燃焼熱が拡散するときに鉄鉱石や石灰石などに働きかけ、反応を進行させることによって鉄が生産される。このように熱や物が拡散する多様な拡散経路の中から使用価値をもたらす特定の経路を積極的に見つけ出し、実現することを技術と呼ぶ。生体、社会など

生きている系はすべて技術を持っている。

4.2.5 技術の改善

第2章の第2.3節と第2.5節で説明したように、エントロピーの生成は質の低下やロスを意味するので、技術改善の方向は、多くのエントロピー（質の低下やロス）が発生している工程を見つけ出し、その改良に努めることである。ただし、ここで注意すべきことは、部分だけを見るのではなく、全体としてエントロピーの生成が小さくなっているかどうかを見極めることが大切である。

このことの一例として2001年の小型普通車とハイブリッド車の比較で見てみると、次のようになる[4-2), 4-3)]。計算には表4.2 - 1に示す数値を用いた。今、A氏が小型普通車を、B氏がハイブリッド車を同時に新車で購入した場合を考える。両者の価格の差は64万円なので、B氏がこの価格差を両者の燃費の差で取り返そうとすると、17年かかることになる。人は平均して7年で車を買い替えるので、B氏はこの価格差を挽回できないことになる。また、価格差は大雑把に言ってエネルギー消費量の差（拡散能力、すなわちポテンシャルエントロピーの消費量の差）と見做すことができるので、省エネに貢献しようと思ってハイブリッド車を購入したB氏は、省エネには関心がなく小型普通車を購入したA氏よりエネルギー消費に貢献した、という皮肉な結果になる。

表4.2 - 1　2001年の小型普通車とハイブリッド車の比較の例

平均使用年数（小型車、新車→中古車）：6.6年 ≒ 7年		
年間走行距離：12,000km		ガソリン代：100円／リットル
	小型普通車	ハイブリッド車
燃費	15 km／リットル	29 km／リットル
価格	159万円	223万円
価格差	64万円	
価格差を燃費の差で取り返すに要する年数		17年

なぜこのようなことが起こるのであろうか。その理由は、加工度の高い製品では、それを運転するときのエネルギー消費（エントロピーの発生量）に比べて、それを製造するときのエネルギー消費（エントロピーの発生量）の方がはるかに大きいからである。図4.2－4に、2001年の各種工業製品の加工度（製品の価格／構成材料の価格）を比較した結果を示す。

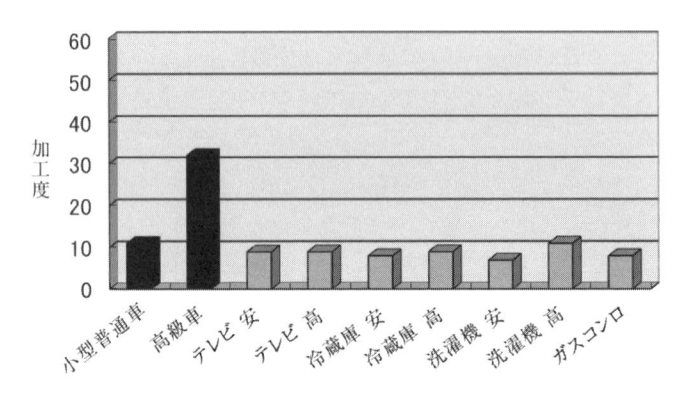

図4.2－4　各種工業製品の加工度

$$加工度 = \frac{製品の価格}{構成材料の価格}$$

　高級車の加工度はずば抜けて高いが、多くの家電製品は小型普通車と同程度の加工度を持っていることがわかる。したがって、これらの家電製品において消費電力のより小さな製品が生産されても、その製品の価格が高くなっていれば、小型普通車とハイブリッド車の間で起きた現象と全く同じことが起こりうる。この例は、技術の改善において、部分ではなく、全体を見ることの大切さを教えている。消費者もメーカーの部分的な優位性の宣伝に惑わされることのないように注意しなければならない。

　ちなみに、2009年の小型普通車とハイブリッド車の比較を表4.2－2に示す。両者の価格の差を燃費で挽回できる年数は5.5年に短縮されている。この8年間における技術の進歩は目覚しく、今ならばB氏はハイブリッド車を購入することにより省エネに貢献することになる。

表4.2-2 2009年における小型普通車とハイブリッド車の比較の例

平均使用年数（小型車、新車→中古車）6.6年 ≒ 7年	
年間走行距離：12,000km	ガソリン代：100円／リットル
	小型普通車	ハイブリッド車
燃費	16.8 km／リットル	38.0 km／リットル
価格	198万円	220万円
価格差	22万円	
価格差を燃費の差で取り返すに要する年数	5.5年

4.2.6 生産とは

　物を生産するためには、技術に加えて、労働と自然の働きが必要である。このことを、鉄の生産で説明する。溶鉱炉技術を順調に作動させるためには、まず原料資源としての鉄鉱石と低エントロピー資源としてのコークス、石灰石や水などを溶鉱炉まで運び込み、それらを適当に近づけたり、遠ざけたりする運搬という労働が必要である。後は、エントロピー増大の法則に従って低エントロピー資源の拡散能力が消費される方向に進行する自然の働きに任せて待っているだけである。したがって、技術と労働では低エントロピー資源の拡散能力を増大させるようなことはできない。このことから、生産とは、技術と労働と自然の働きの組み合わせから構成されていることがわかる。そして、前述したように、生産とは、エントロピー的に見れば、全体としては必ず消費になっている。

　なお、第2章第2.4節で導入したポテンシャルエントロピーの概念と第4章の詳細については槌田の名著[4-4]があるので、それを参照されたい。

〔参考文献〕

4-1) 山内睦文：『資源の立場から見た持続性に関する一考察』、アリーナ・中部大学編（風媒社）、Vol.7（2009）、pp.32-79.

4-2) 山内睦文：『リサイクルのあり方・21世紀の展望を知る』、『トヨタ技術会「知るシリーズ」最先端技術を知る！』第1回講演会録、2001年7月20日.

4-3) 山内睦文:『難処理人工物と環境保全・リサイクル』、『第11回基礎及び最新の分析化学講習会資料(2001年9月25日)』、pp.1-17.
4-4) 槌田　敦:『資源物理学入門』、ＮＨＫブックス、(1982).

第5章

資源の持続性

資源には化石エネルギー資源や金属鉱物資源などの再生不能資源と水資源、食糧資源、水産資源、森林資源などの再生可能資源がある。ここでは、これら資源の持続性について検討する。

5.1　再生不能資源[5-1)]

5.1.1　エネルギー資源

　エネルギー資源にも再生可能資源と再生不能資源があるが、ここでは持続性に最も関係の深い後者の化石エネルギー資源（石油、天然ガスと石炭）を取り上げ、日本エネルギー学会「シリーズ　21世紀のエネルギー」編集委員会活動の一環として行われた（独立行政法人）石油天然ガス・金属鉱物資源機構（JOGMEC）[5-2)]や石油鉱業連盟[5-3)]の報告等に基づいて概説し、私見を述べる。

　資源量を表す用語には多くのものがあり、同じ量を表すのに異なった表現が用いられたりしていて、必ずしも統一見解の下に定義されているとは限らないので、書物を読んでいて戸惑うことがある。ここでは、このような不都合を避け、後述の説明の理解を助けるために、最初に用語の定義を行う（図5.1－1も参照）。

- 究極原始埋蔵量：その時点で推定される地球上にある資源埋蔵量の総量で、既発見埋蔵量と未発見埋蔵量からなる。
- 既発見埋蔵量：これまでに生産された累積生産量と発見されてはいるがまだ生産されていない埋蔵量の和である。
- 未発見埋蔵量：言葉通り未発見の埋蔵量である。新しい油田が発見されたり、発見済みの油田において新たな油層や広がりが発見されると、発見されてはいるがまだ生産されていない埋蔵量の中に含まれることになる。
- 埋蔵量：既発見埋蔵量から累積生産量を差し引いた量で、確認埋蔵量と未確認埋蔵量からなる。
- 確認埋蔵量：地質的、工学的データに基づき、その時点の経済条件と技術レベルで確実に回収可能な量である。
- 未確認埋蔵量：確認埋蔵量より存在の確かさが劣る埋蔵量で、その確かさ

の度合いに応じて、確かさの高いものを推定埋蔵量、より低いものを予想埋蔵量と呼ぶことがある。
- 埋蔵量成長：未確認埋蔵量（特に、推定埋蔵量）は、①発見済みの油田において新たな油層や広がりが発見されたり、②生産回収技術の進歩や資源の価格の上昇によって経済的に回収が可能になると、確認埋蔵量に追加される。これを埋蔵量成長という。
- 可採年数：確認埋蔵量をその時点における年間消費量で割った値である。
- 枯渇年数：究極原始埋蔵量をその時点における年間消費量で割った値である。

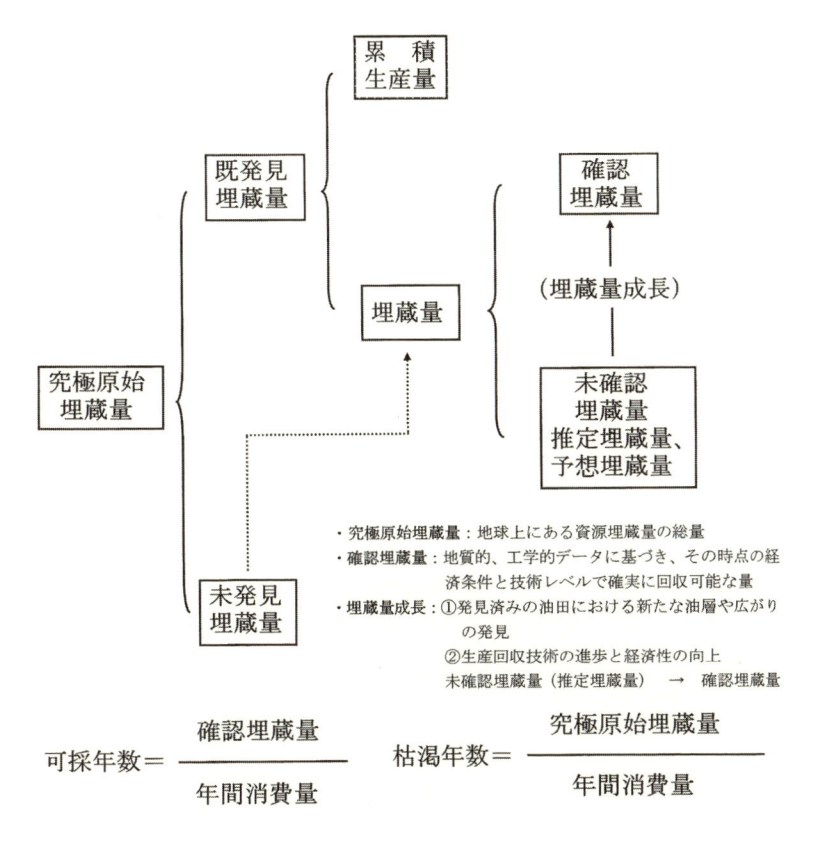

$$可採年数 = \frac{確認埋蔵量}{年間消費量} \qquad 枯渇年数 = \frac{究極原始埋蔵量}{年間消費量}$$

図5.1-1　エネルギー資源に関する用語の定義

5.1.1-1 石油

 1970年代には「石油はあと30年位でなくなる」と言われていたが、今は「約40年ある」と言われている。このように可採年数が少なくとも減少しない、むしろ増加するのはなぜなのだろうか。それには二つの理由がある。一つは、埋蔵量成長である。埋蔵量成長とは、前述したように、①発見済みの油田で、新たな油層や広がりが発見されると、それまで推定埋蔵量のカテゴリーに入っていた量が確認埋蔵量のカテゴリーに移される、②生産回収技術が進歩して回収率が向上したり、③資源の経済性が向上すると、それによる増産量が確認埋蔵量に追加される、ことによる確認埋蔵量の増分のことをいう。二つ目は、新しい油田の発見である。過去においては、この埋蔵量成長と新油田の発見からもたらされる生産量が消費量を超えていたために可採年数が増加することも起こりえたが、現時点ではほぼ等しく、貯金を目減りさせることなく、利息だけで生活できる（可採年数が減少しない）状況にある。それではこの状態がいつまで続くのだろうか。

 この状況に警告を与え、社会にかなりの影響を及ぼしているのがピークオイル論（世界の原油供給能力は地質的な限界に達した後に急激に減少する運命にあり、人類はそれを前提にしてドラスティックな対応策を直ちに取

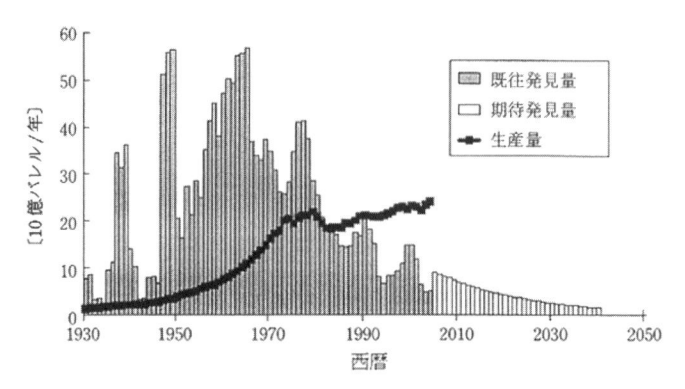

1981年に生産量が発見量を追い越している。ただし，1970年代の産油国国有化の影響での発見減あり。

図5.1－2　キャンベル[5-4]の示す世界の石油発見量推移と石油生産量の推移
　　　　　（出典：文献[5-2]）

らなければならない、という議論）である。ピークオイル論の元祖はハバート（Marion King Hubbert）であるが、近年石油価格高騰など社会に大きな衝撃を与えたのは、キャンベルらが1998年に発表した「安い石油がなくなる」という資源悲観論を象徴する論文等である[5-4), 5-5)]。その中で彼らは、図5.1－2に示すように、世界において毎年発見された確認埋蔵量（既往発見量）とその後の推定量（期待発見量）および生産量の推移を示し、世界全体の生産量ピークが2004年頃に来ると見積もり、論文題目のような警告を発し、社会に大きな衝撃を与えた。ピークオイル論には常に注視を払っていく必要があるが、彼らの論議には次のような幾つかの問題点がある、と言われている。

（1） その第1は、発見された確認埋蔵量が1975年以降急激に右肩下がりになっていることには二つのからくりがあることである。

① その一つ目は、埋蔵量成長を確認埋蔵量に加算する統計処理上の操作である。埋蔵量成長は油田発見後の増分にも拘わらず、統計処理上は当該油田の発見年に遡ってその時の確認埋蔵量に加算されるため、時代を遡るほど確認埋蔵量が事実より多く見える仕掛けになっている。米国地質調査所（US Geological Survey:USGS）が公表している「USGS2000」という調査報告[5-6)]によれば、埋蔵量成長の比率は米国平均で確認埋蔵量の77％であり、この膨大な量の埋蔵量成長による増分を過去に遡って加算することは、発見確認埋蔵量の減少曲線を事

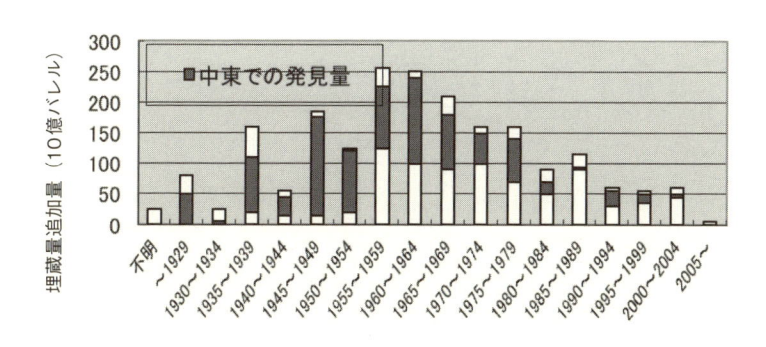

図5.1－3 新規油田発見による埋蔵量追加量（文献[5-2)]に基づいて作成）

実より著しく右下がりに誇張することになる。

② 二つ目は、中東地域の石油鉱床探査（探鉱）が進まない事情である。図5.1－3に1930年代以降に新規に発見された油田による確認埋蔵量追加量の経年変化を示す。確認埋蔵量追加量は1950～1960年代にピークを示し、その後急激に減少している。中東地域での確認埋蔵量追加量を陰影付の棒グラフで示すが、これを見てわかるように、ピークは中東地域の大発見によってもたらされたものであり、これを除くとその他の地域の確認埋蔵量追加量は1950年代から現在に至るまでに大きな変動はない。近年における世界全体の確認埋蔵量追加量の急激な減少は中東地域のそれを反映したものであることがわかる。近年において中東地域での確認埋蔵量追加量（発見量）が極めて少ないことに対しては二つの理由がある。第一は、1975年以降当該地域の石油会社が国有化されたため、メジャーズが撤退を余儀なくされ、技術不足と探鉱投資の停滞が起こったことである。第二は、当該地域の確認埋蔵量の可採年数が現在でも80年以上もあるため、積極的に探鉱投資を行うインセンティブが働かないことである。図5.1－4に示した世界の地域別探鉱密度比較がこの事実を物語っており、探鉱密度は可採年数が10年程度の米国で圧倒的に多く、中東地域では極めて少ないことがわかる。このことは将来の新油田の発見に対して中東地域は大きな余力を残しているとも言える。すなわち、世界の確認埋蔵量の

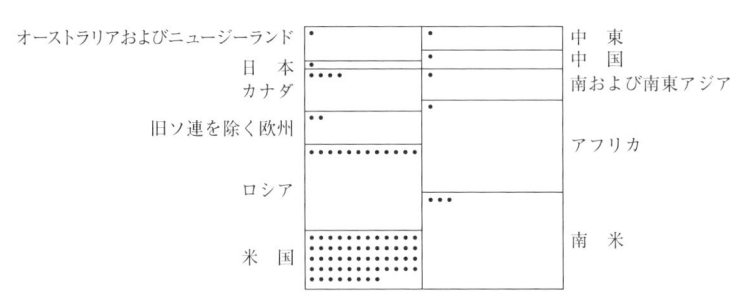

各地域の堆積盆地の面積比例、黒丸1個が5万本の坑井掘削実績
（英国は欧州に含まれている）

図5.1－4　世界の地域別探鉱密度比較[5-7]（出典：文献[5-2]）

約2/3を占める中東産油国は、近年においても埋蔵量成長によって需要を賄うことができるため、新規油田の発見を行う必要がなく、1950〜1960年代のピーク時に発見された油田は手を付けられることなく、温存されているのが現状である。

（2）　その第2は、石油埋蔵量の評価を低く見積り過ぎていることである。図5.1－5にUSGS 2000とキャンベルらが提示した1998年における石油の究極原始埋蔵量評価の比較を示す。これによれば、USGS 2000が約3兆バレルと見積っているのに対してキャンベルらのそれは1.8兆バレルである。キャンベルらの見積値が低いのは、埋蔵量成長と非在来型資源（原油を在来型資源と呼ぶときには、オイルサンド、オイルシェールや天然ガス液（NGL）を非在来型資源という。）からの石油生産を考慮に入れてないことと未発見埋蔵量（未発見資源量）の評価が低いことによる。前述したように、埋蔵量成長は膨大な量であり、またオイルサンドやNGLからの石油の商業生産量は日産1000万バレルと総石油生産量の一割を超える勢いで急増している。後述するように未発見埋蔵量の期待値もキャンベルらのそれよりかなり大きいと予測されている。このような量が加算されていないキャンベルらの見積

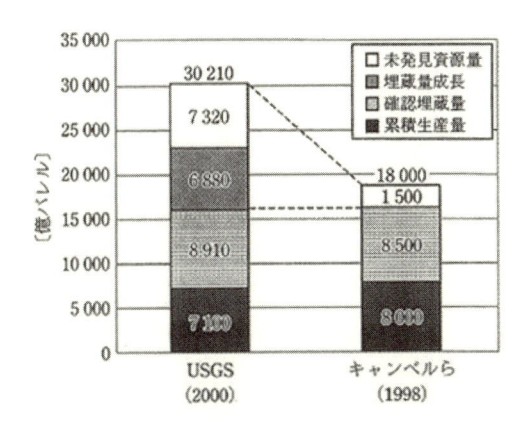

図5.1－5　「USGS2000」の評価とキャンベルらの1998年における石油の究極原始埋蔵量評価の比較（出典：文献[5-2]）

値は石油業界によって受け入れられていない。図5.1-6に世界の究極原始埋蔵量に関する1942〜2008年までの調査結果の比較を示すが、近年における下限値はキャンベルらのものであり、それを除けば、世界の究極原始埋蔵量に関する評価は未だに年々漸増状態にあるといえよう。

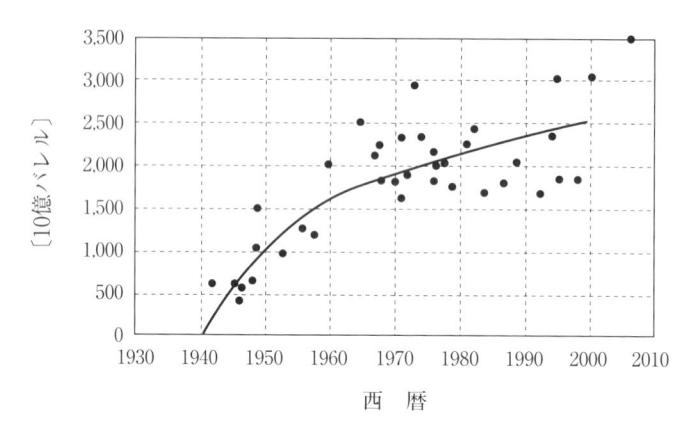

図5.1-6 究極原始埋蔵量に関する1942年〜2008年までの調査結果の比較[5-7]
(出典：文献[5-2])

　上述のような理由でピークオイル論は石油業界に受け入れられていないのが現状である。それでは石油はあとどのくらいあるのだろうか。地球上にある石油の究極原始埋蔵量は現在の技術をもってしても正確に把握することは不可能であるが、資源ピラミッドという概念に基づいて行われた以下のような予測がある[5-2]。

　確認埋蔵量を決定する要因には、①技術革新による回収率の向上、②価格・財務条件の改善、③インフラの整備効果、④探鉱投資への意欲、がある。①については、近年、水平坑井掘削技術などの技術革新により30％程度であった従来の回収率が大きく向上してきており、これによる埋蔵量成長により既発見油田の確認埋蔵量が追加・修正されている。技術に退歩はなく、進歩するのみである。②については、例えば、イージーオイルを産出するOPEC諸国においては大油田の生産コストが極めて低いため、産油国政府の課税率が

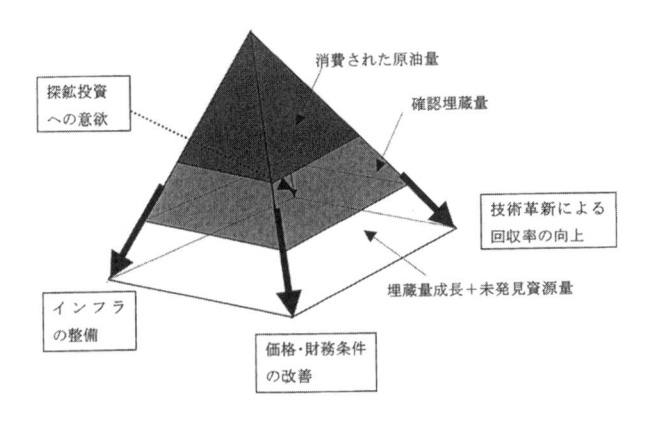

図5.1－7　資源ピラミッドの概念

著しく高く、90％以上のところも多くある。したがって、課税率が少しでも下がれば、それまで採算が取れなかった油田から新たな生産が始まってその分が確認埋蔵量に追加されることになる。③については、辺鄙な地域にある油田の開発・輸送コストは高くつくが、一旦生産プラットフォームや輸送パイプラインが整備されると、その周辺にありそれまで採算の取れなかった群小油田からの生産が始まり、その分が確認埋蔵量に追加されることになる。そして①、②、③により④の探鉱投資への意欲が向上して新しい油田が発見され、その分が確認埋蔵量に追加されることになる。このような関係を図5.1－7に資源ピラミッドの概念として示す。四角錐の全体積が究極原始埋蔵量に相当する。一番上の濃い色の四角錐の部分がすでに消費された原油量であり、その下のやや薄い色の台形の部分が現在の確認埋蔵量である。そして、一番下の無色の台形の部分が今後の埋蔵量成長と未発見埋蔵量の和を表している。上述した確認埋蔵量を決定する四つの要因が下方に移動するほど真ん中の台形の底辺も下方に下がるが、同時に一番上の四角錐の底辺も下方に動くので、両底辺の移動の速さによって確認埋蔵量は増えたり減ったりすることになる。そして、一番上の四角錐の底辺が一番下の台形の底辺の位置まで達すると原油資源が枯渇することになる。石油鉱業連盟では2007年における確認埋蔵量を1.1138兆バレル（ちなみに、Oil & Gas Journal:1.2929兆バレ

ル、World Oil:1.1196兆バレル、bp社:1.2013兆バレル、OPEC:1.1540兆バレル、IHSEエナジー社:1.2418兆バレル）、2005年における年間生産量（年間消費量）を0.029599兆バレルと見積っている[5-3]。これらの値を用いると可採年数は37.6年となる。また、同連盟は2007年の究極原始埋蔵量として3.0380兆バレルという値を公表している[5-3]。この値を用いた石油の寿命を枯渇年数と名付けると、102.6年になる。

　世界最大の民間石油会社であるエクソンモービル社は究極原始埋蔵量を12～16兆バレルと予測している。その内訳は、図5.1－8に示すように、在来型石油資源が6～8兆バレル（このうち約1兆バレルは消費済み）、非在来型石油資源である超重質油／オイルサンドが4～5兆バレルとオイルシェールが2～3兆バレルである。オイルシェールはまだ商業生産方法が確立されていないが、超重質油／オイルサンドは商業生産ベースに乗りつつある。技術開発によってこれら3種の商業生産ベースに乗る部分が増加して図5.1－7の四角錐の一番下の底辺が下がれば、その分だけさらに可採年数や枯渇年数が延びることになる。

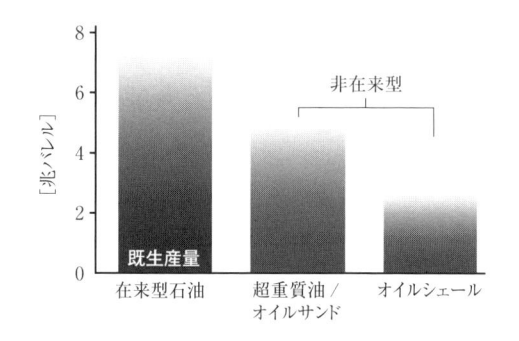

図5.1－8　各種石油系資源の究極原始埋蔵量の推定（出典：文献[5-2]）

5.1.1-2　天然ガス

　埋蔵量は、熱量換算で石油とほぼ同じ量と言われているが、天然ガスは石油に比べて輸送コストがはるかに高くつくため、消費地から遠く離れた多くの発見済みガス田が商業開発されないままに放置されているのが現状である。ロシアが世界最大の天然ガス保有国で中東地域とほぼ同量であり、世界全体に対して占める割合は約30％である。

　石油鉱業連盟は、2007年の調査研究で、確認埋蔵量を6,137.4兆cf（立方

フィート)(ちなみに、Oil & Gas Journal: 6,124.0兆cf、World Oil: 6,226.6兆cf、bp社: 6,359.2兆cf、OPEC: 6,362.4兆cf、IHSEエナジー社: 7,134.8兆cf)、2005年における年間生産量(年間消費量)を98.168兆cfと見積っている[5-3]。これらの値を用いると可採年数は62.5年となる。また、同連盟は2007年の究極原始埋蔵量として15,515兆cfという値を公表している[5-3]。これより枯渇年数は158年となる。

5.1.1-3 石炭

経済産業省資源エネルギー庁資源・燃料部の2008年9月4日の報告「我が国石炭政策の現状と今後の方向性」によれば、石炭の埋蔵量は豊富で、可採年数は約133年と見積られている。この値は石油の可採年数(37.6年)の約3.5倍、天然ガスのそれ(62.5年)の約2.1倍に相当する。

5.1.1-4　上記の検討を背景にした21世紀の見通し

歴史を振り返ってみると、化石燃料資源の開発事業は政治的および技術的チャレンジの繰り返しであり、その都度その壁を乗り越えてきた。今後も政治的問題への対処や探鉱開発・技術開発への投資、さらには当該分野の人材育成が首尾よく行われれば、上述の可採年数や枯渇年数から推測されるように、地質的に決まる量的限界にはまだ余裕があり、今世紀いっぱいは化石燃料資源で人類が必要とするエネルギーを賄えそうである。しかし、「備えあれば患えなし」の諺の如く、大切なことは未来の危機を予測することではなく、それに備えることである。そのためには、特定の枯渇性エネルギー資源に大きく依存することを避ける方策を採るとともに、代替エネルギー技術や省エネルギー技術に関する研究開発を進めていくことが必要であるが、あせる必要はない。まだ時間的に余裕がある。地に足を付け、中・長期的展望に立った着実な研究・技術開発が望まれる。

5.1.1-5　CO_2を利用した植物の光合成によって生じた酸素(O_2)量から推算される地球の還元炭素(C)の埋蔵量と枯渇年数

第1章の「トピックス:地球温暖化」の「(i) CO_2による温室効果」のと

ころで図1.1 – 12を用いて説明したように、海中でCO_2を利用した植物の光合成によって生じた酸素ガス（O_2）は、最初は海水中に溶解している2価の鉄を3価の鉄に酸化するのに消費されたが、2価の鉄濃度が低下するにつれて次第に大気中に出て来るようになった。そして、オゾン層が生成された後は、植物が陸地に進出して繁栄するようになり、ここでも光合成を行って空気中の酸素（O_2）含有量を高めていった。また、陸上に存在していた鉄は、大気中に酸素ガス（O_2）が存在していなかった時代には、2価の状態で存在していたと考えられるので、空気中に酸素ガス（O_2）が存在するようになると、この酸素によって徐々に3価の鉄に酸化されたものと考えられる。

このような地球の歴史の変遷を考慮すると、CO_2を利用した植物の光合成によって生じた酸素（O_2）量から地球の還元炭素（C）の究極原始埋蔵量と枯渇年数を推算することができる。

最初に、現在空気中に存在する酸素（O_2）量から推算される地球の還元炭素（C）の究極原始埋蔵量を求める。地球の大気は、高さ約80km程度まではほぼ同じ組成をしており、その組成を持った気体は空気と呼ばれる。しかし、空気の気圧と密度は、高さ10km位で地表直上のそれらの約1/4程度まで下がるので、ここでは空気中に存在する酸素ガス（O_2）の量を高さ10kmまでの空気層に存在する酸素ガス（O_2）量で近似することにする。高さ10kmまでの空気層の密度を地表直上のそれ（0℃、1気圧下で、$1.239 \times 10^9 kg/km^3$）の約半分の値（$6.0 \times 10^8 kg/km^3$）とし、空気中の酸素ガス（$O_2$）の含有率（23.139質量％）の値を用いて、10kmまでの空気層に存在する酸素ガス（O_2）量を求めると、$7.06 \times 10^{17} kg$となる。したがって、この酸素量から求められる光合成で生じた還元炭素の量は、$7.06 \times 10^{17} kg \times (12/32) = 2.65 \times 10^{17} kg$、となる。これが、現在空気中に存在する酸素（$O_2$）量から推算された地球の還元炭素（C）の究極原始埋蔵量、である。

次に、2価の鉄を3価の鉄に酸化するに必要な酸素（O_2）量から推算される地球の還元炭素（C）の究極原始埋蔵量を求める。海水中および陸地での2価の鉄の3価の鉄への酸化反応は、それぞれ (5.1) 式と (5.2) 式で表される。

$$4Fe^{2+} + 8OH^- + O_2 = 2Fe_2O_3 + 4H_2O \qquad (5.1)$$

$$4\mathrm{FeO} + \mathrm{O}_2 = 2\mathrm{Fe}_2\mathrm{O}_3 \tag{5.2}$$

いずれの式に従っても、2価の鉄、55.84 × 4 = 223.36 kg、が3価の鉄に酸化されると、32 kgの酸素（O_2）が消費される。このようにして生成した3価の鉄が現在の地殻中に存在すると仮定する。地殻の質量は、地球の質量（6×10^{24} kg）の0.4％であり、地殻に存在する鉄の含有率は5.0質量％であるから[5-8]、地殻に存在する鉄の質量は1.2×10^{21} kgとなる。したがって、この量の2価の鉄を3価の鉄に酸化するに必要な酸素（O_2）ガスの質量は1.7×10^{20} kgである。これだけの酸素（O_2）ガスが光合成によって生成する時に同時に生産される還元炭素の質量は、6.4×10^{19} kgとなる。これが、2価の鉄を3価の鉄に酸化するに必要な酸素（O_2）量から推算される地球の還元炭素（C）の究極原始埋蔵量である。

なお、地球上の森林によって固定されている炭素（C）蓄積量は、2.827×10^{14} kgと報告されている[5-9]。この値は、現在空気中に存在する酸素（O_2）量から推算された地球の還元炭素（C）の究極原始埋蔵量（2.65×10^{17} kg）や2価の鉄を3価の鉄に酸化するに必要な酸素（O_2）量から推算される地球の還元炭素（C）の究極原始埋蔵量（6.4×10^{19} kg）に比べて、圧倒的に小さいので、以下の光合成によって生産された還元炭素（C）の枯渇年数の計算では、無視して取り扱う。

ところで、世界の一次エネルギーの消費量は、2007年において、石油換算で110.99億トンと報告されている[5-10]。また、石油の炭素含有率は83〜87％であるので[5-11]、平均値の85％を用いると、世界の2007年における炭素消費量は、9.4×10^{12} kgとなる。以後の計算では、この値を1.0×10^{13} kgで近似する。

上述の計算値から、次の二つの場合について、還元炭素（C）の枯渇年数を求める。

① 高さ10 kmまでの空気層に存在する酸素（O_2）ガス量に対応する還元炭素（C）量だけを対象にした場合、

$$\text{枯渇年数} = \frac{2.65 \times 10^{17} \text{kg}}{1.0 \times 10^{13} \text{kg}} = 2.65 \times 10^{4} \text{年} = \text{約2万5千年}$$

② 「高さ10kmまでの空気層に存在する酸素（O_2）ガス量に対応する還元炭素（C）量」と「2価の鉄を3価の鉄に酸化するに必要な酸素ガス（O_2）量に対応する還元炭素（C）量」の和で表される還元炭素（C）量を対象にした場合、

$$\text{枯渇年数} = \frac{2.65 \times 10^{17} \text{kg} + 6.4 \times 10^{19} \text{kg}}{1.0 \times 10^{13} \text{kg}} = 6.43 \times 10^{6} \text{年}$$

$$= \text{約600万年}$$

このように還元炭素（C）の枯渇年数は、少なく見積もっても約2万5千年、多く見積もると約600万年となる。これより、地球に存在する石油、天然ガス、石炭などの化石燃料の可採年数は一般に公表されている数値よりもはるかに大きいのではないかと予測される。このことからも、代替エネルギー技術の開発に対して十分に時間的余裕があると言えるだろう。原子力発電や自然エネルギー利用発電などの代替エネルギー技術開発に関して、地に足を付けて理念を確立し、十分に検討を重ねて中・長期的展望を構築して、それに沿った着実な研究・技術開発が望まれる。

5.1.2　金属鉱物資源

　地球の歴史を通して、地殻を構成する物質は、太陽エネルギーによる侵食・堆積作用によって陸から海へ、また地球内部のエネルギーによるプレート作用で海から陸へ運ばれ、全体として循環を繰り返してきた。この循環過程で特定な元素や化合物が濃集した地質体が出来上がった。人類が利用している金属鉱床は、このような地質体で、図5.1-9に示すように、特定の元素あるいは化合物が地殻の平均的化学組成（地殻存在度）に比べて10（鉄（Fe）、アルミニウム（Al））ないし10,000（金（Au）、白金（Pt））倍濃集されている[5-12]。

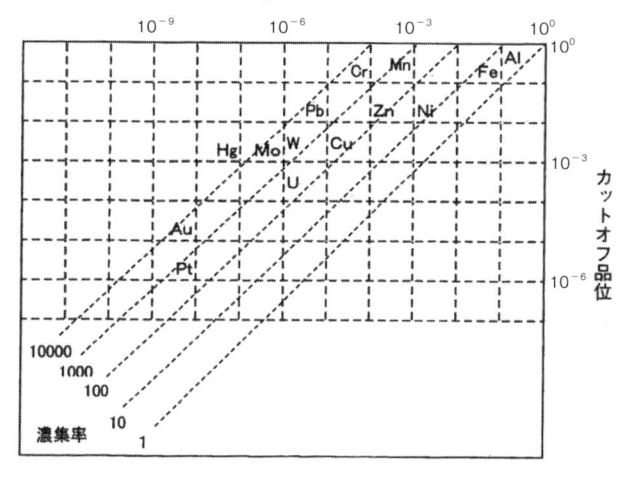

図5.1－9　金属鉱物資源の地殻存在度とカットオフ品位の関係
　　　　　カットオフ品位：鉱山における最低採掘品位
　　　　　Ag：銀、Al：アルミニウム、Au：金、Cr：クロム、Cu：銅、Fe：鉄、
　　　　　Hg：水銀、Mn：マンガン、Mo：モリブデン、Ni：ニッケル、Pb：鉛、
　　　　　Pt：白金、U：ウラン、W：タングステン、Zn：亜鉛
　　　　　（文献[5-12]に基づいて作成）

　このように金属鉱床は地球の緩やかな循環過程で生成され、しかも地球は常に循環しているので、今もって金属鉱床（金属鉱床のみならずすべての鉱床）は地球内部で製造されている。しかし、その生成速度が人類による消費速度に比べて著しく小さいために、すべての金属鉱物資源はいずれ枯渇する運命にあるというのが金属鉱物資源に関する最も単純な資源問題である。この観点から陸上と海洋の金属鉱物資源の持続性を見てみることにする。

5.1.2-1　陸上金属鉱物資源

　（独立行政法人）石油天然ガス・金属鉱物資源機構（JOGMEC）が平成20年10月に発行した「メタルマイニング・データブック2008[5-13]」に基づき陸上金属鉱物資源を対象にして作成した金属元素を主体とする各元素の耐用年数（確認埋蔵量を年間生産量で割った値で、可採年数と同義）を図5.1－10に示す。最長がレア・アースの710年、最短がストロンチウムの11年、最も

生産量の多い鉄は38年である。しかし、耐用年数は資源枯渇の目安にはなりにくい。過去においても資源枯渇に対する悲観論は幾度となく繰り返されてきたが、良い意味でそれはその都度裏切られてきた。その主な理由は、耐用年数が短くなると、資源不足に対する危機意識から鉱床探査の意欲が高まり、新しい鉱床が発見される。一方、耐用年数が長くなると、新しい鉱床を発見しても開発される可能性が低いので、鉱床探査の意欲が減退する。過去はこの繰り返しであり、有史以来金属鉱物資源が枯渇した例はない。図5.1－11に代表的なベースメタルである銅、亜鉛と鉛およびレアメタルの代表格である金と銀の1990年以降における耐用年数の経年変化を示すが、上述した状況を如実に表している。

一方で、この耐用年数がなかなか低減しない状況は主として低品位鉱床の開発によって支えられてきたという事情がある。図5.1－12に、1990年代において露天掘鉱山から採掘され、乾式製錬に適用された銅鉱石中の銅品位の経年変化を示すが[5-15]、概して銅品位は年々低下してきており（湿式製錬に適用される銅鉱石中の銅品位もほとんど同様の傾向を示している。）、他の金属鉱石においても事情は同じである。

金属鉱石の品位（含有率）が低下してもそこから需要を満たすに十分な量の目的金属が得られれば資源枯渇を心配する必要はないが、これに関して次

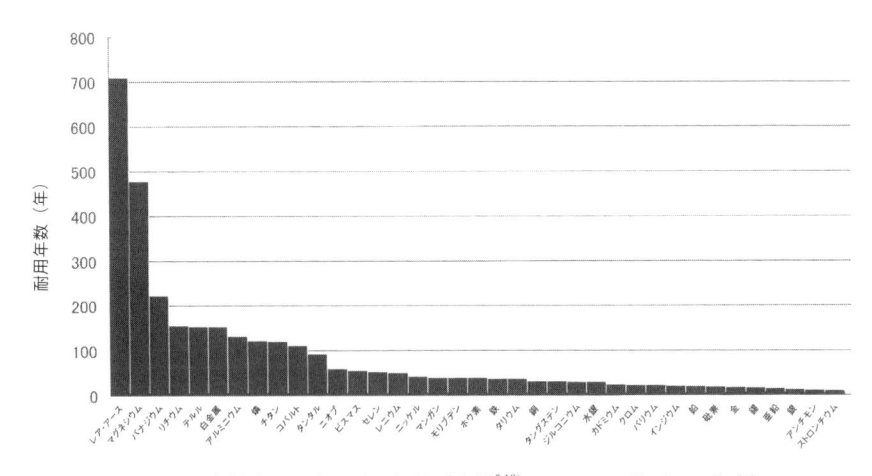

図5.1－10　各種金属元素の耐用年数（文献[5-13]のデータに基づいて作成）

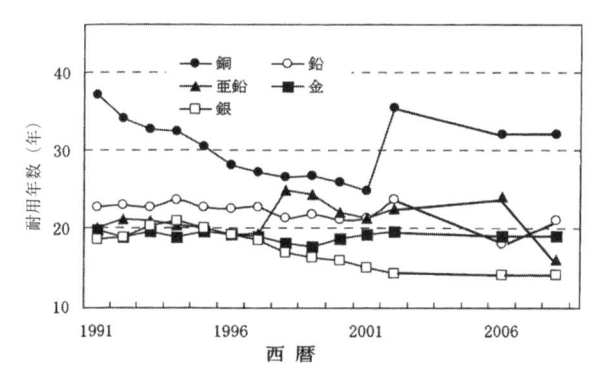

図5.1 − 11　主な元素の耐用年数の経年推移（文献[5-13]と[5-14]のデータを合成して作成）

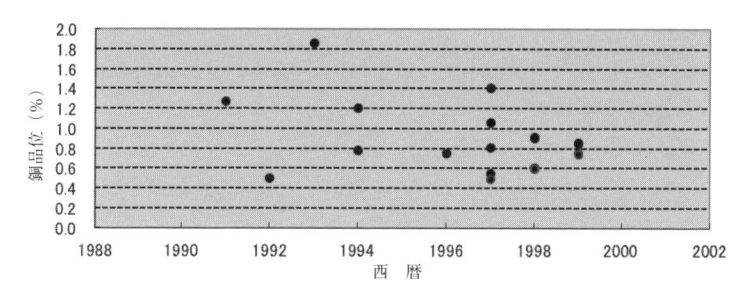

図5.1 − 12　1990年代において露天掘鉱山から採掘され、乾式製錬に適用された銅鉱石中の銅品位の経年変化（文献[5-15]のデータに基づいて作成）

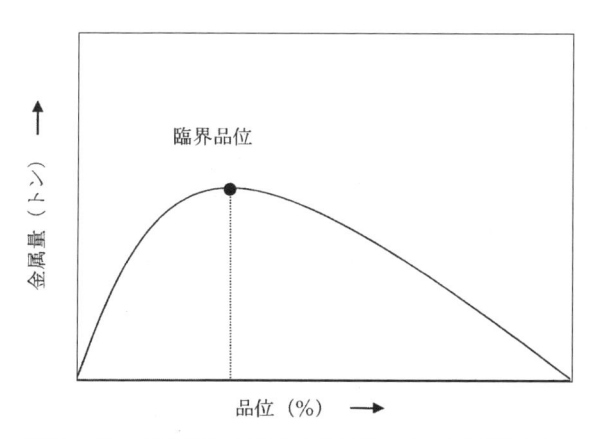

図5.1 − 13　金属鉱床の品位とある品位の鉱床から採取される金属量の関係を表す模式図

のような考察がある[5-12]。一般に、金属鉱床の累積鉱量の対数と品位との間には勾配がマイナスの直線関係が成り立つことが知られている。この関係を数学的に処理すると、ある品位の鉱床から採取される金属量とその品位との間に、図5.1 − 13に示すような極大値を持つ曲線関係が得られる。極大値における品位を臨界品位と呼べば、臨界品位以下になると鉱床の品位を下げても採取される金属量は増加せずに減少することになる。すなわち、上述したような低品位鉱床の開発による耐用年数の補充が効かなくなる。図5.1 − 14は、図5.1 − 12に示した露天掘鉱山の鉱石埋蔵量の経年変化を示したものである[5-15]。1991年のチリ（世界一の産銅国）における大型鉱山の開発を除けば、鉱石埋蔵量が年々増加傾向にあることは明らかである。一方、これらの鉱山から得られる金属としての銅量を求めてみると、図5.1 − 15に示すように、図5.1 − 12に示した銅品位の低下傾向を反映して、増加傾向にはあるもののその増加はわずかであり、この時点ですでに耐用年数の補充が効かなくなる前兆が窺える。銅、鉛、亜鉛、タングステンとモリブデンはすでにこの状態に達していると推測されている[5-16]。これらの金属については、陸上での低品位鉱床の開発だけでは今後耐用年数を維持することは難しいと言えよう。

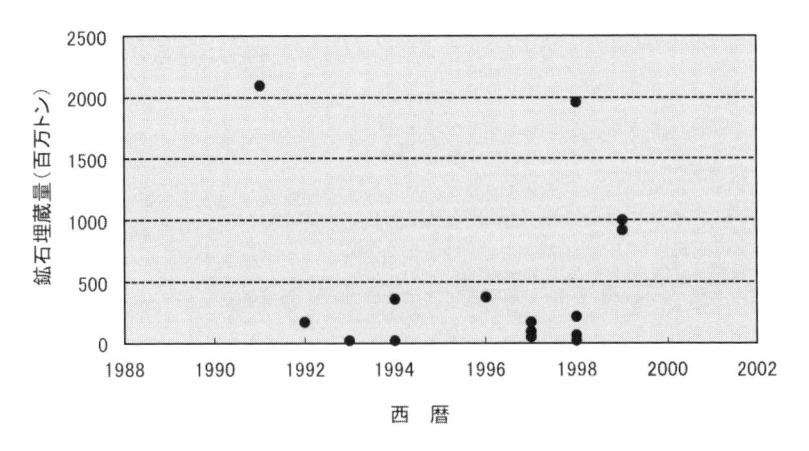

図5.1 − 14　1990年代において乾式製錬用に採掘された露天掘鉱山の銅鉱石埋蔵量の変化（文献[5-15]のデータに基づいて作成）

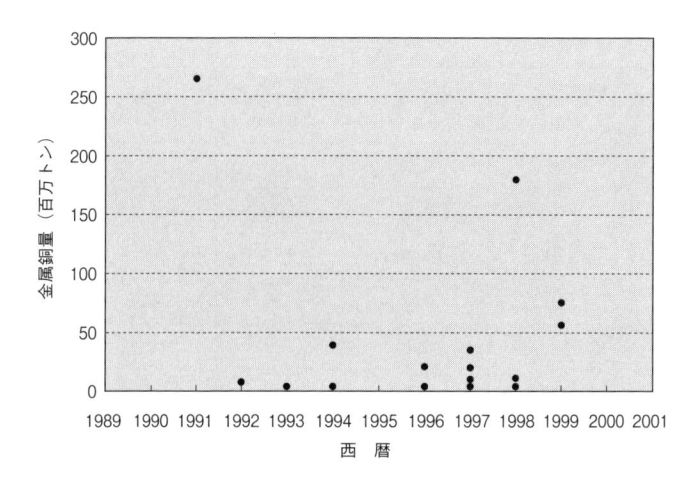

図5.1 – 15　図5.1 – 14に示した銅鉱石埋蔵量から得られる金属銅量の経年変化（文献[5-15]のデータに基づいて作成）

　レアメタルやレアアースの"レア"は"稀な"という意味であるが、表5.1－1に示す元素のうちで地殻存在度が一般に100ppm（0.01%）以下で低いというだけで[5-17]、鉱石量が稀というわけではなく、むしろ豊富なものが多い。そのため耐用年数も、図5.1－10に示したように、長いものが多々ある。これらの金属の一部の需要量の経年変化を図5.1－16に示すが、幾つかの金属については突如として現れる先端技術の反映を受けて大きく変動していることがわかる。この傾向は今後ますます激しくなることが予想されるし、将来における先端技術の動向も予測できないので、レアメタルやレアアースの需給予測は極めて困難であるが、先端技術のビタミンとも言われるこれらの金属の需要は今後ますます高まることは必至なので、今のところ耐用年数の長い金属が多いとはいえ、それらの急減に対して絶えず注意を払っておく必要がある。特に、陸上金属鉱物資源を持たない我が国はこれらの金属の入手に対して常に警戒を怠ることはできない。

表5.1－1　元素の地殻存在度（出典：文献[5-17]）

元素	地殻存在度（ppm）	元素	地殻存在度（ppm）	元素	地殻存在度（ppm）
酸素	466,000	硫黄	260	スカンジウム	22
珪素	277,000	炭素	200	リチウム	20
アルミニウム	81,300	ジルコニウム	165	ニオブ	20
鉄	50,000	バリウム	135	窒素	20
カルシウム	36,300	塩素	130	ガリウム	15
ナトリウム	28,300	クロム	100	鉛	13
カリウム	25,900	ルビジウム	90	ラジウム	13
マグネシウム	20,900	ニッケル	75	ボロン	10
チタン	4,400	亜鉛	70	クリプトン	9.8
水素	1,400	セリウム	60	プラセオジム	8.2
リン	1,050	銅	55	プロトアクチニウム	8.0
マンガン	950	イットリウム	33	トリウム	7.2
フッ素	625	ランタン	30		
バリウム	425	ネオン	28		
ストロンチウム	375	コバルト	25		

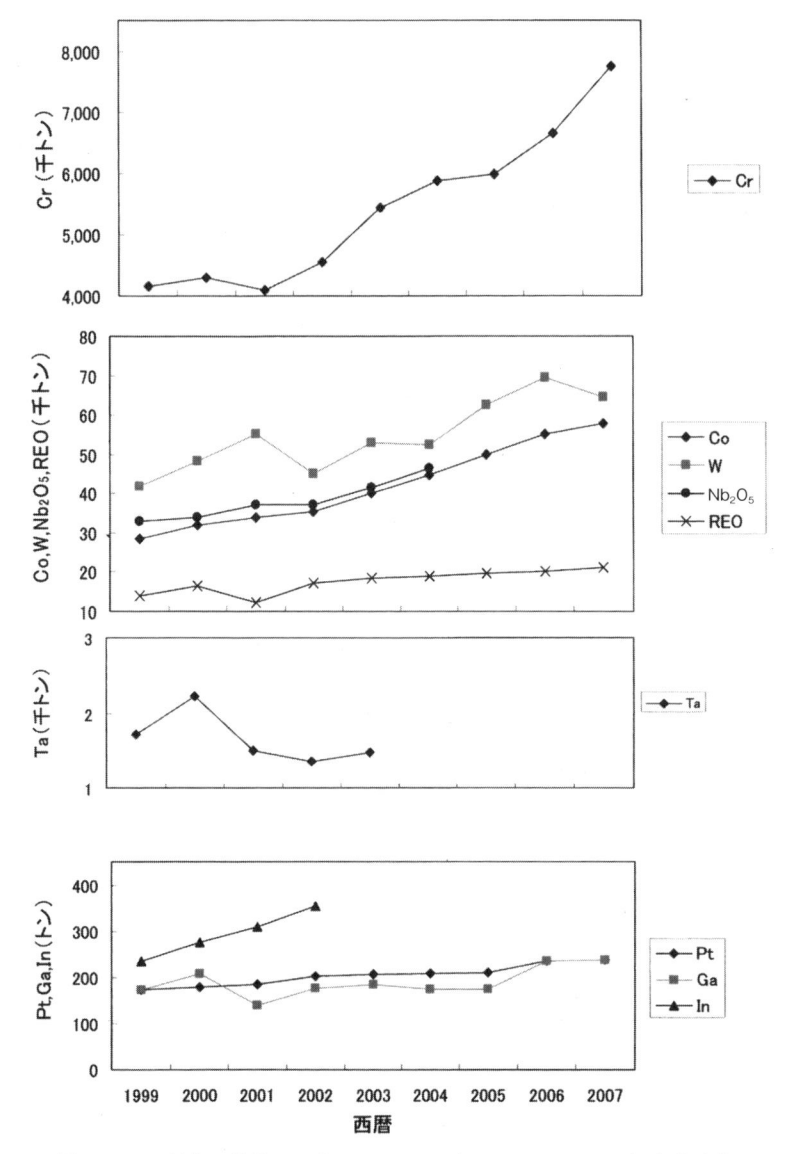

図5.1 − 16　近年の世界におけるレアメタルとレアアースの需要の経年変化
　　　　　（文献[5-13]のデータに基づいて作成）

(Cr：クロム　W：タングステン　Co：コバルト　Nb$_2$O$_5$：五酸化ニオブ
REO：レアアース酸化物　Ta：タンタル　In：インジウム　Ga：ガリウム　Pt：白金)

5.1.2-2　海底金属鉱物資源

　排他的経済水域や公海には未開発な海底熱水鉱床（銅、鉛、亜鉛、金、銀に富む硫化鉱物）、マンガン団塊（マンガンと鉄の水酸化物や複合酸化物を主体とし、これらと複雑に絡み合って存在する銅、ニッケル、コバルトなどを含む鉱床）とコバルト・リッチ・クラスト（銅、ニッケル、コバルト、マンガンなどを含む酸化物鉱）が膨大な量存在すると推測されている。深海底鉱物資源の探査や採鉱の調査実績は20〜30年に及ぶが、体系的な資源量の把握などはまだ行われていない[5-18]。製錬技術も低コスト・環境調和型を目指した種々の乾式・湿式法が検討されてきているが、これまでは銅、コバルト、ニッケル（オプションとしてマンガン）の回収に焦点が絞られていたため、レアメタルやレアアースの回収につては全く未解決のままであり、商用ベースに乗るにはまだまだ程遠い状態にある[5-19]。我が国は、インド、韓国、中国に比べても、特に探査と採鉱分野で遅れを取っており、2007年7月20日にようやく海洋基本法が成立・施行され、同法に基づく海洋基本計画が2008年3月18日に閣議決定されて、国が先導的役割を担って海底熱水鉱床とコバルト・リッチ・クラストの開発を着実に推進することが明記された段階である[5-20]。

　日本は、陸地面積で比較すると、極めて小さな国であるが、200海里の排他的経済水域の面積では世界で6番目である[5-21]。我が国に与えられたこのような好都合な条件を積極的に利用しない手はない。食糧資源やエネルギー資源と並んで、金属鉱物資源についても海洋の持つポテンシャルの開発を強力に推し進めれば、耐用年数の大いなる延長が期待される。

5.1.2-3　金蔵鉱物資源の持続性

　「5.1.2-1　陸上金属鉱物資源」における説明は、現在の鉱山技術で経済的に採掘可能な地表から1km程度の地層を対象にしたものである。このような状況下においても、上述したように、金属鉱石の耐用年数に減少傾向は見られない。地球は地殻、マントルと中心核からなり、地殻の質量百分率は0.4%、体積百分率は0.8%に過ぎないが、それでも地表からの距離にすると平均で30kmに及ぶ。これに海底金属鉱物資源の開発を加算すれば、金属鉱物資源

はまだまだ無尽蔵と見做してもよいであろう。

5.2 再生可能資源

5.2.1 水資源[5-1]

エネルギー資源の持つ拡散能力は、それが消費されて生じるエントロピーを吸収する拡散される空間がなければ、何の役にも立たないことを第4章 第4.1節 第4.1.1項で説明した。拡散される空間には大気と水があるが、大気は偏在していないので一般に資源とは言わない。そこで、水だけを取り上げる。

5.2.1-1 地球上の水の存在量

地球上の水の存在量を表5.2-1に示す[5-22]。人間の生活に欠かせない水は淡水であるが、これは地球上に約2.5％しか存在しない。しかもこのうちで

表5.2-1 地球上の水の存在量とその内訳および循環速度

貯水体	貯留量 ($\times 10^3 \text{km}^3$)	全貯留量に対する割合(％)	淡水に対する割合 (％)	平均滞留時間
海洋	1,338,000	96.5	—	2500年
氷雪	24,064	1.74	68.7	1,600～9,700年
永久凍土層中の氷	300	0.022	0.86	10,000年
地下水	23,400	1.7	—	1,400年
うち淡水	10,530	0.76	30.1	
土壌水	16.5	0.001	0.005	1年
湖沼水	176.4	0.013	—	17年
うち淡水	91.0	0.007	0.26	
湿地の水	11.5	0.0008	0.003	5年
河川水	2.12	0.0002	0.006	16日
生物中の水	1.12	0.0001	0.003	
大気中の水	12.9	0.001	0.04	8日
合計	1,385,984	100		
うち淡水	35,029	2.53	100	

I.A. Shiklomanov ed.:Comprehensive Assessment of the Freshwater Resources of the World-Assessment of Water Resources and Water Availability in the World, p.88, WMO, 556.18 SHI, 1997.に基づいて作成

比較的容易に利用できる河川水や湖沼水として存在する淡水の量は地球上の水のわずか0.007%（淡水のうちの0.27%）を占めるに過ぎない。

5.2.1-2　水の循環

地球規模の水の循環は、図5.2－1に示すように、大気中での水蒸気の輸送、大気から陸と海への降水、陸と海から大気への蒸発および陸から海への水の輸送という経路で行われている。大気中の水蒸気量を一定とすると、降水量と蒸発量が等しくなるが、陸と海で比較すると、海上では蒸発量の方が多く、陸上ではその分だけ降水量が多くなっている。この差額は$40 \times 10^3 \mathrm{km}^3$／年であり、この量が大気中では水蒸気として海から陸へ、地表と地層では水の形で陸から海へ運ばれる。後者の地表と地層で陸から海へ運ばれる水の内訳は、河川による直接流出水が約65%、地下流出水約29%、氷河からの融雪流出水約6%である。

（1）で説明したように、地球上で比較的容易に利用できる淡水の量は0.007%（淡水のうちの0.27%）と極めて少ないが、水の利用を評価する場合には、上述したように、水が循環によって更新可能な資源であることから、

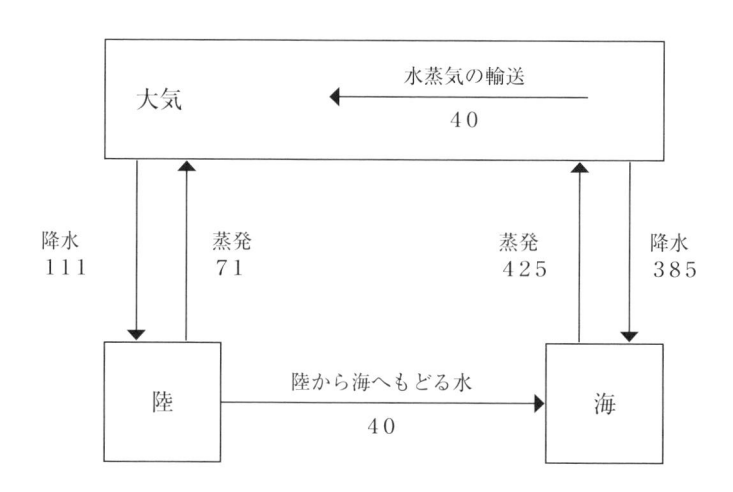

図5.2－1　地球上における水の循環（数字の単位：$10^3 \mathrm{km}^3$／年）
（文献[5-23]に基づいて作成）

その存在量だけではなく、循環速度を考慮する必要がある。表5.2 - 1の右端の欄に各貯水体の平均滞留時間を示す。河川水は淡水総量のわずか0.006%に過ぎないが、平均滞留時間は16日と他の淡水貯水体に比べて圧倒的に短く、更新可能な淡水資源の代表格である。そのため、世界における水供給の90%以上がこの河川水に依存している。日本でも、河川水からの取水が約88%、地下水からのそれが約12%である。

5.2.1-3 利用可能な淡水資源量

表5.2 - 2に大陸別および日本の河川水など利用可能な淡水資源量を示す。世界全体の利用可能な淡水資源量は42,650 km^3／年と見積もられている。日本のそれは303 km^3／年である。同表の右側の二つの欄にそれぞれ「1 km^{2}当たり」と「一人あたり」の量を示す。利用可能な淡水資源量は、面積的に見ても人口的に見ても、地域的偏在性の高い資源であることがわかる。日本を見てみると、一人当たりの量は2.5×10^3 m^3／年できわめて低いが、1 km^{2}当たりでは802×10^3 m^3／年で断然高くなっている。我が国における利用可能な淡水資源の開発はこの点を考慮して進められてきたといえる。

表5.2 - 2 大陸別および日本の河川水など利用可能な淡水資源量[*1]

大　　陸	河川水などの量 (km^3／年)	単位当たりの河川水などの量 (×10^3 m^3／年)	
		1 km^{2}当たり	一人当たり
ヨーロッパ	2,900	278	4.2
北　米	7,770	320	17
アフリカ	4,040	134	5.7
アジア	13,508	309	4.0
南　米	12,030	674	38
オーストラリア・オセアニア	2,400	268	84
全大陸	42,650	316	7.6
日　本[*2]	303	802	2.5

(*1：日本以外は文献[5-22]より、*2：日本は文献[5-24]より作成)

5.2.1-4　世界と日本の淡水使用量とその内訳

　表5.2－3に世界と日本の淡水使用量とその内訳を示す。世界の淡水使用量は3,760km³／年で利用可能な淡水資源量（42,650km³／年）の約9％に過ぎないが、日本の淡水使用量は83.5km³／年で利用可能な淡水資源量（303km³／年）の約27％に相当する。その内訳を見ると、日本は、世界の平均に比べて、農業用水の使用率はほぼ同じであるが、生活用水の使用率が高く、工業用水のそれが低いのが特徴的である。日本の1965年から2000年の間の生活用水、工業用水と農業用水の使用量の経年変化を見てみると、生活用水の使用量は生活様式の変化、人口の増加や経済活動の拡大に伴って約3.5倍に増えたが、2000年以降は横ばいもしくは漸減傾向にある。工業用水は約3倍に増えたが、回収利用が著しく進んだため（回収率：1965年は36.3％、2004年は79.2％）、新たに河川等から取水する水量は1973年をピークに漸減してきている。農業用水はほとんど横ばい状態である。このような分野別の使用状況を反映して、日本全体の淡水使用状況は、1990〜1995年をピーク（88.9km³／年）にして、その後はわずかではあるが漸減傾向にある。

表5.2－3　世界と日本の淡水使用量とその内訳

		世　界（1995年）[*1]	日　本（2004年）[*2]
使用量（km³／年）		3,760	83.5
内訳 （km³／年）	生活用水	350（9.3％）	16.2（19.4％）
	工業用水	710（18.9％）	12.1（14.5％）
	農業用水	2,500（66.5％）	55.2（66.1％）

（＊1：文献[5-22]のp.108より、＊2：文献[5-25]より作成）

5.2.1-5　世界と日本の水使用量の将来見込み

　世界気象機関は、2025年における世界の水使用量を予測し、1995年の実績値と比較したデータを公表している。その結果を表5.2－4に示す。水使用量は先進国の多い地域で2割程度、開発途上国の多い地域で5割程度、世界全体で4割程度の増加が見込まれている。日本では、高度経済成長以降淡水の使用状況は、大雑把に見れば横ばい状態（1975年：85.0km³／年、1990

-1995年:88.9km³/年、2004年:83.5km³/年)を続けているので、今後もほぼ同じ状況で推移することが予想される。

表5.2-4 世界の水使用量の将来見込み

地域	水使用量(km³/年) 1995年①	水使用量(km³/年) 2025年②	増加量(km³/年) ②-①	増加率(%) ②/①
ヨーロッパ	497	602	105	121
北アメリカ	652	794	142	122
アフリカ	161	254	93	158
アジア	2,085	2,997	912	144
南アメリカ	152	233	81	153
オセアニア	26	33	7	127
合計	3,572	4,912	1,340	138
うち 生活用水	354	645	291	182
工業用水	714	1,106	392	155
農業用水	2,504	3,162	658	126

(文献[5-22]のpp.112-113のデータに基づいて作成)

5.2.1-6 利用可能な水の持続性

国連、世界気象機関(WMO)、国連教育科学文化機関(UNESCO)など10の国際機関の専門家から構成される運営委員会は、1997年に「世界の水資源と水利用の可能性についてのアセスメント(Assessment of Water Resources and Water Availability in the World)」[5-26]という最終報告書を取りまとめ、同年6月の国連総会に提出した。その中で、蒸発などによって河川や湖沼などに戻らない水量を、地域における水資源量から除いた淡水資源の人口一人当たりの量を「比水利用可能量」と定義し、その量を見積もっている。それによると、2025年には世界人口の30～35%(特に、乾燥・半乾燥地域に位置する開発途上国)の人々が、一般的に渇水水準とされる1,000m³/年・人以下の状況にさらされると予測されている[5-22]。また、2007年2月以降順次公表された「気候変動に関する政府間パネル(IPCC)」の第4次報告書では、地球温暖化の進行、極端な大雨頻度の増加、融雪の早期化による

干ばつのリスク増加等が指摘されている[5-27]。水資源の量や供給面の問題に加えて、質的な面での問題も懸念されている。世界人口の増加、生活様式の変化に伴う生活用水使用量の増加、工業の発展と集約型農業の進展、新たな化学物質の使用などによって、世界規模で河川水や湖沼水、地下水の水質悪化が進行している[5-22]。

一方、我が国に目を移すと、高度経済成長期における大都市圏を中心とした慢性的な水不足に対応するためにダムなどによる水資源開発が積極的に推進されてきた。近年は、安定成長期に移行し、家庭への節水型機器の普及、工業用水の回収率の向上、水田面積の減少などにより、水使用量は横ばいからやや減少傾向にある。その結果、ダム等の水資源開発施設の整備の検討がなお必要な地域もあるものの、全体としてはかつてほどの渇水に見舞われることは少なくなっている[5-27]。

水資源は、地域的・時期的偏在性の強い資源なので、国際的・国内的協力も含めて地域ごとに適切な政治対策が講じられれば、自然循環される資源なるがゆえに持続可能な資源である。現在人類の努力なしに再生速度が消費速度を上回っている資源は水資源のみである。

5.2.2 食糧資源

食糧の内で一番大切なものは穀物である。そのように言われるのは、①穀物があれば、人間はそれを食べることによって生きていくことができる、②牛肉にしろ、豚肉にしろ、鶏肉にしろ、それらの動物は、穀物を餌にして育つので、穀物の二次的生産物である、という理由による。食糧にはこの他に大豆と菜種などの油糧種子、野菜、果物、香辛料や肉類などがあるが、ここでは、持続性という観点から、穀物に限定して話を進めることにする。穀物以外の食糧事情については文献[5-28], [5-29], [5-30]を参照されたい。魚類については後述する水産資源のところで説明する。

5.2.2-1 世界の穀物事情
（1） 生産量と消費量

図5.2－2に世界における穀物の生産量と消費量の推移を示す[5-28]。穀物の

生産時期は、北半球と南半球で異なるので、一般に年度をまたがって、例えば1970/71年度のように示されるが、同図の横軸には煩雑さを避けるために、常に前の年だけで代表させた（例えば、1970/71年度の場合は70年度とした。以下同様。）。また、2008年度の生産量と消費量は見込値、2009年度のそれらは予測値である（以下同様。）。

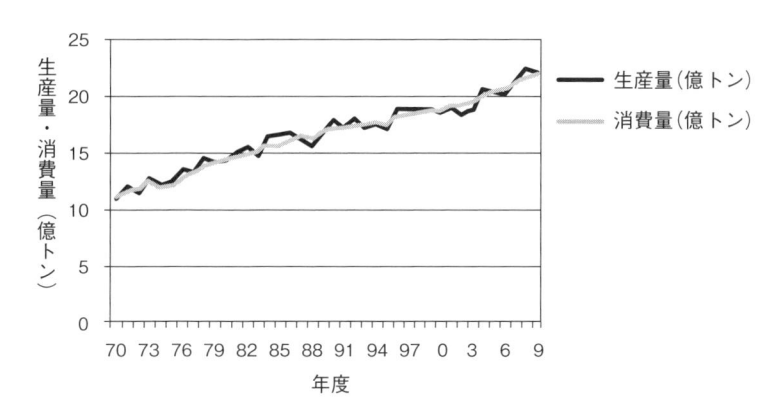

図5.2－2　世界の穀物需給の推移
（農林水産省・海外食料受給レポート2009のデータに基づいて作成）

　世界全体の穀物の需給面を概観すると、消費量は開発途上国を中心とする人口増加と畜産用の飼料需要の増大等によって着実に増加してきている。一方、生産量は作柄や主要生産国の農業政策の変更などによって部分的には大きな変動を伴っているが、全体的には消費量を賄う形で増加してきていることがわかる。
　穀物の中で一番生産量が多いのが小麦で穀物全体の約30％（大麦を加えると40％を超える。）、続いて米の約20％、トウモロコシの約20％で、これらの生産量の多い三種の穀物は三大穀物と呼ばれる。世界における三大穀物需給の推移を図5.2－3から図5.2－5に示す。図5.2－2と図5.2－3～図5.2－5を対比してみると、穀物全体の消費量と生産量の増加の主要な部分がこれら三大穀物のそれに大きく依存していることがわかる。

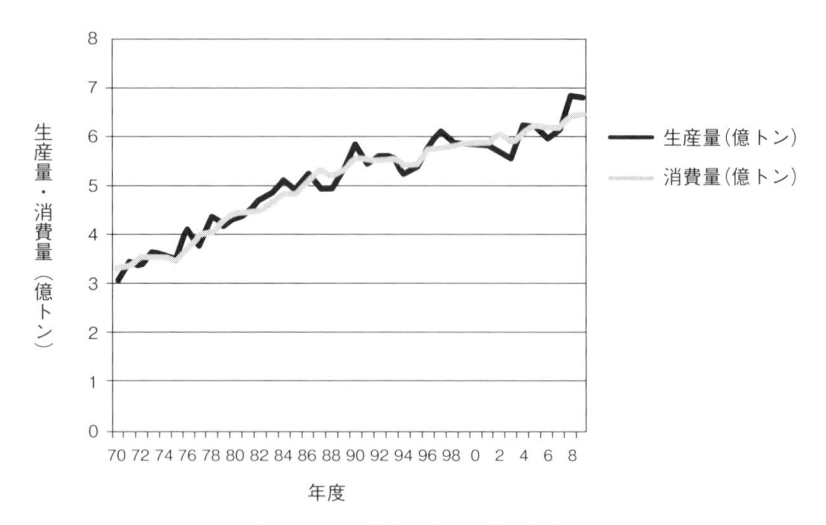

図5.2 - 3　世界の小麦需給の推移
（農林水産省・海外食料受給レポート2009のデータに基づいて作成）

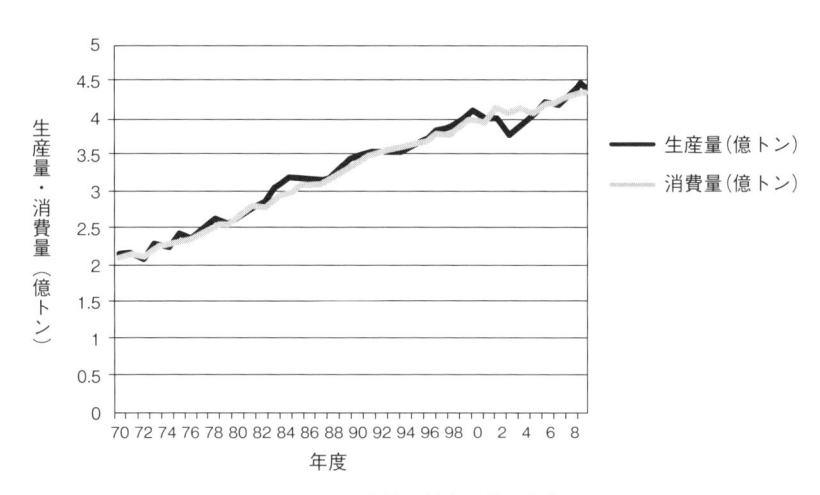

図5.2 - 4　世界の精米需給の推移
（農林水産省・海外食料受給レポート2009のデータに基づいて作成）

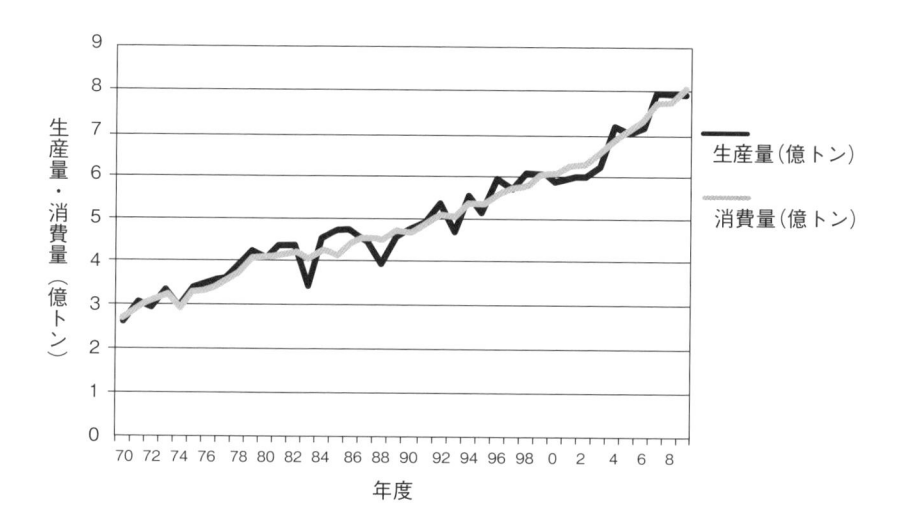

図5.2-5　世界のトウモロコシ需給の推移
（農林水産省・海外食料受給レポート2009のデータに基づいて作成）

三大穀物の主要国別生産量の推移を図5.2-6から図5.2-8に示す。

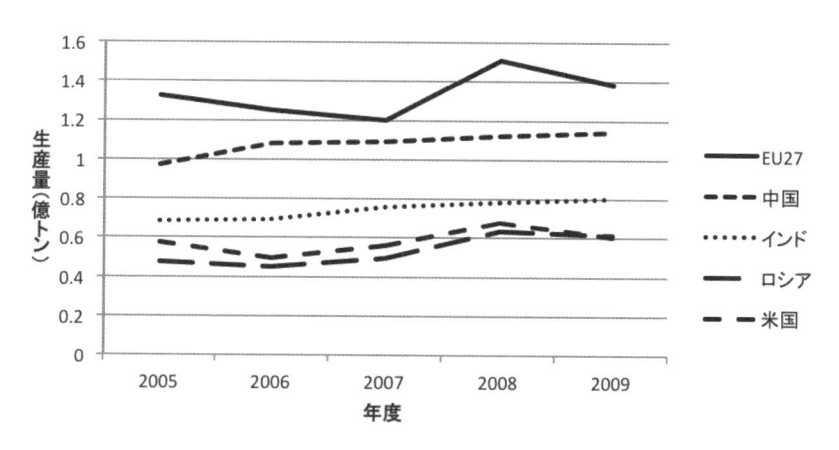

図5.2-6　主要国別小麦生産量の推移
（農林水産省・海外食料受給レポート2009のデータに基づいて作成）

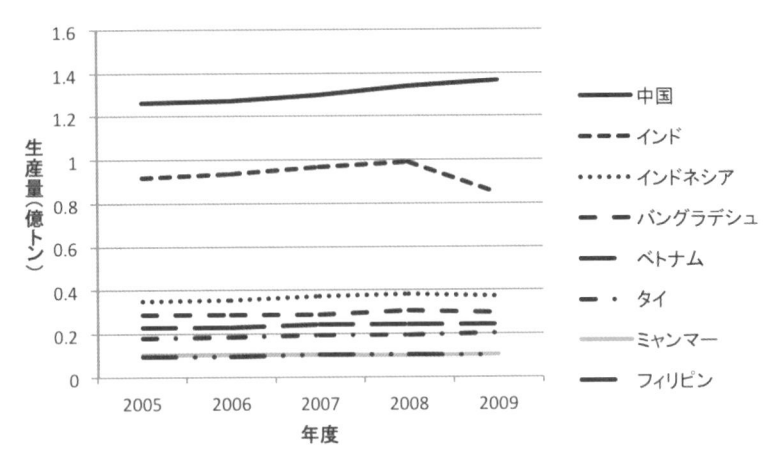

図5.2－7　主要国別精米生産量の推移
（農林水産省・海外食料受給レポート2009のデータに基づいて作成）

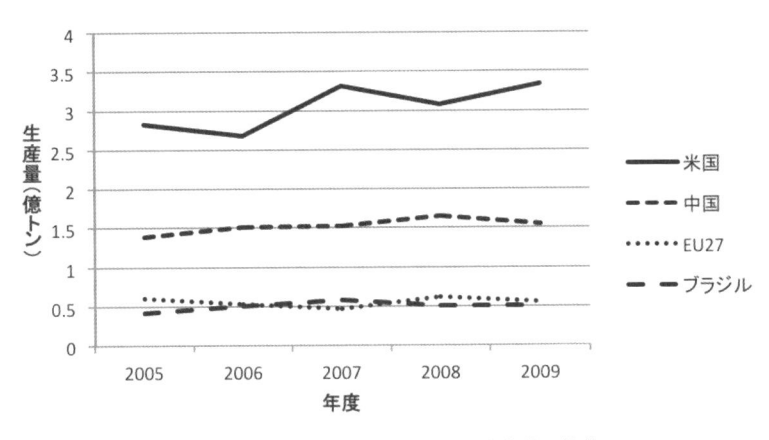

図5.2－8　主要国別トウモロコシ生産量の推移
（農林水産省・海外食料受給レポート2009のデータに基づいて作成）

　小麦に関しては、1980年代の半ば頃までは旧ソ連が一大生産地であったが、当時の大規模な生産地であったウクライナなどが独立したため、現在世界で5番目の生産国となり、2008年度の生産量は0.637億トンで4番目の米国の0.680億トンと拮抗している。EU27ケ国を一括りにすると、2008年度の生産量は

1.511億トンで一番多く、2位が中国の1.125億トン、3位がインドの0.786億トンとなっている。

米の生産はアジアに集中しており、2008年度現在、1位が中国の1.343億トン（精米ベース、以下同様）、続いて順次インドの0.992億トン、インドネシアの0.383億トン、バングラデシュの0.310億トン、ベトナムの0.244億トン、タイの0.196億トン、フィリピンの0.108億トン、ミャンマーの0.102億トンとなっており、日本の生産量はこれらの国より少ない状態にある。ちなみに2008年度における日本の生産量は0.079億トンで世界第10位である[5-31]。

トウモロコシの生産量は、米国が断然多く、2008年度現在3.071億トンである。2位が中国の1.659億トンで米国の約半分であり、3位がEU27の0.627億トン、4位がブラジルの0.510億トンである。

過去の推移から、消費量と生産量に影響を及ぼす要因を挙げれば次の通りである。

(1-1) 消費量に影響を及ぼす要因

① 人口、② 経済成長に伴う食生活の改善、などがある。①の「人口の及ぼす影響」について見てみると、図5.2－9に示すように、世界の人口は1970年には約37億人であったが、2007年には約67億人となり、約1.8倍に増加している。これに対して穀物の消費量と生産量は、図5.2－2に示すよ

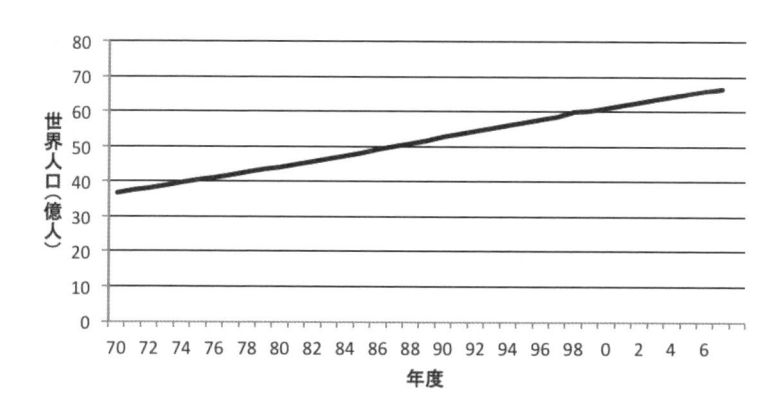

図5.2－9　世界人口の推移

うに、それぞれ1970年の11.1億トンから2007年の21.0億トンへ、10.8億トンから21.2億トンへの増加でいずれも約1.9倍になっている。三大穀類については、小麦は消費量が1970年度の3.29億トンから2007年度の6.17億トンで約1.9倍、生産量は3.07億トンから6.11億トンで約2.0倍、精米は消費量が2.10億トンから4.29億トンで約2.0倍、生産量は2.13億トンから4.34億トンで約2.0倍、トウモロコシは消費量が2.69億トンから7.71億トンで約2.9倍、生産量は2.68億トンから7.92億トンで約3.0倍である。トウモロコシの消費量と生産量の増加割合が大きいのは後述するバイオエタノールの生産量の増加による。この点を除いて全体的に見れば、穀物全体および三大穀物の消費量と生産量は人口に比例しており、人間が生きていく上で最も大切な穀物は、「人間が生命を維持していくに必要な量だけ作られている」というのがこれまでの状況である。

②の「経済成長に伴う食生活の改善の影響」については、近年ブリックス（BRICs：ブラジル、ロシア、インド、中国）等では、豊富な資源や経済改革等の進展を背景にして、高い経済成長が続いており、この傾向は今後も続くと予想されている（図5.2－10）。

所得が向上すると食生活が変化し、肉類などの消費が増加する。肉類の生

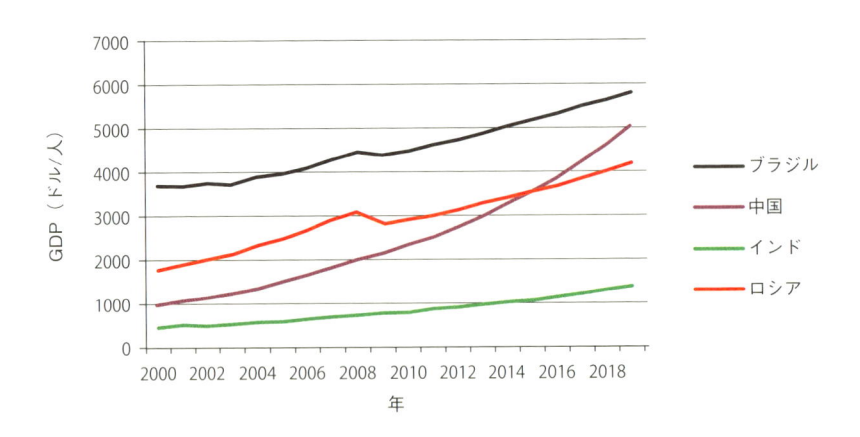

図5.2－10　BRICs 1人当たりのGDPの推移と見通し
（農林水産省・海外食料受給レポート2009のデータに基づいて作成）

産には飼料として多量の穀物が消費されるので(豚肉で約4倍、牛肉で約8倍)、飼料用の穀物の消費が増大することになる。

(1-2) 生産量に影響を及ぼす要因
① 収穫面積、② 単収、③ 天候、④ 農業政策、⑤ 品種改良、⑥ 農業資材投入量、⑦ エネルギー（これまでは主として石油）投入状況、⑧ 経済状態、⑨ 価格、などがある。ここでは、①と②および⑥と⑦の影響について述べることにする。

世界における穀物全体および三大穀物の収穫面積の推移を図5.2－11 に示す。過去40年間において、小麦の収穫面積は約1.09倍、米のそれは約1.18倍、トウモロコシのそれは約1.40倍というように若干増えてきているが、穀物全体でみると、その収穫面積は約7億ヘクタール前後で全く増えていない。それでは、穀物全体の生産量は、図5.2－2に示したように、過去40年間でどうして約1.9倍に増加したのであろうか。また、三大穀物についても収穫面積の増加率より生産量の増加率の方がかなり上回っているのはなぜであろうか。

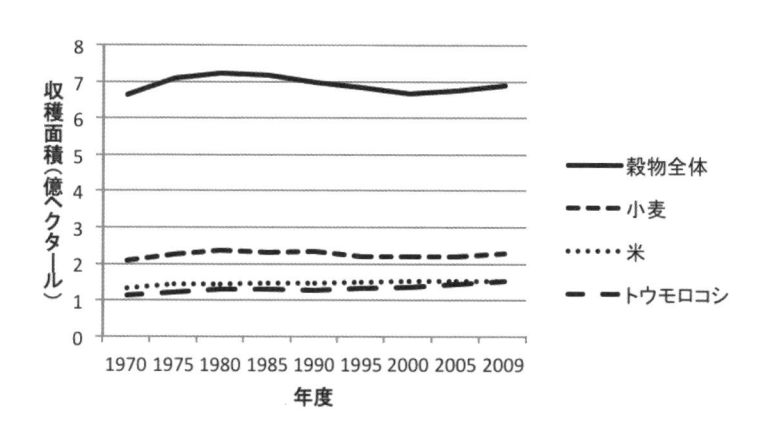

図5.2－11　世界における穀物全体および三大穀物の収穫面積の推移
（農林水産省・海外食料受給レポート2009のデータに基づいて作成）

世界における穀物全体および三大穀物の単収の推移を図5.2 - 12に示す。

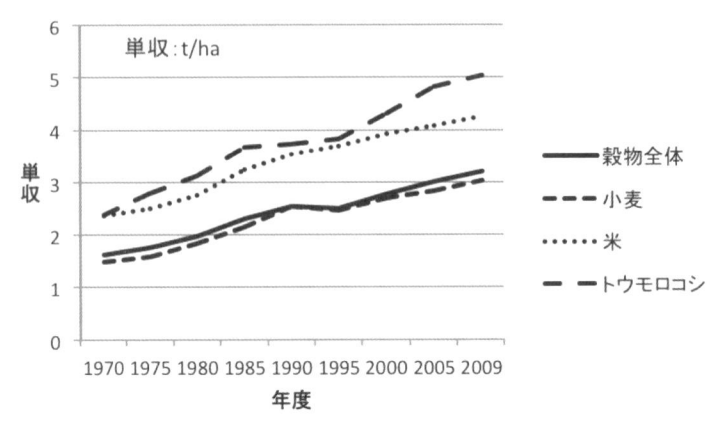

図5.2 - 12　世界における穀物全体および三大穀物の単収の推移
（農林水産省・海外食料受給レポート2009のデータに基づいて作成）

1970年度と2009年度の単収を比較すると、この40年間で小麦が2.05倍、米が1.81倍、トウモロコシが2.12倍、穀物全体としては1.97倍に増加している。すなわち、過去40年間における穀物全体および三大穀物の生産量の増加はほぼ100%単収の増加に依存していることがわかる。それでは何故これ程までに単収が伸びたのであろうか。それは石油のお蔭である。すなわち、石油から生産される肥料や農薬を投入し、石油を燃料とするトラクターなどの農機具を多用することによって生産効率を上げてきたからである。

(2)　在庫率

国際連合食料農業機関（FAO）は、1974年に世界の食糧供給を保証するのに最低限必要な水準として安全在庫水準の下限を17〜18%と設定した。この値とともに、過去40年間における穀物全体および小麦、精米とトウモロコシの在庫率の推移を図5.2 - 13に示す。世界的な天候不順や米国と旧ソ連の凶作等により食糧危機といわれた1970年代前半には小麦を除いて在庫率は安全在庫水準の下限を下回っていたが、1970年代後半になると穀物の価格が高水準に保たれたことによって生産が刺激され、さらに1980年代に

入ってから米国の豊作、EUでの農業政策の変更の効果、品種改良の進展や農業資材投入量の増加等による単収の伸び等を背景にして生産量が大きく増加したので、20世紀中は在庫率が高水準で推移した。しかし、21世紀に入ってからは、米国、カナダ、オーストラリア等における干ばつの被害が発生したことから在庫率は急激に低下し、その後米国やブラジル等での増産や米国、欧州をはじめとする世界的な豊作により一時的な回復を見せたものの、生産量が消費量の伸びに追いつかず、在庫率は安全在庫水準下限近くで推移してきている。

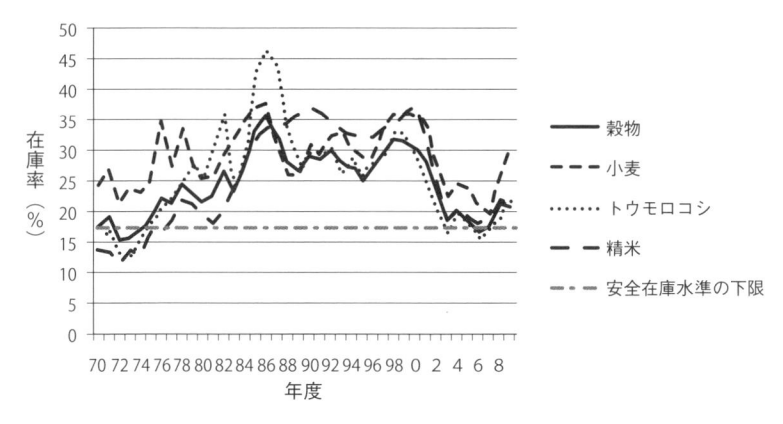

図5.2－13　世界の穀物全体および小麦、精米とトウモロコシの在庫率の推移
（農林水産省・海外食料受給レポート2009のデータに基づいて作成）

（3）　各国の穀物事情

各国の穀物事情を表す尺度（食糧の余裕を表す尺度）は生産量ではない。人口が多ければ生産量が多くても消費量も多くなるからである。したがって、穀物事情を表す尺度としては自給率や栄養状態などを用いる方が適切である。世界各国の供給熱量（カロリー）ベースの食糧自給率と穀物自給率の推移をそれぞれ図5.2－14と図5.2－15に、また、2007年度における世界各国の穀物自給率を表5.2－5に示す。供給熱量（カロリー）ベースの食糧自給率は、代表的な先進諸国の中では豪州、米国とフランスが100％を超えているが、ドイツと英国は100％を下回っている。2007年度におけるこれら先進

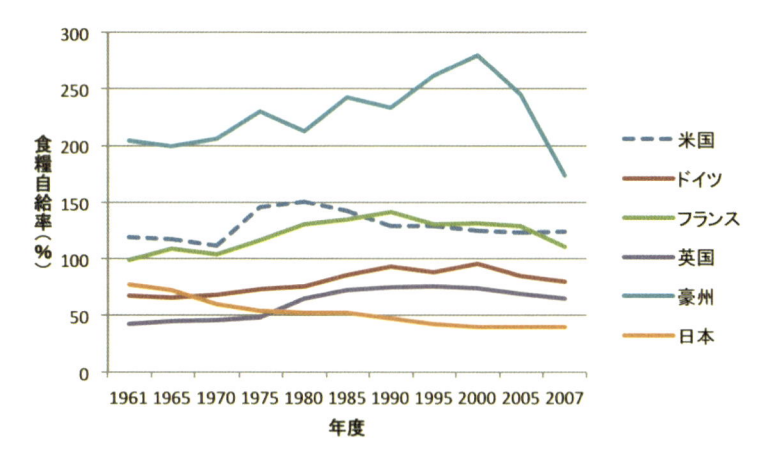

図5.2−14　世界各国の食糧自給率（供給熱量ベース）
（農林水産省「食料需給表」のデータに基づいて作成）

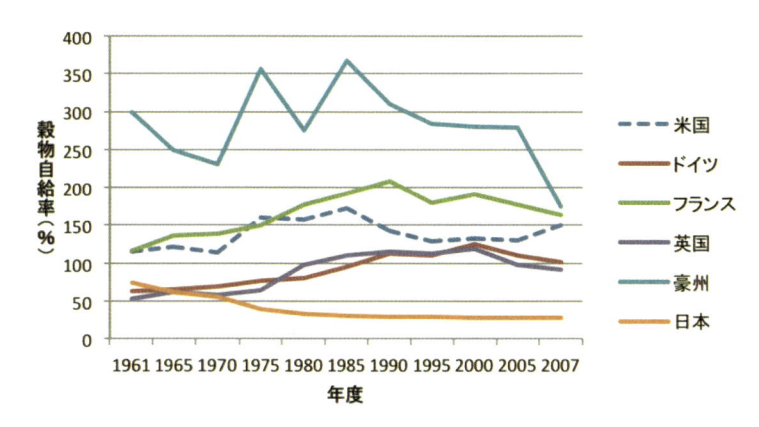

図5.2−15　世界各国の穀物自給率の推移（重量ベース）
（農林水産省「食料需給表」のデータに基づいて作成）

　5か国の食糧自給率は豪州が173％、米国が124％、フランスが111％、ドイツが80％、英国が65％である。日本はこれら先進国中の最下位で、2007年度における食糧自給率は41％で50％にも満たない状態にある。供給熱量ベースの食糧自給率が100％に満たないドイツと英国も、人間が生きていくため

表5.2－5　2007年度における世界各国の穀物自給率（重量ベース）
（出典：農林水産省「食料需給表」）

国　名	穀物自給率(%)	国　名	穀物自給率(%)
アルゼンチン	３０６	ブラジル	１０２
ウルグアイ	１８１	ドイツ	１０２
豪州	１７５	中国	１０２
フランス	１６４	英国	９２
米国	１５０	イタリア	７４
カナダ	１４３	北朝鮮	６７
スウェーデン	１２８	韓国	３０
フィンランド	１２６	日本	２８
ロシア	１２４	ポルトガル	２４
インド	１０５	オランダ	１６

　の生命線となる穀物自給率は、図5.2－15に示すように、近年では100％を維持するような政策がとられている。これに対して日本は極めて特殊な国で、高度経済成長が始まった1960年代以降穀物自給率は徐々に低下し（1960年度：82％、1970年度：46％、1980年度：33％、1990年度：30％、2000年度：28％）、21世紀に入ってからは27～28％の状態が続いている。表5.2－5に示したように、2007年度の穀物自給率は28％で近隣国の北朝鮮や韓国にも劣り、177の国・地域中124番目である。OECD加盟国中では27番目で、その下にはポルトガル、オランダとアイスランドが存在するのみである。

　その国の食糧事情（食糧の余裕）は自給率だけで判断することはできない。生産量が少なくても消費量も少なく生産量が消費量を上回っていれば自給率が100％を超えるからである。そこで、次に栄養事情を見てみよう。図5.2－16は、世界各国の栄養事情を示したものである。栄養不足人口とは、国際連合食料農業機関（FAO）によって、「食物から摂取する熱量が、一定程度の強度の労働に従事した際の一定の体格の維持を前提として、国や民族ごとに算出される基準値よりも低い状態にある人々の数」と定義されている。栄養が足りていれば食糧事情が良いということになるし、栄養が足りていなければ食糧事情は悪いということになる。同図から、先進国の米国、ヨーロッ

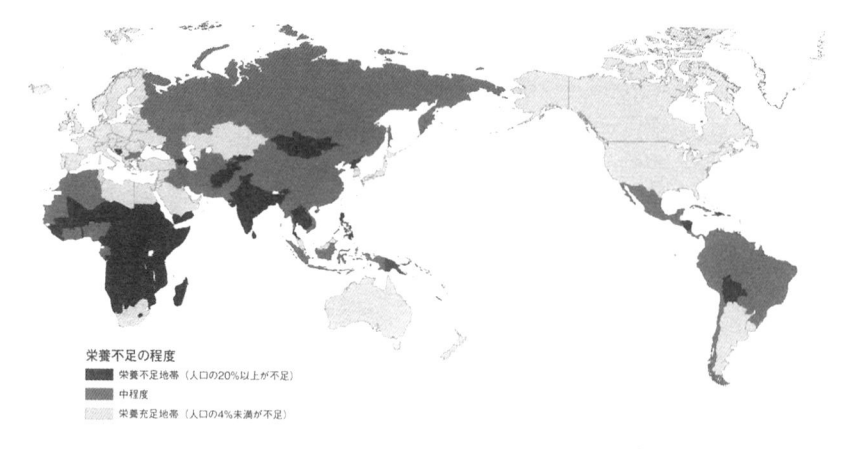

栄養不足の程度
- 栄養不足地帯（人口の20%以上が不足）
- 中程度
- 栄養充足地帯（人口の4%未満が不足）

図5.2 - 16　世界各国の栄養事情（出典：文献[5-30]）

パ諸国、カナダ、豪州、そして日本が典型的な栄養十分な国で食糧事情が良好なことがわかる。また、経済的には貧困であっても自国で作物がよく取れ、貧富の差の少ない国は、食糧事情的には豊かである。その代表格がウルグアイとアルゼンチンで、国民は十分に栄養を取っている状態にある。一方、ブリックス（BRICs）と呼ばれるブラジル、ロシア、インドと中国の食糧事情は、経済発展が著しく、かつ穀物自給率も100%を超えているにもかかわらず（表5.2 - 5を参照）、あまり良くなっていない。この理由は、人口が多く、

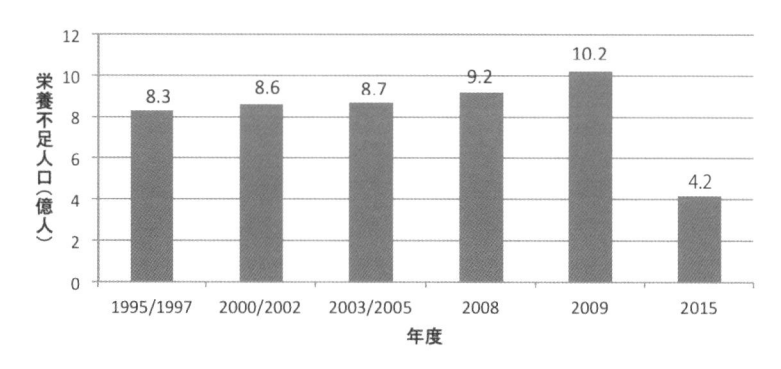

図5.2 - 17　世界の栄養不足人口の推移（2015年度の数値は目標値）
（農林水産省・平成21年度食料・農業・農村白書のデータに基づいて作成）

少数の者に富が集中し、多くの国民はいまだに貧しい状況にあるためと考えられる。

それではFAOが定義した世界の食糧不足人口はどのくらいなのだろうか。図5.2－17に世界の栄養不足人口の推移を示す。1996年に開かれた世界食糧サミットではその人口を半分程度に削減するという目標が打ち出されたが、21世紀に入ってからもアジア・環太平洋やサハラ以南のアフリカの国々を中心に年々増え続けているのが現状である。2009年度にはとうとう10億人を超えてしまった。なお、2015年の数値は1996年の世界食糧サミットでの目標値である。

それでは、2009年度における10億人の地域別内訳はどうなっているのであろうか。それは表5.2－6に示す通りである。

表5.2－6　2009年度における世界の栄養不足人口の地域別内訳（出典：文献[5-29]）

地　　域	栄　養　不　足　人　口
先進国	1,500万人
中近東、北アフリカ	4,200万人
ラテンアメリカ、カリブ	5,300万人
サハラ以南アフリカ	2億6,500万人
アジア・環太平洋	6億4,200万人

（4）　世界における穀物の流れ

それでは、栄養不足人口を生み出す原因となる世界における穀物の生産と流れについて見てみよう。

表5.2－7から表5.2－9に2008年度における小麦、米とトウモロコシの主な生産国別生産量とその割合を示す。これらの表から世界の三大穀物の生産は米国、中国、インド、EU27などの国や地域に集中していて、栄養不足地帯の国や地域は含まれていないことがわかる。このような特定の国や地域に生産が集中している状況は、「食糧危機」と言われた1970年代から基本的には変わっていない（図5.2－6から図5.2－8を参照）。

表5.2-7　2008年度における小麦の主な生産国別生産量とその割合
　　　　（農林水産省・平成21年度食料・農業・農村白書のデータに基づいて作成）

国・地域	生産量（万トン）	割合（％）
EU27	15,108	22.2
中国	11,246	16.5
インド	7,857	11.5
米国	6,802	10.0
ロシア	6,370	9.3
その他	20,886	30.6
計	68,269	100

表5.2-8　2008年度における米の主な生産国別生産量とその割合
　　　　（農林水産省・平成21年度食料・農業・農村白書のデータに基づいて作成）

国・地域	生産量（万トン）	割合（％）
中国	13,433	30.0
インド	9,915	22.2
インドネシア	3,830	8.6
バングラディシュ	3,100	6.9
ベトナム	2,439	5.5
その他	12,014	26.9
計	44,731	100

表5.2-9　2008年度におけるトウモロコシの主な生産国別生産量とその割合
　　　　（農林水産省・平成21年度食料・農業・農村白書のデータに基づいて作成）

国・地域	生産量（万トン）	割合（％）
米国	30,714	38.8
中国	16,590	21.0
EU27	6,272	7.9
ブラジル	5,100	6.4
メキシコ	2,423	3.1
その他	18,051	22.8
計	79,150	100

次に、穀物の流れに関連する代表的な量である輸出量と輸入量について見てみよう。国・地域別輸出量と輸入量の推移をそれぞれ図5.2－18と図5.2－19に示す。輸出量は、米国が断然多く、2008年度には若干低下したもの

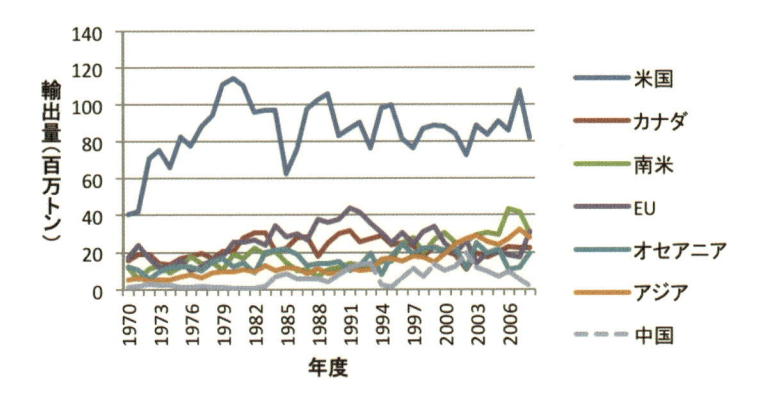

図5.2－18　国・地域別穀物の輸出量の推移
(海外食料需給レポート2009のデータに基づいて作成)

注：1) EUの域内数値を除いた値である。
　　2) アジアは、中国、日本および中央アジア諸国（カザフスタン、ウズベキスタン等）を除く数値である。

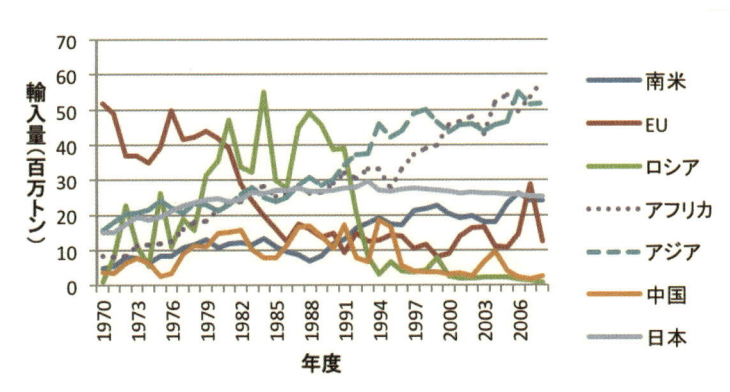

図5.2－19　国・地域別穀物の輸入量の推移
(海外食料需給レポート2009のデータに基づいて作成)

注：1) EUの域内数値を除いた値である。
　　2) アジアは、中国、日本および中央アジア諸国（カザフスタン、ウズベキスタン等）を除く数値である。
　　3) ロシアの1991年以前は旧ソ連の数値である。

の依然として全体の30％以上を占めている。EUは、1990年前後においては第2位であったが、過剰在庫調整のための生産調整や加盟国の拡大等によってその順位を一時低下させたが、2008年度には南米と並んで再び第2位に回復している。2008年度におけるさらなる順位は第4位がアジア、第5位がカナダ、第6位がオセアニア、そして第7位が中国となっている。輸出量の順位はこのような状況にあるが、輸出量の多くは中国を除く上位六つの国・地域で占められており、輸出も特定の国や地域に偏っていることがわかる。

　輸入量について見てみると、その増加はアフリカ、アジアと南米で顕著である。一方で、1980年代まで多かった旧ソ連とEUは、1990年代に入ってからのロシアと東欧の国内経済の混乱に伴って急速に低下した。その後再びEUの輸入量が増加しているのは加盟国の増加による。一方、ロシアと中国の輸入量が近年ほぼゼロに近づいているのは自国での生産の増加によるところが大きい。このように近年の輸入量はロシアと中国のシェアが低下する一方で、アフリカ、アジアと南米のシェアが高まってきている。日本は一国でEUや南米に匹敵する量を輸入している極めて特殊な国である。

　1990年前後と2007〜2008年前後における国や地域の輸入量と輸出量の比較をまとめて表5.2−10に示す。この表からも上述の説明を明確に読み取ることができる。

　国や地域の栄養状態を判断する一つの指標は穀物の消費量、見方を変えれば、（生産量−輸出量）＋輸入量＝生産量＋（輸入量−輸出量）である。生産量についてはすでに見てきたので、ここでは（輸入量−輸出量）について見てみよう。国や地域の過去40年間における（輸出量−輸入量）の推移を図5.2−20に示す。過去40年間において（輸出量−輸入量）が常にプラスになっているのは米国、カナダとオセアニアであり、中でも米国が断然多い。これらの国・地域は、すべて図5.2−16に示した栄養充足地帯に属し、自国の生産量で充分な栄養が賄われていることがわかる。これらと対照的な国が日本で、（輸出量−輸入量）が常に大幅なマイナスにもかかわらず、栄養充足地帯に属している。日本では食料の輸入によって国民の栄養が賄われていることが一目瞭然である。EUは1970年代はマイナスであったが、1980年代前半にプラスに転じ、現在までその状態を維持している。このような変化を

表5.2-10　近年における穀物輸出入量の国・地域別シェアの変化
（出典：文献5-28)）

単位：%

	輸　入				輸　出		
	1989/90～91/92平均	2006/07～08/09平均	ポイント差		1989/90～91/92平均	2006/07～08/09平均	ポイント差
南米	5.3	9.3	4.0	米国	42.9	33.7	▲9.2
ＥＵ	6.1	7.0	0.9	カナダ	12.3	8.4	▲3.9
ロシア	10.4	0.4	▲10.0	南米	5.7	14.0	8.3
アフリカ	14.0	20.2	6.2	ＥＵ	17.2	8.2	▲9.0
アジア	15.0	19.9	4.9	オセアニア	6.2	5.2	▲1.0
中国	6.6	0.7	▲5.9	アジア	4.7	10.9	6.2
日本	13.1	9.7	▲3.5	中国	3.6	2.0	▲1.6
その他	29.5	32.8	3.3	その他	7.5	17.6	10.1

資料：米穀農務省（PS&D）
注1）　EUの域内流通を除いた数値である。
　2）　アジアは、中国、日本及び中央アジア諸国（カザフスタン、ウズベキスタン等）を除く数値である。

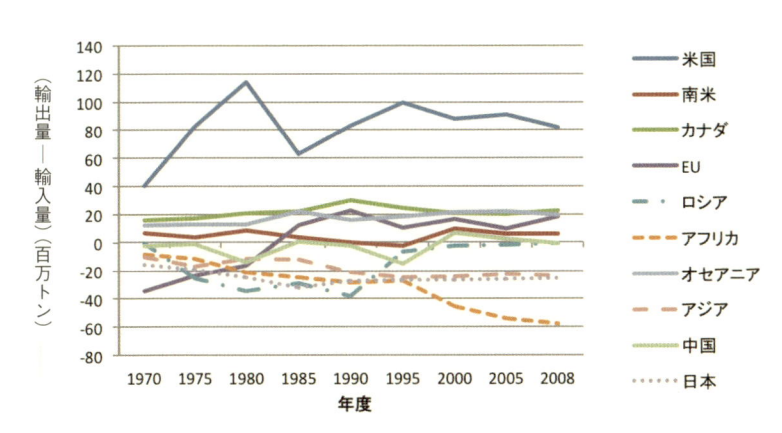

図5.2-20　国・地域別穀物の（輸出量－輸入量）の推移
（海外食料需給レポート2009のデータに基づいて作成）

注：1）　EUの域内数値を除いた値である。
　　2）　アジアは、中国、日本および中央アジア諸国（カザフスタン、ウズベキスタン等）を除く数値である。
　　3）　ロシアの1991年以前は旧ソ連の数値である。

起こした原因は輸出と輸入のところで説明した要因が重なり合った結果である。南米は、栄養充足地帯からの輸出量は増加しているが、栄養充足中程度の地帯の輸入量も増加しているので、(輸出量－輸入量)はゼロ近辺にある。アフリカとアジア(日本と中国を除く。)は特殊な地帯で、(輸入量－輸出量)が年々増加しており、アフリカにおいてその傾向が特に顕著である。この原因を探るために、両地域における(輸入量－輸出量)と人口の増加割合の推移を調べてみると、表5.2－11のようになる。アジアは、(輸入量－輸出量)の増加割合が人口の増加割合と同程度あるいは若干下回っており、図5.2－16に示した栄養状態がいまだに続いている。これに対してアフリカは、(輸入量－輸出量)の増加割合が人口の増加割合をかなり上回っている。この数字だけを見ると、アジアに比べてアフリカの方が栄養状態が改善されているように見えるが、2008年前半にアフリカやアジアの開発途上国を中心に食

表5.2－11 アフリカとアジアにおける(輸入量－輸出量)と人口の増加割合の推移
(海外食料需給レポート2009のデータに基づいて作成)

	アフリカ				アジア[1]			
	輸入量－輸出量		人口		輸入量－輸出量		人口	
	数量 (百万トン)	増加 割合[2]	数 (百万人)	増加 割合[2]	数量 (百万トン)	増加 割合[2]	数 (百万人)	増加 割合[2]
1970	8.4	1.00	367	1.00	10.4	1.00	1012.6	1.00
1980	21.3	2.54 (1.00)	482	1.33 (1.00)	11.8	1.13 (1.00)	1423.4	1.41 (1.00)
1990	28.9	3.44 (1.36)	639	1.74 (1.33)	21.4	2.06 (1.81)	1906.8	1.88 (1.34)
2000	45.6	5.43 (2.14)	819	2.23 (1.70)	24.7	2.38 (2.09)	2377.7	2.35 (1.67)
2008	58.3	6.94 (2.74)	987	2.69 (2.05)	24.0	2.31 (2.03)	2813.8[3]	2.78 (1.98)

＊1：日本と中国を除く。
＊2：1970年度の値を1とした時の増加割合、但し( )内の値は1980年度の値を1とした時の増加割合である。
＊3：2010年度の人口である。

品価格の高騰等に伴う抗議行動や暴動などが発生していることから判断すると、アフリカではサハラ砂漠以北の天然エネルギー資源に恵まれて経済的に豊かな栄養充足地帯の輸入がますます増えてきていることによっているものと考えられる。

(5) 世界の農業人口

過去40年間で世界の農業人口は約12分の1に減少した[5-30]。その理由は、図5.2－21に示すように[5-30]、工業化が促進されて経済状態が良くなると（国民一人あたりのGDPが上昇すると）、それに伴って農業人口の割合が低下するからである。

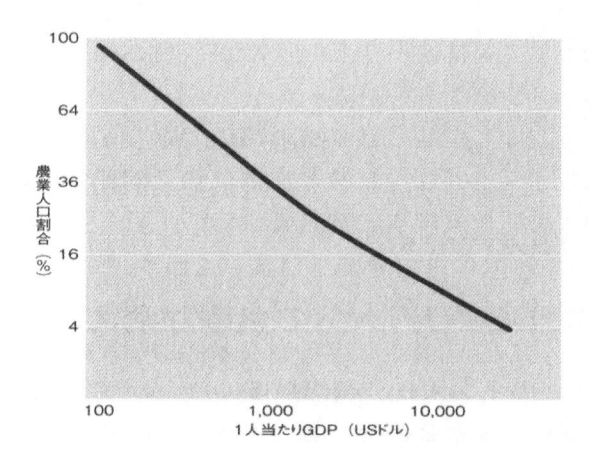

図5.2－21 国民一人当たりのGDPと農業人口割合の関係（出典：文献[5-30]）

近年（2005年）における世界の農業人口の割合を図5.2－22に示す[5-32]。世界の多くの国の農業人口は25％未満であり、米国、日本や英国などは約5％である。アジアやアフリカの開発途上国では、農業人口が50％以上を占める国々が多く、農業が多くの人々の雇用を支えているが、農業投入材や技術の不足により、食料価格高騰という状況においても増産することができなかった。それに加えて、現在の金融危機でさらに厳しい状態に追いやられて

いる。国際連合食料農業機関（FAO）は、2050年までに食糧生産を倍増し、すべての人の食糧への権利を確保するためには、開発途上国の農業に年間300億ドルの投資が必要であると呼びかけ、農業投資の重要性を訴えている。

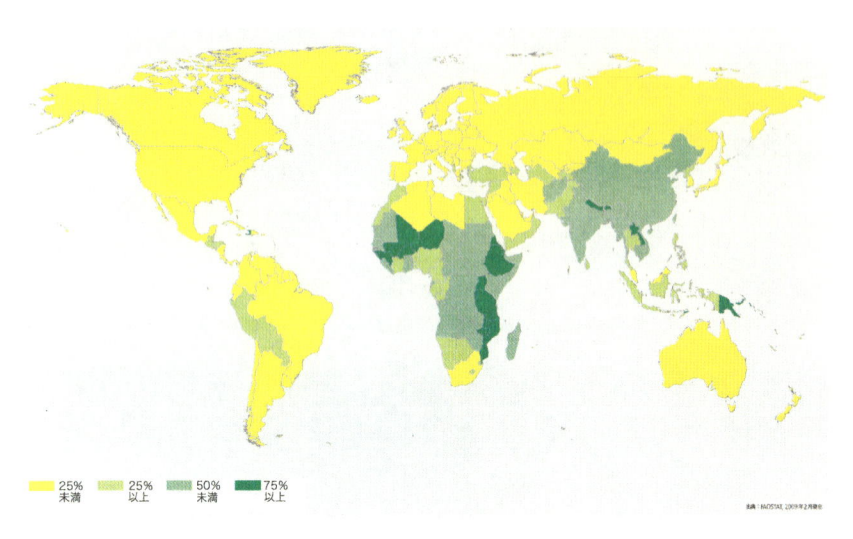

図5.2 - 22　近年（2005年）における世界の農業人口の割合（出典：文献[5-32]）

（6）まとめ

過去40年間、農業人口は減り作付面積は一定のままであったが、石油を使って単収が約2倍になったので生産量も約2倍になった。しかし、穀物の在庫率は、21世紀に入ってから少なくなっており、安全在庫水準下限近くにまで低下してきている。この間人口も約2倍になった。したがって、世界全体でみれば、穀物の生産量は人口に比例しており、穀物は人間が生きていくために必要な量だけ生産されてきた、と言える。しかし、栄養状態を見ると、地域差が激しく、栄養不足人口がいまだに増加しつつある。食糧は、本来は分かち合うべき性質のものであるが、工業に支えられて経済発展した国が経済発展の遅れた国から食糧を買い占める時代になってきたことがこのような状況を招いている背景である。

世界の人口は、2008年の68億から2050年には91億へ増加することが予想

されている。加えて開発途上国の経済発展が続くことにより食糧の需要はますます増加することが見込まれている。これに対して供給面では、品種改良や化学肥料の投入、灌漑設備の整備、遺伝子組み換え作物の導入、などによる単収の向上が見込まれるものの、一方で発展途上国の工業化に伴う優良農地の減少、森林伐採の制限による農地の面積的拡大の制約、土壌劣化や水資源の制約などの懸念要因を抱えている。いずれにしても、将来において人々に平等に食糧が行き渡るようにするためには、人の心を対象にした新しい社会の構築が必要である。その理由は、経済発展した国が経済発展の遅れた国から食糧を買い占めるような問題は科学や経済で解決することが困難だからである。

5.2.2-2　バイオエタノール

　バイオマス（エネルギーや工業原料の資源として見た生物体としての資源）のエネルギー利用は直接燃焼、気体燃料と液体燃料に大別される。このうちの液体燃料に分類され、自動車用に使用される燃料はバイオ燃料と呼ばれ、これにはバイオエタノールとバイオディーゼルがある（下図参照）。ここでは、原料として澱粉質や糖質の穀物が係りを持つバイオエタノールを中心にしてその動向を説明する。

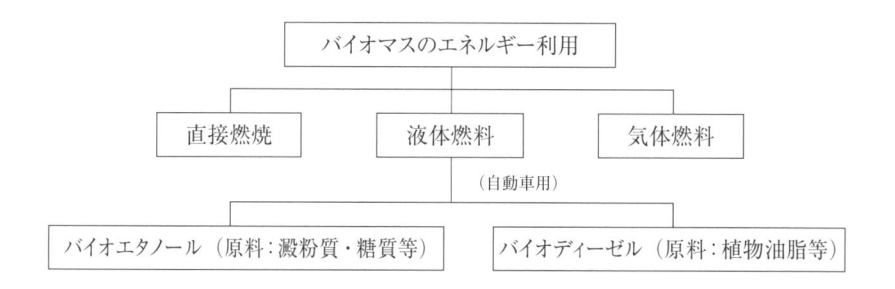

```
              バイオマスのエネルギー利用
        ┌──────────┼──────────┐
     直接燃焼      液体燃料       気体燃料
                  (自動車用)
        ┌──────────┴──────────┐
  バイオエタノール              バイオディーゼル
  （原料：澱粉質・糖質等）      （原料：植物油脂等）
```

（1）　バイオエタノールの製造法

　バイオエタノールの製造工程の概要を図5.2 − 23に示す。サトウキビのような糖質を原料にする場合には、原料を粉砕後酵母を加えて発酵させ、その

後蒸留、脱水することによって燃料用バイオエタノールが製造される。トウモロコシや小麦などの澱粉質を原料にする場合には、発酵工程の前に糖化酵素による糖化工程を必要とする。セルロース系原料の糖化は硫酸を使用した加水分解による手法が主流であるが、商業的実用化に向けてはまだ多くの技術的課題を抱えている。

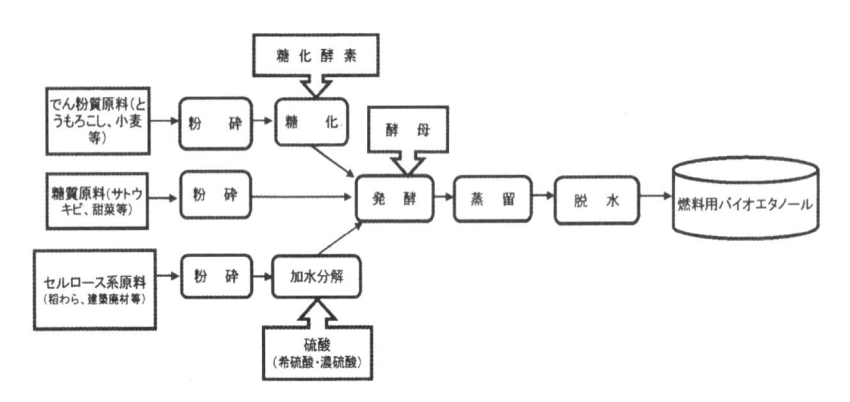

図5.2 - 23　バイオエタノール製造工程の概要
　　　　　（出典：文献[5-28]の「食料需給に関する研究成果（農林水産政策研究所）」

（2）バイオエタノールの国際的展開

世界全体および国・地域別の燃料用バイオエタノール生産量の推移をそれぞれ表5.2 - 12と図5.2 - 24に示す。世界全体の燃料用バイオエタノールの生産

表5.2 - 12　世界の燃料用バイオエタノール生産量の推移
　　　　　（出典：文献[5-28]の「食料需給に関する研究成果（農林水産政策研究所）」）

年	1990	1995	2000	2001	2002	2003
生産量（単位：千·kl）	15,212	18,074	17,107	18,449	20,518	24,341
年	2004	2005	2006	2007	2008	2009
生産量（単位：千·kl）	28,509	31,327	38,962	49,637	66,336	72,781（見込み）

量は1990年の15,212千klから2009年の72,781千kl（見込み）へと増加しており、2000年〜2009年の間の年平均増加率は17.5％である。国・地域別の内訳を見てみると、米国とブラジルが断然多く、2009年における生産量はそれぞれ38,600千klと25,200千klであり、続いてEUの3,830千kl、中国の1,750千kl、インドの380千klである。米国とブラジルの2000年〜2009年の間の年平均増加率は、それぞれ22.6％と10.2％であり、両国の生産量が急速に拡大していることがわかる。また、バイオエタノールの生産国・地域は、世界における穀物の主要生産国・地域でもある。

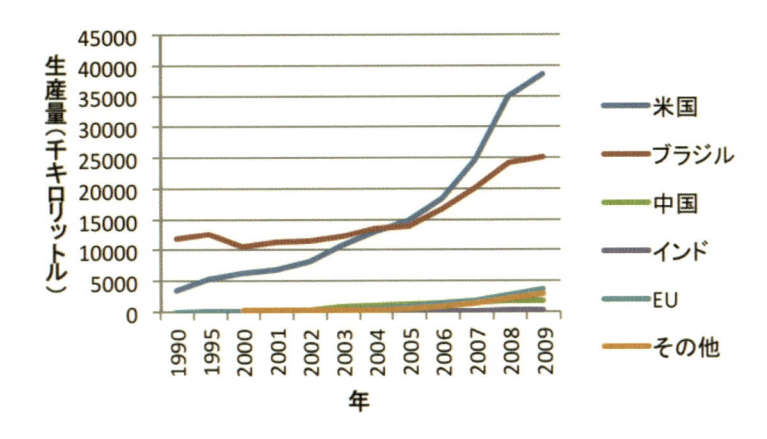

図5.2 - 24　世界におけるバイオエタノール生産量の推移
（文献5-28）の「食料需給に関する研究成果（農林水産政策研究所）」のデータに基づいて作成）

世界のバイオエタノールの純輸出量の推移を見てみると、表5.2 - 13の通りである。最大の輸出国はブラジルであり、次がフランスである。世界最大の生産国である米国は世界最大の輸入国にもなっている。ブラジルの輸出量も生産量に比べれば大きな値ではない。世界全体でみても2008年度における燃料用バイオエタノール生産量に対する貿易量の割合は、0.77％と低く、ほとんどの国・地域において自国・地域で消費される傾向にある。

表5.2-13 世界におけるバイオエタノール純輸出量の推移
(出典:文献5-28)の「食料需給に関する研究成果(農林水産政策研究所)」)

単位:1,000kℓ

	2002年	2003年	2004年	2005年	2006年	2007年	2008年
ブラジル	569	769	2,403	2,593	3,429	3,533	5,124
フランス	238	264	223	140	176	321	499
ドイツ	-136	-166	-206	-242	-284	-312	-660
オランダ	12	10	-137	-172	-415	-566	-396
エルサルバドル	3	-10	-14	-29	-3	-23	-69
ジャマイカ	95	3	-6	3	70	-9	-50
米国	-208	-362	-654	-482	-2,540	-1,346	-1,547
日本	-433	-404	-495	-509	-502	-468	-453
コスタリカ	19	14	23	-25	63	130	29

(3) 主要国のバイオエタノール生産原料

バイオエタノールの生産原料として三大穀物とサトウキビを対象にしている国(2010年1月現在)を示すと、表5.2-14の通りである。主要生産国をはじめとして多くの国が三大穀物とサトウキビをバイオエタノール生産原料の対象にしていることがわかる。

表5.2-14 三大穀物とサトウキビをバイオエタノールの原料としている国(2010年1月)
(文献5-28)の「食料需給に関する研究成果(農林水産政策研究所)」に基づいて作成)

原料	国
小麦	ドイツ、フランス、スウェーデン、スペイン、カナダ、中国、日本
米	日本
トウモロコシ	カナダ、米国、中国
サトウキビ	ブラジル、コロンビア、パラグアイ、豪州

(4) 世界におけるバイオエタノール需要の見通し

表5.2-15に、世界の三大穀物需要量に占めるバイオエタノール燃料の割合の推移を示す。

また、世界の主要国・地域には、将来に向けたバイオ燃料導入義務目標やガソリンと軽油に対するバイオ燃料混合義務がある。それをまとめて表5.2－16に示す。両表から判断すると、これらの国・地域で見直しが行われない限り、将来にわたってバイオエタノール需要が増加し、三大穀物の需給に影響を与えるものと考えられる。

表5.2－15　世界の三大穀物需要量に占めるバイオエタノール燃料の割合の推移
（文献[5-28]の「食料需給に関する研究成果（農林水産政策研究所）」に基づいて作成）

原料	年度					
	2004/05	2005/06	2006/07	2007/08	2008/09	2009/10
トウモロコシ	5.0%	5.6%	7.9%	10.6%	12.8%	14.2%
サトウキビ	13.6%	14.7%	14.6%	17.4%	―	―
小麦	0.02%	0.04%	0.65%	0.73%	1.3%	2.0%

表5.2－16　主要国・地域におけるバイオ燃料導入義務目標およびガソリンおよび
　　　　　　ガソリンと軽油に対するバイオ燃料混合義務
（出典：文献[5-28]の「食料需給に関する研究成果（農林水産政策研究所）」）

国・地域	義務目標等	備考
米国	再生可能燃料を2008年の90億ガロンから2022年までに360億ガロンまで拡大（うち210億ガロンは先端的バイオ燃料、150億ガロンが従来型のバイオエタノール）	義務目標
ブラジル	無水エタノールの混合率20～25%、2008年1月から軽油に対してバイオディーゼルを2%混合、2008年7月から3%混合、2009年7月から4%混合、2013年度から5%混合	混合義務
EU	全輸送用燃料に占める再生可能燃料の割合を2020年までに10%	義務目標
ドイツ	全輸送用燃料に占める再生可能燃料の割合を2010年までに6.75%、2015年までに8%、2020年までに10%	義務目標
フランス	全輸送用燃料に占める再生可能燃料の割合を2015年までに10%、2020年までに10%	2020年のみ義務目標
イタリア	全輸送用燃料に占める再生可能燃料の割合を2010年までに5.75%、2020年までに10%とする	義務目標
英国	全輸送用燃料に占める再生可能燃料の割合を2010年までに5%、2020年までに10%	義務目標
カナダ	2010年までにガソリンに対して再生可能エネルギーを5%混合、2012年までに軽油に対して再生可能エネルギーを2%混合	義務目標
中国	2020年までに輸送用燃料需要量に占めるバイオ燃料の割合を15%とし、2020年までに非食糧原料からのバイオエタノール年間生産量を1,000万トン	義務目標

（5） バイオエタノールの特徴と導入の背景

バイオエタノールには次のような特徴がある。
① 再生可能エネルギーであるため、半永久的に枯渇することはない。
② 三大穀物やサトウキビ等が栽培可能な地域ならば製造可能なので、化石燃料のような地域的偏在がない。
③ カーボンニュートラルなので、温室効果ガス（二酸化炭素、CO_2）の削減が期待できる。
④ バイオエタノールをガソリンや軽油に混合すると燃料中に酸素が加わるので、エンジン内で燃料が完全燃焼し、一酸化炭素の排出が抑制される。
⑤ ガソリンや軽油の需要量を低減させる。
⑥ バイオエタノールの生産は、三大穀物やサトウキビ等の農産物に対して新規の市場を創出し、農業・農村経済の活性化を図ることができる。

バイオエタノール燃料のこのような特徴に着目して、エネルギー問題や環境問題の解決に向けて、さらには地域開発を行う目的が加わって、世界中でその導入が進められてきた。特に、2005年から2008年夏にかけて国際原油価格が高騰したため、代替エネルギーとしてバイオ燃料に世界的関心が集まり、さらに京都議定書の発効により、地球規模での温暖化対策として二酸化炭素の排出抑制に効果があるバイオ燃料に世界の関心が集まり、バイオ燃料の導入・普及が進められ、現在に至っている。

（6） バイオ燃料原料用穀物の需要拡大が食糧用穀物需給に及ぼす影響と問題点

バイオ燃料（バイオエタノールとバイオディーゼル）は、（5）で述べた背景の下で、すでに1970年代後半から生産が行われてきているが、その名前が世間一般に知られるようになった発端は、2007年に行われた米国のブッシュ大統領の「中東からの石油依存からの脱却というエネルギー安全保障問題」に関連する演説であった。2007年12月19日には「エネルギー自立・安全保障法（Energy Independence and Security Act of 2007）を成立させ、表5.2-16に示した義務目標等を設定した。この流れは欧州や南米にも速やかに波及した。これによって、エネルギー問題と食糧問題が急速に強固な関

連をもつようになってきたのである。

　米国にとっては石油の枯渇に備えて自国産の石油資源を温存すること、さらに米国と欧州にとっては環境問題の解決、すなわち「地球温暖化防止のために石油の一部をバイオ燃料で置き換える」というのがバイオ燃料生産に対する欧米の大義名分であるが、その国際的政治戦略にはもう一つ別の目的が隠されていた。すなわち、その隠された目的は、(5)で述べたバイオエタノールの特徴の中の「⑥バイオエタノールの生産は、三大穀物やサトウキビ等の農産物に対して新規の市場を創出し、農業・農村経済の活性化を図ることができる」にあるのである。

　穀物等の生産国の立場からすれば、エネルギー問題と食糧問題が関連すれば極めて好都合である。食糧用の穀物等の価格が上がれば自国の生産穀物等を食糧市場に回せばよいし、エネルギー価格が食糧価格を上回れば、エネルギー市場に回すことができる。すなわち、穀物等の価格を暴落させることなく常に高いレベルに維持することができるので、自国の、農業・農村経済の活性化を図ることができるからである。

　このように、バイオ燃料の生産は、穀物等の生産国の経済にとっては極めて有利であるが、人道的には大きな問題を抱えている。その理由は、経済的に恵まれない消費国にとって極めて不都合な事態が生ずるからである。グローバル資本主義に支えられた市場原理主義経済システムの下では、穀物等の価格が上がっても、経済的に豊かな先進国は購入可能であるが、経済的に貧しい開発途上国にとっては購入が極めて困難になる。まさに、弱肉強食の世界である。その結果、飢えた者はますます飢えることになり栄養不足人口、さらには餓死者を増加させることになる。その兆候はすでに現れてきている（図5.2－17を参照）。

　食糧は人間が生きていくために欠かせないものであるから、バイオ燃料が生産されるまでは、食糧を燃料として利用するなどという行為は全く存在しなかった。バイオ燃料の生産が初めてこの禁を破ったのである。現在、飢えた人は、図5.2－17に示したように、世界に約10億人いる。一方、世界には車が約8億台あると言われているので、大雑把に見積もって約10億人の人が車を運転していると言うことができる。すなわち、経済的に豊かな10億人

が穀物等から生産されたバイオ燃料を車で燃やし、経済的に貧しい10億人が飢えに苦しむことになる。特に、表5.2－16に示したように、ガソリンや軽油に一定量のバイオ燃料を混合することが制度化されると、自動車のエンジンもそれに最適なものが開発されるようになるので、穀物等の農作物が不作の時でも一定量の穀物等をバイオ燃料用に回さざるを得なくなる。その結果、食糧用の穀物等の不足が助長され、10億人の経済的に貧しい人たちがますます飢えに苦しむことになる。このような行為は、人道的には恥ずべきものであり、人間の行うべき行為ではない、ことは誰にも理解できることである。しかし、現実的には、市場原理主義の下で強国がバイオ燃料生産増強計画を押し進める限り、この現象を押し止めることは極めて困難であろう。国際政治が今後取り組むべき重要課題の一つである。

5.2.2-3 日本の穀物事情

上述の「5.2.2-1 世界の穀物事情」の項で日本の状況についても随所に触れてきたので、ここでは自給率についてのより詳細な説明と日本の農業事情の説明にとどめる。

（1） 食糧・穀物自給率

すでに図5.2－14と図5.2－15に示した日本の供給熱量（カロリー）ベースの食糧自給率と重量ベースの穀物自給率の推移をまとめて図5.2－25に示す。2008年度の食糧自給率は41％ある。これを先進国で100％を切っている国々と比較すると、いずれも2007年度の数値であるが、一番近いのが英国の65％、スウェーデンの78％、ドイツの80％などである。100％を超えている国には、111％のフランス、124％の米国、173％の豪州があり、これらの先進国に比べて日本の食糧自給率の低さが際立っている。しかも、食糧自給率が100％を切っている英国、スウェーデンとドイツにおいては、人間が生きていくための生命線である穀物自給率（2007年度）はそれぞれ92％、128％と102％で、100％を維持するような政策が取られているのに対して、日本のそれは28％（2008年度）に過ぎず、先進国の中では極めて特殊な国であることがわかる[5-33]。このように欧米の先進国に比べて日本の食糧自給

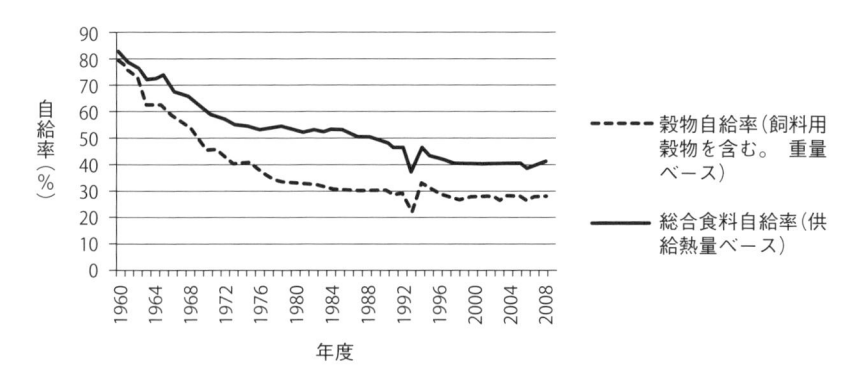

図5.2 − 25　日本の食料・穀物自給率の推移
（農林水産省「食料需給表」のデータに基づいて作成）

率と穀物自給率は際立って低くなっているが、以前からそうであったわけではない。高度経済成長が始まるころの1961年は食糧自給率と穀物自給率がそれぞれ78％と75％、高度経済成長が終わるころの1970年は60％と46％であった。したがって、現在の食糧自給率41％と穀物自給率28％という低い数字は、日本の工業化が進展して自動車や家電製品を中心とする工業製品を輸出して稼いだお金で海外から食糧を自由に購入できるようになり、円高がさらにこれに拍車をかけた結果であると言える。逆の言い方をすれば、工業製品が売れなくなれば、直ちに食糧危機に陥る危険性をはらんだ状態にあると言えよう。

　日本の食糧自給率は地域によって極端に異なる。表5.2 − 17に2007年度における都道府県別供給熱量（カロリー）ベースの食糧自給率を、また、その分布状況を図5.2 − 26に示す。例えば、北海道は人口密度が低く、大規模農業が行われているので、食糧自給率は198％であり、世界一の豪州に匹敵する。また、米どころの秋田や山形はそれぞれ177％と133％であるから、農業国である米国やフランスをしのぐ値である。これに対して、東京、大阪と神奈川の食糧自給率はそれぞれ1％、2％と3％で、極端に低い。このように、日本の食糧自給率が低いというのは、北海道や秋田、山形などのことを言っているのではなく、東京、大阪、神奈川などにその大半の理由がある。

表5.2－17　都道府県別食糧自給率（2007年度、供給熱量ベース、単位：千人、%）
（出典：文献[5-29]）

都道府県	人口	人口割合	食糧自給率	都道府県	人口	人口割合	食糧自給率
全国	127,771	100.0	41	三重	1,876	1.5	42
北海道	5,570	4.4	198	滋賀	1,396	1.1	50
青森	1,407	1.1	119	京都	2,635	2.1	13
岩手	1,364	1.1	104	大阪	8,812	6.9	2
宮城	2,347	1.8	80	兵庫	5,589	4.4	16
秋田	1,121	0.9	177	奈良	1,410	1.1	15
山形	1,198	0.9	133	和歌山	1,019	0.8	30
福島	2,067	1.6	85	鳥取	600	0.5	57
茨城	2,969	2.3	70	島根	731	0.6	64
栃木	2,014	1.6	74	岡山	1,953	1.5	37
群馬	2,016	1.6	32	広島	2,873	2.2	23
埼玉	7,090	5.5	11	山口	1,474	1.2	33
千葉	6,098	4.8	29	徳島	800	0.6	45
東京	12,758	10.0	1	香川	1,006	0.8	36
神奈川	8,880	6.9	3	愛媛	1,452	1.1	39
新潟	2,405	1.9	99	高知	782	0.6	48
富山	1,106	0.9	73	福岡	5,056	4.0	22
石川	1,170	0.9	48	佐賀	859	0.7	102
福井	816	0.6	64	長崎	1,453	1.1	45
山梨	877	0.7	20	熊本	1,828	1.4	61
長野	2,180	1.7	53	大分	1,203	0.9	51
岐阜	2,104	1.6	25	宮崎	1,143	0.9	56
静岡	3,801	3.0	18	鹿児島	1,730	1.4	84
愛知	7,360	5.8	13	沖縄	1,373	1.1	33

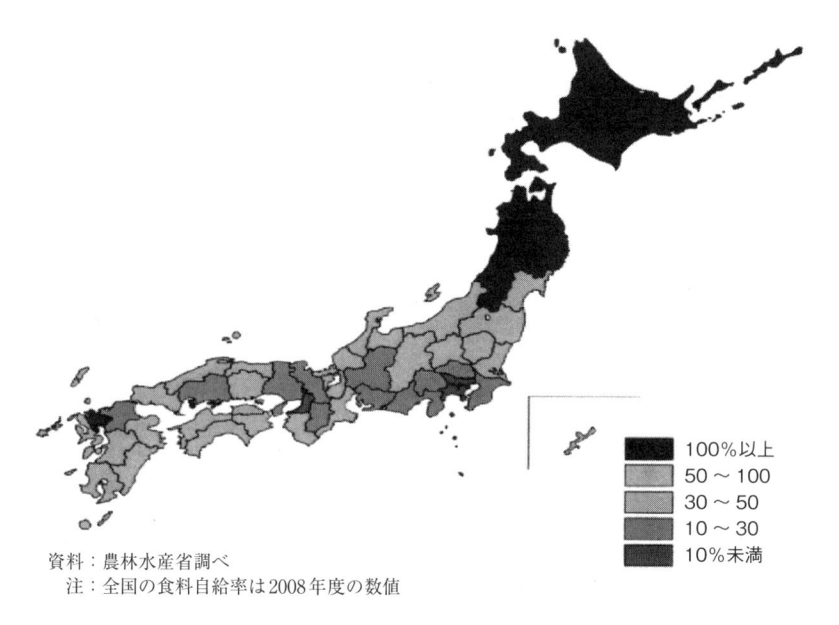

資料：農林水産省調べ
注：全国の食料自給率は2008年度の数値

図5.2－26　食糧自給率（2007年度、供給熱量ベース）の都道府県別分布　（出典：文献[5-28]）

凡例：
- 100%以上
- 50～100
- 30～50
- 10～30
- 10%未満

（2）農業事情

　日本の農業事情を、農地面積および農業従事者の観点から、欧米先進諸国と比較・検討してみよう。

　日本およびドイツ、フランス、英国と米国の農地面積を国土面積および人口とともに表5.2－18に示す。ドイツは、第二次世界大戦では敗戦国となったが、その後工業を中心にして発展し、貿易は黒字で海外資産も増え、一人あたりの国民総生産も急速に伸びた。この点でドイツは日本に似た国であると言われる。また、国土面積も似ており、人口はドイツの方が若干少ない程度である。しかし、農地面積を比べると、日本は454万haであるのに対してドイツは1,714万haであり、日本の約4倍もある。このように日本とドイツとの間には多くの類似点があるが、農地面積に関しては大きな開きがある。フランスはもともと農業国であるから、農地面積が広く3,354万haで日本の7倍強である。人口が日本の約半分であることを考慮すると、この差はさらに大きくなる。英国は、国土面積では日本の6割強であるが、農地面積はド

イツとほぼ同じ1,700万haで、国土が狭いにもかかわらず、食糧のセキュリティの確保に努めている。米国は、人口では日本の2.5倍であるが、農地面積は37,553万haで日本の83倍もあり、巨大な農地を持っている。

表5.2－18　日本と欧米先進諸国の農地面積の比較

国	農地面積（万ha）	国土面積（km^2）	人口（百万人）（2010年度）
日本	454	377,930（0.25%）	127.4
ドイツ	1,714	357,114（0.24%）	82.1
フランス	3,354	632,759（0.43%）	62.6
英国	1,700	242,900（0.17%）	61.9
米国	37,553	9,629,091（6.5%）	317.6

（国土面積の項のカッコ内の値は世界総陸地面積に対する割合を表す。）

　このように、欧米先進諸国に比べて日本は、農地面積の点で大きな後れを取っているが、農業従事者の年齢の点でも大きな問題を抱えている。表5.2－19は、日本、フランスと英国の農業従事者の年齢分布を比較したものである。フランスと英国では44歳以下が50%以上を占めているが、日本では10%に過ぎず、65歳以上が50%以上を占めている。65歳と言えば一般企業では定年に当たる年齢である。このように、欧米先進諸国では、工業化が進展しても農業が正規の職業として成り立っているが、日本では正規の職業としての体をなさないところまで成り下がっている、と言えよう。このような状況になったのは、日本では工業労働者に比べて農業労働者の賃金が低いこ

表5.2－19　日本、フランスと英国の農業従事者の年齢分布の比較
　　　　　（出典：文献[5-30]）

年　齢	日本	フランス	英国
35歳未満	2.9 %	28.2 %	31.7 %
35～44歳	7.1 %	28.3 %	22.2 %
45～54歳	14.6 %	26.8 %	22.0 %
55～64歳	24.2 %	12.7 %	16.3 %
65歳以上	51.2 %	3.9 %	7.8 %

とと、工業製品を海外輸出することにより貿易黒字が続いたので、農作物を自由に海外から輸入することができた、という二つの理由によるところが大きい。これはひとえに国の政策の問題である。

（3） 解決策に向けて

日本の食糧自給率を向上させるための抜本的な解決策を見出すために、ここで国土面積と国内総生産の観点から、日本と欧州先進諸国および米国との比較をしてみよう。この比較を表5.2 - 20 に示す。日本は、人口割合は1.84％、国土面積の割合は0.25％と非常に低いのに、国内総生産は9％に近く、これらの数字から、狭い国土で工業製品を懸命に生産している姿が浮かび上がってくる。同表の右端の欄に、国内総生産の割合を国土面積の割合で除した数字を示したが、これらの数値は、各国において同じ面積から生産される国内総生産の大きさを表す指標となる。この指標を用いて各国を比較してみると、日本に比べて、ドイツと英国は70％弱（平地を対象にすればもっと低い値になる。）、フランスは約30％で、米国に至っては約10％である。それにもかかわらず、欧米先進諸国の生活レベルは、日本と同等あるいはそれ以上である。すなわち、陸地面積で勝負しようとすると、まだ余裕のある欧米先進諸国に対して日本は大きなハンディキャップを背負うことになる。要するに、

表5.2 - 20 日本と欧米先進諸国における「国内総生産の割合／国土面積の割合」の比較

国名	人口[*1]（百万人）	人口割合（％）	国土面積（$10^3 km^2$）	国土面積の割合（％）	国内総生産（10億ドル）[*2]	国内総生産の割合（％）	国内総生産の割合／国土面積の割合
日本	127.4	1.84	377.9	0.25	5,068.1	8.96	35.8
ドイツ	82.1	1.19	357.1	0.24	3,327.1	5.88	24.5
フランス	62.6	0.91	632.8	0.42	2,649.5	4.68	11.1
英国	61.9	0.90	242.9	0.16	2,173.2	3.84	24.0
米国	317.6	4.60	9,629.1	6.47	14,119.1	24.95	3.8
世界	6,909	100	148,940	100	56,585.3	100	―

＊1 ：2010年度の数値
＊2 ：（財）国際貿易投資研究所・国際比較統計の2009年度の数値
［注］：割合はすべて世界に対する割合を意味する。

集約的な工業製品の生産と輸出によって経済が維持されている限りにおいては、外国からの食糧購入で豊かな生活が保証されるが、工業製品の生産と輸出がいつまでも堅持される保証はない。国民の生命を守るために、面積に依存する第一次産業を問題にしなければならなくなると、途端に苦しい立場に立たされることになる。しかし、討死するわけにはいかないので、次にこの抜本的解決策を検討する。

5.2.2-4　日本の食糧自給率改善に向けた抜本的解決策

　上述したように、陸地に執着する限り、一次生産に関しては欧米先進諸国に比べてはじめからハンディキャップを背負っているので、陸地に対する技術開発は抜本的解決策にはつながらない。抜本的解決策は、外国より有利な日本に与えられた固有の資源に目を向けることから生まれる。それは何だろうか。海である。海洋は、1982年に第三次国連海洋法会議において採択され、1994年11月に発効した国連海洋法条約（正式名称：海洋法に関する国際連合条約、United Nations Convention on the law of the Sea:UNCLOS）が設定されるまでは、自由航行の認められた公海と沿岸国の主権がおよぶ領海（外国船舶は無害通航権を行使すれば領海内でも航行できるが、沿岸国が設定する無害通航に関する法令の遵守が求められる領域）とに分けられていた。しかし、領海については、国によって3海里、12海里、中には200海里など様々な距離を主張する国が現れ、長年決着を見るに至らなかった。この決着をつけるために同法では、領海（幅：12海里、1海里は1,852メートル）とその外側の接続水域（幅：12海里）を含む排他的経済水域をあらたに設定し、そこでの自由航行を認める（公海としての性格を持たせる）代償として沿岸国に経済的主権（水産資源および鉱物資源などの非生物資源の探査と開発に関する権利）を与え、環境保全の義務（資源の管理や海洋汚染防止の義務）を負わせることにした。このように、排他的経済水域は、領海のように領土ではないが、資源の立場から見ればその権利が認められているので、限りなく領土に近い価値がある。排他的経済水域は、領土近辺に設けられた基線から200海里（約370km）までが認められているので、この排他的経済水域を含めた領土の面積（以後、資源的領土面積と呼ぶ。）が日本にとってどの程

度の意味を持つものかを把握するために、諸外国についても同じ面積を求め、表5.2-21に示した。陸地面積では日本は世界の61位であるが、排他的経済水域になると俄然躍進して6位となる。そこで、この有利性を確認するために、同表の右側の二つの欄に日本を1とした時の各国の陸地面積比と資源的領土面積比を示した。これを見て明らかなように、大国の陸地面積は日本の何十倍であり、面積的には日本はとても太刀打ちできないほどの差があるが、資源的領土面積比になると何倍のオーダーで一桁小さくなる。特にアジアのインドは同等であり、中国は2倍であるが、これらの国の人口が10倍近くであることを考えると、日本が断然有利である。このように排他的経済水域を含めた資源的領土面積を対象にすれば、一次産業においても、技術開発により諸外国に伍して対抗していけるだけの恵みを自然から受けることができるようになる。それでは海は一次産業に対してどれ位の価値を持っているのであろうか。次に、この点について検討してみよう。

表5.2-21 主要国の陸地面積と資源的領土面積の比較 (著者作成)

国名	資源的領土面積 (千km^2) 200海里排他的経済水域	資源的領土面積 (千km^2) 陸地	資源的領土面積 (千km^2) 合計	陸地面積の比	資源的領土面積の比
米国	11,351	9,629	20,980	25.5	4.3
フランス	11,035	633	11,688	1.7	2.4
豪州	10,648	7,692	18,340	20.3	3.8
ロシア	7,567	17,098	24,665	45.2	5.1
カナダ	5,599	9,985	15,584	26.4	3.2
日本	4,479	378	4,857	1	1
ニュージーランド	4,084	270	4,354	0.7	0.9
英国	3,974	243	4,217	0.6	0.9
ブラジル	3,661	8,515	12,176	22.5	2.5
チリ	2,018	756	2,774	2.0	0.6
ポルトガル	1,727	92	1,819	0.2	0.4
インド	1,642	3,201	4,843	8.5	1
アルゼンチン	1,159	2,780	3,939	7.4	0.8
中国	877	9,597	10,474	25.4	2.1

（1） 植物の総合生産力：海の利用を進める

　陸上において人間の手が全く入らない場所では、太陽光1ギガジュール当たり13.6グラムのグルコース（ブドウ糖）が生産される。これに対して現在の日本の近海で海の生物が生産するグルコース（ブドウ糖）は平均して208グラムと計算されている[5-30]。このような生産力は場所や季節によって変化するので単純ではないが、大雑把に考えれば、海の生産力は陸に比べて208/13.6=15.3倍大きいと見做すことができる。陸では光は土壌の中には達しないので表面でしかその恩恵を受けられないが、海では光は数十メートルの深さにまで達するし、海水は液体なので物質の移動速度が固体の土壌に比べて圧倒的に大きいなどの条件が重なって、海が立体的に大きな自由度を有することができるために、これ程大きな生産力を持ちうると考えられる。

　海の生産力が陸の15.3倍ということを本当に利用できるようになったとした時に、日本の国力が諸外国に比べてどの程度になるかを見極めるための計算結果を表5.2－21に付け加えた。それを表5.2－22に示す。日本と諸外国では緯度も違うし、気候も異なるなど諸条件に差があるので、あくまで大雑把な比較である。同表の左から4列目までの数値は表5.2－21からの転写である。生産力については、陸地千km^2当たりの生産力を1とし、海は陸の15.3倍であることを考慮して200海里排他的経済水域の生産力を求めた。陸と200海里排他的経済水域の生産力の合計が総合生産力（生産力の合計）である。この総合生産力を百万人単位の人口数で除した値が同表右から2列目の欄に示した数値で、日本を基準にしてこの値を1とした時にその他の主要国の生産力が何倍になるかを一番右側の欄に示した。総合生産力について見てみると、200海里排他的経済水域の生産力を考慮に入れても、やはり欧米大国の総合生産力は大きく、上位を占めているが、陸地面積的には小国である日本は、200海里排他的経済水域の生産力を考慮に入れると、これらの大国に続いて第6位となる。アジアの大国との比較では、インドの2.7倍、中国の3倍に相当する。人口百万人当たりの総合生産力の比を見てみると、当然のことながら、人口密度（表5.2－23参照、同表での人口密度比は日本を1とした時の値）の小さな国ほど有利な値となる。インドの人口密度は日本とほぼ同等、中国は半分以下、米国は10分の1、ブラジルは15分の1、ロシ

表5.2-22 主要国の総合生産力の比較

国名	資源的領土面積(千km²) 200海里排他的経済水域	陸地	合計	生産力 200海里排他的経済水域	陸地	合計(総合生産力)	人口(百万人)	百万人当たりの総合生産力	百万人当たりの総合生産力の比
米国	11,351	9,629	20,980	173,670	9,629	183,299	317.6	577	1.1
フランス	11,035	633	11,688	168,836	633	169,469	62.6	2,707	5.0
豪州	10,648	7,692	18,340	162,914	7,692	170,606	21.5	7,935	14.7
ロシア	7,567	17,098	24,665	115,775	17,098	132,873	140.4	946	1.7
カナダ	5,599	9,985	15,584	85,665	9,985	95,650	33.9	2,821	5.2
日本	4,479	378	4,857	68,529	378	68,907	127.4	541	1
ニュージーランド	4,084	270	4,354	62,485	270	62,755	4.4	14,262	26.4
英国	3,974	243	4,217	60,802	243	61,045	61.9	986	1.8
ブラジル	3,661	8,515	12,176	56,013	8,515	64,528	195.4	330	0.6
チリ	2,018	756	2,774	30,875	756	31,631	16.8	1,882	3.5
ポルトガル	1,727	92	1,819	26,423	92	26,515	10.6	2,501	4.6
インド	1,642	3,201	4,843	25,123	3,201	28,324	1,214.5	23	0.04
アルゼンチン	1,159	2,780	3,939	17,733	2,780	20,513	40.7	504	0.9
中国	877	9,597	10,474	13,418	9,597	23,015	1,354.1	17	0.03

表5.2-23 主要国の人口密度と人口密度比

国名	米国	フランス	豪州	ロシア	カナダ	日本	ニュージーランド
人口密度(人/km²)	33.0	98.9	2.8	8.2	3.4	337	16.3
人口密度比	0.10	0.29	0.0083	0.024	0.010	1	0.048
国名	英国	ブラジル	チリ	ポルトガル	インド	アルゼンチン	中国
人口密度(人/km²)	255	22.9	22.2	115	379	14.6	141
人口密度比	0.76	0.068	0.066	0.34	1.12	0.043	0.42

アは25分の1であるが、ロシアの百万人当たりの総合生産力は日本の1.7倍、米国のそれは日本とほぼ同等、ブラジルのそれは日本の0.6倍に過ぎず、イ

ンドと中国に至ってはそれぞれ25分の1と30分の1である。これらの数値から、200海里排他的経済水域の生産力を考慮すると、特に今後の躍進が期待されているBRICs諸国に比べて、日本の総合生産力（自然から受ける恵み）が如何に大きなものになるかを理解することができる。

（2） 環境への対応：CO_2の排出と温暖化を積極的に利用する

チャールズ・ダーウィンは、「この世に生き残る生物は、最も強いものではなく、最も知性の高いものでもなく、変化に最も対応できるものである。」と言った。生物の進化の過程を見ればまさにその通りである。したがって、環境の変化に逆らうより順応することの方が賢い生物の行動であると言えよう。現在の環境変化の代表格は経済成長に伴うCO_2の排出と地球温暖化である。この二つの環境変化に積極的に対応し、利用した時に総合生産力にどのような効果をもたらすかを次に検討する。

(2-1) CO_2排出の利用

植物は、(1.1 – 6) 式で表される光合成反応により水（H_2O）と二酸化炭素（CO_2）を原料にして栄養素であるグルコース（ブドウ糖、$C_6H_{12}O_6$）を生産する。すなわち、CO_2はグルコースを生産するための大切な原料である。一例として、種々の金属を生産する時の原料鉱石中の目的金属の品位（含有率）[5-34]を現在の大気中のCO_2濃度とともに表5.2 – 24に示す。極めて高価な金の原料鉱石の品位は0.001％と非常に低いが、我々に馴染みのある希金属のニッケル、銅、亜鉛の原料鉱石品位は1％のオーダーであり、アルミニウムは30％前後、鉄に至っては60％以上である。これに対して植物の原料

表5.2 – 24　種々の金属を生産する時の原料鉱石中の目的金属の品位*と植物を生産する時の大気中のCO_2濃度の比較

	鉄	アルミニウム	ニッケル	銅	亜鉛	金	植物（CO_2）
品位(%)	60以上	23～32	1.5～2	0.5～2	3	0.001	0.04

＊：金属原料鉱石の稼行品位は鉱石の産出状態、採掘時の経済状態などによって大きく変動するものであり、極めて大まかな目安である。

となるCO_2の大気中の濃度は現在約390ppmであるから、パーセントで表せば、約0.04%である。ものを生産する原料品位としてはあまりにも低く過ぎる値である。農業が効率の良い工業に勝てなかった大きな理由の一つがここにある。

　人間が工業のみに頼らず、しかも現在のような豊かな生活を維持しようとすれば、より効率的な一次生産の活用が必要になる。(1.1 - 6) 式から明らかなように、そのうちの一つの手段がCO_2濃度を上げることである。図5.2 - 27に我が国のエネルギー別発電電力量の推移を示すが、第一次および第二次石油ショック以来石油火力発電に代わってLNGと石炭火力発電が大幅に伸びてきている。今後原子力発電の衰退と相まってこの傾向はますます助長されると考えられる。石炭火力発電所の排ガス中にはおおよそ14%のCO_2が含まれている。この排出を抑えるのではなく、積極的に利用する技術を開発すべきである。種々の光の強さの下での水生生物の光合成速度のCO_2濃度依存性を図5.2 - 28に示す。縦軸の値で、例えば、光の強さが0.41kluxの時の0.02から123kluxの時の2.0まで光合成速度を速めることができれば、光の強さとCO_2濃度を増加させることにより、水生生物の生産力を100倍高め

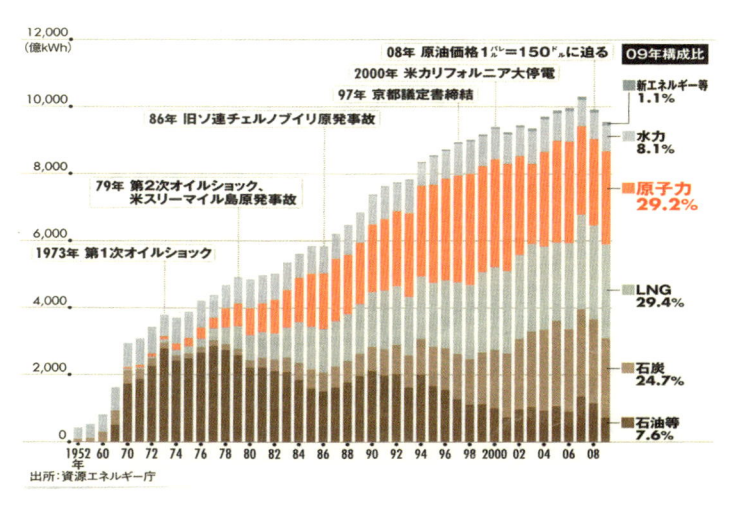

図5.2 - 27　我が国のエネルギー別発電電力量の推移（出典：資源エネルギー庁）

ることができる。通常の状態での水生生物の生産力は陸上生物の15.3倍であったから、上述のような条件を整えれば、水生生物の生産力を陸上生物のそれに比べて15.3×100＝1,530倍に高められることになる。これが現実のものとなれば、自然を相手にしても、豊かな生活を維持することができ、かつ持続可能な社会を構築することが可能になるであろう。

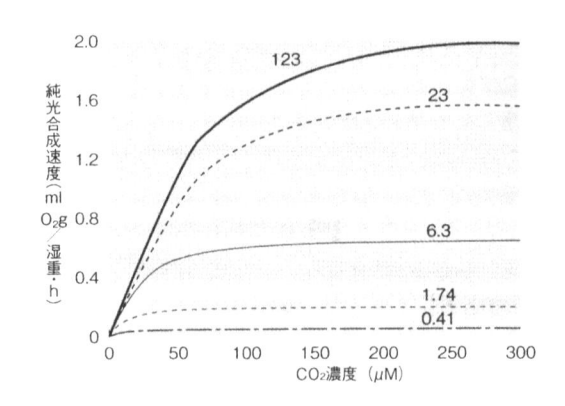

図5.2 − 28　水性生物の光合成速度
（図中の数字は光の強さで単位はklux）
（出典：文献[5-30]）

(2-2) 温暖化の利用

(1.1 − 6)式で表される光合成反応は化学反応である。化学反応は、一般に、温度が高いほどその速度が大きくなる。植物の生産量の大雑把な比較を図5.2 − 29に示す。図中色分けの数値は1年間に1ヘクタールで成長する植物の量（トン数）を表している。砂漠や水不足の起こりやすいアフリカの一部を除けば、温度の高い地域ほど一次生産力の高いことが一目瞭然である。温暖化が進めば悪いことばかり起こるように言われているが、温暖化は植物の生育にとっては極めて有利である。その効果はすでに示した表1.1 − 2に示した通りである。もともと暖かいインドでは、温暖化による増量効果と被害が相殺するため、一次生産量の増加はほとんど見込めないが、中緯度のブラジルや中国では約2倍、北国のロシアやカナダでは6〜8倍の増量が見込まれており、地球全体では約1.7倍増加すると試算されている。一般には、温暖化は悪いことばかりを引き起こすように言われているが、緩やかに進めば良いことの方が多いのである。

今後起こるかもしれないエネルギー危機や食糧危機に備えるためにも、CO_2の排出や温暖化を積極的に利用する技術開発を行っていくことが肝要である。

図5.2－29　世界における植物の生産量の比較（数値は1年間に1ヘクタールで成長する植物の量（トン数）を表す。）（出典：文献[5-30]）

5.2.3　水産資源

　水産資源とは、広辞苑によれば、「海洋・河川・湖沼に生息繁茂する、漁業の対象となる動植物資源」と定義されているが、海洋における植物の生育については、すでに第5.2.2項の食糧資源で触れたので、ここでは魚介類を中心にして検討することにする。

5.2.3-1　世界の水産資源の動向
（1）　漁業・養殖業生産量

　1960年以降における世界の漁業・養殖業生産量の推移を図5.2－30に示す。1960年の36,742千トンから2008年の159,165千トンへと着実に増加してきている。年平均の増加割合で見てみると、1960年から2000年までが2,489千トン/年、2000年から2007年までが2,789千トン/年、2007年から2008年が3,331千トン/年でますます増加する傾向にある。この中身を見てみるために、図5.2

-31に主要国の漁業・養殖業生産量の推移、図5.2-32に世界の漁業生産量の推移および図5.2-33に世界の養殖業生産量の推移を示した。

図5.2-30と図5.2-31の比較から、世界の漁業・養殖業生産量の増加は中国のそれに大きく依存していることがわかる。特に、近代化が始まった1980年以降にその傾向が著しい。

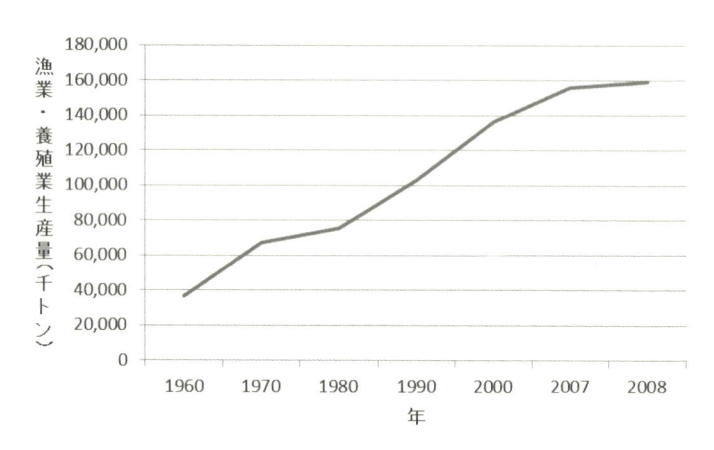

図5.2-30　世界の漁業・養殖業生産量の推移
（農林水産省・平成21年度水産の動向、平成22年度水産施策の参考図表のデータに基づいて作成）

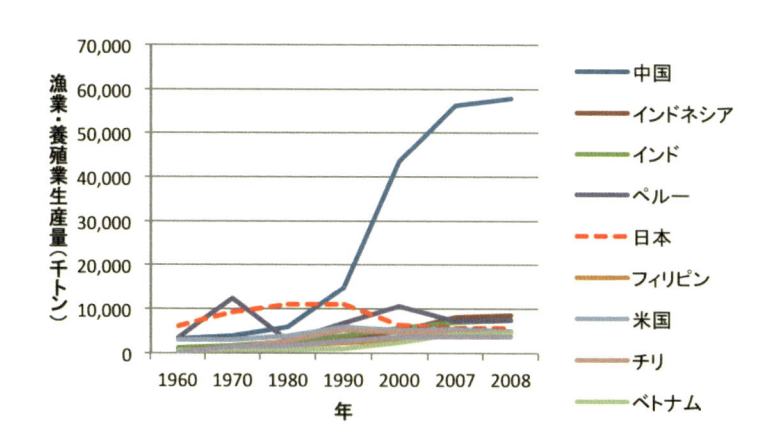

図5.2-31　主要国の漁業・養殖業生産量の推移
（農林水産省・平成21年度水産の動向、平成22年度水産施策の参考図表のデータに基づいて作成）

また、図5.2 - 32と図5.2 - 33を見てみると、世界の漁業生産量は2000年以降は頭打ちの状態が続いているが、養殖業生産量はいまだに増加を続けている。養殖業生産量の年平均増加割合を見てみると、1960年から1980年の間で266千トン／年、1980年から1990年までが948千トン／年、1990年から2000年の間は2,485千トン／年、2000年から2008年までが3,332千トン／年となって増加傾向が顕著である。このように世界の漁業・養殖業生産量の増加は、2000年以降は養殖業生産量の増加のみに依存していることがわかる。ちなみに、日本の漁業・養殖業生産量はピーク時の1980年の11,122千トンから2008年には5,592千トンへとほぼ半減している。図5.2 - 32を用いて、世界の漁業生産量が2000年以降は頭打ちになっていることを説明したが、主要

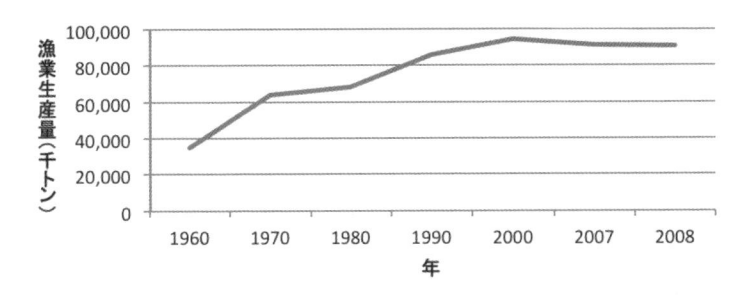

図5.2 - 32　世界の漁業生産量の推移
（農林水産省・平成21年度水産の動向、平成22年度水産施策の参考図表のデータに基づいて作成）

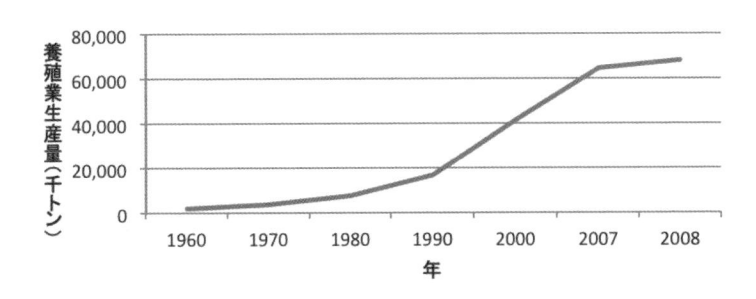

図5.2 - 33　世界の養殖業生産量の推移
（農林水産省・平成21年度水産の動向、平成22年度水産施策の参考図表のデータに基づいて作成）

国の漁業生産量の推移を見てみると図5.2 − 34のようになる。主要国すべての漁業生産量が2000年以降は頭打ちとなっていることがわかる。図5.2 − 35と図5.2 − 36に主要国の養殖業生産量の推移を示す。中国が飛び抜けた増加を示している。その増加割合は、1960年から1980年までが89千トン／年、1980年から1990年までが529千トン／年、1990年から2000年までが2,051千

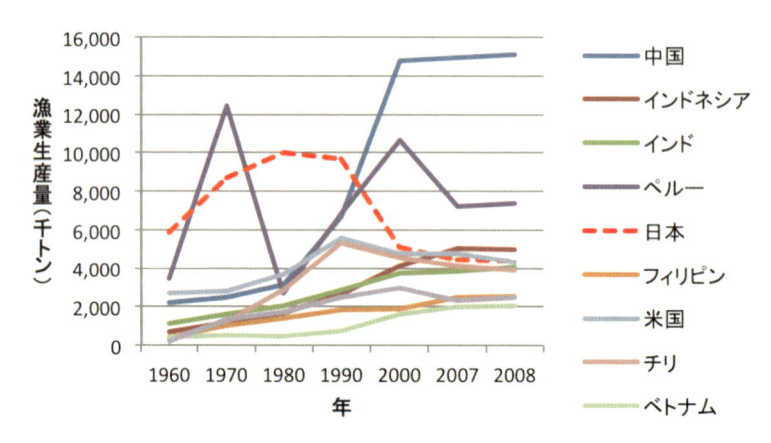

図5.2 − 34　主要国の漁業生産量の推移
（農林水産省・平成21年度水産の動向、平成22年度水産施策の参考図表のデータに基づいて作成）

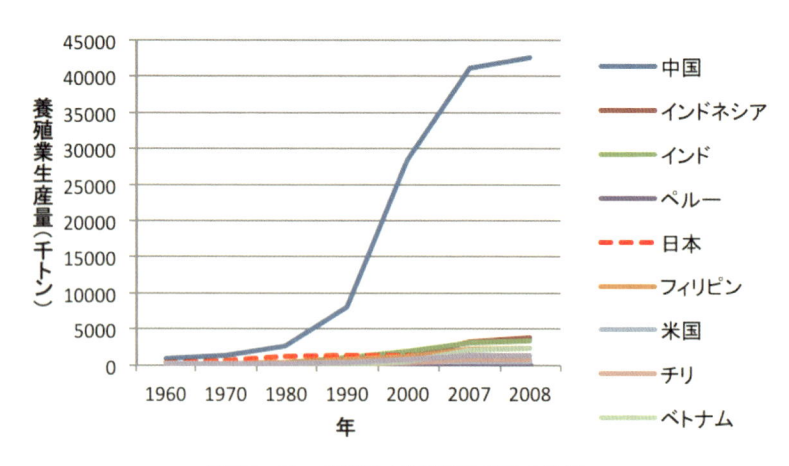

図5.2 − 35　主要国の養殖業生産量の推移
（農林水産省・平成21年度水産の動向、平成22年度水産施策の参考図表のデータに基づいて作成）

トン／年ならびに2000年から2008年までが1,776千トン／年で、中国の養殖業生産量は急速な伸びを示してきたが、2000年以降はその増加割合に陰りが見えてきている。一方、日本は、図5.2－36に示すように、多くの主要国が増加傾向を示す中で、1990年以降頭打ち、ないしは微減傾向にある。

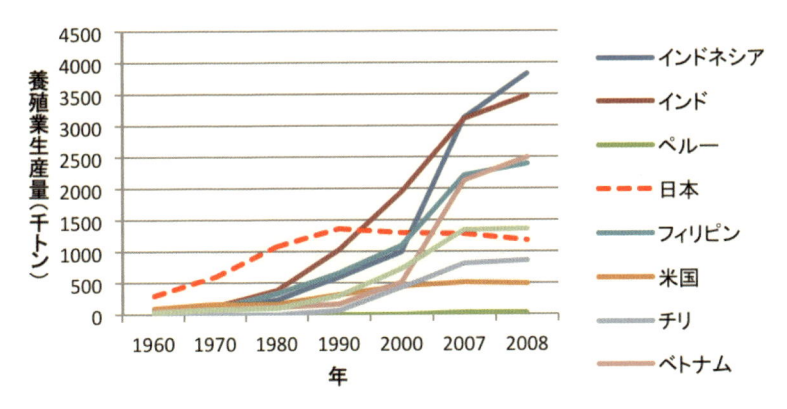

図5.2－36　中国を除く主要国の養殖業生産量の推移
（農林水産省・平成21年度水産の動向、平成22年度水産施策の参考図表のデータに基づいて作成）

（2）　漁業
(2-1) 主な魚種別漁獲量

　1950年から現在に至るまでの世界における主な魚種別漁獲量の推移を図5.2－37に、この内のマグロ・カツオ・カジキ類、イカ・タコ類とエビ類の漁獲量の推移を図5.2－38に拡大して示す。ニシン・イワシ類等の浮魚類は50～70年周期で資源量が大幅に増減を繰り返すことが知られており、1970年代の半ばに一度かなり減少したが、その後回復し現在に至っている。タラ類は、過剰漁獲等が原因となって漁獲量が減少傾向にある。その他の魚種の漁獲量は1950年以来長期にわたって増加傾向にあり、1950年を起点とした2008年までの増加割合はエビ類とイカ・タコ類で約7.5倍、マグロ・カツオ・カジキ類では約11倍となっている。

　2008年の魚種別漁獲量を見てみると、ニシン・イワシ類が2,014万トンで最も多く、全世界の漁業漁獲量の22.2％を占めている。次いで、タラ類の

769万トン（同8.5%）、マグロ・カツオ・カジキ類の631万トン（同7.0%）、イカ・タコ類の431万トン（同4.8%）、エビ類の312万トン（同3.4%）となっている。

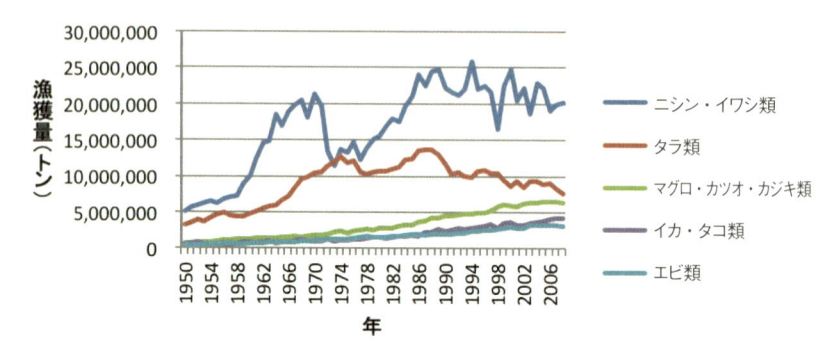

図5.2 – 37　世界における主な魚種別漁獲量の推移
(「水産庁/(1)世界の漁業・養殖業・水産資源の動向イ世界の漁業」のデータに基づいて作成)

図5.2 – 38　マグロ・カツオ・カジキ類、イカ・タコ類とエビ類の漁獲量の推移
(「水産庁/(1)世界の漁業・養殖業・水産資源の動向イ世界の漁業」のデータに基づいて作成)

(2-2) 水域別漁獲量

　2008年の世界における水域別漁獲量とその割合を表5.2 – 25に示す。世界で最も漁獲量が多い水域は、暖流の黒潮と寒流の親潮が混合域を形成する太

平洋の北西部で、2008年の世界総漁獲量の22.7%を占める。我が国の200海里排他的経済水域はこの水域に含まれる。2番目と3番目も太平洋に属し、2位が南東部の13.5%、3位が中西部の12.2%である。これら三つの水域で全漁獲量のほぼ半分を占めている。大西洋で最も漁獲量が多いのは北東部で9.5%、インド洋では東部の7.3%で、内水面を除くと、それぞれ4位と5位を占めている。

表5.2 - 25　2008年における世界の水域別漁獲量
　　　　　(出典：「水産庁/(1)世界の漁業・養殖業・水産資源の動向イ世界の漁業)

水　　域		2008年漁獲量（トン）	シェア（%）
太平洋	北西部	20,615,091	22.7
	北東部	2,572,752	2.8
	中西部	11,115,876	12.2
	中東部	1,872,180	2.1
	南西部	588,035	0.6
	南東部	12,234,223	13.5
	南氷洋	2,826	0.0
大西洋	北西部	2,065,418	2.3
	北東部	8,649,757	9.5
	中西部	1,280,049	1.4
	中東部	3,386,767	3.7
	南西部	2,406,526	2.7
	南東部	1,370,490	1.5
	地中海	1,493,800	1.6
	南氷洋	163,235	0.2
インド洋	西部	4,121,320	4.5
	東部	6,625,873	7.3
南氷洋		10,661	0.0
北極海		480	0.0
内水面		10,220,629	11.3
総　計		90,785,988	100.0

（3）　養殖業

　図5.2 - 30と図5.2 - 33から、世界の漁業・養殖業生産量と養殖業生産量は、それぞれ1960年が36,742千トンと2,022千トン、1980年が75,575千トンと7,347

千トンで、養殖業生産量の総生産量に対する割合は、それぞれ5.5%と9.7%に過ぎなかったが、2008年には総生産量159,165千トンのうち養殖業生産量が68,326千トンを占めるようになり、その割合が42.9%にまで増加していることが見て取れる。

　世界における主な魚種の養殖業生産量の推移を図5.2－39に示す。1980年以降すべての主要魚種の生産量が増加しており、中でもコイ・フナ類の増加が顕著である。2008年における養殖業の総生産量68,326千トンのうち、コイ・フナ類が20,593千トンで30.1%、褐藻類（褐色をした藻類で昆布やワカメ等を含む。）が6,626千トンで9.7%、紅藻類（赤っぽく海苔として利用されるスサビノリや寒天の原料となるテングサを含む藻類）が6,588千トンで9.6%、ハマグリ類が4,397千トンで6.4%、カキ類が4,164千トンで6.1%となっている。

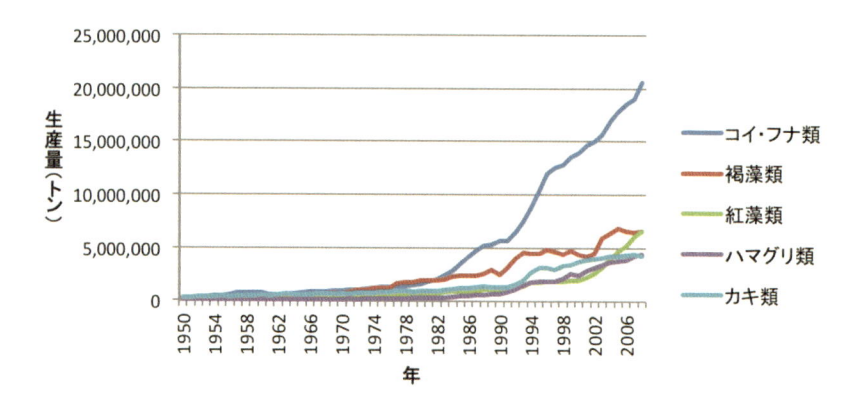

図5.2－39　世界における主な魚種の養殖業生産量の推移
（「水産庁／(1)世界の漁業・養殖業・水産資源の動向ウ世界の養殖業」のデータに基づいて作成）

（4）　食用水産物供給の動向
　（1）から（3）までは食用や飼料などすべての用途に対する漁業および／あるいは養殖業の生産量等の動向を見てきたが、ここでは食用に限って供給量の動向について説明する。
　図5.2－40と図5.2－41にそれぞれ世界における食用魚介類の供給量の推移と食用魚介類の国別供給量の推移を示す。中国やインドなどの経済発展に

よる食生活の改善や欧米での健康志向の高まりなどから、世界の食用水産物供給量は年々増加の一途をたどり、2005年には105,425千トンに達した。特に中国の増加が著しく、1993年頃から急速に増加し、2005年には世界全体の3分の1のシェアを占めるまでに至っている。これに対して、日本は、1995年以降頭打ちか若干減少傾向にある。

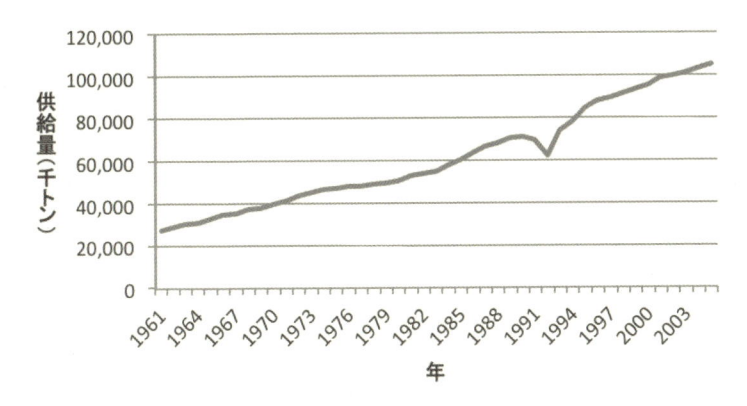

図5.2-40　世界における食用魚介類の供給量の推移
（水産庁／(2)水産物の需給動向ののデータに基づいて作成）

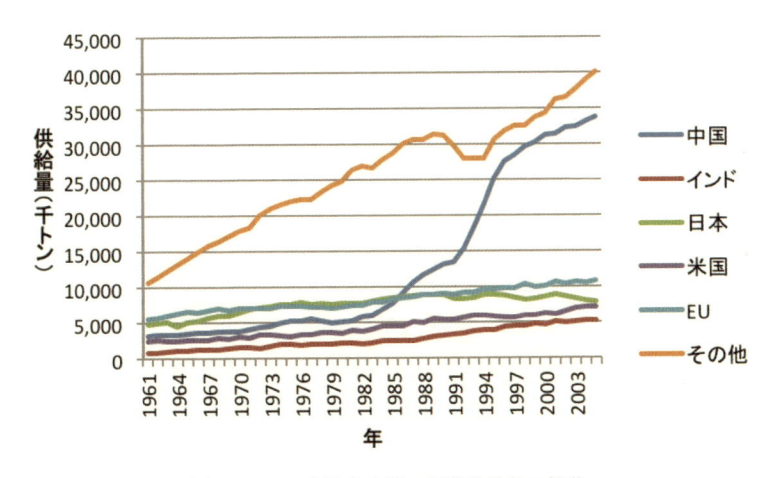

図5.2-41　食用魚介類の国別供給量の推移
（水産庁／(2)水産物の需給動向ののデータに基づいて作成）

主要国の国民1人1年当たりの食用魚介類供給量の推移を図5.2 − 42と図5.2 − 43に示す。ここでも1980年以降の中国の伸びが著しい。日本は、食用魚介類供給量は、前述したように、1995年以降頭打ちか若干減少傾向にあるが、1人当たり1年当たりに換算すると、いまだに世界で群を抜いている。しかし、1990年以降は減少傾向にある。

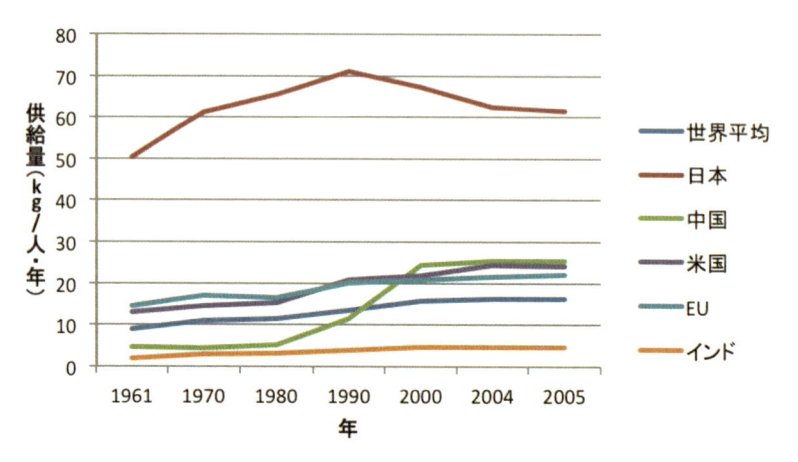

図5.2 − 42　主要国の国民1人1年当たりの食用魚介類供給量の推移
（農林水産省・平成21年度水産の動向、平成22年度水産施策の参考図表のデータに基づいて作成）

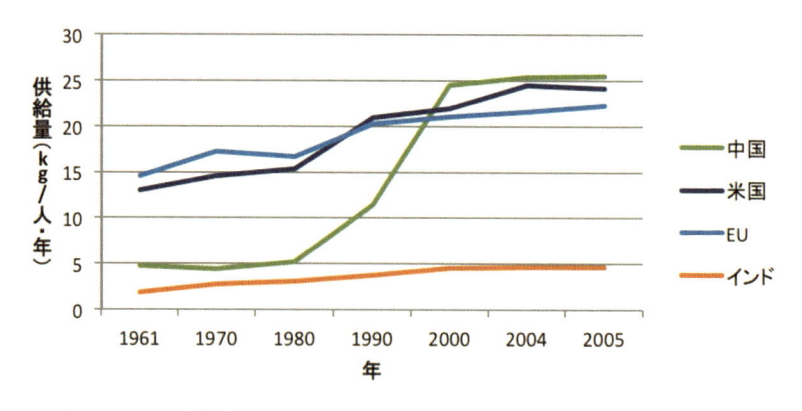

図5.2 − 43　日本を除く主要国の国民1人1年当たりの食用魚介類供給量の推移
（農林水産省・平成21年度水産の動向、平成22年度水産施策の参考図表のデータに基づいて作成）

5.2.3-2　日本の水産資源の動向
（1）　漁業・養殖業生産量

　我が国の漁業・養殖業生産量の推移は、図5.2 – 31に示したように、1980年の11,122千トンから1990年の11,052千トンをピークにして1990年から2000にかけて急減し、2000年には6,384千トンまで落ち込んでいる。2000年以降も漸減が続き、2008年の生産量は5,592千トンである。近年における漸減傾向を、部門別に分類して見てみると、表5.2 – 26のようになる。すべての部門で減少傾向にあるが、増減率だけに着目すれば、海面よりも内水面の減少率が顕著である。しかし、内水面は海面に比べて量的には圧倒的に少ないので、漁業・養殖業生産量全体の減少傾向は海面のそれに強く依存している。

表5.2 – 26　我が国の近年における漁業・養殖業部門別生産量の推移（単位：千トン）
　　　　　（出典：文献[5-34]）

	1998	2003	2006	2007	2008	増減率（%）08/98	08/07
合　　　計	6,684	6,083	5,735	5,720	5,592	－16.3	－2.2
海　　　面	6,542	5,973	5,652	5,639	5,520	－15.6	－2.1
漁　　　業	5,315	4,722	4,470	4,397	4,373	－17.7	－0.5
遠洋漁業	809	602	518	506	474	－41.4	－6.3
沖合漁業	2,924	2,543	2,500	2,604	2,581	－11.7	－0.9
沿岸漁業	1,582	1,577	1,451	1,287	1,319	－16.6	＋2.4
養　殖　業	1,227	1,251	1,183	1,242	1,146	－6.6	－7.7
内　水　面	143	110	83	81	73	－49.0	－9.9
漁　　　業	79	60	42	39	33	－58.2	－15.4
養　殖　業	64	50	41	42	40	－37.5	－4.8

（2）　水産物の消費動向

　21世紀に入ってから、厳しい経済情勢を反映して、一世帯当たりの消費支出は一貫して減少傾向にある。消費支出の内訳を見てみると、保険医療費と交通通信費が増加傾向にある一方で被服および履物費と食費が減少を続けている。食費の内でも牛肉および米と並んで生鮮魚介類が減少傾向にあり、

魚離れが進んでいることがうかがえる。このことを背景にして、農林水産政策研究所は人口減、世代交代、高齢化等の要素を勘案して将来の食糧支出額を予測した。その結果を図5.2－44に示す。それによれば、我が国の全世帯の年間食糧支出額は、平成17年（2005年）の36兆8,340億円から平成37年（2025年）には36兆1,360億円へと約2％減少するが、中でも魚介類については3兆5,000億円から2兆6,000億円へと25％減少すると予測されている[5-34]。

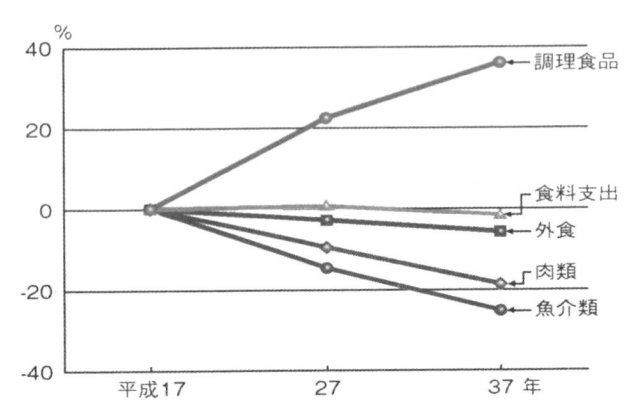

資料：農林水産政策研究所「少子・高齢化の進展等を踏まえた我が国の食料消費構造の展望」に基づき水産庁で作成
注：1) 魚介類とは、生鮮魚介、塩干魚介、魚肉練製品及び他の魚介加工品をいう。
　　2) 調理食品とは、主食的調理食品及び他の調理食品をいう。
　　3) 肉類とは、生鮮肉及び加工肉をいう。
　　4) 外食とは、飲食店における飲食をいう。

図5.2－44　我が国における品目別年間支出額の変化（全世帯）（出典：文献[5-34]）

5.2.3-3　魚介類資源の持続性

自然資源というものは完全に破壊されることはまずないと言ってよい。魚介類も自然資源の一つであるから、無謀な乱獲を継続せず適切な管理を行えば、持続的利用が可能な資源である。その一つの例を示そう[5-35]。ハタハタは秋田の沖で取れる魚である。図5.2－45に秋田県におけるハタハタ漁獲量の推移を示す。図中横軸のSは昭和、Hは平成を意味し、S40が1965年、H21が2009年に相当する。1975年（S50）までは漁獲量が1万トンを超え、多いときには2万トンを超す豊漁が続き、価格も非常に安かったので、秋田

の人はハタハタを口にしない日は一日もないほどであった。しかし、1976年（S51）から漁獲量が急激に減少し始め、1991年（H3）には71トンにまで落ち込んだ。その原因は、乱獲、海の環境の変化、産卵する藻場の減少の三つであった。そこで漁業者は、1992年（H4）9月から1995年（H7）9月までの3年間自主禁漁に踏み切るとともに、産卵場の造成、漁網を利用した増殖、種苗放流など「育てる漁業」に大転換した。さらに、「獲りながら増やす」には「資源量の5割が漁獲量の上限」ということを念頭に置いて、3年間の禁漁が明けた1995年（H7）以降、漁業者間の自主協定としての漁業枠を設定した。その効果は覿面で、漁獲量は着実に増加し、2003年（H15）には2,969トンまで回復し、その後その状態を維持し続けている。

このようなことを背景にして、EU、ノルウェー、米国、日本をはじめとする世界各国で、水産資源の持続的利用の達成を目的として資源量に見合った漁獲努力量を定めるなどの管理政策が取られているが、まだ抜け道も多く、完全な資源管理には至っていない。国際協力の下で、より適切な水産資源管理を目指した体制の構築が強く望まれる。この項に関する詳細な情報は文献[5-36]を参照されたい。

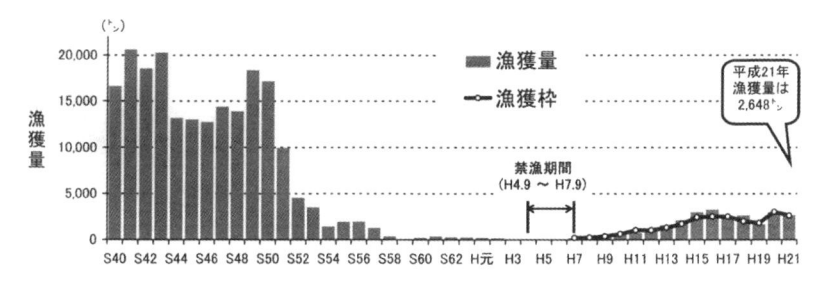

※1　漁獲量はすべて「秋田県漁業の動き」をはじめとする東北農政局秋田統計情報事務所調べ。
　　（昭和40～平成13年は属地統計、平成14年以降は属人統計）
　　ただし、平成21年漁獲量は東北農政局速報値（平成22年4月30日公表）。
※2　秋田県では、平成4年9月から平成7年9月まで、ハタハタ全面禁漁を実施。
　　解禁後は、県の資源量予測に基づき、漁業者が漁獲枠を設けて操業。

図5.2－45　秋田県におけるハタハタ漁獲量の推移
　　　　（出典：http://www.e-komachi.jp/virtual/12ue-siki-hatahata/hatahata.htm）

5.2.4 森林資源

　森林資源の持続性は、単に木材やエネルギー源などとしての林産物の供給の問題だけに止まらず、生物多様性、水土の保全、雇用を含む人との共生などとも関連する重要な課題である。日本における第2次世界大戦後の森林計画を見ても、その計画は、第1期（1947年～1963年）が国土保全、第2期（1964年～1990年）が木材生産という単一機能を重視した林業振興、第3期（1991年以降）が流域を単位とした多目的森林整備（水土保全、森林と人との共生、資源の循環利用など）というように変化してきている[5-37]。このような状況の中で、国際連合食糧農業機関（FAO）は、加盟各国と協力して、1946年以降5～10年間隔で世界の森林資源に関する評価調査を実施してきた。その最新版が「世界森林資源評価2010（Global Forest Resources Assessment 2010：FRA2010）である[5-38]。この評価調査の目的は、持続可能な森林の経営管理に必要な次の7つの事柄、森林資源量、森林の生物多様性、森林の健全性と活力、森林の生産的機能、森林の保全的機能、森林の社会経済的機能、法的・政策的・制度的枠組み、に関する情報の収集と分析であり、本項目の趣旨と全く一致するので、ここでは、世界の森林資源の持続性については、他の文献からのデータを加えながら、FRA2010の流れに沿って説明し、その後で我が国の状況について触れることにする。

5.2.4-1　世界の森林資源
（1）　森林資源量

　FRA2010で公表されている1990年～2010年における世界各地域の森林面積の推移を図5.2-46に示す。欧州の森林面積は、継続して増加しているが、その伸び率は1990年代に比べて鈍化している。アジアは、1990年から2000年にかけては減少していたが、2000年代に入って増加に転じている。ただし、この増加は、主として中国における大規模な新規植林によるものであって、南アジアおよび東南アジアの多くの国々の森林消失率は依然として高い割合で推移していることに注意しなければならない。北米と中米の森林面積は1990年以降ほぼ一定の状態を保っている。これらに対してオセアニア、特に南米とアフリカでは、主に熱帯林の伐採により、依然として森林面積の

減少が続いている。

「新規植林と森林の自然な拡大による森林面積の増加分」から「伐採や自然要因によって消失した森林面積の減少分」を差し引いた量を森林面積の純変化（増加分の方が多い場合には純増加面積、減少分の方が多い場合には純消失面積）という。2005年から2010年にかけての世界各国における森林面積の純変化を世界地図上に色分けして示すと図5.2 – 47のようになる。図5.2 – 46で説明した内容をより鮮明に見て取ることができる。

この状況をより具体的に数字で示すと表5.2 – 27のようになる。同表には、2010年における世界各地域・国の森林面積や2005年から2010年の間の森林面積の変化などが示されている。世界の森林の総面積は4,033,060千haであり、陸地面積の約31％を占めている。

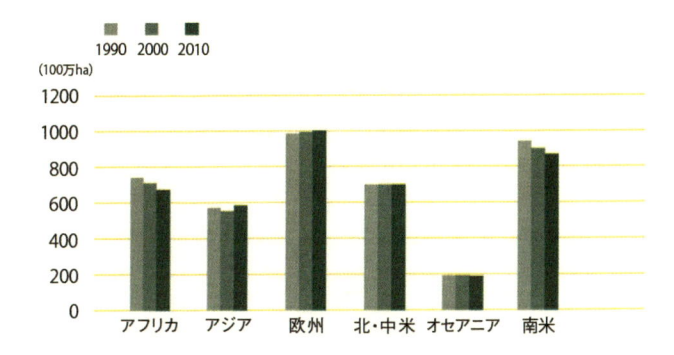

図5.2 – 46　1990年～2010年における世界各地域の森林面積の推移（出典：FRA 2010）

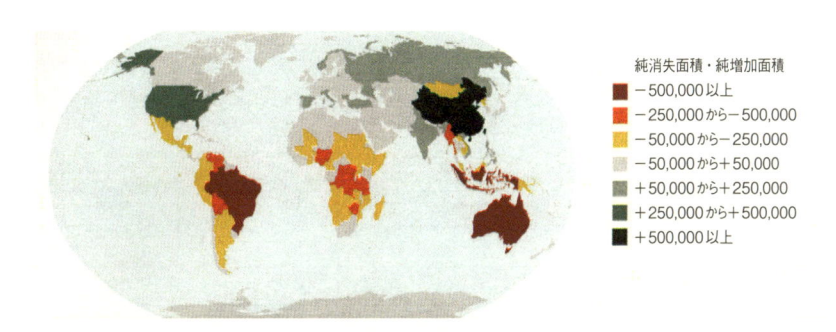

図5.2 – 47　世界各国の森林面積の純変化（出典：FRA 2010）

表5.2 - 27　2010年における世界各地域・国の森林面積など
　　　　　（出典：FAO, Global Forest Resources Assessment 2010）

地域・国	陸地面積（千・ha）	森林面積 総面積（千・ha）	森林面積 陸地に占める割合（％）	森林面積 千人当たり面積（ha）	森林面積 人工林面積（千・ha）	2005年から2010年の間の森林面積の変化 年平均（千・ha）	2005年から2010年の間の森林面積の変化 年平均増加率（％）
世界	13,010,509	4,033,060	31	597	……	-5,581	-0.14
アジア	3,091,407	592,512	19	145	……	1,693	0.29
日本	36,450	24,979	69	196	10,326	9	0.04
イラン	162,855	11,075	7	151	844	0	0
インド	297,319	68,434	23	58	10,211	145	0.21
インドネシア	181,157	94,432	52	415	3,549	-685	-0.71
ウズベキスタン	42,540	3,276	8	120	635	-4	-0.12
カザフスタン	269,970	3,309	1	213	901	-6	-0.17
韓国	9,873	6,222	63	129	1,823	-7	-0.11
カンボジア	17,652	10,094	57	693	69	-127	-1.22
北朝鮮	12,041	5,666	47	238	781	-127	-2.10
タイ	51,089	18,972	37	282	3,986	15	0.08
中国※	942,530	206,861	22	154	77,157	2,763	1.39
トルクメニスタン	46,993	4,127	9	818	0	0	0
トルコ	76,963	11,334	15	153	3,418	119	1.08
ネパール	14,300	3,636	25	126	43	0	0
パキスタン	77,088	1,687	2	10	340	-43	-2.37
フィリピン	29,817	7,665	26	85	352	55	0.73
ブータン	4,700	3,249	69	4,729	3	11	0.34
ベトナム	31,008	13,797	44	158	3,512	144	1.08
マレーシア	32,855	20,456	62	757	1,807	-87	-0.42
ミャンマー	65,755	31,773	48	641	988	-310	-0.95
モンゴル	156,650	10,898	7	4,126	145	-82	-0.74
ラオス	23,080	15,751	68	2,538	224	-78	-0.49
北米	2,134,979	705,393	33	1,315	……	19	0
アメリカ合衆国	916,193	304,022	33	975	25,363	383	0.13

カナダ	909,351	310,134	34	9,325	8,963	0	0
キューバ	10,982	2,870	26	256	486	35	1.25
コスタリカ	5,106	2,605	51	576	241	23	0.90
ニカラグア	12,140	3,114	26	549	74	−70	−2.11
パナマ	7,443	3,251	44	956	79	−12	−0.36
ベリーズ	2,281	1,393	61	4,628	2	−10	−0.68
ホンジュラス	11,189	5,192	46	709	0	−120	−2.16
メキシコ	194,395	64,802	33	597	3,203	−155	−0.24
南米	1,746,292	864,351	49	2,246	……	−3,581	−0.41
アルゼンチン	273,669	29,400	11	737	1,394	−240	−0.80
エクアドル	27,684	9,865	36	732	167	−198	−1.89
ガイアナ	19,685	15,205	77	19,928	0	0	0
コロンビア	110,950	60,499	55	1,344	405	−101	−0.17
スリナム	15,600	14,758	95	28,656	13	−4	−0.02
チリ	74,880	16,231	22	966	2,384	38	0.23
パラグアイ	39,730	17,582	44	2,819	48	−179	−0.99
ブラジル	832,512	519,522	62	2,706	7,418	−2,194	−0.42
ベネズエラ	88,205	46,275	52	1,646	……	−288	−0.61
ペルー	128,000	67,992	53	2,358	993	−150	−0.22
ボリビア	108,438	57,196	53	5,900	20	−308	−0.53
欧州	2,214,726	1,005,001	45	1,373	……	770	0.08
イタリア	29,411	9,149	31	153	621	78	0.88
ウクライナ	57,938	9,705	17	211	4,846	26	0.27
オーストリア	8,245	3,887	47	466	……	5	0.13
ギリシャ	12,890	3,903	30	350	140	30	0.79
スウェーデン	41,033	28,230	69	3,064	3,613	0	0
スペイン	49,919	18,173	36	409	2,680	176	1.00
ドイツ	34,877	11,076	32	135	5,283	0	0
ノルウェー	30,427	10,065	33	2,111	1,475	76	0.78
フィンランド	30,409	22,157	73	4,177	5,904	0	0
フランス	55,010	15,954	29	257	257	48	0.30
ブルガリア	10,864	3,927	36	517	815	55	1.47
ベラルーシ	20,748	8,630	42	892	1,857	39	0.46

ポーランド	30,633	9,337	30	245	8,889	27	0.30
ポルトガル	9,068	3,456	38	324	849	4	0.11
ルーマニア	22,998	6,573	29	308	1,446	36	0.56
ロシア	1,638,139	809,090	49	5,722	16,991	60	0.01
アフリカ	2,974,011	674,419	23	683	……	−3,410	−0.50
アンゴラ	124,670	58,480	47	3,245	128	−125	−0.21
エチオピア	109,631	12,296	11	152	511	−141	−1.11
ガーナ	22,754	4,940	22	212	260	−115	−2.19
ガボン	25,767	22,000	85	15,193	30	0	0
カメルーン	47,271	19,916	42	1,043	……	−220	−1.07
コートジボアール	31,800	10,403	33	505	337	……	……
コンゴ共和国	34,150	22,411	66	6,199	75	−12	−0.05
コンゴ民主共和国	226,705	154,135	68	2,399	59	−311	−0.20
ザンビア	74,339	49,468	67	3,920	62	−167	−0.33
ジンバブエ	38,685	15,624	40	1,254	108	−327	−1.97
スーダン	237,600	69,949	29	1,692	6,068	−54	−0.08
セネガル	19,253	8,473	44	694	464	−40	−0.47
ソマリア	62,734	6,747	11	756	3	−77	−1.10
タンザニア	88,580	33,428	38	787	240	−403	−1.16
チャド	125,920	11,525	9	1,056	17	−79	−0.67
中央アフリカ	62,330	22,605	36	5,210	2	−30	−0.13
ナイジェリア	91,077	9,041	10	60	382	−410	−4.00
ボツワナ	56,673	11,351	20	5,909	0	−118	−1.01
マダガスカル	58,154	12,553	22	657	415	−57	−0.45
マリ	122,019	12,490	10	983	530	−79	−0.62
南アフリカ	121,447	9,241	8	186	1,763	0	0
モザンビーク	78,638	39,022	50	1,743	62	−211	−0.53
オセアニア	849,094	191,384	23	5,478	……	−1,072	−0.55
オーストラリア	768,228	149,300	19	7,085	1,903	−924	−0.61
ソロモン諸島	2,799	2,213	79	4,331	27	−6	−0.25
ニュージーランド	26,771	8,269	31	1,955	1,812	−8	−0.10
パプアニューギニア	45,286	28,726	63	4,368	86	−142	−0.49

＊：香港、マカオ、台湾を含む。

日本の森林面積の陸地面積に対して占める割合は69％で世界最高水準にあり、この意味では日本は世界屈指の森林国と言える。また、世界の森林は、2005年から2010年までの5年間に、植林等による増加分を差し引いても年平均で約5,600千ha（我が国の国土面積のほぼ15％に相当）減少しており、年平均減少率に換算すると0.14％になる。この減少傾向は、2000年から2005年までの5年間における年平均面積減少7,300千haに比べると、弱まってきているが、その理由は、前述したように、中国における大規模な植林によるところが大きく、南アジアと東南アジア、中米、南米、アフリカおよびオセアニアの多くの国々で年平均増加率が負の値になっていることからわかるように、森林面積の消失傾向が続いている。世界における大規模な森林の減少・劣化は、地球の気象変動、生物多様性の損失、砂漠化の進行などの地球規模での環境問題をさらに深刻化させる恐れがあるので常に注意を向けておくことが大切である。表5.2－27に掲載した2010年における世界の森林総面積を地域に分けて示すと、図5.2－48のようになる。日本、北米北部、南米北部、ロシア、アフリカ中部などが森林地帯であることが一目瞭然である。

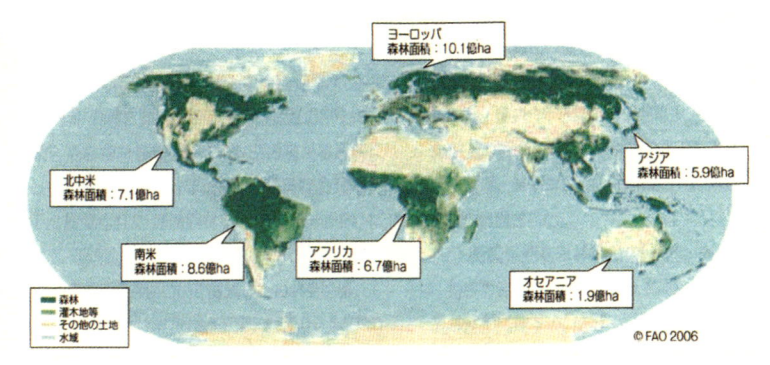

資料：Food and Agriculture Organization of the United Nations「Global Forest Resources Assessment 2010: progress towards sustainable forest management（世界森林資源評価2010）」
注：地域分類は、経済的又は政治区分によらず、地理的区分による。
　図5.2－48　2010年における世界各地域の森林面積の分布（出典：文献[5-39]）

　なお、原生林（人間の手が目に見える形では加わっておらず、生態系が著しく乱されていない、在来樹種が植生する森林）は世界の森林面積の36％

を占めているが、2000年以降の10年間で40,000千ha以上（0.4％以上）減少している。

2010年の世界および各地域の人工林の面積については表5.2 - 27にその数値が記載されていないが、同表に掲載されている各国の人工林の面積を合計すると、アジアが121,114千ha、北米が38,411千ha、南米が12,842千ha、欧州が57,042千ha、アフリカが11,516千ha、オセアニアが3,828千haで、これらを合計した世界の人工林の面積は244,753千haとなり、全森林面積の6％に相当する。しかし、FAOの世界森林資源評価2010（編集・発行：（社）国際農林業協働教会(JAICAF)）によれば、2010年における世界の人工林の面積は264,000千haで全森林面積の7％に相当し、1990年から2010年までの人工林の面積の推移は図5.2 - 49のようになる、と報告されている。人工林は、2005年から2010年にかけて年平均で約5,000千ha増加しているが、この増加の大部分は、新規植林、特に中国における新規植林によるものである。

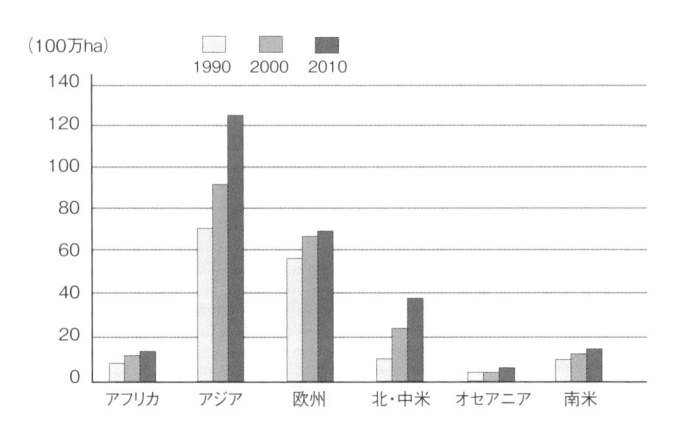

図5.2 - 49　1990年から2010年までの世界各地域における人工林面積の推移
　　　　　（出典：文献5:38)）

（2）　森林の生物多様性

世界の各地域において2010年現在で国立公園、禁猟区、自然保護区等の保護区域として法的に定められている森林面積の全森林面積に対する割合を図5.2 - 50に示す。アジアが25％弱、オセアニアと南米が15％強、北・中米

が約10%、欧州が一番低くて約4%となっている。世界全体では10%強である。

世界の各地域において生物多様性の保全を最も重要な機能として指定している森林面積の1990年以来の推移を図5.2 - 51に示す。オセアニアを除くと、いずれの地域でも年々増えてきているが、南米の伸びが顕著である。2010年における面積的な大きさの順番は北・中米、南米、アジア、アフリカ、欧州、オセアニアとなっている。世界全体ではその面積は4億6千万ha以上に

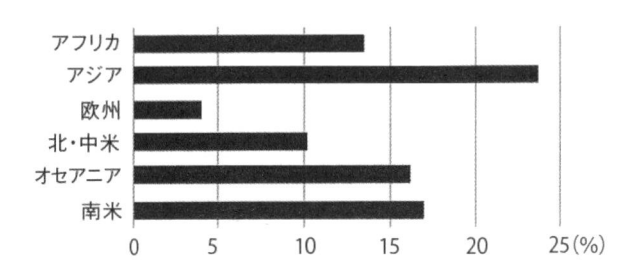

図5.2 - 50　世界の各地域において2010年現在で保護区域として法的に定められている森林面積の全森林面積に対する割合（出典：文献[5-38]）

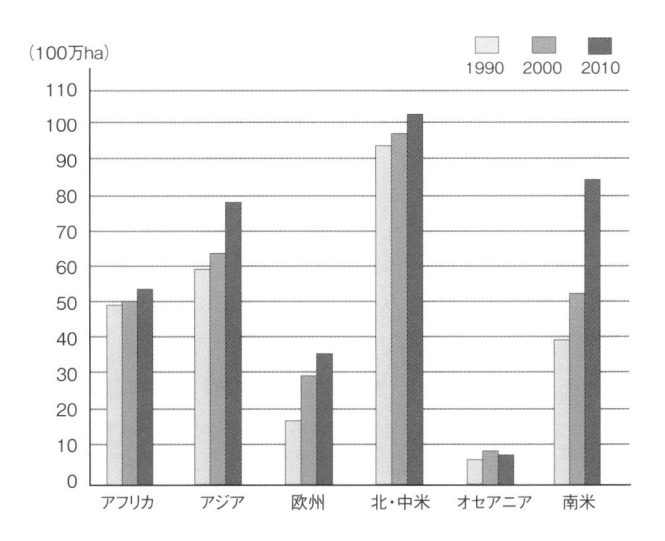

図5.2 - 51　世界の各地域において1990年から2010年にかけて生物多様性の保全を目的として指定された森林面積の推移（出典：文献[5-38]）

達し、全森林面積の12％に相当する。すべてではないが、生物多様性の保全が最も重要な機能として指定されている森林の大部分は上述の保護区域の中に含まれている。

（3）　森林の健全性と活力

　ここでいう健全性とは、森林火災や病害虫、自然災害および侵入生物種による被害を対象にしている。森林火災の10％未満が野焼きと言われ、残りが山火事である。森林生態系の中には、火災によって再生するものもあるが、森林火災は多くのものを荒廃させるばかりでなく、しばしば人間の生命や財産を奪う深刻な問題である。平均すると、毎年、全森林の1％が森林火災によって著しい影響を受けていると報告されているが、多くの国、特にアフリカ諸国で火災に関する情報が失われており、1％という数値はかなり過小評価された値である。森林害虫による被害は、温帯と北方地帯において多くみられ、カナダと米国西部では、1990年代後半からの冬季高温によって、樹皮下キクイムシ類による甚大な被害がもたらされ、その被害面積は11,000千ha以上に及んでいる。これを含めて森林害虫の発生によって年間約35,000千haの森林被害が発生している。また、世界では2000年以降、暴風、暴風雪、地震によって多くの森林に被害が出ているし、小島嶼開発途上国では侵入外来樹種によって地域固有樹種の受ける被害が懸念されている。

（4）　森林の生産的機能

　世界において主として木材や非木材林産物の生産のために経営管理されている森林面積は約12億haである。これは全森林面積の約30％に相当する。これに加えて、全森林面積の約24％に相当する9億4,900haが多目的利用に供されているが、その多くは、やはり木材および非木材林産物の生産である。

　世界の各地域における1990年から2005年にかけての木材伐採の動向を図5.2－52に示す。1990年から2000年にかけて一旦減少した木材伐採量は2000年から2005年にかけて再び増加し、1990年のそれと同程度になっている。2005年の年間木材伐採量は全森林蓄積量の0.7％に相当する34億m^3と報告されているが、報告されていない伐採や違法伐採を考慮すると、実際の伐採

量は報告値より間違いなく多い。また、同図より、先進国を多く含む地域では産業用素材としての木材伐採が主体であるが、開発途上国を多く含む地域では木材伐採の主目的が木材燃料であることが明確に見て取れる。地球全体では、木材燃料が木材伐採の約半分を占めている。

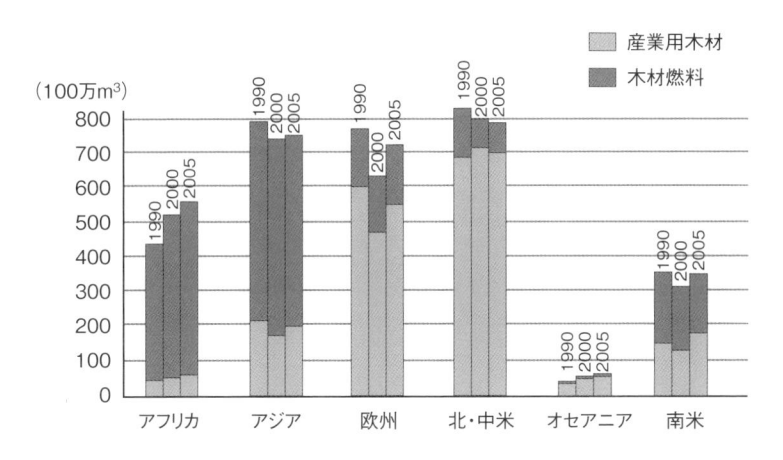

図5.2－52　世界の各地域における1990年から2005年にかけての木材伐採の動向
（出典：文献5-38)）

（5）森林の保全的機能

世界の森林面積の8％強に相当する約3億3,000万haが土壌・水資源の保全、雪崩制御、砂丘固定、砂漠化防止や海岸保全の目的に供されている。このような保全的機能を目的とする森林は1990年から現在に至るまでの20年間で5,900万ha増加したが、これは中国における土壌・水資源の保全や砂漠化防止などを目的とする大規模植林によるところが大である。

（6）森林の社会・経済的機能

世界的には、森林の約4％が、観光、レクリエーション、教育や文化的遺産の保護などの社会的サービスを目的にして管理する森林に指定されている。しかし、このような管理目的の森林に関する信頼できるデータが得られるのは欧州と東アジアだけなので、このような管理目的に指定されている全

世界の森林面積を定量化することは困難な状況にある。したがって、欧州と東アジアに限定すれば、社会的サービスの提供を最も重要な機能として指定されている森林は、それぞれ2%と3%と報告されている。

　経済的機能には、木材や非木材林産物の生産や森林管理・保全分野での雇用がある。前者については前述した通りである。後者については、ノーマル・セクター以外の雇用が報告されていないので正確な数値はわからないが、農山村社会の暮らしと経済にとって重要な役割を果たしていることには間違いない、と言えよう。

（7）　法的、政策的、制度的枠組み（持続可能な森林経営の実現に向けた国際的な取組）[5-39]

　「（1）森林資源量」で記述したように、世界の森林面積は減少傾向を続けてきているので、持続可能な森林経営の実現に向けて国際的な取り組みが展開されてきている。以下に、持続可能な森林経営に関する議論の展開、持続可能な森林経営の基準・指標、違法伐採対策について触れることにする。

(7-1) 持続可能な森林経営に関する議論の展開

　1992年にリオデジャネイロで開催された「国連環境開発会議（UNCED：United Nations Conference on Environment and Development、地球サミット）」を含めてそれ以降に開かれた会議名とそこで展開された議論の概要をまとめて表5.2 – 28に示す[5-40]。

表5.2 – 28　国連における政府間会合とその検討概要（文献[5-40] に基づいて作成）

年	会　議　名	概　　要
1992	国連環境開発会議（UNCED：United Nations Conference on Environment and Development、地球サミット）	持続可能な森林経営の理念を示す「森林原則声明[*1]」を採択。これは、世界のすべての森林の持続可能な経営のための原則を示したものであり、森林に関する初めての世界的合意である。
1995～1997	森林に関する政府間パネル（IPF：The Intergovernmental Panel on Forests）会合	1995年に国連持続可能な開発委員会（CSD：Commission on Sustainable Development）の下に設置され、1997年の第5回CSD会合に最終報告書を提出することとされた。〔設立目的〕

		・森林問題に対して行われてきた各種国際的取り組みについての評価をさらに推し進める。 ・環境、社会、経済に対する影響をも考慮に入れた全ての種類の森林の管理、保全、持続可能な開発を推進するための総合的な提案の形成および合意を追及する。 ・「森林原則声明」と両立する多くの専門分野にわたる活動を推進する。 1997年4月に第5回CSDへ、国家レベルと国際レベルで取り組むべき多数の行動提案を盛り込んだ最終報告書を提出。
1997～2000	森林に関する政府間フォーラム （IFF：The Intergovernmental Forum on Forests）会合	第19回国連環境開発特別総会（UNGASS）において、IPFの後を受けて、CSDの下に設置され、1999年第7回CSDおよび第8回CSDへ報告書を提出することとされた。 〔設立目的〕 ・IPF行動提案の実施を促進させる。 ・持続可能な森林経営の進捗状況を把握する。 ・IPF未解決事項を検討する。 ・森林に関する法的文書等の国際的な取り決めおよびメカニズムの内容の検討に向けてコンセンサスを形成する。 最大の懸案事項であった「国際的な取り決めおよびメカニズム」の議論では、推進派と反対派の意見の差異が解消されず、結果として今後の条約作成の検討の可能性を残した形で、「国連森林フォーラム（UNFF：United Nations Forum on Forests）を設立し、今後も持続可能な森林経営の実施の促進や政策対話等を継続することで各国の一致をみた。
2001～2011	国連森林フォーラム （UNFF：United Nations Forum on Forests）会合	2001年からスタートして2011年までに9回の会合を開き、おおむね以下のことを実施した。 ・「資金、技術移転、人材育成、貿易等」、「森林の減少・劣化への対策、森林保全・保護等」、「森林の経済的側面、森林の健全性と生産性等」、「森林の社会・文化的側面、持続可能な森林経営の基準・指標等」、「活動状況のレビュー、法的文書策定の要否の検討等」の多年度事業計画の策定。 ・UNFF活動を支援し、IPF/IFF行動提案を実施するための「森林に関する協調パートナーシップ（CPF：Collaborative Partnership on Forests）の設置。 ・2002年開催の「持続可能な開発に関する世界首脳会議（WSSD：World Summit on Sustainable Development、ヨハネスブルグ・サミット）へ

			提出する「持続可能な森林経営の推進に関する閣僚宣言」を採択。 ・「全てのタイプの森林に関する法的拘束力を伴わない文書（NLBI）の採択。 ・資金・技術協力等の決議の採択。 ・国際森林年の公式開幕式典の開催、など。

*1：「森林原則声明（Forest Principles）
正式名称は「すべての種類の森林の経営、保全および持続可能な開発に関する世界的な合意のための法的拘束力のない権威ある原則声明」で、森林に対する各国の主権の確認、森林の保全・回復および持続可能な経営の実施に向けて各国は努力し、国際社会に協力すべきこと等、森林の保全、持続可能な経営・開発の実現に向け国レベル、国際レベルで取り組むべき15項目の内容を規定したものである。

(7-2) 持続可能な森林経営に関する国際的な基準・指標[5-41]

　1992年の国連環境開発会議（UNCED）において持続可能な開発の重要な要素の一つとして持続可能な森林管理の重要性が認識され、持続可能な森林管理を推進するためのアジェンダ21の第11章では「全てのタイプの森林の経営、保全および持続可能な開発のための科学的に信頼できる基準および指標を策定すること」とされた。ここで、基準・指標とは、持続可能な森林経営の進捗状況を客観的に評価するものであり、基準にて持続可能な森林経営の重要な構成要素（概念）を規定し、指標として基準を計測・描写する項目を掲げている。

　世界各国で取り組まれている基準・指標づくりをまとめて表5.2-29に示す。我が国はモントリオールプロセスに属し、2007年1月からは同プロセスの事務局を務めている。

表5.2-29　世界各国で取り組まれている基準・指標づくり（出典：文献[5-41]）

名称 （プロセス名）	基準・指標数	合意年月	参　　加　　国
ITTOプロセス	国家レベル： 5基準、27指標 森林経営体レベル：6基準、23指標	1992年5月 1998年5月（改訂）	ITTO加盟熱帯木材生産国（27カ国） （アフリカ）カメルーン、中央アフリカ、コンゴ民主共和国、コンゴ共和国、コートジボワール、ガボン、ガーナ、リベリア、トーゴ （アジア・太平洋）カンボジア、インド、インドネシア、マレーシア、ミャンマー、PNG、フィリピン、フィジー、タイ （ラテンアメリカ）ボリビア、ブラジル、コロンビア、エクアドル、ガイアナ、ホンジュラス、パナマ、ペルー、ベネズエラ

汎欧州プロセス（ヘルシンキ・プロセス）	6基準、27指標（定量的指標）101指標（記述的指標）	1994年6月1995年1月	欧州の温帯林等諸国（38カ国）オーストラリア、ベラルーシ、ベルギー、ブルガリア、クロアチア、チェコ、デンマーク、エストニア、フィンランド、フランス、ドイツ、ギリシャ、ハンガリー、アイスランド、アイルランド、イタリア、ラトビア、リヒテンシュタイン、リトアニア、ルクセンブルグ、マルタ、モルドバ、モナコ、オランダ、ノルウェー、ポーランド、ポルトガル、ルーマニア、ロシア、スロバキア、スロベニア、スペイン、スウェーデン、スイス、トルコ、ウクライナ、イギリス、EU
モントリオール・プロセス	7基準、67指標	1995年2月	欧州以外の温帯林等諸国（12カ国）アルゼンチン、オーストラリア、カナダ、チリ、中国、日本、韓国、メキシコ、ニュージーランド、ロシア、ウルグアイ、米国
タラポト・プロポーザル	国家レベル：7基準、47指標森林経営体レベル：4基準、23指標地球レベルの貢献：1基準、7指標	1995年2月	アマゾン協力条約加盟国（8カ国）ボリビア、ブラジル、コロンビア、エクアドル、ガイアナ、ペルー、スリナム、ベネズエラ
ドライゾーン・アフリカプロセス	7基準、47指標	1995年11月	サハラ以南の乾燥アフリカ諸国（27カ国：CILSS、IGADD、SADC諸国）CILSS：ブルキナファソ、カーボベルデ、ギニアビサウ、ガンビア、マリ、モーリタニア、ニジェール、セネガル、チャドIGADD：ジブチ、エリトリア、エチオピア、ケニア、ソマリア、スーダン、ウガンダSADC：アンゴラ、ボツワナ、レソト、マラウイ、モーリシャス、モザンビーク、ナミビア、南アフリカ、スワジランド、タンザニア、ザンビア、ジンバブエ
北アフリカ・中近東イニシアティブ	7基準、65指標	1996年10月	北アフリカ・中近東諸国（30カ国）アフガニスタン、キプロス、エジプト、エチオピア、イラン、イラク、ヨルダン、クウェート、レバノン、リビア、パキスタン、カタール、サウジアラビア、ソマリア、スーダン、シリア、チュニジア、トルコ、アラブ首長国連邦、イエメン
中央アメリカイニシアティブ（レパテリーク・プロセス）	国家レベル：8基準、52指標地域レベル：4基準、40指標	1997年1月	中央アメリカ諸国（7カ国：CCAD諸国）ベリーズ、コスタリカ、エルサルバドル、グアテマラ、ホンジュラス、ニカラグア、パナマ

　このうちから、主として熱帯林を対象とする国際熱帯木材機関（ITTO：The International Tropical Timber Organization）、欧州内の温帯林を対象

とする汎欧州プロセス（ヘルシンキプロセス）と欧州以外の温帯林等を対象とするモントリオールプロセスを抜き出してその基準・指標等を示せば、表5.2 - 30 ～ 表5.2 - 32の通りである。

表5.2 - 30　ITTOの基準と主な指標（文献[5-41]に基づいて作成）

基　　　準	主　な　指　標
1．持続可能な森林管理を可能にする条件	・法律、政策、規制の存在 ・森林管理、経営、研究、人材開発への投資・再投資額 ・持続可能な森林経営を支持する政府機関数 ・森林管理への市民の参加度
2．森林資源の確保	・天然林、人工林等の面積と比率 ・永久森林[*1]の境界設定と延長と比率 ・森林火災、放牧、不法伐採等を規制する手段の存在
3．森林生態系の健全性と条件	・永久森林内の人間活動による森林の被害面積と被害程度 ・永久森林内の自然要因による森林の被害面積と被害程度 ・病害虫、潜在的有害動植物の侵入を防ぐための防疫等手段の存在と実施
4．森林生産フロー	・主要林産物の量、権利・所有関係を把握するための森林調査等実施面積と割合 ・森林タイプごとの主要な木材・非木材生産物の持続的収穫レベルの推定 ・森林管理計画、伐採計画の存在と実行 ・森林生産のための長期的見通し、戦略、計画の存在
5．生物多様性	・森林タイプ別の保護地域の数、面積、割合等 ・生態的な回廊や「飛び石」により連結されている保護地域[*2]の面積割合 ・貴重な森林動植物種の同定手段の存在と実行
6．土壌と水	・水土保全を主目的に管理されている森林面積と割合 ・伐採前に集水量の把握、浸食危険度の判定、排水システムの把握が行われ保全対策が取られた面積と割合
7．経済的、社会的、文化的事項	・GDPにおける森林部門の寄与値と割合 ・国内・国際市場における木材・非木材生産量・額 ・森林部門の就業人口、割合、平均賃金、労働災害率 ・森林の所有・利用権が明文化または認知されている面積 ・先住民、地域住民、森林内居住者、その他森林に依存しているコミュニティーの法的または慣習的権利に配慮した森林計画、管理の実施、プロセスが行われている面積

*1：法律により保護され、永久的な森林被覆が維持されている公有、私有地。木材や他の林産物を生産するための土地、水土保全のための土地、生物多様性保全のための土地、これらの機能を組み合わせた土地を含む。

*2：IUCNでは「生物多様性と自然、文化的資源を保護・維持するために特に指定され法的またはその他の効果的手段で管理されている土地または海」と定義している。

表5.2-31 汎欧州プロセスの基準と概念の範囲（文献[5.41]）に基づいて作成）

基　準	主　な　指　標
1．森林資源と地球的炭素循環への寄与の維持、適切な増進	・総体的な実行力 ・土地利用と森林区域 ・蓄積 ・炭素循環
2．森林生態系の健全性と活力の維持	
3．森林（木材および非木材）の生産機能の維持と増進	・木材生産 ・非木材生産
4．森林生態系の生物多様性の維持・保全および適切な増進	・一般的条件 ・代表的、希少かつ脆弱な森林生態系 ・絶滅の危機にある種 ・木材生産林の生物多様性
5．森林経営における保護機能の維持と適切な増進	・総体的な保護 ・土壌侵食 ・森林の水源涵養
6．その他社会経済的機能と条件の維持	・森林分野の重要性 ・レクリエーションサービス ・雇用の供給 ・研究および専門的教育 ・国民の知識・関心 ・国民参加 ・文化的価値

表5.2-32 モントリオール・プロセスの基準と主な指標（文献[5.41]）に基づいて作成）

基　準	主　な　指　標
1．生物多様性の保全	（生態系の多様性の保全） ・森林タイプ、齢級、遷移段階ごとの面積 ・保護地域における森林タイプ、齢級、遷移段階ごとの面積 （種の多様性の保全） ・森林に依存する種の数と状態（希少、危急、絶滅危惧等） （遺伝的多様性の保全） ・従来の分布域より小さな部分を占めている森林依存性の種の数
2．森林生態系の生産力の維持	・木材生産に利用可能な森林面積および総蓄積 ・自生種と外来種の植林面積と蓄積 ・持続可能な量・レベルと比較した伐採量・非木質林産物の収穫量
3．森林生態系の健全性と活力の維持	・病害虫、山火事、家畜等により歴史的な変動の範囲を超える影響を受けた森林面積・比率 ・森林生態系に悪影響を与える大気汚染物質等が一定レベルに達している森林面積・比率

4. 土壌および水資源の保全と維持		・顕著な土壌浸食が見られる森林面積・比率 ・水源涵養、洪水防止等の保護機能のために管理されている森林面積・比率 ・森林地域の水が物理的、化学的に顕著な変動を受けた水系の比率
5. 地球的炭素循環への森林の寄与の維持		・森林生態系の総バイオマスおよび炭素蓄積量とその森林タイプ、齢級、遷移段階ごとの区分 ・地球上の全炭素収支への森林生態系および林産物の寄与
6. 社会の要望を満たす長期的・多面的な社会・経済的な便益の維持および促進		・木材、木材製品、非木材製品の生産額・量 ・木材、非木材製品のGDPに占める比率 ・レクリエーション、観光のために利用される森林面積・比率、施設数・タイプ、利用客延べ日数
7. 森林の保全と持続可能な経営のための法的、制度的および経済的な枠組み		・所有権の明確さ、土地保有制度の適切さ、先住民の伝統的権利の認定等 ・国民の参画活動や公的な教育・普及プログラムの規定および森林関連情報の入手可能性 ・森林部門内外への資金の流入・流出を許容する投資および課税対策 ・森林資源調査、評価、モニタリング、関連情報の範囲、頻度および統計的信頼性 ・森林生態系の科学的理解

(7-3) 違法伐採対策[5-42]

　森林の違法伐採は、地球規模の環境保全や持続可能な森林経営などを著しく阻害する要因の一つであり、深刻な問題である。違法伐採に関する国際的な定義は今のところ存在しないが、通常は、「各国の法令に違反して行われる森林の伐採」と考えられている。違法伐採が行われる最大の理由は、①木材生産国における政治的・経済的混乱等により法執行体制が脆弱であること、②低コストで生産される違法伐採木材により大きな利潤が見込まれること、などである。

　我が国は、従来から「違法に伐採された木材は使用しない」という基本的な考え方に基づいて、国際的な場においても違法伐採問題への取り組みの重要性を主張してきた。このような我が国の主張を踏まえて、G8サミットをはじめとする種々の国際会議でも同問題に積極的に取り組むことが確認されている。このうちからG8サミットで行われてきた議論の推移を取り出し、その概要を表5.2－33に示す。

表5.2－33　違法伐採に関するG8サミットを通じた議論の推移（文献5-42)に基づいて作成）

サミットの名称	年	議論の概要
九州・沖縄サミット	2000	違法伐採に対処するための最善の方法につき検討する旨の首脳声明を採択。
カナナスキス・サミット	2002	外相会合において「G8森林行動プログラム最終報告書」を公表。首脳会合において小泉総理(当時)がその実施の重要性を指摘。
エビアン・サミット	2003	違法伐採に取り組むための国際的な努力を強化する旨の議長総括を採択。
シーアイランド・サミット	2004	それまでの国際的な取組（アジア森林パートナーシップ等）に言及した関連文書を採択。
グレンイーグルズ・サミット	2005	気候変動、クリーンエネルギーおよび持続可能な開発に関する「グレンイーグルズ行動計画」において、G8環境・開発大臣会合（2005年3月）の違法伐採についての結論[*1]を承認し、各国が最も効果的に貢献できる分野において行動することで一致。 ＊1：G8環境・開発大臣会合（2005年3月）の閉僚声明における結論 ① 木材生産国への支援 ② WTOルールに基づく自主的な二国間貿易協定やその他の取り決めを通じた違法伐採木材の輸入と市場売買を止めるための階段的取組 ③ 合法な木材を優先して使用する木材公共調達政策の奨励、採択または拡大。 ④ 違法伐採対策に関する各国の進捗状況を評価し、その経験を共有し、結果を公表するための2006年中のG8森林専門家会合の開催。
サンクトペテルブルグ・サミット	2006	「世界のエネルギー安全保障」において、違法伐採への取り組みの重要性を再認識し、さらなる行動を起こすことについて一致。
ハイリゲンダム・サミット	2007	「世界経済における成長と責任」において、違法伐採問題を世界の森林保護に対する最も困難な障害と認識し、この問題と闘う既存のプロセスに対する継続的な支援を確認。

この他に、表5.2－28に示した国際会議等においても違法伐採問題についての議論が進められてきている。

5.2.4-2　日本の森林資源[5-39)]
（1）　森林資源の現状

表5.2－27に示したように、我が国の陸地面積36,450千haのうち、森林面積は24,979千haで、陸地の約69％が森林に覆われており、我が国は世界有

数の森林国である。森林面積の内の約4割に相当する10,326千haが人工林面積である。人工林の樹種とその面積割合は、スギが43%（4,500千ha）、ヒノキが25%（2,600千ha）、カラマツが10%（1,020千ha）、その他が22%（2,230千ha）である。森林の所有形態は、森林面積の約6割が私有林（個人、会社、社寺、共同（共有）、各種団体、組合等が所有している林野）、約3割が国有林（林野庁および林野庁以外の官庁が所管している林野）、約1割が公有林（都道府県、森林整備法人（林業、造林公社）、市区町村および財産区が所管している林野）である。

（2）森林資源量

我が国では、第二次世界大戦中および終戦直後の大規模な森林伐採によって生じた伐採跡地に対して、1950年頃から荒廃した国土を緑化するために、また、高度経済成長期には増大することが予想される建築用材の需要を見込んで、計画的な植林が進められ、上述したように、全森林面積の約4割を人工林が占めるまでになった。このような植林の継続と樹木の成長によって、

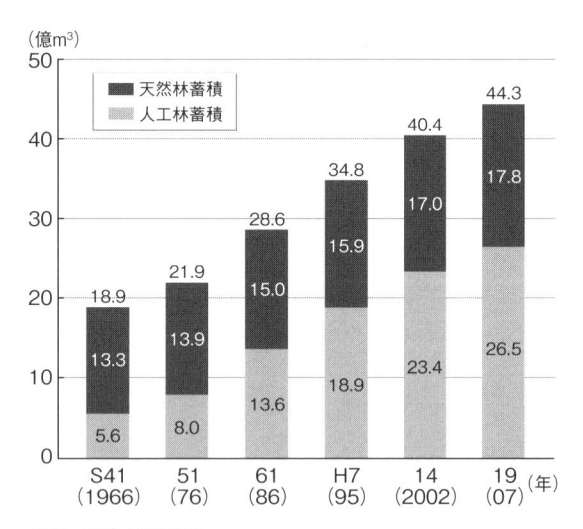

資料：林野庁業務資料
注：各年とも3月31日現在の数値。

図5.2-53 我が国の森林資源量の推移（出典：文献[5-39]）

森林資源量は、図5.2 – 53に示すように、年々増え続けて、2007年には約44億m³に達し、現在、量的には非常に充実した状況にある。しかし、人工林の多くはいまだに間伐等が必要な育成段階にあり、木材として利用できるようになる50年生以上の高齢級の人工林は2007年3月末時点で人工林面積の35％を占めるに過ぎない。しかし、現状のまま推移すれば10年後には6割にまで増加すると見込まれている（図5.2 – 54を参照）。現在はこのような状態にあるが、問題はこれからで、同図から明らかなように、人工林の齢級構成を見ると、近年における林業活動の低迷により、若齢林が非常に少ない状態にあるので、森林資源の持続性を維持していくためには、常に齢級構成の均衡を図る人工林の造成が必要である。

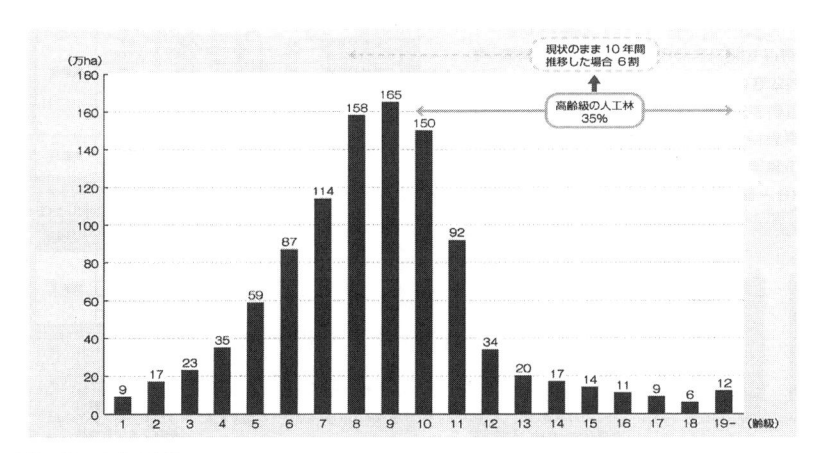

資料：林野庁業務資料
注：森林法第5条及び第7条の2に基づく森林計画の対象森林の面積（平成19（2007）年3月31日現在）。

図5.2 – 54　我が国の人工林の齢級*構成（出典：文献5-39）

＊：齢級とは、森林の年齢を5年の幅でくくったもの。人工林は植栽した年を1年生とし、1～5年生を1齢級、6～10年生を2齢級と数える。

（3）　森林整備の取り組み

　上述したように我が国の森林資源の現状は量的には充実しているが、このままでは齢級構成の均衡がいずれ破れる状態にあるので、林野庁を中心にして森林整備の取り組みが進められている。例えば、1991年度から始められ

ている「森林の流域管理システム」の推進がある。これは、森林の有する多面的な機能が発揮される場である"流域（森林を管理する上で合理的な地域の広がりである河川の流域を基本単位として、全国を158森林計画区に区分した区域）"を基本的な単位として民有林や国有林を通じた川上から川下までの一体的な連携により健全な森林の整備と資源の循環利用を図ろうとするものである。また、公的な取り組みとしては「間伐事業」、「治山事業」や「水源林造成事業」、林業公社の「森林造成」、さらには生物多様性の保全を目的とした森林整備などがあるが、これらに関する詳しい内容は文献[5-39]を参照されたい。

（4）国際協力

我が国の国際協力には、「二国間協力」と国際機関を通じた「多国間協力」があり、技術協力や資金協力等によって国際貢献を行っている。

（4-1）二国間協力
〔技術協力〕
① 独立行政法人国際協力機構（JICA）による技術協力プロジェクト

各国を対象にしたJICAによる森林・林業分野の技術協力プロジェクトの数等をまとめて表5.2 - 34に示す。当該プロジェクトは専門家の派遣、研修員の受入れ、機材の供与等を有機的に組み合わせたものであり、この他にも開発調査や研修等が実施されている。

表5.2 - 34 独立行政法人国際協力機構（JICA）による技術協力プロジェクト等（累計）（出典：文献[5-39]）

地　域	国数	終了件数	実施中件数	計
アジア・大洋州	14か国	56	15	71
中南米	11か国	22	4	26
アフリカ	8か国	13	3	16
合　計	33か国	91	22	113

資料：林野庁業務資料
注1：2010年4月1日現在
注2：終了件数については1976年から2010年3月までの実績。

② 四川省における技術協力プロジェクト

　　林野庁と独立行政法人森林総合研究所では、2008年5月に発生した四川大地震に際して震災状況の調査を行うとともに、相手国からの要請に応じて、2010年2月から、四川省において、被災地の復旧回復を図るための技術協力プロジェクトを実施している。

〔資金協力〕

　返済義務を課さない無償資金協力により、森林管理のための機材供与や森林造成を行っている。また、有償資金協力により、インド等に対して、造林の推進や人材の育成等を目的とした貸し付けを行っている。

(4-2) 多国間協力

以下に示す協力等を実施している
① 表5.2 – 29に示したモントリオール・プロセスをはじめとする各種プロセスを通じての協力
② 2007年に世界銀行が設立した「森林炭素パートナーシップ基金（FCPF）」を通じての協力
③ 開発途上国における持続可能な森林経営を推進するための基礎調査、技術開発や人材育成等による協力。
④ 民間団体による海外植林、砂漠化防止や熱帯林再生への支援。
⑤ 日中民間緑化協力委員会（中国における植林緑化協力を行う日本の民間団体等（NGO,地方自治体、民間企業）を支援することを目的として1999年11月に、日中両国政府が公文を交換して設立された委員会）を通じての中国の植林緑化事業に対する支援。

〔参考文献〕

5-1) 山内　睦文：『資源の立場から見た持続性に関する一考察』、アリーナ・中部大学編（風媒社）、Vol.7（2009）、pp.32-79.
5-2) JOGMEC調査部編：『石油資源の行方－石油資源は後どれくらいあるのか－』、（コロナ社、東京、2009）.
5-3) 石油鉱業連盟編：『石鉱連資源評価スタディ2007年－世界の石油・天然ガス等

の資源に関する2005年末評価－（第五回石鉱連資源評価ワーキング・グループ報告書）』、（2007）．

5-4) C. J. キャンベル & J. H. ラエレール：『安い石油がなくなる』、日経サイエンス、（1998年6月号）．

5-5) C.J. Campbell：『The End of the First Half of the Age of Oil(2005)』, http://www. Cge.uevora.pt/aspo2005/abscom/ASPO2005_Lisbon_Campbell.pdf

5-6) 米国地質調査所：USGS（2000）、http://energy.cr.usgs.gov/oilgas/wep/index.htm

5-7) http://www.peakoil.net/

5-8) 増子 昇：『地表の恵み－鉄をはじめ資源は無尽蔵、金属の魅力を創る自由電子－』、サイアス、Apr.（2000）, pp.76-81.

5-9) 世界の森林資源（森林面積、森林管理など）に関するFAOの調査報告－世界森林資源評価：Global forest resources assessment.

5-10) 電気事業連合会：『図表で語るエネルギーの基礎』、（2009, 2010）．

5-11) http://www.noe.jx-group.co.jp/binnran/part04/chapter01/section01.html

5-12) T.Shoji：『Resources and the environment：which does limit economic growth ?』、MMIJ／IMM Joint Symposium, Kyoto,pp.109-114, 1989.

5-13) （独立行政法人）石油天然ガス・金属鉱物資源機構編：メタルマイニング・データブック2008、（平成20年10月）．

5-14) 資源・素材学会 資源経済部門委員会、東京大学 生産技術研究所 共編：世界鉱物資源データブック（第2編）、（オーム社、2006）．

5-15) 増田信行、大野克久、平井浩二、小島和浩：『世界の銅鉱山開発と鉱山技術』、資源と素材、Vol.121（2005）No.7, pp.291-300.

5-16) 正路徹也、金田博彰：『地球史から見た資源および環境問題』、資源と素材、Vol.113（1997）No.1, pp.9-14.

5-17) J.M. Toguri：『The Extractive Metallurgy of Rare Metals』, Proc. the International Symposium on Processing of Rare Metals(Rare Metals ' 90), (Kokura, Kitakyushu, 1990), pp.93-1-93-5.

5-18) 山崎哲生：『日本のＥＥＺ（排他的経済水域）・大陸棚の深海底鉱物資源開発の可能性と必要性』、資源と素材、Vol.124（2008）No.12, pp.829-835.

5-19) 小西康裕：『深海底鉱物資源の製錬におけるバイオリーチングの応用』、資源と素材、Vol.124（2008）No.12, pp.844-850.

5-20) 福島朋彦：『深海底鉱物資源開発と環境影響調査』、資源と素材、Vol.124（2008）No.12, pp.836-843.

5-21) 武田邦彦：『食料がなくなる！本当に危ない環境問題』、（朝日新聞出版、2008）、p.115.

5-22）不破一郎、森田昌俊編著：地球環境ハンドブック・第2版、（朝倉書店、2002）.
5-23）J.W.M. La Riviere：『危機に瀕する水資源』、サイエンス、（19巻、1989）. pp.52-60.
5-24）正路徹也：『基本的な資源の節約と消費』、「有限の地球と人間活動（石谷久編）、地球環境セミナー7」、（オーム社、東京、1993）、pp.35-70.
5-25）国土交通省　土地・水資源局　水資源部ホームページ、『＜日本の水資源の現状と課題＞水の利用状況』.
5-26）I.A.Shiklomanov ed.：『Comprehensive Assessment of the Freshwater Resources of the World-Assessment of Water Resources and Water Availability in the World』、p.88, WMO, 556.18 SHI, 1997.
5-27）国土交通省水資源部総合水資源管理戦略室ホームページ、『日本の水資源の現状と課題』、2009年6月9日.
5-28）農林水産省：海外食料需給レポート2009、（平成22年3月）.
5-29）農林水産省：平成21年度食料・農業・農村の動向.
5-30）武田邦彦：『バイオ燃料で、パンが消える』、（PHP, 2008）.
5-31）北海道札幌市「個別指導の学習塾ノックス」公式サイト.
5-32）統計局ホームページ／日本の統計－15農業就業人口.
5-33）農林水産省「食料需給表」.
5-34）農林水産省：平成21年度水産の動向・平成22年度水産施策の参考図表
5-35）http://www.e-komachi.jp/virtual/12ue-siki-hatahata/hatahata.htm
5-36）農林水産省・平成21年度水産の動向・平成22年度水産施策
5-37）松岡俊二、渡里　司、松本礼史、白河博章：『持続性から見た日本の森林資源利用：持続的環境利用システムとしての市場・国家・コモンズの検討を中心に』、広島大学大学院国際協力研究科「国際協力研究誌」、Vol.6（2000）No.1, pp.1-12.
5-38）FAO：世界森林資源評価2010（編集・発行：（社）国際農林業協働教会（JAICAF））.
5-39）林野庁：平成22年度森林・林業白書
5-40）外務省：『国連における森林問題への取り組み』
5-41）jica・地球環境部森林保全第一チーム：『森林に関する国際的な基準・指標』
5-42）外務省：『違法伐採問題』

第6章 電気エネルギー資源

6.1 電気エネルギー資源とは

ここでいう電気エネルギー資源とは、電気エネルギーを生産するために利用される自然から採取されたままの物質、熱および光（一次エネルギー資源）を指す。

電気エネルギーは、全エネルギーの中で最も高級であり、人間にとって一番使いやすいエネルギーである。それゆえ、我が国が使用する一次エネルギー（自然から採取されたままの物質、熱および光を源とするエネルギー）の中で電気エネルギーの占める比率が、図6.1－1に示すように、年々増加し、現在は50％弱に達している。この増加傾向は、21世紀に入ってからの一次エネルギー供給量の頭打ち傾向に呼応して、鈍化しているが、第7章で説明するように輸入石油の全量を一旦プラスチック材料に変換した後に燃焼して電気エネルギーを得る時代が到来すれば、また、今後電気自動車などの普及が進めば、再度加速することが予測される。しかし、電気エネルギーを得る資源の選択肢は、化石燃料（石油、石炭、天然ガス、など）、原子力、直接的太陽光利用（太陽電池、など）、間接的太陽光利用（水力、風力、バイオ

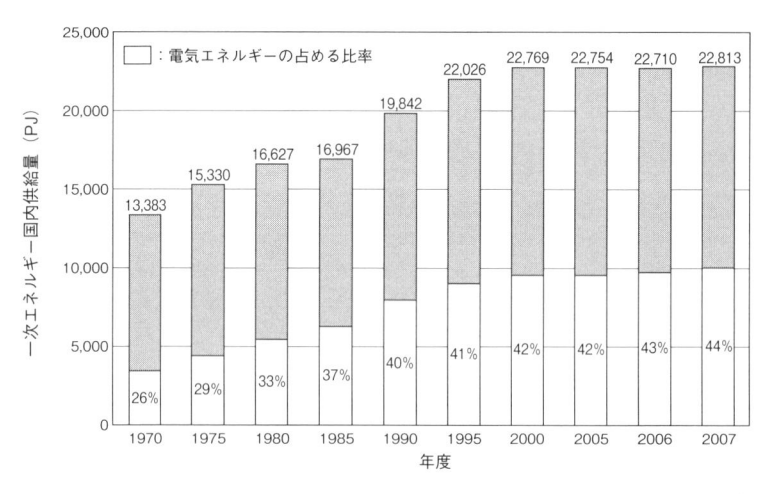

図6.1－1　一次エネルギーに占める電気エネルギーの比率の推移（出典：文献[6-1]）

マス、など)、化石燃料以外の自然エネルギー（地熱など）などに限られている。これらの電気エネルギー資源のベストミックスがどうあるべきかは2010年6月に公表された「エネルギー基本計画」に示されているが、2011年3月11日に発生した東日本大震災とそれに伴う福島第一原子力発電所の事故で、我が国の社会情勢が一変した。したがって、我が国の将来において、どのような資源によって電気エネルギーの供給を行うか、再検討しておく必要がある。

6.2 電源別発電電力量の実績と見通し

この章の本題に入る前に、東日本大震災前の電源別発電電力量の実績と見通しを理解しておこう。

我が国における電源別発電電力量の1980年以降の実績と2018年までの見通しを図6.2−1に示す。第二次世界大戦後の我が国の発電は水力発電が

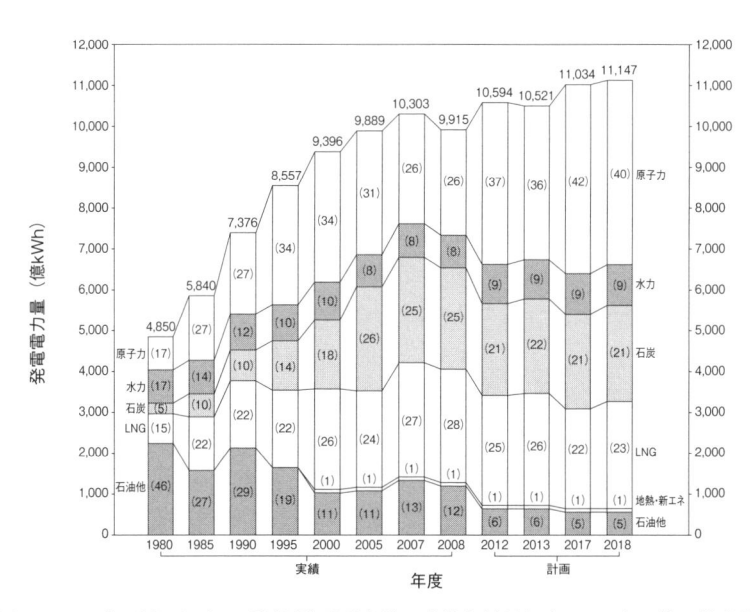

図6.2−1　我が国における電源別発電電力量の実績と見通し（カッコ内の値は構成比）
（出典：文献[6-2]）

中心をなしていたが、豊富で安い石油の輸入が容易になると、1955年頃から火力発電が水力発電を上回るようになった。火力発電の燃料は石油、石炭、液化天然ガス（LNG）などであるが、この中でも石油による火力発電は1965～1975年頃にかけてピークを迎え、全発電電力量の60％以上を占めていた。しかし、2回のオイルショックを契機に、その後は、明確な脱石油路線の政策が取られ、原子力、石炭、LNGなどの石油代替エネルギーを使った電源の開発が進んだ。そのため、発電に対する石油依存度が年々減少し、1980年の46％を経由して2008年には12％にまで低下し、一方で、原子力、石炭とLNGによる発電量が着実に増加した。特に、原子力発電は「エネルギー基本計画」の中で基幹電源として位置付けられた。それは、日本のエネルギー政策の方向性を決定づけた三つの基本理念、すなわち、「エネルギーの安定供給の確保」、「エネルギーの経済効率性」と「エネルギーの環境適合性」および「自民党政権と民主党政権の経済成長戦略」に合致したからである。時代を遡って順次その状況を振り返ってみよう。

(1) エネルギー安定供給の確保（自前一次エネルギーの確保）

1960年代の半ばから1980年代の前半まではエネルギーの安定供給が何よりも優先された。特に、1973年に起きた第一次オイルショックで日本が初めてエネルギー安全保障の危機に直面した（当時の日本の一次エネルギーに占める石油の割合は80％近くに達していたが、第四次中東戦争の勃発を受けてOPEC加盟の湾岸産油国が原油価格のつり上げを行ったので、日本が初めてエネルギー安全保障の危機に直面した）のを契機に、エネルギー政策の基本的な方向性を「エネルギー安定供給の確保」に置くことが明確化された。そして、この方向性を実現するための石油代替エネルギーとして原子力とLNGに注目が集まった。さらに、1979年に引き続いて起こった第二次オイルショックによって原子力に対する注目が一層高まった。その理由は自前一次エネルギーの確保である。

我が国の一次エネルギーの自給率は、図6.2 - 2に示すように、20％以下で、先進諸国の中で最下位のため、何とか自前の一次エネルギーの確保を図りたいということでウランが注目されるようになった。ウランは、①石油に

比べて政情が安定な国々に埋蔵されているので、資源の安定確保が可能、であり、②使用済み燃料を再処理することにより再び燃料として使用することが可能、なため、準国産のエネルギー資源となりうる、と判断されたためである。

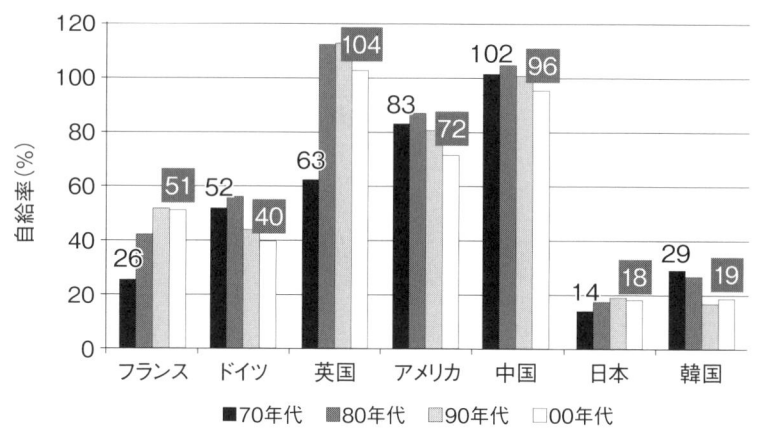

図6.2－2　各国の一次エネルギー自給率の推移（出典：文献[6-3]）

（2）　エネルギーの経済効率性

　1983年に旧通商産業大臣の諮問機関であった資源エネルギー庁・総合エネルギー調査会がエネルギー政策の総点検を行い、その報告書の中で、国家のエネルギー政策の根幹をなす「エネルギーの安定供給の確保」は最重要課題であるが、コストを無視して何が何でも石油代替資源というのではなく、石油代替資源の選択に当たってはコストとのバランスを取ることも必要との観点から、日本において初めてエネルギーコストの低減に言及した。2004年に政府が発表した電源別発電コストの比較を図6.2－3に示す。原子力発電のコストはすべての電源の中で最安である（政府の試算はモデルケースに基づくもので実態を反映していないという異論があるが、それについては後述する。）。このような原子力発電のコストの安さが、新たに導入された「経済効率性」という基本理念に合致したために、原子力推進のさらなる牽引力となった。

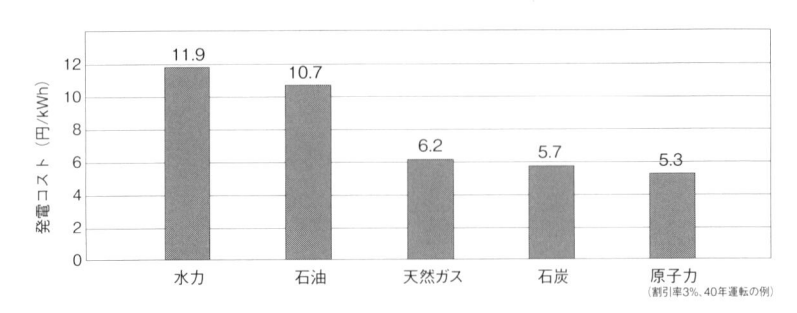

図6.2-3 発電コストの電源別比較（出典：文献[6-2]）

（3） エネルギーの環境適合性

第1章 第1.11節で述べたように、人間活動から排出されるCO_2による地球温暖化に関する議論が、1992年にリオデジャネイロで開かれた「環境と開発に関する国連会議（通称、地球サミット）、1995年にベルリンで開かれた

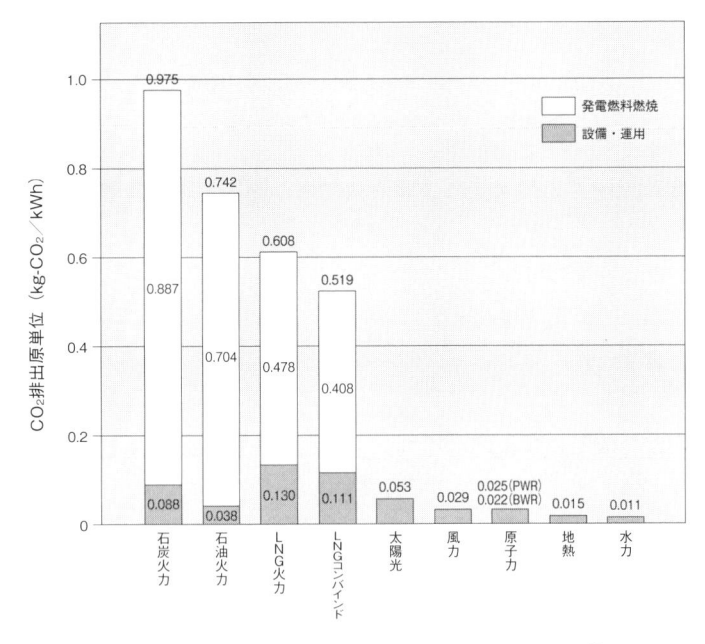

図6.2-4 CO_2排出原単位の電源別比較（出典：文献[6-2]）

「気候変動枠組条約第1回締結国会議」で行われ、さらに1997年の「京都会議」に引き継がれて、最終的に先進国だけがCO_2の排出削減義務を負うことになった。日本の排出削減義務は1990年比で6%であった。CO_2の排出削減を行う手段は脱化石燃料と省エネルギーである。しかし、我が国の省エネ技術は、図1.11−1に示したように、1985年頃までに改善し尽くされていたので、脱化石燃料以外に残された道はなかった。この観点からも、非化石燃料の代表格として原子力の存在感が一層高まることとなった。その理由は、原子力発電のCO_2排出原単位（kg-CO_2／kWh）が、図6.2−4に示すように、他の電源に比べて圧倒的に少ないからである。

（4）　自民党と民主党の経済成長戦略

　21世紀に入って以降、中国、インド、ブラジルなど新興国の著しい経済発展に伴って、エネルギー消費国による資源獲得競争が激化し、世界的なエネルギー需給の逼迫感が高まった。一方で、資源保有国は自国の資源を活用して自国の経済発展を図る資源ナショナリズムが台頭したために資源価格が高騰した。ここにきて我が国は再び「エネルギー安定供給の確保」に備えざるを得なくなった。図6.2−2に示したように、先進諸国の中でも我が国の一次エネルギー自給率が飛び抜けて低いからである。このエネルギー価格の高騰と円高による経済低迷からなかなか脱出できないでいる状況の中で、自民党政権と2009年9月に発足した民主党政権は、近年の世界的な「原子力ルネッサンス」に着目して、原子力を、国内の基幹電源として位置付けるだけでなく、そのプラント、基幹部品、メンテナンスを含むインフラの欧米や中国・インドへの輸出を、特に東南アジアや中近東等の新規導入国に対しては、建設、運転・管理、燃料供給、法整備、人材育成、インフラ整備、資金調達支援までを含むシステム輸出を経済成長の柱とするチャンスであると捉えた。これにより原子力はますますその地位を高めていくことになった。これを受けて、現在全発電量の29.2%を占める原子力発電量が、図6.2−1に示すように、2018年には40%を占める計画が発表された。

6.3 各種発電法とそれらの将来展望

　第6.2節で、東日本大震災前の我が国のエネルギー政策の中で、原子力発電が次第にその地位を高め、将来も原子力発電が基幹電源として強力に推し進められる計画であることを説明した。それは、繰り返し述べると、日本のエネルギー政策の方向性を決定づけた三つの基本理念、すなわち、「エネルギーの安定供給の確保」、「エネルギーの経済効率性」と「エネルギーの環境適合性」および「自民党政権と民主党政権の経済成長戦略」に合致していたからである。しかし、この基本理念の中には「安全性」が含まれていない。事実、「エネルギー基本計画」の「第1章　基本的視点」の序文には、"エネルギー政策の基本は、エネルギー安定供給の確保（energy security）、環境への適合（environment）及びこれらを十分考慮した上での市場機能を活用した経済効率性（economic efficiency）の3Eの実現を図ることである。"と明確に記されているだけで、安全性については「大前提」という表現を使って"付け足し的"に触れられているだけである。なぜ"付け足し的"かと言えば、安全性の重要性について頭では理解していても、3Eの実現を優先させたいというところに真意があるからである。その証拠は、「エネルギー基本計画」を策定するに当たっての「基本的視点」の項目の順序から見て取れる。第1章を読み進んで行って第4項目に達してはじめて「安全の確保」が現れる。さらに、「第2章 第2節1.非化石エネルギーの（1）原子力」では、"原子力は、供給安定性・環境適合性・経済効率性を同時に満たす基幹エネルギーである。安全の確保を大前提として、国民の理解と信頼を得つつ、新増設の推進、設備利用率の向上等により、積極的な利用拡大を図る。このため、関係機関が協力・連携する必要があるが、「まずは国が第一歩を踏み出す」姿勢で取り組む。"と記されていて、ここに来てはじめて原子力に対して「安全性の確保」が基本理念を実現させるための大前提である、としている。これらのことから、エネルギー基本計画の立案に当たって、三つの基本理念に比べて安全性の確保が軽視されていた状況が窺える。政府とエネルギー基本計画立案関係者並びに電力会社等の持っていた安全性より三つの基本理念を

より重視するこのような素地が「原子力安全神話」を作り出さざるを得なかった原因ではなかろうか。しかし、東日本大震災による福島第一原子力発電所の事故で原発に対する「安全神話」は完全に崩壊した。また、「エネルギー基本計画」は2003年10月に策定されたが、少なくとも3年ごとに検討を加え必要に応じて改定することが法定されている。第一次改定が2007年3月に行われ、第二次改定は2010年6月に行われたばかりであるが、東日本大震災による福島第一原子力発電所の大事故を経験して社会情勢が大きく変化してきているので、「エネルギー基本計画」の早期の見直しは避けては通れない状況下にある。

このことを念頭に置き、どのような資源を用いた発電の組み合わせによりベストミックスを構築していったらよいか、これからの50年を対象にしてそのあり方を検討してみることにするが、その前に、各種発電法の簡単な原理、発電コストとエネルギー効率並びにそれに使用される燃料資源の可採・枯渇年数（第5章 第1節 第5.1.1項を参照）を頭に入れておこう。

6.3.1 各種発電法の簡単な原理
6.3.1-1 原子力発電
原子力発電の将来を検討するに当たって、宇宙誕生以来そこで物質やエネルギー（熱）が作り出されてきた原理を概略でよいから理解しておくことが有用になるので、この説明から始めよう。

（1） 物質にエネルギーを与えていったらどうなるか

物質の温度を上げていく（物質にエネルギーを与えていく）と物質を構成する最小単位の粒子に向かって分解していく。

物質が物質としての性質を示す最小の構成単位は分子である。分子の温度を上げていくと原子に分解するが、原子の性質は元の物質の性質とは異なる。例えば、水という物質は、水分子（H_2O）の集合体で水としての性質を示すが、水分子（H_2O）を分解して生ずる二つの水素原子（H）と一つの酸素原子（O）の集合体とは全く性質を異にする。原子は原子核とその周りを回っている電子から構成されている。したがって、さらに温度を上げると、原子

は原子核と電子がバラバラになった状態に分解する（この状態をプラズマ状態と呼ぶ。）。原子核は＋e（e =1.602176565×10^{-19}クーロン）の電荷を持つ陽子と電荷を持たない中性子とからなる。また、電子は－eの電荷を持っている。原子の中の陽子の数と電子の数は同じなので、原子は電気的に中性に保たれている。陽子と中性子の質量は、それぞれ1.672621777×10^{-27}kgと1.674927351×10^{-27}kgで中性子の方が極わずかだけ大きいが、殆ど同じである。これに対して、電子の質量は9.10938291×10^{-31}kgで、陽子と中性子の質量の約1840分の1である。したがって、原子の質量は陽子と中性子の質量で決まると言ってよい。原子核にさらなるエネルギーを加えると陽子と中性子に分解する。

陽子と中性子はさらにそれより小さいクォークと呼ばれる粒子から構成されている。クオークは表6.3－1に示すように6種類（小林・益川理論では6種類以上のクオークの存在が指摘されているが、この項の理解には必要ないので、ここでは従来からの6種類に限定した。）に区分される（素粒子の区分を素粒子物理学では世代と呼ぶ。）。世代間では、クオークはその質量のみが異なり、すべての基本的相互作用や量子数は同一である。また、アップ型は＋(2/3)eの電荷を、ダウン型は－(1/3)eの電荷を持つ。一方、電子は、表6.3－2に示すようなレプトンと呼ばれるグループを形成する。

表6.3－1　クォークの区分

型	世代			電荷
	第一	第二	第三	
アップ型	アップ	チャーム	トップ	＋(2/3)e
ダウン型	ダウン	ストレンジ	ボトム	－(1/3)e

表6.3－2　レプトンの区分

世代			電荷
第一	第二	第三	
電子	ミューオン	タウ	－e
電子ニュートリノ	ミューオンニュートリノ	タウニュートリノ	0

世代の高い粒子ほど質量が大きくて不安定なので、第一世代の粒子に向かって速やかに崩壊して行く。普通の物質が第一世代の粒子だけから構成されているのは、この理由による。
　表6.3－1と表6.3－2に示したそれぞれ6種類のクオークと6種類のレプトンが物質を構成する基本的な単位（素粒子）と考えられている。物質を素粒子にまで分解するには莫大なエネルギーを必要とする。

（2）　元素はどのようにして生まれたか

　（1）で説明した物質がエネルギーを得て分解する過程とは逆の経路を辿ったと考えられている。宇宙は137億年前のビッグバンで誕生したと言われているが、ビッグバンでは莫大なエネルギーが放出されビッグバン直後（直後といっても10^{-11}秒後程度）には10^{15}K程度の超高エネルギーの状態にあったので、素粒子だけが存在していた。その後は、宇宙は膨張しながらその温度を下げていくので、物質が分解する過程とは逆の経路を辿ることになる。10^{-4}秒後位に宇宙の温度が10^{12}K程度になるとクオークが合体して陽子（水素の原子核でもある。）と中性子が生成する（陽子は、2個のアップクオーク（電荷：＋(4/3)e）と1個のダウンクオーク（電荷：－(1/3)e）が合体してできるので＋eの電荷を持つ。これに対して、中性子は、1個のアップクオーク（電荷：＋(2/3)e）と2個のダウンクオーク（電荷：－(2/3)e）が合体してできるので電荷を持たない。）。さらに、1分くらい経過して宇宙の温度が10^9K程度まで下がると、陽子と中性子が合体して、原子番号2番のヘリウムや3番のリチウムなど軽元素の原子核が存在するようになる。ビッグバンから数十万年経過して宇宙の温度が数千Kまで下がってくると、水素やヘリウムなどの原子核が電子を取らえて、現在も存在する水素原子やヘリウム原子が誕生する。量的には最初にできた水素原子が圧倒的に多く、現在でも総質量で全原子の90％以上を占めると言われている。
　水素原子やヘリウム原子は、宇宙空間に均一に分布しているのではなく、高密度な場所と低密度の場所が存在する。すなわち、分布にゆらぎがある。密度の高い場所は、その質量による引力によって周りの水素原子やヘリウム原子を引き寄せてその密度をますます高めて行く。それに伴って中心部の温

度と圧力が次第に上昇し、遂には水素原子が水素の原子核（陽子）と電子に分解してバラバラになって存在するプラズマの状態になる。水素の原子核同士は+eの電荷を持っているので電気的に反発するが、中心部の温度が1000万K位になると、原子核の運動エネルギーが電気的な反発力に打ち勝って水素の原子核同士が激しく衝突し、核反応を起こすようになる。具体的には、四つの水素の原子核から一つのヘリウムの原子核が生成する。ここで、周期律表から水素原子とヘリウム原子の原子量を調べてみよう。水素原子の原子量は1.0079であるから、四つの水素原子の質量は1.0079 × 4 = 4.0316である。一方、ヘリウムの原子量は4.00260である。すなわち、四つの水素原子の質量とヘリウムの原子量は同じではなく、後者の方が0.029だけ軽い。原子の質量と原子核の質量は同じと見做せるので、原子核についても同じことが言える。すなわち、四つの水素の原子核が核反応を起こして一つのヘリウムの原子核が生成される時には0.029だけの質量が失われる。この質量はエネルギーに変換される。これが核融合反応によって生ずるエネルギーであり、太陽エネルギーの源である。このエネルギーは、質量とエネルギーの等価を示す有名なアインシュタインの式、$E=mc^2$（E:エネルギー、m：質量、c：光速で3.0×10^8m/s)、から計算される。例えば、1kgの水素原子核の核融合反応により生成するエネルギーは、$E = (0.029 \div 4)$ kg $\times (3.0 \times 10^8$m/s$)^2 = 6.5 \times 10^{14}$J、である。1kgの水素ガス（H_2）が燃えたときに発生する熱量は約1.4×10^8Jであるから、同じ質量の水素から核融合によって得られる熱量（エネルギー）は、燃焼という化学反応によって得られる熱量の約460万倍であり、核融合によって得られるエネルギーがいかに大きいかを理解することができる。

　このような核融合によって恒星が誕生するが、核融合反応よって発生する熱による膨張と恒星自身の重力による収縮とがバランスしたところで、恒星は安定状態を保つ。核融合反応生成物のヘリウムは恒星の中心部に溜まるが、太陽程度の比較的小さな恒星では、膨張と収縮のバランスによって、中心部の温度と圧力がある程度のところで止まるので、ヘリウム原子核の核反応は起こらない。しかし、太陽よりずっと重い恒星では、自身の重力による収縮が大きいので、中心部の温度と圧力が上がり、ヘリウムの核融合反応が起こって炭素や酸素の原子核が生成する。さらに重い恒星では、炭素や酸素の原子

核の核融合反応が進んでさらに重い元素の原子核が生成するというように、より重い恒星では次から次へと核融合反応が進んでいく。しかし、恒星で生成される元素は鉄までである。その理由は、鉄の原子核がつくられるまでの核融合反応は発熱反応でエネルギーを外部に放出するが、それ以上の重い元素の原子核を生成する核融合反応は吸熱反応で、反応を進めるためには外部からのエネルギーの供給を必要とするからである。それゆえ、鉄より重い元素の原子核は、分裂するときに外部にエネルギーを放出する（核分裂エネルギー）。鉄の原子核（原子ではない。）は全元素の中で最も安定である。

それでは、鉄より重い元素はどのようにして誕生したのだろうか。鉄の原子核を中心部に持つ恒星は太陽より遥かに大きな恒星である。しかし、鉄の原子核は核融合反応を起こさないので、中心部を膨張させる力は働かない。したがって、中心部は重力によってその圧力と温度を高めて行き、鉄の原子核がそれに耐えきれなくなると崩壊して恒星は大爆発を起こす。これが超新星爆発である。この超新星爆発に伴う莫大なエネルギーにより鉄より重い元素がつくられたと考えられている。ちなみに、このようにしてつくられた（自然によってつくられた）一番重い元素は原子番号92番のウランである。鉄より重い元素は、核反応の観点では、核融合ではなく、核分裂によってエネルギーを生成する。

以上の説明から、宇宙に存在するエネルギー発生の原理は、原子力しかないことを理解することができる。

（3）　熱を電気に変える基本原理・操作

　熱エネルギーを電気エネルギーに変換する基本原理・操作は次の通りである。水を直接または間接的に加熱して沸騰させ、その蒸気の圧力でタービンを回転させ、タービンに接続されている発電機を回して電気エネルギーを発生させる。タービンを回転させた後の蒸気は復水器で冷却されて水に戻り、この水は再び加熱されて沸騰し蒸気となってタービンを回転させる。この操作が連続して繰り返される。図6.3－1に、火力発電と原子力発電の基本原理・操作を対比して示す。火力発電では、ボイラで石油、石炭、天然ガスなどを燃焼させて得られる熱により水を間接的に加熱するのに対して、軽水炉

型原子力発電では、燃料棒に接している水が燃料の核分裂によって生ずる熱によって直接加熱されることだけが異なる。

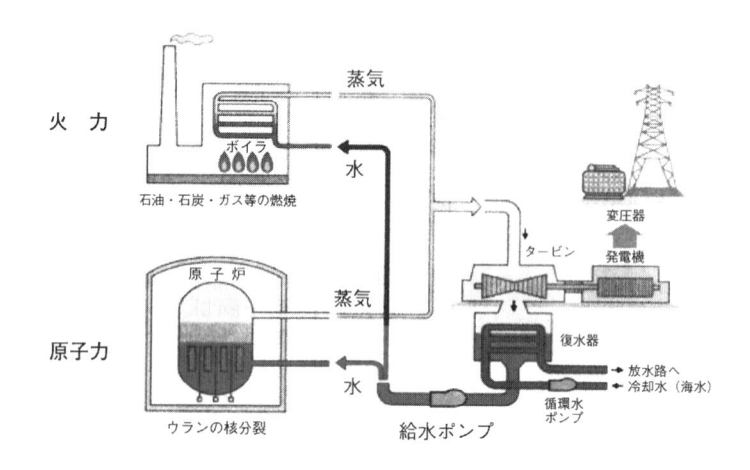

図6.3－1　火力発電と原子力発電の基本原理・操作（出典：文献[6-1]）

(4) 原子力発電の燃料

　天然から得られる原子力発電の燃料はウランである。ウランの原子番号は92であるから、ウランは92個の陽子を持っているが、中性子の数が異なるウランが3種ある（同じ元素でありながら中性子の数が異なるものを同位体という。）。ウラン234、ウラン235とウラン238である。これらのウランが天然に存在する割合を表6.3－3に示す。ウラン238の存在量が最も多くその存在割合は99.27％であるが、これは核分裂しないので直接の燃料とはならない。核分裂して燃料となるのはウラン235であるが、その存在割合は0.72％

表6.3－3　自然界に存在するウラン234、ウラン235とウラン238の割合

	陽子の数	中性子の数	陽子と中性子の数の和	自然界に存在する割合
ウラン234	92	142	234	0.0055％
ウラン235	92	143	235	0.7200％
ウラン238	92	146	238	99.2745％

と低いので、原子力発電ではその含有量を3～5%に高めたものを燃料として用いる。

（5）核分裂の仕組み

　ウラン235の一つの原子は、1個の中性子と衝突するとそれを吸収して核分裂を起こし、熱エネルギーと2～3個の中性子を放出する。このように核分裂では中性子が余分に生成するので、余分に生成した中性子による核分裂の連鎖反応を抑えるために制御棒が用いられる。また、核分裂で生成した中性子のスピードは次の核分裂を起こすためには速すぎるので、そのスピードを減速する必要があり、そのために減速材が用いられる。減速材には軽水（真水）、重水と黒鉛があるが、我が国の原子力発電所では軽水が用いられている。その理由は、水は、温度が上がると、中性子を減速しなくなるため、核分裂の連鎖反応を抑えて、核爆発の危険性から遠ざけ、原子炉の安全を保障する方向に働く、ことによる。ついでに付言すると、減速材にちなんで原子炉に名称がつけられており、減速材に軽水を用いる原子炉は軽水炉と呼ばれる。なお、高速の中性子がウラン238に衝突すると、中性子を吸収してプルトニウム（核燃料になりうる。）になるが、軽水炉においても減速が不十分なままでウラン238に衝突する中性子が存在するので、ウラン238の一部からプルトニウムが生成される。

（6）軽水炉の種類、構造と発電の仕組み

　軽水炉には沸騰水型炉（BWR：Boiling Water Reactor）と加圧水型炉（PWR：Pressurized Water Reactor）がある。それぞれの圧力容器の構造を図6.3－2に、また、それぞれの発電の仕組みを図6.3－3と図6.3-4に示す。

　沸騰水型炉では、圧力容器内に入っている燃料が核分裂することによって発生した熱により直接水が熱せられて沸騰し、水蒸気になる。この水蒸気はそのままタービンに送られて発電機を回転させ、電気を発生させる。このように構造は極めてシンプルであるが、水蒸気が放射性物質を含むため、タービンや復水器についても放射線の管理が必要になる。沸騰水型炉に改良を加えた改良型沸騰水型炉（ABWR：Advanced Boiling Water Reactor）と呼

ばれるものがある。これは、沸騰水型炉では圧力容器外に置かれていた再循環ポンプを圧力容器内に設置したり、制御駆動用動力源として沸騰水型炉の水圧動力源に加えて電動動力源を追加して緊急時の安全性の向上を一層図ったものであるが、発電の基本的な仕組みは沸騰水型炉と全く同じである。

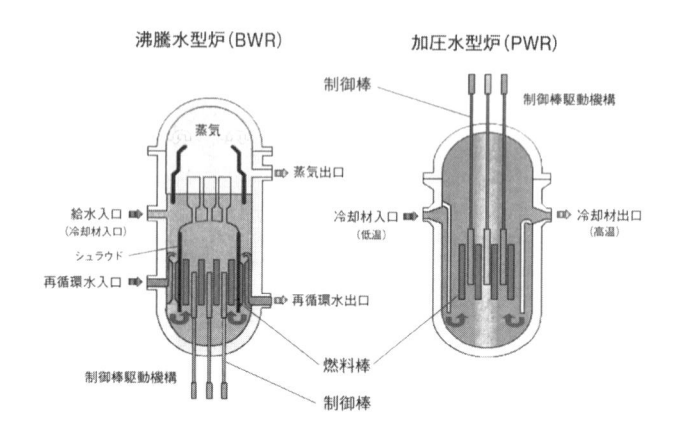

図6.3 - 2　軽水炉圧力容器の構造（出典：文献[6-1]）

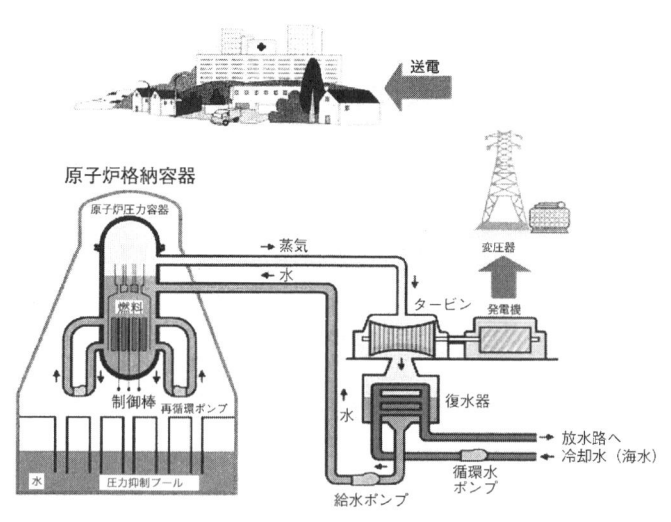

図6.3 - 3　沸騰水型炉の発電の仕組み（出典：文献[6-1]）

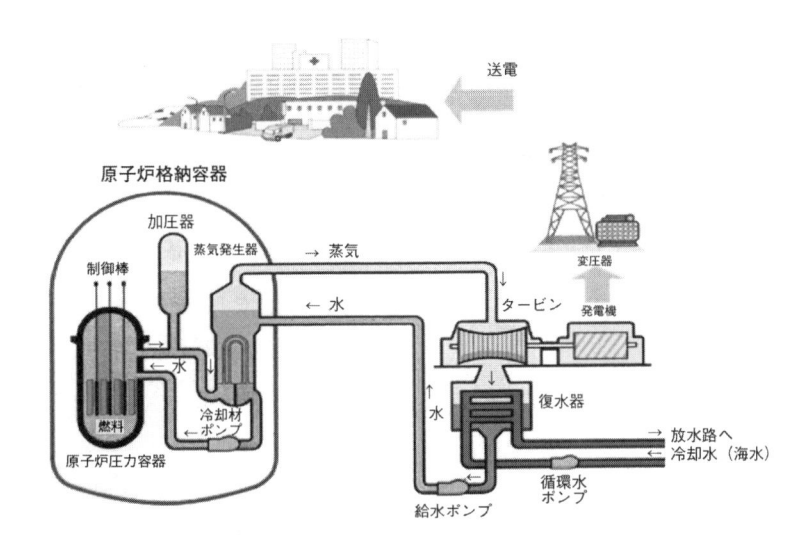

図6.3－4　加圧水型炉の発電の仕組み（出典：文献[6-1]）

　加圧水型炉では、圧力容器で加熱された水が、水蒸気になることなく、高温・加圧された状態で一次系統の配管を循環する。この高温・高圧の水の熱が蒸気発生器内にある水に伝えられて、水蒸気を発生させ、この水蒸気でタービン・発電機を回転して、電気を発生させる。この方式では、放射性物質を含んだ水がタービンや復水器に直接送られることがないので、放射線管理が容易であるが、その分蒸気発生器を必要とする。

　原子力発電には、軽水炉発電の他に、軽水炉での使用済み燃料を再処理して得られるMOX燃料を使用するプルサーマル発電やウラン238をプルトニウムに変換しプルトニウムの核分裂を利用する高速増殖炉発電があるが、これについては説明を省略する。

6.3.1-2　火力発電

　火力発電は、日本の発電量の約6割を占める主要は発電方法であり、汽力発電、内燃発電、ガスタービン発電とコンバインドサイクル発電に分類される。

（1） 汽力発電

汽力発電の基本構造を図6.3－5に示す。石炭や石油を燃やしボイラーを加熱して水を沸騰させ、その水蒸気の圧力でタービンを回転させ、タービンに連結されている発電機を回して電気を発生さ

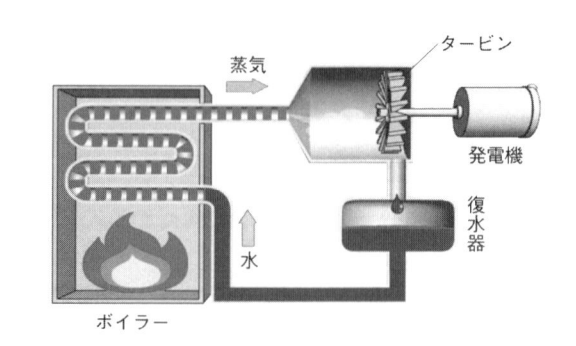

図6.3－5　汽力発電の基本構造（出典：文献[6-1]）

せる。タービンから出た水蒸気は復水器で冷却されて水になり、ボイラーに戻って再び加熱されて水蒸気になる。この繰り返し作業が行われる。火力発電の中で主力をなしている発電方式である。

（2） 内燃発電

ディーゼルエンジンなどの内燃機関で発電機を回して発電する方式であり、離島などの小規模発電に利用されている。

（3） ガスタービン発電

最も身近なガスタービンは飛行機のジェットエンジンである。発電では、灯油、軽油、液化天然ガス（LNG）などの燃料を燃やした高温・高圧の燃焼ガスでガスタービンを回転させ、発電機を回して電気を発生させる発電方式である。小型で高出力が得られるので、電力需要のピーク時に使われる。

（4） コンバインドサイクル発電

ガスタービン発電のタービンから排出される排気ガスの温度が高いので、この熱も無駄にしないで利用するために編み出された発電方式であり、その基本構造を図6.3－6に示す。

最初に圧縮空気の中で燃料（液化天然ガス：LNG）を燃やして高温・高

圧の燃焼ガスを発生させ、これをガスタービンに送って回転させる。ガスタービンから排出されたガスはまだ十分な余熱を持っているので、この排ガスを排熱回収ボイラーに送り水を沸騰させて水蒸気を発生させ、水蒸気の圧力で蒸気タービンを回転させる。このようにしてガスタービンと蒸気タービンの回転力で発電機を回して電気を発生させる発電方式である。発電効率が極めて高いのが特徴である。

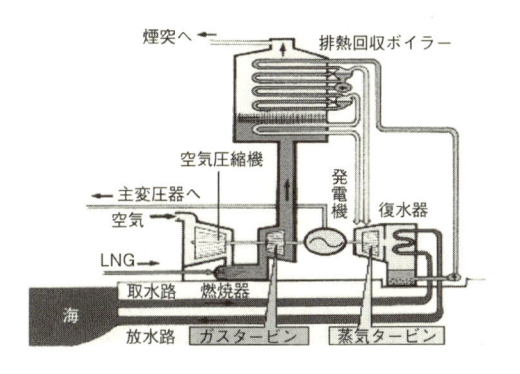

図6.3-6　コンバインドサイクル発電の基本構造（出典：文献[6-1]）

火力発電の主要な燃料は石炭、液化天然ガス（LNG）と石油であるが、

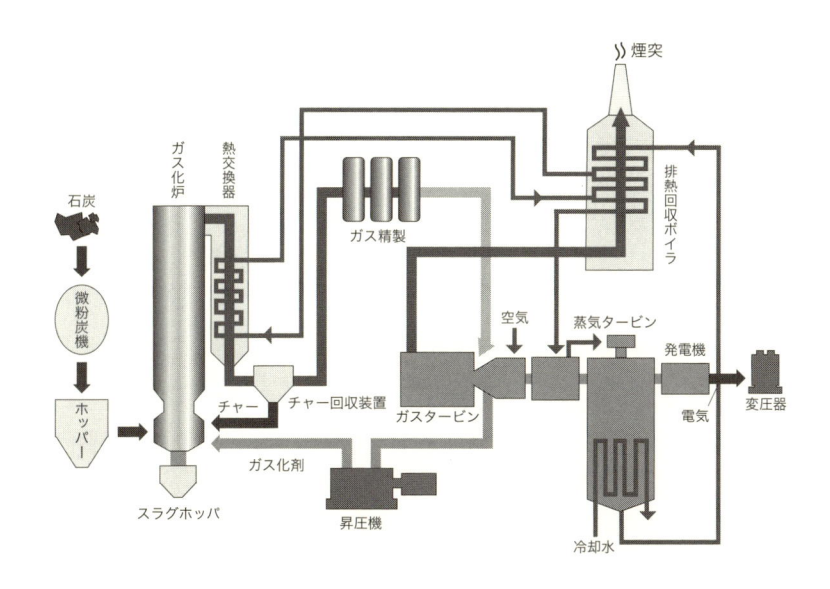

図6.3-7　石炭ガス化複合発電の基本構造（出典：文献[6-1]）

253
第6章　電気エネルギー資源

石炭は、地域的な偏りがなく世界中に万遍なく埋蔵されているために、石油のように特定地域の政情不安によって供給難を招く恐れが少ない上に、埋蔵量がLNGや石油に比べて圧倒的に多く、今後100年以上にわたって採掘が可能である、と推測されている（第5章 第5.1節 第5.1.1項参照）。したがって、21世紀の主要なエネルギー供給源の一つとして火力発電は避けて通れない道筋なので、発電効率の向上に向けた開発が精力的に進められている。その代表例が石炭ガス化複合発電である。その基本構造を図6.3－7に示す。コンバインドサイクル発電とは、基本的に、LNGの代わりに石炭をガス化したガスを用いることが異なるだけである。既存の石炭火力発電の発電効率約42％に対して、石炭ガス化複合発電では、商用段階で48～50％の発電効率が見込まれている。

6.3.1-3　水力発電

水力発電の基本原理は、水の流れを利用して水車を回転させ、水車に連結された発電機を回して、電気を発生させる。ダムから導水管で水を流す場合を例にして、その基本構造を図6.3－8に示す。水力発電には下記の四つの方法がある。

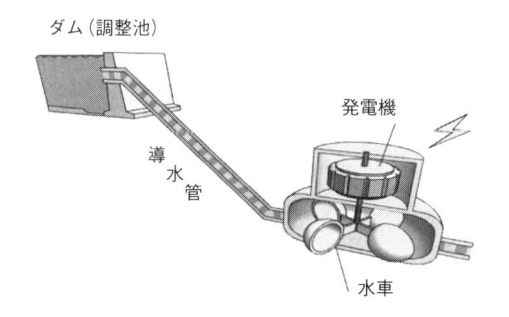

図6.3－8　水力発電の基本構造（出典：文献[6-1]）

（1）　貯水池式水力発電

図6.3－9に示すように、河川を貯水池（ダム）でせき止め、そこに溜まった水を高速で流して発電する方式である。四季を通じて河川の水を完全にせき止めるため、水の流れを自由にコントロールすることができ、年間を通じて安定した電力の供給が可能である。しかし、ダム建設により周辺地域の水没や環境変化をもたらすため、環境負荷が最も大きい水力発電法である。ま

た、貯水池式水力発電は、水力発電の中で主力をなすものであるが、河川が短い日本では建設する場所が少ないのが現状である。

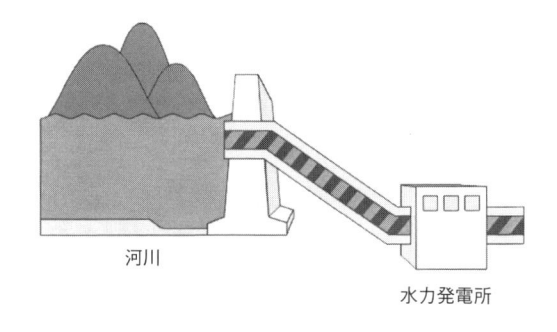

図6.3－9　貯水池式水力発電の概念図（出典：文献[6-1]）

（2）　調整池式水力発電

貯水池式水力発電の貯水池（ダム）を、1日あるいは1週間程度の発電を可能にする水量を蓄えておくことのできる調整池に置き換えた発電方法で、その概念図は図6.3－9と同じである。短期間の天候の変化や電力需要の変化に対応できるため、昼間の電力需要を補うのに用いられている。

（3）　揚水式水力発電

図6.3－10に示すように、発電所の上部と下部に調整池をつくっておき、昼間の電力需要の多い時間帯に水を流して発電し、流した水は下部の調整池に溜めておく。そして、夜の電力需要の少ないときに、主として電力調整のきかない原子力発電の余剰電力を使って、下部の調整池から上部の調整池へ水をくみ上げて戻しておく。

図6.3－10　揚水式水力発電の概念図（出典：文献[6-1]）

（4） 流れ込み式（自流式）水力発電

図6.3 - 11に示すように、河川の水を直接発電所に引き込んで発電する方法である。豊水期や渇水期で発電量が変化する弱点があるが、建設コストが比較的安いので、アフリカなどの発展途上国で利用されており、日本も国際貢献の一環として、技術供与を行っている。

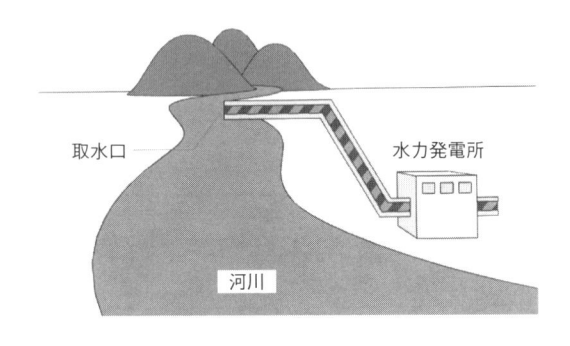

図6.3 - 11　流れ込み式（自流式）水力発電の概念図
（出典：文献[6-1]）

6.3.1-4　新エネルギーを用いた発電

「新エネルギー」とは、1997年に施行された「新エネルギー利用等の促進に関する特別措置法（新エネルギー法）」で、「技術的に実用化段階に達しつつあるが、経済性の面での制約から普及が十分でないもので、石油代替エネルギーの導入を図るために特に必要なもの」とされていたが、2006年度の総合資源エネルギー調査会新エネルギー部会において、新エネルギーの概念の範囲の見直しが行われ、「再生可能エネルギーのうち、その普及のために支援を必要とするもの」と再定義された。この新しい定義によると、新エネルギーには次のものが含まれる。中小水力、地熱、太陽光発電、太陽熱利用、風力発電、雪氷熱利用、温度差熱利用、バイオマス（バイオマス発電、バイオマス熱利用、バイオマス燃料製造、バイオマス由来廃棄物発電、バイオマス由来廃棄物熱利用、バイオマス由来廃棄物燃料製造）。水力についてはすでに説明したので、ここではこの中から主力をなす太陽光発電、風力発電と地熱発電を取り上げる。その他のものについては文献[6-4]を参照されたい。

（1） 太陽電池（太陽光発電）

太陽の光エネルギーを吸収して直接電気に変えるエネルギー変換器を太陽電池という。太陽電池には、その素子に単結晶シリコン、多結晶シリコン、単結晶化合物半導体、多結晶化合物半導体、色素や有機薄膜などを使うものがあるが、現在最も多く用いられているシリコン系太陽電池を取り上げて、その基本原理と基本構造を簡単に説明する。

シリコンの単結晶は、図6.3 - 12に示すように、ダイヤモンド型構造を取り、それぞれのシリコン原子は共有結合（第7章 第7.4節 第7.4.1項の「7.4.1-5 原子の結合の仕方」を参照）で結ばれている。この構造を模式的に平面上に表し、光を照射した状態を図6.3 - 13に示す。共有結合を構成している電子はシリコン原子に強固に束縛されているので結晶内を自由に動けないが、この電子が自由に動けるようになるだけのエネルギー（専門用語を用いると、シリコンの禁止帯幅(1.1eV)に相当するエネルギー）以上のエネルギーを持った光がシリコンに照射され、吸収されると、共有結合を構成していた電子が励起されて、結晶内を自由に動ける電子（自由電子）と共有結合から電子が抜けた孔である正孔（これも結晶内を自由に動けるので自由正孔という）が発生する。すなわち、1.1eV以上のエネルギーを持った一つの光子の吸収により一対の自由電子と自由正孔が生成する。多くの光子が吸収されると、光子の数に等しい数の"自由電子－自由正孔"対が生成するが、この状態ではそれらはシリコン結晶内にランダムに存在するだけである。この"自由電子

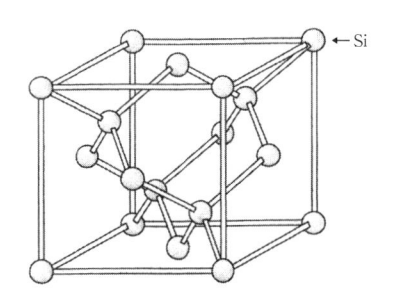

図6.3 - 12 シリコン単結晶のダイヤモンド型結晶構造

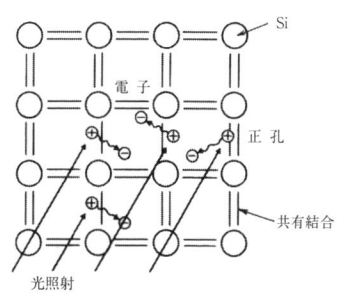

図6.3 - 13 シリコン単結晶への光の照射
（出典：文献[6-5]）

－自由正孔"対を外部回路に取り出すためにはシリコン結晶内に電位勾配を設ける必要がある。そのために次のような工夫がなされる。

　4価のシリコンの結晶に、例えば、5価のヒ素原子をドープすると（少量加えると）、ヒ素の5個の価電子（第7章 第7.4節 第7.4.1項の「7.4.1-4　価電子」を参照）のうち4個はシリコン原子との共有結合に使われるが、1個が余って自由電子となり、電気伝導に寄与する。このような半導体をn型半導体という。一方、4価のシリコン結晶に3価のホウ素原子をドープすると、ホウ素原子がシリコン原子と共有結合をつくるためには電子1個が不足するので、共有結合を完成するためには隣接する共有結合から電子1個を持ってこなければならない。この時隣接する共有結合には電子が抜けた孔である正孔が生じる。この遊離した正孔はやはり電気伝導に寄与する。このような半導体をp型半導体と呼ぶ。今、p型半導体シリコンとn型半導体シリコンを接合（p‐n接合）すると、濃度差による拡散効果によって、正孔はP型からn型へ、電子はn型からp型へ流れるので、n型半導体が正に、p型半導体が負に自己バイアスがかかり、n型半導体からp型半導体に向かって電場が生じる。この電場は、正孔と電子の拡散による流れを抑制する方向に働くので、拡散と電場が釣り合ったところで正孔と電子の流れが止まり、ある電位差が保たれる。この状態のp‐n接合にシリコンの禁止帯幅以上のエネルギーを持つ光を照射すると、多くの"自由電子－自由正孔"対が生成されるが、n型半導体内で生成した正孔は、p‐n接合界面に存在する電場に引かれて、p型半導体内へ向かって流れ、p型半導体内で生成した電子はn型半導体内に向かっ

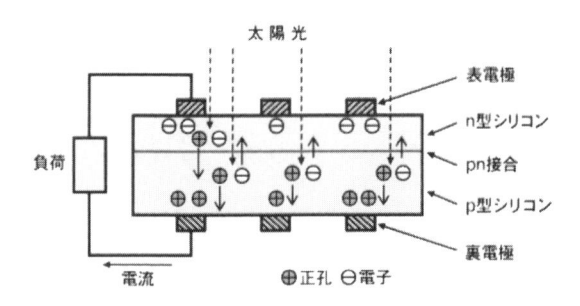

図6.3－14　太陽電池の基本原理と基本構造（出典：文献[6-6]）

て流れるので、両半導体表面に設けた電極を通して外部回路に接続すると、そこに電流が流れることになる。この状況を図6.3 – 14に示す。これが太陽電池の基本原理である。

（2） 風力発電

風力発電は、自然の風の力を利用して、風車を回転させ、その回転力で発電機を回して電気を発生させる発電方法である。風力発電の仕組みの概略を図6.3 – 15に示す。最近では、洋上風力発電などの新技術も登場しつつある。

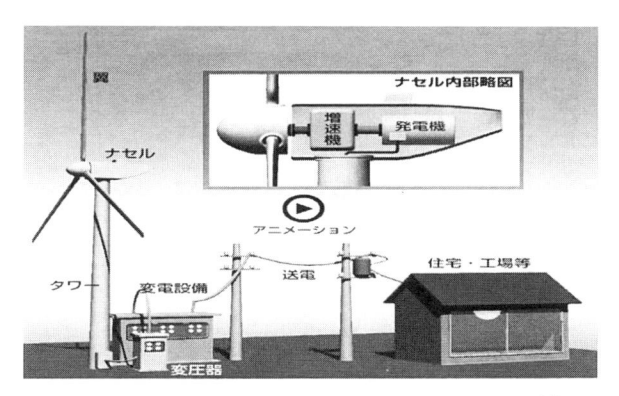

図6.3 – 15　風力発電の仕組み（概略図）（出典：文献[6-7]）

（3） 地熱発電

地熱発電は、地中深くにある熱エネルギーを利用して発電する方法で、以下に述べる四つのタイプがある。

(3-1) シングルフラッシュ発電・ダブルフラッシュ発電

雨水が地下深くに浸み込み地熱によって加熱されると、高温の熱水となる。この熱水を汲み出して水蒸気と熱水に分け、分離された水蒸気でタービンを回して発電する方法で、その概念図を図6.3 – 16に示す。日本の既存の発電所はこの方式を採用している。

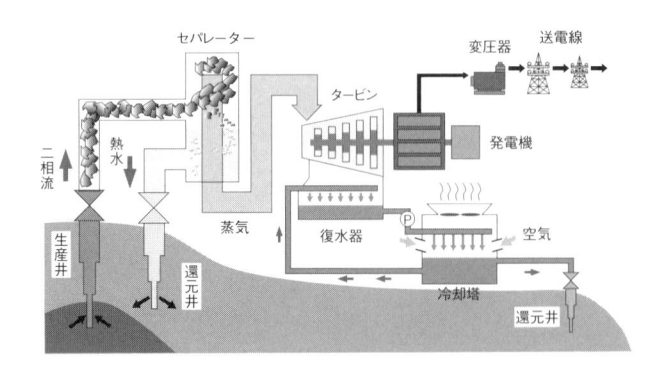

図6.3 – 16　日本における既存の地熱発電所の概念図（出典：文献[6-8]）

(3-2) バイナリー発電

　上述のシングルフラッシュ発電・ダブルフラッシュ発電では、一般に温度が150℃以上の熱水から分離された水蒸気が利用される。バイナリー発電は、これよりもっと低い温度の水蒸気と熱水も発電に利用できるように工夫された発電方式である。すなわち、水蒸気と熱水の持っている熱を用いて水より蒸発し易い流体（例：ペンタン、沸点36℃）を蒸発させ、この蒸気でター

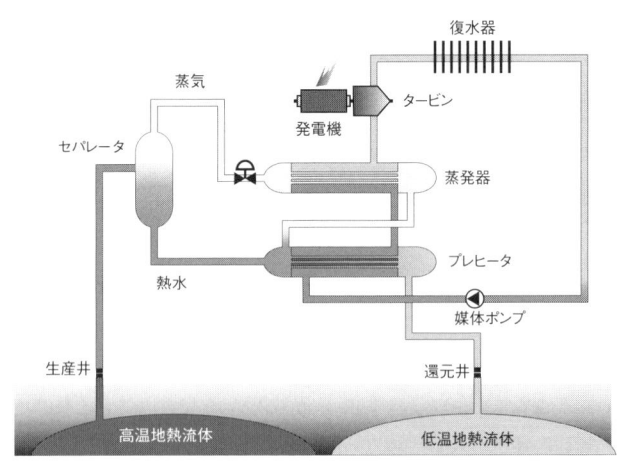

図6.3 – 17　バイナリー発電の概念図（出典：文献[6-9]）

ビンを回して発電する。水と水より蒸発しやすい流体の二相流を用いることからバイナリー発電と呼ばれる。図6.3－17にこの発電方式の概念図を示す。

(3-3) 高温岩体発電

温度は高いけれども、熱水や蒸気を自ら噴出するほど圧力が高くない地熱資源を高温岩体という。このような高温岩体を発電に利用するためには、高温岩体に井戸を掘削し、そこへ高圧の水を注入することによって人工的に熱水をつくらなければならない。高温岩体発電は、自然に発生する熱水に代わって、高温岩体の持つ熱を利用して人工的につくられた熱水を使って発電する方式である。

(3-4) マグマ発電

熱源の対象を、高温岩体からマグマに変更した発電方法である。
高温岩体発電とマグマ発電は、現在開発中であり、まだ実用化には至っていない。

6.3.1-5 燃料電池

燃料電池は、太陽電池と同様に、電池という名がつているが、電気を蓄える機器ではなく、電気を発生させる装置である。燃料として水素ガス（H_2）、酸化剤として酸素ガス（O_2）を用いる最も基本的な燃料電池の構造を図6.3－18に示す。天然ガスなどの燃料を改質してつくられた水素ガス（H_2）を負極（陽極あるいはアノードともいう。）に送り込むと、負極表面で

$$H_2 \rightarrow 2H^+ + 2e^- \qquad (6.1)$$

の反応が起こり、生じた水素イオン（H^+）は電解質を通して正極（陰極あるいはカソードともいう。）へ移動するとともに、電子（e-）は外部回路を通って正極に移動する。正極では移動してきた水素イオン（H^+）と電子（e-）が、(6.2)式で表されるように、酸素ガス（O_2）

$$(1/2)O_2 + 2H^+ + 2e^- = H_2O \qquad (6.2)$$

と反応して水（H_2O）ができる。したがって、全体としての反応（全電池反応）は、

$$H_2 + (1/2)O_2 = H_2O \qquad (6.3)$$

となり、水の電気分解と逆の反応で表される。このように、水素ガス（H_2）と酸素ガス（O_2）が、直接燃焼するのではなく、電池反応を通して結合することにより、水素分子（H_2）と酸素分子（O_2）が持っていたエネルギーと水分子（H_2O）のエネルギーの差が電気エネルギーに変換され、これが外部回路を通って電流として流れる。

　燃料電池は、用いる電解質によって5種類に分類される。各タイプの原理、特徴、用途などをまとめて表6.3-4に示す。水素や炭素を含む多くの原燃料の使用が可能である。

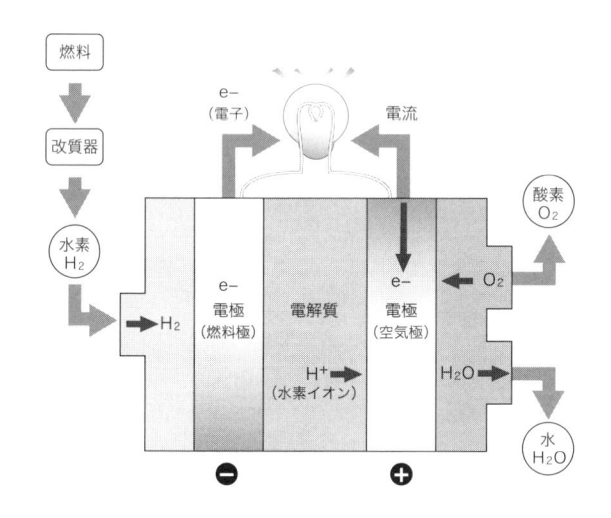

図6.3-18　燃料電池の基本構造（出典：文献[6-10]を一部改変）

表6.3-4 燃料電池の種類、原理、用途など

種類	固体酸化物型 Solid Oxide FC（SOFC）	溶融炭酸塩型 Molten Carbonate FC（MCFC）	リン酸型 Phosphoric Acid FC（PAFC）	固体高分子型 Polymer Electrolyte FC（PEFC）*	アルカリ電解質型 Alkali Electrolyte FC（AFC）
電解質	セラミックス安定化ジルコニア（$ZrO_2 \cdot Y_2O_3$）	溶融炭酸塩（Li_2CO_3, Na_2CO_3等）	リン酸（H_3PO_4）水溶液	フッ素系固体高分子膜	水酸化カリウム（KOH）水溶液
作動温度	高温型		低温型		
	900～1000℃	600～700℃	160～200℃	50～100℃	50～150℃
触媒	不要	不要	白金	白金	ニッケル・銀
燃料（反応物質）	水素（H_2）一酸化炭素（CO）	水素（H_2）一酸化炭素（CO）	水素（H_2）	水素（H_2）メタノール（CH_3OH）	水素（H_2）
使用可能な原燃料	天然ガス、LPG、メタノール、ナフサ、灯油、石炭ガス化ガス	天然ガス、LPG、メタノール、ナフサ、灯油、石炭ガス化ガス	天然ガス、LPG、メタノール、ナフサ、灯油	天然ガス、LPG、メタノール、ナフサ、灯油	天然ガス、LPG、メタノール、ナフサ、灯油
発電効率	50～60%	45～60%	40～45%	40～50%	60%
用途	家庭用、集中大規模発電	集中大規模発電	事業所用	携帯機器、自動車用、家庭用	宇宙船、潜水艦などの特殊分野
電解質中を移動するイオン（移動方向）	酸素イオン O^{2-}（正極→負極）	炭酸イオン CO_3^{2-}（正極→負極）	水素イオン H^+（負極→正極）	水素イオン H^+（負極→正極）	水酸イオン OH^-（正極→負極）
電極反応 負極	$H_2 + O^{2-} \to H_2O + 2e$ $CO + O^{2-} \to CO_2 + 2e$ $CH_4 + 4O^{2-} \to 2H_2O + CO_2 + 8e$	$H_2 + CO_3^{2-} \to H_2O + CO_2 + 2e$ $CO + CO_3^{2-} \to 2CO_2 + 2e$	$H_2 \to 2H^+ + 2e$	$H_2 \to 2H^+ + 2e$	$H_2 + 2(OH^-) \to 2H_2O + 2e$
電極反応 正極	$1/2 O_2 + 2e \to O^{2-}$	$1/2 O_2 + CO_2 + 2e \to CO_3^{2-}$	$1/2 O_2 + 2H^+ + 2e \to H_2O$	$1/2 O_2 + 2H^+ + 2e \to H_2O$	$1/2 O_2 + H_2O + 2e \to 2(OH^-)$
電池反応	$H_2 + 1/2 O_2 \to H_2O$ $CO + 1/2 O_2 \to CO_2$ $CH_4 + 2O_2 \to 2H_2O + CO_2$	$H_2 + 1/2 O_2 \to H_2O$ $CO + 1/2 O_2 \to CO_2$	$H_2 + 1/2 O_2 \to H_2O$	$H_2 + 1/2 O_2 \to H_2O$	$H_2 + 1/2 O_2 \to H_2O$

*プロトン交換模型（Proton Exchange Membrane FC，PEMFC）ともいう。

6.3.2 発電コスト

電気事業連合会は、1999年と2004年の2回にわたって、原子力発電の経済性・収益性に資するために、各電源の発電コストを試算し、公表している。試算は、次の計算式、

$$発電原価 = \frac{資本費 + 燃料費 + 運転維持費}{発電電力量} \qquad (6.4)$$

- 資本費：電源別の各モデルプラントにおける減価償却費、固定資産税、報酬、水使用料（水力）、廃炉費用（原子力）の合計
- 燃料費：単位数量当たりの燃料価格に必要燃料量を乗じた値
- 運転維持費：各電源別の修繕費、諸費、給料手当、業務分担費、事業税の合計

に基づいて、運転年数（40年および法定耐用年数の2ケース）、設備利用率（70％、80％および電源ごとの値）と割引率（長期的な投資効率を評価する等の目的で、将来価値を現在価値に割り引く際に用いる利率：0％、1％、2％、3％、4％の5ケース）を変化させて行われたモデル計算である。2004年に行われた運転年数を40年とした場合の試算結果[6-11]をまとめて示すと表6.3-5のようになる。一般水力〜原子力の発電原価の左側の数字は示されている設備利用率が一番高く、割引率が0％の場合、右側の数字は設備利用率が一

表6.3-5 各電源の発電原価の試算（運転年数：40年の場合）
（出典：一般水力〜原子力：文献[6-11]、太陽光と風力：文献[6-2]と[6-14]）

	発電原価(円/kWh)	設備利用率（％）
一般水力*	8.2 〜 13.3	45
石油火力	10.0 〜 17.3	30 〜 80
LNG火力	5.8 〜 7.1	60 〜 80
石炭火力	5.0 〜 6.5	70 〜 80
原子力	4.8 〜 6.2	70 〜 85
太陽光	49	12
風力（大規模）	9 〜 14	30

＊：一般水力発電とは、水力発電から揚水発電を除外した発電をいう。

番低く、割引率が4％の場合である。

日本政府は、この中から設備利用率80％（一般水力のみ45％）、割引率3％と仮定した場合の発電コストのみを抜き出して公表した。それがすでに示した図6.2−3である。このデータに基づいて、政府と電気事業連合会は、原子力発電は「クリーンで安全」であるとともに、他の電源による電力よりも「安い電力」であると宣伝し続けてきた。

しかし、これに異論を唱え続けている学者がいる。立命館大学の大島堅一教授である。図6.2−3に示されている発電コストはあくまでモデルに基づいた試算であり、実態を表していないというのがその理由である。

原子力発電の発電コストには次の4項目の費用が含まれなければならない。

① 発電に直接要する費用（燃料費、減価償却費、保守費等）
② バックエンド費用
　　・使用済み燃料再処理費用
　　・放射性廃棄物処分費用（低レベル放射性廃棄物処分費用、高レベル放射性廃棄物処分費用、TRU廃棄物処分費用）
　　・廃炉費用（解体費用、解体廃棄物処分費用）
③ 国家からの資金投入（財政支出：開発費用、立地費用）
④ 事故に伴う被害と被害補償費用

同教授は、①と②については電力会社の有価証券報告書に記載されているデータを用いて、③については国の一般会計エネルギー対策費と電源開発促進対策特別会計に基づいて、電源別発電コストを再計算した。その結果を表6.3−6に示す[6-12]。さらに、同教授は、図6.2−3に示した原子力発電の発電

表6.3−6　大島堅一教授によって算出された電源別発電コスト（単位：円/kWh）
（出典：文献[6-12]）

	原子力	火力	水力	一般水力	揚水	原子力＋揚水
1970年代	13.57	7.14	3.58	2.74	41.20	16.40
1980年代	13.61	13.76	7.99	4.53	83.44	15.60
1990年代	10.48	9.51	9.61	4.93	51.47	12.01
2000年代	8.93	9.02	7.52	3.59	42.79	10.11
1970〜2007年	10.68	9.90	7.26	3.98	53.14	12.23

コストの試算にいくつかの問題があることを指摘している。その中からいくつかの例を紹介する。

（1） 設備利用率を80％と仮定している。

図6.2－3に示した原子力発電コストの算出に当たっては設備利用率を80％と仮定している。しかし、実際には、図6.3－19に示すように、我が国の原子力発電所の設備利用率は平成14年度以降一度も80％に達したことはなく、平成15,19,20年度は60％まで落ち込んでいる[6-13]。電気事業連合会も、文献[6-11]の報告書の中で、設備利用率が60％を切るよ

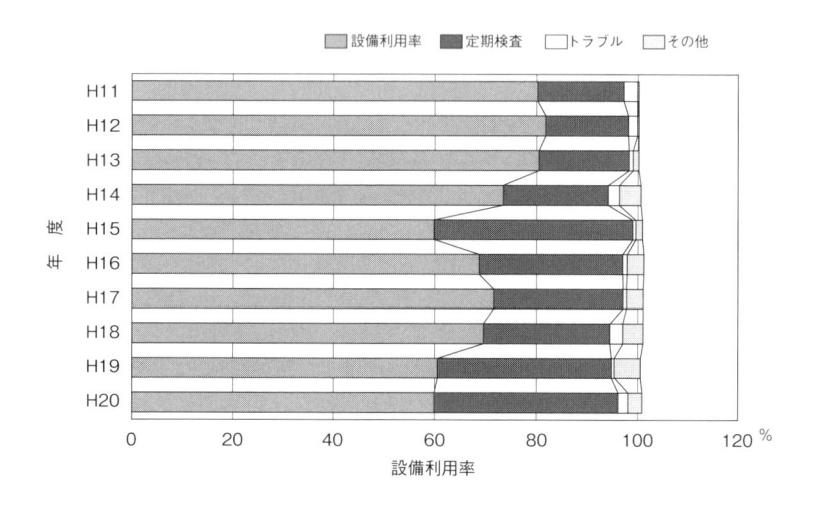

図6.3－19　我が国における原子力発電の設備利用率の推移（出典：文献[6-13]）

うになると原子力発電の発電単価は石炭やLNGのそれを上回るようになることを添付図（図6.3－20参照）で示しているが、エネルギー白書や電気事業連合会の原発を推進する資料ではこのことには一切触れておらず、「原発の発電原価は、図6.2－3に示した5.3円で、一番安い」という宣伝文句だけが独り歩きしている。

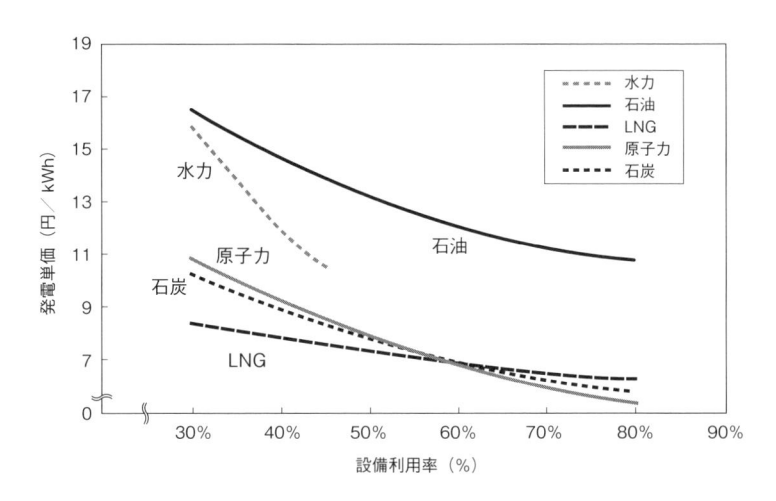

図6.3 - 20　設備利用率を変化させた場合の発電単価（40年運転、割引率3%）
　　　　　（出典：文献[6-11]）

（2）　バックエンドコストが過小評価されている。

　図6.2 - 3に示した原子力発電コストの算出に当たっては、例えば、六ヶ所再処理工場の稼働率を常時100%と仮定している。しかし、実際にはこのようなことはありえない。事実、再処理の経験豊富なフランスのAREVA社の2007年度の実績は56%である。もし稼働率が50%であれば、再処理工場が二ついることになり、それだけで再処理費が4倍になると言われている。その他にも、バックエンドコストの対象外とされている再処理項目がいくつかある。

（3）　揚水発電のコストを原子力発電のコストに入れていない。

　原子力発電は発電量の調整ができず常にフル回転しなければならないので、夜の電力需要の少ない時間帯には電力が余ってしまう。そこで、夜にこの余った電力で下の貯水池から上の貯水池へ水を汲み上げておき、昼間の電力需要の多い時間帯に汲み上げた水を流して揚水発電を行っている。したがって、揚水発電は原子力発電とセットとして取り扱うべきであるが、図6.2 - 3のコスト計算では、揚水発電のコストが水

力発電のコストに算入され、原子力発電のコストには算入されていない。揚水発電は一日のうち昼間のある時間帯しか動かず、稼働率が大変低いので、発電コストが非常に高い。実際にかかっている原子力発電のコスト（表6.3-6の一番左の欄の値）に揚水発電のコストを加算した値が表6.3-6の右端の欄に示されている。これを見れば、原子力発電の発電コスト（原子力＋揚水）は他の電源の発電コストに比べて高いことが理解される。しかも、このコストには「④　事故に伴う被害と被害補償費用」は含まれていない。福島第一原子力発電所のような大事故が起こった場合には、原発の発電コストはさらに大きな額になるであろう。

発電コストに関して公表されているデータは上述の試算値しかない。発電コストは、電力の安定供給と並んで、企業が将来にわたって国内にとどまるか、あるいは海外進出しなければならないか、を決める一大要因である。日本の発電コストは、先進国の中でも一番高いが、発電コストがどのようにして決められているか、(6.4)式の中身について不明な点が多々あると言われている。政府は、実際にかかっている発電コストを独自に計算し、国民に公表する義務があるであろう。

6.3.3　エネルギー効率

使用されたエネルギーのうちで実際に利用されたエネルギーの割合をエネルギー効率、使用されたエネルギーのうちで電気エネルギーに変換された割合を発電効率と定義する。各種発電法において、使用されたエネルギーが電気エネルギーだけに変換された場合には、エネルギー効率と発電効率は一致するが、発電に使われた以外のエネルギーも有効に利用される場合にはエネルギー効率は発電効率を上回ることになる。

各種発電法におけるエネルギー効率を比較して表6.3-7に示す。原子力、一般火力、石炭ガス化複合とLNGコンバインドサイクルの各発電法のエネルギー効率は発電効率を意味する。一般火力発電のエネルギー効率は現在約47%であるが、図6.3-7に示したように石炭をガス化して燃料に用いる石炭ガス化複合発電では、ガスタービンと蒸気タービンを併用して発電機を回

すことにより、エネルギー効率が48〜50％に上昇している。さらに、図6.3－6に示したLNGコンバインドサイクル発電では59％のエネルギー効率がすでに達成されており、2016年度には61％への到達が予定されている[6-17]。これに対して、原子力発電のエネルギー効率は約33％であり、一般火力発電と比べもかなり低い。この理由は、一般火力発電では、蒸気を可能な限り高温高圧にすることによりエネルギー効率の向上を図ってきたが（例えば、超臨界蒸気の使用）、原子力発電では核燃料棒の被覆に使われているジルコニウムが比較的高温高圧の蒸気に弱いため、蒸気の高温高圧化に限界があるからである。

表6.3－7　各種発電法のエネルギー効率の比較

発　電　法	エネルギー効率（％）	出典（文献）
原子力	約33	6-15)
一般火力	約47	6-16)
石炭ガス化複合	48〜50	6-1)
LNGコンバインドサイクル	59	6-17)
PEFC型家庭用燃料電池	最大80	6-18)

　LNGコンバインドサイクル発電によってエネルギー効率が60％にまで向上しても、発電だけでは、残りの40％の熱エネルギーを大気中に捨てなければならない。そこで、この排熱を捨てずに有効に利用するコージェネレーション（cogeneration）という発想が生み出された。コージェネレーションとは、電気と熱を同時に生み出すシステムを意味する。電気は発電所から遠く離れていても利用できるが、熱は遠く離れていては利用できないので、コージェネレーションを実現するためには、消費者である住民が発電所の近くに居住していなければならない。しかし、大型発電所の近くに多数の消費者が居住することは現実的ではない。一方、小型発電機ならば消費者の近くに置くことができる。その代表格が燃料電池である。燃料電池でコージェネレーションを行えば、エネルギー効率を最大80％まで高めることが可能であると言われている。発電において発電効率を1％上げるのには大変な努力が必要な

ので、燃料電池コージェネレーションシステムを一般家庭は無論のこと、熱をかなり利用する工場、病院、学校、ホテル、店舗などに適用すれば、省エネ効果は計り知れない。

6.3.4 発電用燃料の可採年数

第5章 第5.1節 第5.1.1項で見積もった石油、天然ガスと石炭の可採年数（確認埋蔵量を年間消費量で割った値）と電気事業連合会が公表しているウランの可採年数[6-2]をまとめて表6.3-8に示す。石油の可採年数が一番短く38年であるが、今から約40年前の1970年代には「石油はあと30年位でなくなる」と言われていたので、その

表6.3-8 発電用燃料の可採年数

	発 電 法
石油	38
天然ガス	63
石炭	133
ウラン	100

ころに比べるとむしろ可採年数が延びている。なぜ、このようなことが起こるのか。地下に眠っている資源の量は現在の科学では正確に見積もることができないので、「資源は枯渇する」ということを現在の学問では証明することができない。したがって、可採年数の数値は学者側から公表されたものではなく、資源関連企業側から出されたものである。企業側の立場に立てば、「資源は豊富にある」とは言いたくない。価格が崩れてしまうからである。したがって、石油で言うならば、いつまでたっても可採年数は30～40年位ということになる。石油以外の資源についても同様である。それゆえ、表6.3-8に示した可採年数は今後も当分の間減ることなく維持されることが予想される。

第5章 第5.1節 第5.1.1項の5.1.1-5で、CO_2を利用した植物の光合成によって生じた酸素（O_2）量から地球の還元 炭素（C）の埋蔵量と枯渇年数を推算したが、それによれば還元炭素の枯渇年数は、少なく見積もっても2万5千年、多く見積もれば6百万年であった。武田も同様の推算を行っており、短くても8,000年以上と見積もっている[6-19]。

6.3.5 今後の50年間における発電法（電源）のベストミックスのあり方

第6.1節と第6.2節の前文で、原子力発電が国策として如何にしてその地位を高めてきたかについての経緯を説明した。その経緯を背景にして、東日本大震災が起こる直前の2010年6月に公表された「エネルギー基本計画・第二次改定版」では、基本計画に対する基本的視点として、前述した3E、すなわち、（1）総合的なエネルギー安全保障の強化（エネルギーの安全供給の確保）、（2）地球温暖化対策の強化（環境への適合）、（3）エネルギーを基軸とした経済成長の実現（経済効率性）、に加えて、（4）安全の確保、（5）市場機能の活用等による効率性の確保（経済効率的なエネルギー供給の実現）、（6）エネルギー産業構造の改革（従来の業種や事業領域の枠組みにとらわれず、国際競争力を有し、安定供給と環境への適合が同時に図られるような産業構造への改革）、（7）国民との相互理解、を挙げ、電源構成に対する2030年に向けた目標として、現在34％であるゼロエミッション電源（原子力および再生可能エネルギー由来）の比率を2020年までに約50％以上、2030年までに約70％にする、ことが示された。この目標は、再生可能エネルギーの実現可能性を考慮すると（後述）、原子力発電の比率を2030年までに50％以上にすることを意味するものと解釈される。ここで、再度注意すべきことは、この目標は「原発安全神話」の前提のもとに設定されていることである。しかし、福島第1原子力発電所の大事故を経験してこの安全神話は完全に崩壊した。目標設定の前提が崩れ去ったのであるから、新しい前提に立った目標に切り替えなければならないのは当然の帰結である。新しい前提は、経済性と安全性を切り離し、安全性を優先することである。日本の原子力発電所は、国民に対して絶対に安全と信じ込ませてきた国の耐震指針に沿って作られている。それにもかかわらず、震度6で柏崎刈羽、福島第1と女川原発の、震度4で東通原発の全電源が喪失した。原子炉本体ばかりに注視が集まって、電源に対する対策が疎かにされてきた結果である。日本の原子力発電所は、このように不完全な耐震指針に基づいて建設されているので、地震が来たら壊れると見做さなければならない。原子力発電所の事故に「想定外」という理由は許されない。現存している巨大技術は、多くの失敗とそれに対する改善策を積み重ねて生き残ってきたものばかりである。これに対

して、原子力発電は、絶対安全と言われてきたので、事故を起こすことを想定せず、そのため事故に対する対策も取られてこなかった。人類にとって原子力発電が将来再び主要電源の一つとして必要不可欠なものと判断される時が来るとすれば、原子力発電は、一般巨大技術のように失敗の積み重ねは許されないから、その時までに徹底した安全対策を机上で充分に検討して作成しておかなければならない。増子は、「大規模連続化学反応装置では、熱密度が$10^6 kcal/(m^3・h)=1.2kW/dm^3$（1Makという単位で表す。）を超えると制御できなくなる」という経験則がある、と述べている[6-20]。$700m^3$の圧力容器で300万kWを発熱する原子炉は3.5Makに相当し、大規模連続化学反応装置の制御限度を大幅に超えた高熱密度の領域にある。もし、原子力発電を再開するのであれば、このような高熱密度であっても制御が可能であることを科学的・技術的に証明しなければならない。さらに、いかなる技術にも絶対安全ということはありえないので、事故が起きた場合にはその影響が及ぶ範囲とそれを食い止めるための緻密な防災・減災対策も検討し、作成しておかなければならない。そして、この安全対策と防災・減災対策が「想定外」を引き起こさないことを国民に理解してもらわなければならない。さらに、原子力発電のような巨大技術を動かすためには、科学と思想を分けて考え、金銭に惑わされることなく、真に公のために確固たる信念をもって科学的事実に基づいて真摯に行動できる人材の育成が不可欠であることを福島第1原子力発電所の大事故に対する対処の仕方が証明した。さらに加えて、原子力発電の発電コストは、表6.3－6に示したように、他の電源に比べて高いので、これを下げる努力も行われなければならない。これらの実現には今後50年位はかかるのではないか。したがって、これからの50年間は原発なしでもやっていける方策を考えなければならない。

　ところで、現状のままで原発を廃止すると、日本の電力は本当に不足するのであろうか。我が国の大手10電力会社の2008年度末における最大出力を表6.3－9に示す[6-2]。原子力を除く最大出力の合計は15,686万kWである。また、我が国の自家発電の最大出力は6,000万kW（1発電所の最大出力が1,000kW未満のものは除外されている。）と言われている[6-19]。

　一方、1日の電気の使われ方（大手10電力会社の合計）の推移を示すと図

表6.3－9　我が国の大手10電力会社の2008年度末における最大出力（単位：万kW）
（出典：文献[6-2]のデータから抜粋して作成）

電力会社	水力	地熱	火力 石油	火力 石炭	火力 LNG	火力 内燃力・ガスタービン	火力 合計	原子力	風力	太陽光	合計
北海道電力	123	5	165	225	—	17	407	116	—	—	650
東北電力	242	22	190	320	570	8	1,088	327	—	—	1,680
東京電力	899	0	1,075	160	2,511	22	3,768	1,731	0	—	6,398
中部電力	522	—	509	410	1,471	0	2,390	350	—	—	3,263
北陸電力	182	—	150	290	—	0	440	175	—	—	796
関西電力	819	—	818	90	683	4	1,591	977	—	—	3,386
中国電力	291	—	319	272	174	4	764	128	—	—	1,183
四国電力	114	—	240	111	—	—	350	202	—	0	666
九州電力	298	21	463	246	410	40	1,158	526	0	—	2,002
沖縄電力	—	—	72	75	—	46	192	—	—	—	192
10電力合計	3,489	49	4,092	2,198	5,833	140	12,148	4,532	0	0	20,218

（注）合計が合わないのは四捨五入の関係。出力は認可最大出力。数値が0となっている個所は1未満を表す。

6.3－21のようになる[6-2]。大手10電力会社合計の過去最高の電力消費量は18,270万kWである。したがって、大手10電力会社の原子力を除く最大出力だけでは、18,270万kW － 15,686万kW ＝ 2,584万kW、不足する。しかし、我が国の自家発電の稼働率は推定であるが、約50％と言われている。したがって、この稼働率を95％に上げれば、現在より自家発電量が（6,000万kW × 0.95 － 6,000万kW × 0.50）＝ 2,700万kW増えるので、これで不足分（2,584万kW）を補うことができる。しかし、電力設備を100％稼働させることは不可能に近いので、このままでは不足することになる。また、表6.3－10に示すように、電力会社によって、原子力発電への依存度が大きく異なるので、原子力発電への依存度が高い関西、四国と九州地方では特に不足することが懸念される。しかし、2011年9月18日（日）朝7時30分から東海テレビで放送された「新報道2001」で、大阪府の橋下知事から、「今夏、関西地方は電力不足に陥る危険性が高いと言われてきたので、関西電力にその状況を毎日報告するよう依頼し、情報を受けてきたが、一度も危険な状況に達するこ

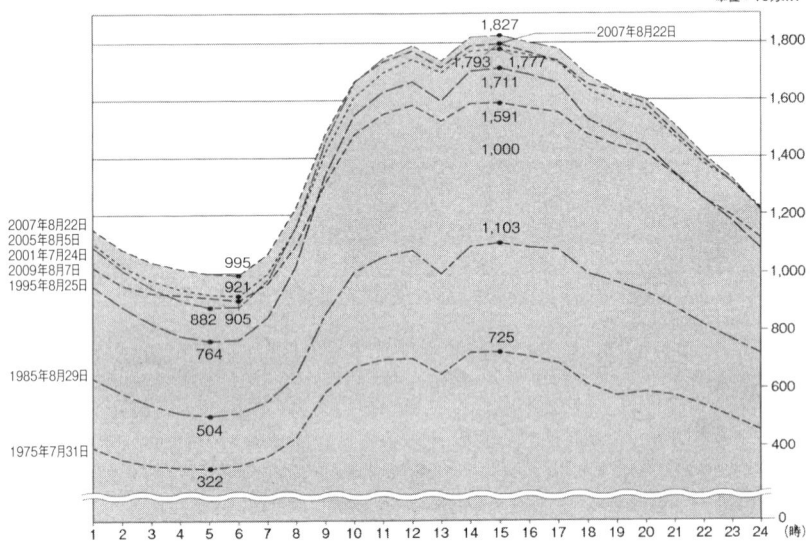

図6.3－21　1日の電気の使われ方（10電力会社の合計）の推移（出典：文献[6-2]）

表6.3－10　大手10電力会社の発電電力量構成比（2008年度）
　　　　　（出典：文献[6-2]のデータに基づいて作成）

電力会社	発電電力量構成比（％）						
	原子力	石油	石炭	LNG	水力	地熱	新エネ等
北海道電力	19	21	46	—	12	—	2
東北電力	25	5	29	29	11	1	1
東京電力	23	16	9	46	6	—	1未満
中部電力	18	3	22	50	6	—	—
北陸電力	15	8	54	—	23	—	1
関西電力	50	10	6	24	10	—	1未満
中国電力	10	12	53	18	6	—	1
四国電力	50	16	27	—	7	—	1未満
九州電力	50	3	20	19	6	2	1未満
沖縄電力	—	26	74	—	—	—	—

人類と資源

とはなかった。」という発言があった。恐らく、このようなことが起こるのは、①電力会社の電気料金を下げたくない立場からは、「電気は充分である。」とは言いにくい、②日本の原子力を除く電力設備能力は、大手10電力会社の原子力を除く最大出力（15,686万 kW）と自家発電の最大出力（6,000万 kW）との和（21,686万 kW）よりかなり余裕があるのではないか、③ピーク消費電力量を示すのは、一日の内の2〜3時間だけであるから、工夫によってある程度下げることができる、ためと考えられる。しかし、現存のデータを見る限り、原子力発電を全廃しても、電力不足に陥る地域はない、とは断言できない。政府は、「エネルギー基本計画」を改めて改定する前に、電力会社ではなく国の責任の下で、我が国の原子力を除く電力設備能力の正確な値を早急に調査し、公表すべきである。

　これより、今後50年間における原子力発電を除く発電法のベストミックスについて考える。一次エネルギー資源の需給、価格や技術開発などの動向を考慮すれば、電力会社が運営する大規模集中型とあらゆる人が参加できる小規模分散型の多様な電源の組み合わせによりベストミックスを構築していくことが望ましい。

　まず、大規模集中型発電から考える。太陽電池を用いた太陽光発電と風力発電は、発電のために使われた自然エネルギーの質は必ず低下するので、質の高い自然エネルギーを利用して生きてきた動植物・微生物などに打撃を与えるし、また、面積を必要とするので、国土とくに平地の狭い日本では、平地の広い国に比べて不利である。地熱発電は、温泉地に影響を与えることは必至である。このような自然環境への影響に加えて、適地の少なさ、設備利用率の低さ、発電コストなどの問題を抱えているので、新エネルギーによる発電は、現在でも、国内発電量の1％に過ぎず、水力を含めた再生可能エネルギーでもその割合は10％に達しない。2010年6月に公表された「エネルギー基本計画・第二次改定版」で掲げられた再生可能エネルギーの目標値でもその割合は21％に止まっている。このように、再生可能エネルギー、とくに新エネルギーによる発電は、発電法の主役になるのは困難である。残されるのは火力発電である。石油は、第7章 第7.4節 第7.4.5項で述べるように、一旦プラスチックなどの材料に変換して利用した後に燃料として利用する方向

に転換すべきである。したがって、可採年数が50年以上あり、発電効率の改善が著しい石炭を用いた石炭ガス化複合発電やLNGを用いたガスコンバインドサイクル発電が主要電源になるべきである。

　小規模分散型発電（太陽電池、風力発電、地熱発電、燃料電池など）は、基本的に地域、企業、公共施設、家庭などにおける地産地消型電力供給源として、必要と認められたときに設置すればよい。中でも、電力と熱の同時供給を可能にするためエネルギー効率が極めて高い燃料電池の普及に期待したい。

　それぞれの発電法には、安全性、安定供給、環境適合性、経済性（コスト）などにおいて長所と短所がある。したがって、どの一つの発電法にも過度に依存することは好ましくない。さらに、スマートグリッド（ITなどを駆使してエネルギーの安定供給や省エネルギーなどを可能にする次世代送電網）に基づいたスマートコミュニティーやスマートハウスの採用や省エネ対策を積極的に取り入れていく必要がある。また、これらの対策には時間的・空間的配慮が欠かせないので、時間軸と空間軸を十分に考慮した発電法のベストミックスを常に検討していくことが不可欠である。現時点では現有の火力発電を発電の主体にして、早急に発電効率の低い設備を石炭ガス化複合発電やガスコンバインドサイクル発電などの発電効率の高い設備に切り替えていくことがベストと考えられる。

　なお、2011年9月23日（金）付の新聞報道によれば、「政府は、今後のエネルギー政策に関して、①原発依存度の低減、②再生可能エネルギーの促進、③省エネの徹底、を三本柱にしたベストミックスの具体案を2012年3月までに作成する方針を固めた。」と伝えられている。

〔参考文献〕

6-1) 電気事業連合会：「電気の情報広場」.
6-2) 電気事業連合会：『図表で語るエネルギーの基礎』、(2009, 2010).
6-3) 経済産業省・資源エネルギー庁：『エネルギー白書2010－第1部　第1章　第4節　総合的なエネルギー安全保障の定量評価』.
6-4) 資源エネルギー庁・個別施策情報.

6-5) 電気化学協会編：電気化学便覧・第4版、(1985).
6-6) http://www.jpea.gr.jp/11basic04.html
6-7) http://www.nbskk.co.jp/engineering/solution/wind.html
6-8) http://www.iae.or.jp/energyinfo/energydata/data4026.html
6-9) http://www.neeco.co.jp/business/binary.php
6-10) 本間琢也：『図解・燃料電池のすべて』、(工業調査会、2003).
6-11) 電気事業連合会：『モデル試算による各電源の発電コスト比較』、(平成16年1月).
6-12) 大島堅一：『原子力政策大綱見直しの必要性について−費用論からの問題提起−』、第48回原子力委員会定例会議（2010年9月7日）資料1-1.
6-13) 経済産業省：『平成20年度の原子力発電所の設備利用率について』、News Release（平成21年4月17日、(訂正) 平成21年11月26日).
6-14) エネルギー白書2010 − 第1部 第2章 第2節「我が国における再生可能エネルギーの導入動向」、
http://www.enecho.meti.go.jp/topics/hakusho/2010energyhtml/1-2-2.html
6-15) http://www.toshiba.co.jp/nuclearenergy/jigyounaiyou/fruit04/fruit04.htm
6-16) 原子力発電 − Wikipedia.
6-17) 東京電力：火力発電熱効率の向上
http://www.tepco.co.jp/eco/report/glb/05-j.html
6-18) 広瀬　隆：『二酸化炭素温暖化説の崩壊』、(集英社新書、2010).
6-19) 武田邦彦：『エネルギーと原発のウソをすべて話そう』、(産経新聞出版、2011).
6-20) 増子　昇：『核反応と化学反応の違い』、日本学術振興会・水の先進理工学・第183委員会、第5回総会・公開シンポジウム資料（平成23年10月7日).
pp. 23-28.

第7章

リサイクルと循環型社会

7.1 リサイクルと循環型社会が注目されるようになった背景と経緯

　我が国において、リサイクル、そしてリサイクルの規模を拡大して世の中の物質とエネルギーを循環することによりできるだけ無駄のない社会を目指そうとする循環型社会がなぜ注目されるようになったのか、その背景と経緯から見てみることにしよう。

　戦後、特に1960年代から始まった高度経済成長以降の日本は、大量生産→大量消費→大量廃棄のワンウェイ社会であった（図7.1 - 1）。ワンウェイ社会とは、人間が活動するために必要な物質が量として1.0入ると、物質は人間の活動によってその形や姿を変えるが、第1章・第1節の第1.4.2項で説明した「物質不滅の法則」により、社会が物質で満杯であれば、最終的にゴミとなって1.0出てくる社会である。なぜこのような社会になったかを経済面から捉えれば、新自由主義に基づくグローバルな市場経済システムがあったからである。もちろん、この経済構造に根を下ろした大量生産方式は人々に多くの利益をもたらしたことも事実である。生活水準の向上とそれによる寿命の延長はその代表格と言えよう。

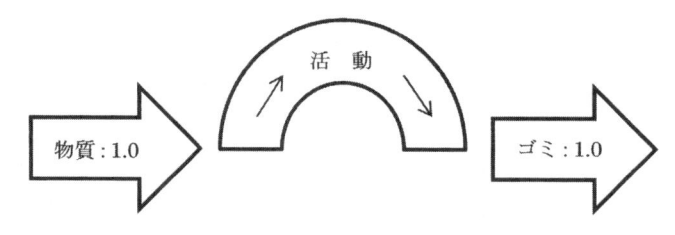

図7.1 - 1　ワンウェイ社会

　一方で、この大量生産方式は、環境面で地球を徐々に蝕み始めていたが、1980年代までは世界の多くの人々がそれに気付くまでには至らなかった。
　図7.1 - 2は、大量生産方式を支えた基幹材料である鉄鋼とアルミニウムおよびその他の主要金属の生産量の推移を示したものであるが[7-1)]、1940年前後を境にそれらの生産量が急上昇していることがわかる。この年代を、自然活動と人間活動の大きさを比較する一つの例として、自然活動と人間活動

によって自然界に放出されるイオウの量の観点から眺めてみると大変興味深い点に気が付く。図7.1－3に自然活動と人間活動から放出されるイオウ量の経年変化を示す[7-2]。自然活動から放出されるイオウの量は太古の昔から変わることなく30兆グラムと言われている。一方、人間活動から放出され

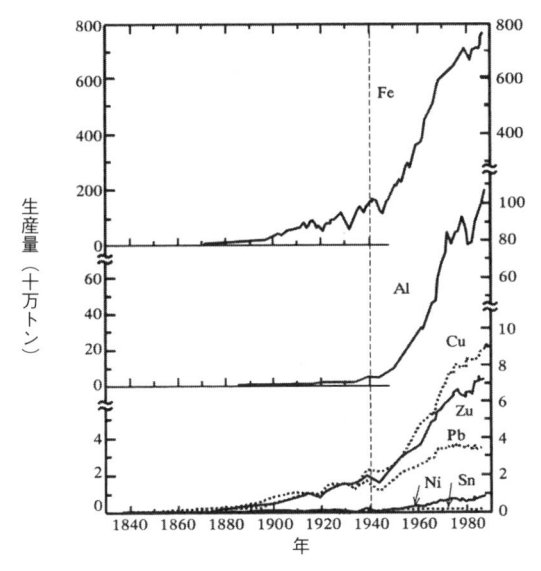

図7.1－2　世界における主要金属の生産量の推移（出典：文献[7-1]）

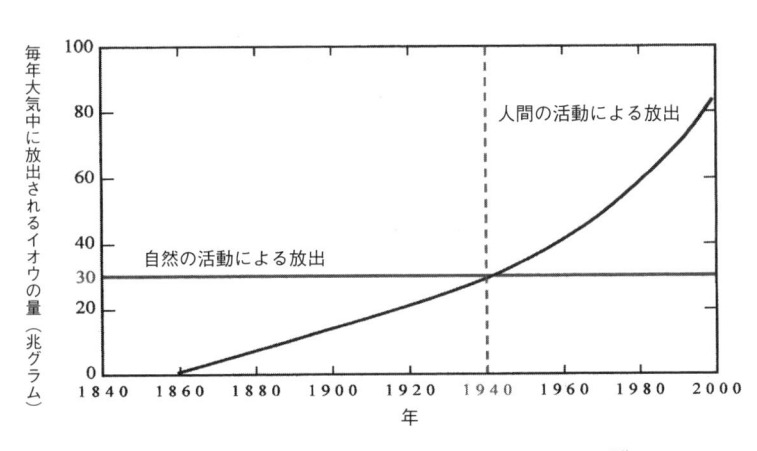

図7.1－3　自然界に放出されるイオウの量（出典：文献[7-2]）

るイオウの量は、計測が始まった1860年頃はまだ1兆グラムに達しない状態であったが、18世紀に英国で起こった産業革命が欧州各国に浸透し、米国で大量生産技術の萌芽がみられるようになって以降、毎年増え続け、ついに1940年頃に自然活動から放出される30兆グラムと肩を並べるまでになり、現在はその3倍の90兆グラムに達しようとしている。図7.1－2と図7.1－3から、世界を平均化して見てみると、1940年頃に人間の活動が、大自然と崇めて無限と思っていた自然の活動をすでに超えようとしていたと考えられる。したがって、この頃から、人間の放出する諸々の排出物を自然界が処理しきれなくなり、地球上への蓄積が始まったものと推察される。

　感性鋭い少数の人々だけがいち早くこのことに気付き始めていた。1962年に米国のレイチェル・カーソンが「沈黙の春」を発表し、1972年にはマサチュセッツ工科大学のメドウス博士らによって21世紀の予測がなされ、さらにローマクラブによる「宇宙船地球号」の概念へと発展した。しかし、大多数の人々は、人間の活動が自然の活動を上回り始めているなどとは夢にも思ってはいなかった。

　したがって、我が国では1960年代に入ってから高度経済成長政策が実施された。その結果、"国民すべて中流階級"と言われるほどに日本人全体の生活水準は著しく向上し、1980年代後半から1990年代の初頭にかけてその絶頂期を迎えた。しかし、これは"砂上の楼閣"であることがすぐに露呈し、バブルは急速に崩壊した。これによって、国民も大量生産→大量消費→大量廃棄の経済構造の限界に気付き始めた。時を同じくして1992年にリオデジャネイロで開かれた「環境と開発に関する国連会議（地球サミット）」以来世界の合言葉となった"人類社会の持続可能な発展"と言う思想が追い打ちをかけ、日本国民の目を次第に地球環境問題に向けさせていったが、それでもなお何となく"他人事"という感が拭えなかった。しかし、1990年代の後半になって日本各地で廃棄物処分場の枯渇の問題が急浮上し、大量生産→大量消費→大量廃棄の状態を続けていては処分場の確保が追い付かないことに気付き、ようやく国民1人ひとりが身近な問題として捉えるようになった。

　しかし、だからと言って、世界を支配している市場経済システムを直ちに修正するなどということは現実的ではない。そこで、大量生産→大量消費

→大量廃棄の経済構造、すなわち、市場経済システムを維持しつつ、大量廃棄されるものをリサイクルすることによって循環型社会を構築しようと言う考え方が浮上してきた。もう少し具体的に説明すると、当時我が国には年間21億トンの物質が入り、それによってGDP500兆円の活動が行われ、5億トンの廃棄物（産業廃棄物：4.5億トン、一般廃棄物：0.5億トン）が出てきていたが、これでもってすでに出口側の物流がまさに破綻しようとしていた。そこで、この5億トンをリサイクルすることによって循環型社会を構築し、廃棄物処分場問題を解消しようという考え方が浮かび上がってきたのである。その上、景気を後退させないために入力する物質量は変えることなく、循環型社会を構築することによって、ゴミとしての廃棄物量だけを減らそうという虫のよい基本構想が持ち上がり、これによってリサイクルとこれに基づく循環型社会が急速に注目されるようになった。なぜ"虫のよい基本構想"であったかについては次節以降を参照することによって理解される。

7.2　地球上における昔と今のものの循環

　ここでは1940年以前を昔、それ以降を今と呼ぶことにする。昔の地球上におけるものの流れから見た社会は、人間活動にだけ注目すれば、図7.1－1に示すようなワンウェイ社会であったが、自然活動も含めれば立派な循環型社会であった。人間活動の結果、人間社会から出るゴミ（廃棄物）を自然が処理してくれていたからである。ここで、人間が活動する流れを活動系、自然がゴミ（廃棄物）を処理して再び人間に役立つものに変えてくれる流れを回生系、汚いものをきれいにする流れを浄化系と呼ぶと、昔のものの循環は図7.2－1のように表される（人間活動と自然活動の大きさの比較を線の太さで示してある）。回生系だけでなく浄化系を加えてあるのは、廃棄物を処理して再び人間に有用な物質にするためには、廃棄物中に含まれている人間にとって有害な毒物を除去しなければならないからである。1940年以前の昔は、人間活動に比べて自然の活動が十分に大きかったので、人間社会から出る廃棄物を自然が悠々と回生し、浄化することができた。したがって、立派な循環型社会が成り立っていた。

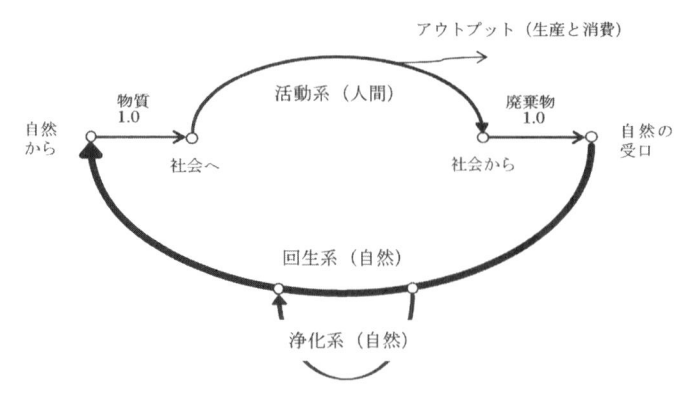

図7.2−1　地球上における昔のものの循環を表す模式図
（文献[7-2]）p.121の図13を若干改変）

　これに対して、地球上における今のものの循環を模式的に表したのが図7.2−2である。人間の活動が自然の活動を上回るようになったので、自然が人間社会から出る廃棄物を処理しきれなくなり、循環型社会が成り立たなくなった状態を表している。

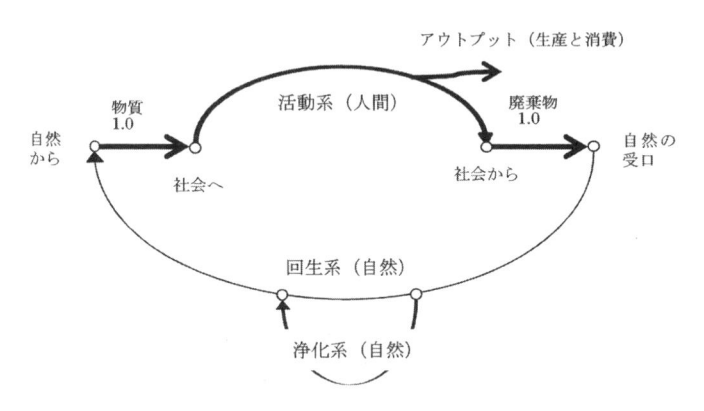

図7.2−2　地球上における今のものの循環を表す模式図
（文献[7-2]）p.121の図13を若干改変）

　この状態を脱するために、昔は自然が受け持っていた回生系と浄化系を人間が受け持つことにより再び循環型社会を取り戻そうと考えたのである。し

かし、大多数の人間は、自らは経験したことのない自然が行う回生系と浄化系の苦労を理解していなかった。そのため、図7.2-3に示すような"虫のよい循環型社会"の構想が持ち上がったのである。自然は太陽エネルギーや水、空気、土壌などの物質を利用し、微生物をはじめとする多くの生物の働きの助けを借り、長時間をかけて回生系と浄化系を動かしているが、"虫のよい循環型社会"構想では、このことは全く考慮されていない。同図では、人間社会から出る廃棄物の8割が循環される例が示されているが（循環型社会というからには、この程度の割合が循環される必要があろう。）、"虫のよい循環型社会"構想では、リサイクルすることによって、この8割がそのまま入り口側の原料物質になると考えられたのである。こんな虫のよいことは起こらないことをこれ以降の節で逐次説明することにする。

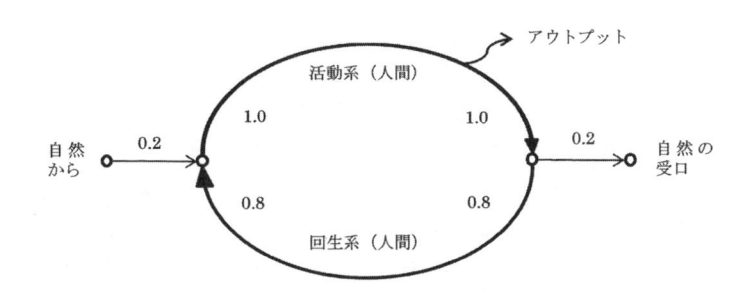

図7.2-3　虫のよい循環型社会における物の流れ

7.3　分離工学という学問からリサイクルの労力を知る

　ここで、分離工学という学問を最初に取り上げた大きな理由は、後述するように、リサイクルするとかえって環境を汚すことが起こり得るし、循環型社会を構築しようとすると多くの苦労が待ち受けていることが予想されるので、その学問的根拠を明確にしておきたいためである。原理がわかっていれば、多くの事例の理解が容易になることは請け合いである。

7.3.1 収集と分離

　リサイクルは、ゴミの中から目的物を収集することから始まり、収集した目的物からさらに不要なものや不純なものを分離することを繰り返すことによって完結される。アルミ缶を「缶 to 缶」の方式でリサイクルする場合を例に取り上げて、収集作業と分離作業を示せば、それぞれ図7.3－1と図7.3－2のようになる[7-2]。図7.3－1は、モデル的に八種類の分別を行い、それらをそれぞれ収集して回収する過程を示している。アルミ缶の収集は、例えば、○印で示された過程と見做すことができる。このようにして収集・回収されたアルミ缶は図7.3－2に示すリサイクル工場に運ばれ、そこで分離作業が実施される。その分離作業の概略は、①大雑把にアルミ缶以外の類似した飲料缶を取り除く、②ペットボトルなどのプラスチック類を除く、③磁力を用いてスチール缶とアルミ缶を分ける、④缶の中に入っているタバコなどの汚いもの、および鉄分やシリカ（土の成分）を洗浄して取り除く、⑤缶の表面の酸化チタンを取り除く、そして胴体と蓋を分けた後、⑥胴体からマンガンを分離する、⑦蓋からマグネシウムを分離する、⑧最終的に高純度のアルミニウム地金に精製する。人間は自分が欲しいものだけに注目しがちであるが、循環型社会ではそれ以外の「残りのもの」もリサイクルして回収しなければならないことに注意する必要がある。「残りのもの」のリサイクルが、

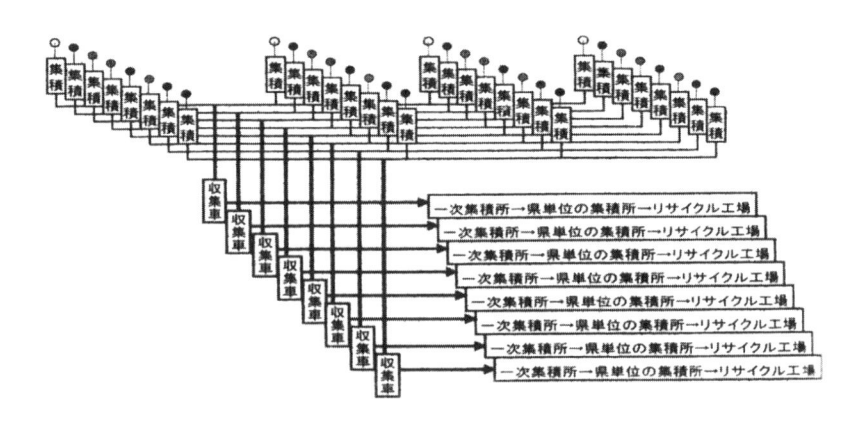

図7.3－1　分別収集の例（出典：文献[7-2]）

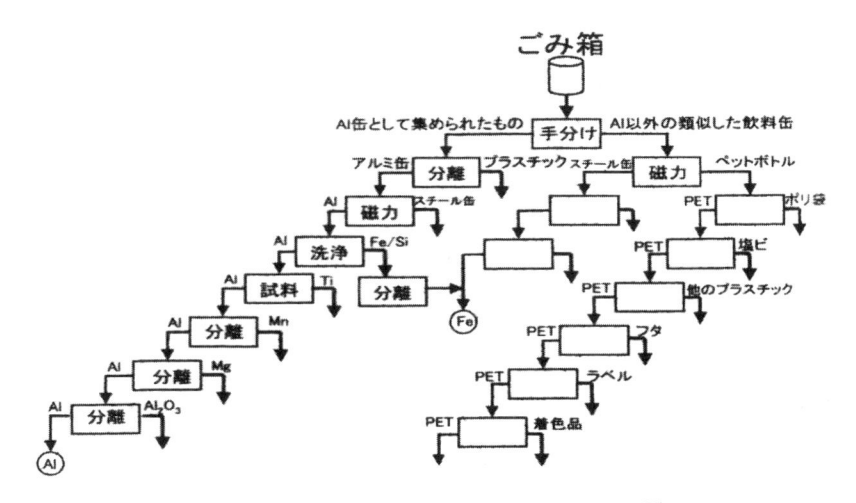

図7.3−2では、その右側に書かれている。

図7.3−2　収集されたアルミ缶の分離（出典：文献[7-2]）

　分離工学では、図7.3−1と図7.3−2に示した一つ一つの要素を「分離ユニット」と言い、「分離ユニット」の組み合わせの仕方を「カスケード」と呼ぶ。
　「分離ユニット」では、「目的のものだけをできるだけ確実に」、「できるだけ早く」取り出す方が効率的なので、分離ユニットの性能を決める要因として、分離係数（目的のものだけを確実に取り出す能力）と分離速度（素早く目的のものを分別する能力）が取り上げられる。分離係数が大きく、分離速度が速いと分離ユニットの性能は大きくなるが、世の中では「あちらを立てればこちらが立たず」という状況にしばしば遭遇するように、この場合も、分離係数を大きくしようとすれば分離速度が遅くなり、分離速度を速くしようとすれば分離係数が小さくなる。
　さて、この節の目的は、分別してリサイクルするのにかかる労力を計算することであるが、そのためには図7.3−1と図7.3−2に示した収集と分離のユニットでかかる労力を計算して、それらを集計すればよい。しかし、すべての技術がそうであるように、リサイクル技術も開始早々は原始的な効率の悪い方法で行われていても次第に改善され、徐々に理想的な方法に向けて進

歩していくものである。したがって、改善途上の技術による労力を計算しても、その値は時間とともに変化していってしまうので、このような不都合を避けるためには、最終目標となる理想的な技術の展開による労力を計算しておく方が有益である。このような考え方から「理想カスケード理論」が生まれた。次項で説明するように、「理想カスケード理論」からリサイクルにかかる労力の本質を見て取ることができる。

7.3.2 理想カスケード理論による分離作業量

理想カスケード理論は次の二つの仮定を前提にしている。
〔仮定1〕：一度分別したものは二度と一緒にしない。
〔仮定2〕：皆が協力してどんなものでも自由に使うことができる（お金は十分にあり、分別に一番良い方法を研究者が教えてくれ、住民すべてがリサイクルに協力する、など）。

理想カスケードにおいて、あるものを分離するのに要する労力を「分離作業量（ＳＷＵ）と言うが、それは次式で表される。

$$\text{分離作業量} = (\text{ユニット関数}) \times \frac{1}{(\text{価値関数})} \qquad (7.1)$$

ここで、「ユニット関数」とは、分離ユニットの能率を示す数値である。分離速度が速く、分離係数が大きいほど能率がよいので、このような場合には、ユニット関数の値は小さくなる。これに対して、「価値関数」は、①含有率（分別して取り出そうとする目的物がゴミの中にどのくらいの割合で入っているか）、②リサイクル率（社会においてその目的物の回収率をどの程度に設定するか）、③再生品の純度（最終的にどのくらいの純度の再生品を生産するか）、の三つの要素から計算される値である。含有率が高く、リサイクル率が低く、再生品の純度が低いほど目的物を回収するのに労力がかからないから、価値関数の値は大きくなる。社会的にはリサイクル率を上げることがよいと考えられがちであるが、労力の点からみると、リサイクル率を上げ過ぎることはかえって価値を下げることにつながる、ことに注意しなければならない。

(7.1)式を用いると、ある与えられた条件下でリサイクルを行ったとき、その結果がどのような形で表れてくるか、すなわち、リサイクルにかかる労力が何に依存しているのか、労力が一番少なくてすむ社会にするにはどうすればよいのか、などを見通すことができる。

どのように見通せるかの一例を図7.3－3に示す[7-2]。中央の図は、ゴミの中に2％入っていた目的物を取り出し、最終的に99％の純度の再生品をリサイクル工場でつくり、リサイクル率を50％としたときの理想カスケードの形を示したものである。Fは最初のゴミで、そこに示されている％は取り出したい目的物の含有率を表している。Pは再生品で、％はその純度、Wは最終廃棄物で、％は取り出し切れずに残った目的物の含有率である。Fの矢印の右の最大幅部分がゴミから目的物を取り出す第一工程で、横幅の長さが労力の大きさを表している。この横幅が最も大きいので、ゴミから目的物を取り出す第一段工程で最も大きな労力がかかっていることがわかる。そこから上の方は、リサイクル工場で徐々にリサイクルが進んでいく状態を示している。ここでかかる労力は、ゴミの中から目的物を取り出す労力よりも小さく、リサイクルが進むにつれてますます小さくなることがわかる。Fの処理を示す横線から下の部分が自治体の担当を表しており、アルミ缶を取り出した後のゴミの処理や最初に取り出したアルミ缶の運搬などがこれに相当する。この部分にもかなりの労力がかかっていることがわかる。このようにして同図から、多くのリサイクルにおいて最初に目的物を取り出す人（多くの場合家庭の主婦やボランティア）や最初

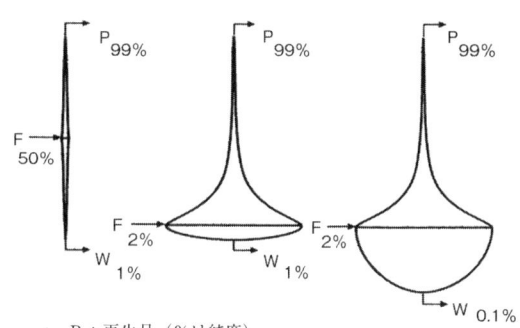

P：再生品（％は純度）
F：目的の材料を取り出す元のゴミ
　（％は取り出したい材料の含有率）
W：最終廃棄物
　（％は取り出しきれず残った材料の含有率）

図7.3－3　理想カスケードの形（出典：文献[7-2]）

の段階で目的物やその他のものを収集したり処理したりする人(多くの場合自治体)に労力の大半がかかることを理解することができる。図7.3-3の右側の図は、中央の図の条件のうちリサイクル率を95%に上げた場合を示す。下側の面積が大きく膨らんでおり、主婦やボランティアおよび自治体の労力がより大きくなることがわかる。左側の図は、目的物の含有率を50%に上げた場合を示す。目的物の含有率が上がると、第一段工程でかかる労力が低下することがわかる。

現行のリサイクルでは、家庭や自治体に多くの労力がかかるようになっているが、理想カスケード理論を知っていれば、このことをあらかじめ察知できたはずである。

7.3.3 製品の価格と原料品位の関係

自然から原料を得て工業的プロセスを経由して色々な製品がつくられる時の製品の価格を縦軸に、原料の品位(含有率)を横軸にとってプロットすると図7.3-4のようになる[7-2]。原料中の含有率が低くなるほど製品の価格が高くなるという明確な相関が見て取れる。右上がりの直線は、(7.1)式から計算された分離作業量の値で、製品の価格と見事な一致を示している。このことから、製品の価格は生産者や消費者が勝手に決められるものではなく、

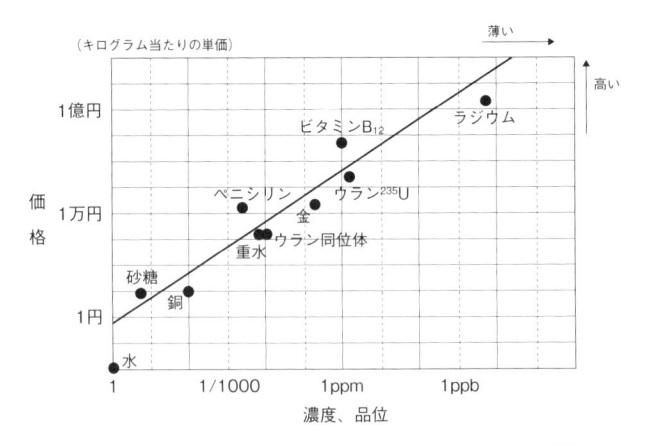

図7.3-4 原料品位と製品の価格の関係 (出典:文献[7-2])

その多くが製品を作り出すまでにかかる労力（消費されるエネルギーや物質の量など）に依存していることがわかる。したがって、原料が天然資源ではなく、人工資源（廃棄物）になっても、図7.3－4に示した関係がそのまま成り立つはずである。

7.4　材料の循環に対する適否を知る

　循環型社会の成否を決める一つの要因は材料の循環なので、その適否を正しく判断するためには、材料の持つ基本的な性質を理解しておくことが必要である。

7.4.1　原子について
　第7.4.2項以降に説明する材料の性質についての理解を容易にするために、まず、原子についての知識の復習から始めよう[7-3]。

7.4.1-1　原子とその構造
　物質を構成する基本的な粒子が原子である。各元素に応じた原子が存在する。原子は、その中心に正に帯電している原子核があり、その周りを負に帯電した電子がまわっている構造をしている。原子核は、正に帯電した陽子（プロトン）と帯電していない中性子（ニュートロン）から構成されている。
原子は陽子と同じ数の電子を持ち、電気的中性を維持している。原子核に含まれる陽子の数を原子番号、陽子の数と中性子の数の和を質量数と言う。一例として、原子番号4のヘリウム原子の構造を図7.4－1に示す。

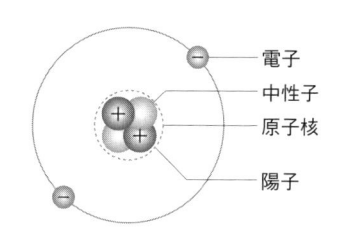

図7.4－1　ヘリウム原子の構造
（出典：文献[7-3]）

7.4.1-2　原子の電子配置
　図7.4－1に原子核の周りを電子がまわっている状態を単純に示したが、

電子は原子核の周りを自由に運動しているのではなく、それぞれ決められた空間を、いくつかの層に分かれて運動している。これらの層を電子殻といい、原子核に近い内側の電子殻から順にK殻、L殻、M殻、N殻、……のように呼ぶ（図7.4－2を参照）。各電子殻に入りうる電子の数は表7.4－1に示すように決まっており、電子は、原則として、内側の電子殻から順に配置される。その様子の一例を図7.4－3に示す。

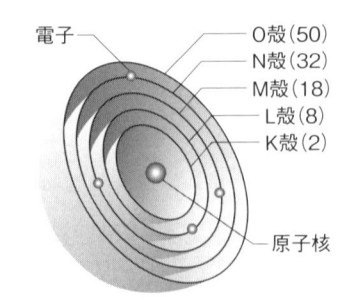

図7.4－2　電子殻とそこに入りうる最大電子数（出典：文献[7.3]）

表7.4－1　各電子殻に入りうる最大電子数

電子殻	K	L	M	N	O	P
最大電子数	2	8	18	32	50	72

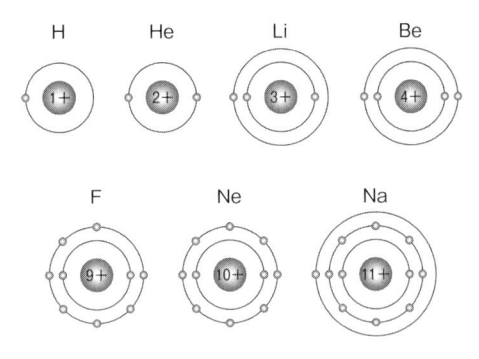

図7.4－3　電子配置モデルの例（出典：文献[7.3]）

7.4.1-3　希ガス（不活性ガス）の電子配置

ヘリウムHe、ネオンNe、アルゴンAr、クリプトンKr、キセノンXe、ラドンRnは希ガスあるいは不活性ガスと呼ばれ、化合する力がほとんどない。

そのため一つの原子が分子（単原子分子）として存在する安定な原子である。その理由は、これらの元素が表7.4－2に示すような安定な電子配置を取るためである。HeとNeは各殻に最大数の電子が配置され、他の原子では最外殻の電子数が8個になっている。これらの電子配置は安定しているので閉殻と呼ばれる。

表7.4－2　希ガス（不活性ガス）の電子配置

原子		原子番号	K	L	M	N	O	P
ヘリウム	He	2	2					
ネオン	Ne	10	2	8				
アルゴン	Ar	18	2	8	8			
クリプトン	Kr	36	2	8	18	8		
キセノン	Xe	54	2	8	18	18	8	
ラドン	Rn	86	2	8	18	32	18	8

7.4.1-4　価電子

図7.4－3に示したように、ナトリウム原子(Na)は全部で11個の電子を持っている。その配置はK殻に2個、L殻に8個、M殻に1個となっている。この時の最外殻であるM殻の電子は、他の電子に比べて不安定であり、他の原子と作用しやすい。このような最外殻にある電子（最外殻電子）のことを価電子という。

7.4.1-5　原子の結合の仕方

原子の結合の仕方には、大雑把に言って、次の三つの方式がある。

（1）　イオン結合

塩化ナトリウム（NaCl）の結晶を取り上げて説明する。Naは、1個の価電子を持っているが、この価電子を放出して、安定なネオンと同じ電子配置を持つ1価の陽イオンNa^+になり易い。一方、Clは、価電子が7個であり、電子1個を受け取って、安定なアルゴンと同じ電子配置を持つ1価の陰イオンCl^-になり易い。NaCl結晶では、このようにしてできたNa^+とCl^-が互い

に静電気的な力によって引き合い、Na⁺とCl⁻が交互に配列した結晶構造となる。このように陽イオンと陰イオンが静電気的な引力によって結合する仕方をイオン結合と言い、イオン結合で作られた結晶をイオン結晶と呼ぶ。NaClのイオン結合の仕方とその結晶をそれぞれ図7.4－4と図7.4－5に示す。

ナトリウム（Na）のように陽イオンになり易い元素を陽性元素、塩素（Cl）のように陰イオンになり易い元素を陰性元素という。一般に、金素元素は陽イオンになり易く、非金属元素は陰イオンになり易いので、金属元素と非金属元素の化合物の多くはイオン結合で結合し、イオン結晶を作る。

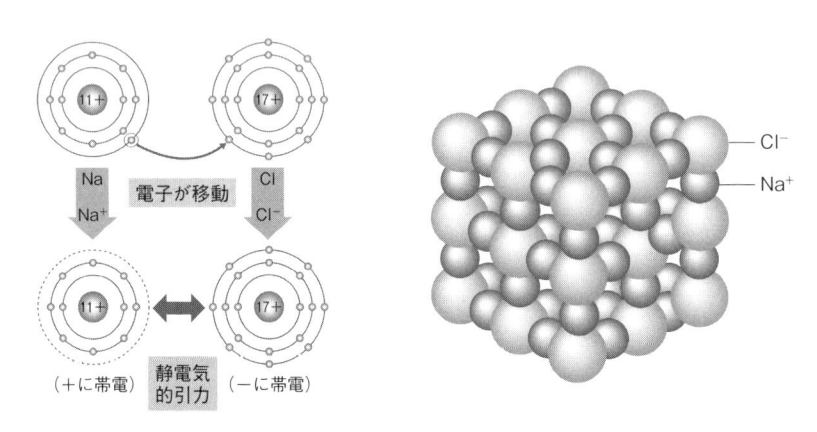

図7.4－4　NaClのイオン結合の仕方
（出典：文献[7.3]）

図7.4－5　NaClの結晶
（出典：文献[7.3]）

（2）　共有結合

塩素分子（Cl_2）を例に取り、塩素原子（Cl）間の結合の仕方を説明する。塩素原子（Cl）は、価電子が7個なので、電子1個を受け取ると、最外殻であるM殻の電子数が8個となり、安定なアルゴンと同じ電子配置となる。したがって、二つの塩素原子（Cl）が互いの価電子を1個づつ出して共有し合うとそれぞれの原子の最外殻電子が8個となり、それぞれの原子が安定なアルゴンと同じ電子配置を取る。このようにいくつかの価電子を互いに共有し合う結合の仕方を共有結合という。この様子を図7.4－6に示す。

共有結合は、電子を取ろうとする傾向の強い原子、すなわち陰性元素の原

子間の結合であるから、非金属元素の原子間結合である、と言える。水素分子（H_2）や水分子（H_2O）のように、2個の原子が互いに1個ずつ価電子を出し合い、2個の電子を共有して作る結合を単結合という。これに対して、二酸化炭素分子（CO_2）では、炭素原子（C）と酸素原子（O）がそれぞれ2個ずつ価電子を出し合い、また窒素分子（N_2）では、それぞれの窒素原子（N）が3個ずつの価電子を出し合って共有結合をつくるが、二つの原子が互いに出し合う価電子の数に応じてその結合を二重結合とか三重結合と呼ぶ。単結合および二重結合と三重結合の仕方の例をそれぞれ図7.4－7と図7.4－8に示す。

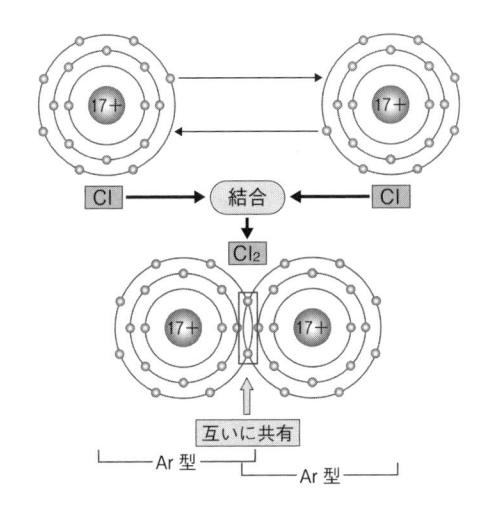

図7.4－6　塩素分子（Cl_2）の共有結合の仕方
（出典：文献[7-3]）

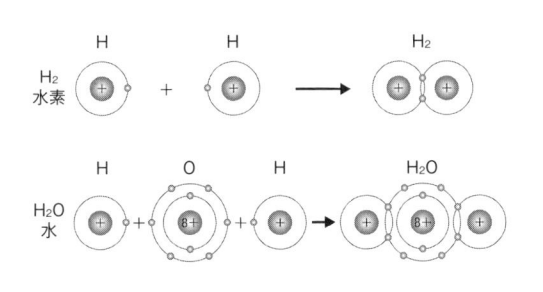

図7.4－7　単結合の仕方
（出典：文献[7-3]）

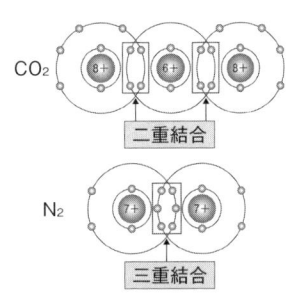

図7.4－8　二重結合と三重結合の仕方
（出典：文献[7-3]）

295

第7章　リサイクルと循環型社会

（3） 金属結合

　純粋な金属は、後述するように、方向性がないので、同じ大きさの硬い球が容器に詰まった構造をしており、その球の配列の仕方によって、その構造は、図7.4－9に示すような3種類の結晶構造に大別される。

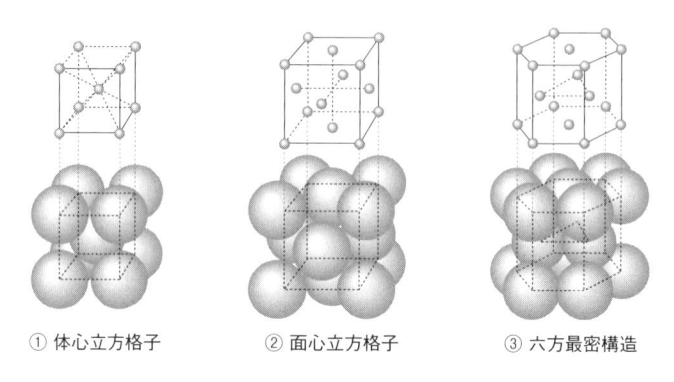

① 体心立方格子　　　② 面心立方格子　　　③ 六方最密構造

図7.4－9　金属の結晶構造（結晶内の繰り返し構造の単位を単位格子、多数の単位格子の配列を結晶格子という。）（出典：文献[7-3]）

・体心立方格子：原子が立方体の中心と各頂点に配列した構造で、各原子は8個の原子と接している（例：Li、Na、K、Ca、Ba、α Fe、Mo、Nbなど）。
・面心立方格子：原子が立方体の各頂点および各面の中心に配列した構造で、各原子は12個の原子と接している（例：Al、Cu、Ag、Au、Pt、など）。
・六方最密構造：原子が7個・3個・7個のように積み重なった構造で、各原子は12個の原子と接している（例：Be、Mg、Co、Zn、など）。

　金属の最も大きな特徴は電気を通しやすい（電気伝導率が大きい）ことなので、電線に用いられる銅（Cu）と最も金属らしい金属であるナトリウム（Na）を取り上げて、金属結合と金属結晶について説明する。
　抵抗がRオーム（Ω）の一本の銅線の両端にVボルト（V）の電位差をか

けると、この銅線には、

$$I = \frac{V}{R} \qquad (7.2)$$

で与えられるIアンペア（A）の電流が流れる。よく知られたオームの法則である。この現象は、金属の中には比較的自由に動ける伝導電子（自由電子）と呼ばれる電子が1cm^{3}当たり$10^{22} \sim 10^{23}$個くらい存在しており、この電子が電流とは逆の方向に一斉に動き出すため、と説明される。

ここで、もう少し具体的な数値を挙げて、銅線の中に本当にこんなに多くの数の伝導電子（自由電子）が存在するのか、その様子を調べてみよう。長さが1mで断面積が0.001cm^{2}の銅線の抵抗は常温で約0.15Ωである。この両端に1Vの電位差をかけると、(7.2)式より1V÷0.15Ω≅6.7Aの電流が流れる。ところで、電子1個の持つ電気量は1.602×10^{-19}クーロン（C）である。したがって、電流6.7Aというのは、

$$n = 6.7A \div 1.602 \times 10^{-19}C \cong 4.18 \times 10^{19} \quad \text{個／s} \qquad (7.3)$$

だけの、すなわち毎秒4.18×10^{19}個の電子の流れである。それでは、1秒間当たりにこれだけの数の電子が流れるためには銅線1cm^{3}当たりにどれくらいの数の伝導電子（自由電子）が存在しなければならないのだろうか。その数Nを求めてみよう。電子の平均速度をv、銅線の断面積をSとすると、銅線の体積Svの部分に含まれる伝導電子（自由電子）が1秒間に流れることになるので、

$$n = NSv \qquad (7.4)$$

の関係が成り立つ。これより、

$$N = \frac{n}{Sv} \qquad (7.5)$$

が得られる。銅線に1Vの電位差がかかった場合の電子の平均速度vは0.49cm／sという値が得られているので、この式に具体的な数値を代入してNの数を求めると、

$$N = \frac{4.18 \times 10^{19}/s}{0.001 cm^2 \times 0.49 cm/s} = 8.5 \times 10^{22} \quad 個／cm^3 \quad (7.6)$$

となる。確かに、銅中にはこれ程多くの伝導電子（自由電子）が存在しているのである。

 ところで、銅は原子番号が29であるから、原子核の中に陽子が29個あり、電気的中性を保つために電子も29個存在する。銅の原子量は63.54（1モル当たりの重量は63.54g）で、その密度は、常温で8.93 g/cm^3であるから、1cm^3が占めるモル数は0.14モル／cm^3となる。また、銅1モルはアボガドロ数6.02×10^{23}個の銅原子から構成されているので、銅1cm^3当たりの原子数は6.02×10^{23}個／モル×0.14モル／cm^3＝8.43×10^{22}個／cm^3となる。したがって、銅1cm^3には全部で29×8.43×10^{22}個／cm^3＝2.44×10^{24}個／cm^3の電子が存在していることになる。これほど多くの電子が存在しながら、上述の計算では、このうちの29分の1の8.5×10^{22}個／cm^3の電子しか伝導電子（自由電子）になれなかった。次にこの理由を考えてみよう。

 この理由の説明に当たって物性的に最も金属らしい金属であるナトリウムの結晶を取り上げる。Na原子は、原子番号が11であるから、11eのプラスの電荷をもつ原子核とその周りをまわる－eの電荷をもつ11個の電子から構成されている。11個の電子の電子配置は、すでに図7.4－3を用いて「第7.4.1-4 価電子」の項で説明したように、K殻に2個、L殻に8個、M殻に1個である。K殻とL殻に配置されている10個の電子は、それぞれの殻が安定な閉殻構造をとっているので（閉殻構造にある電子を内殻電子という。）、原子殻にしっかり捕えられている。一方、M殻にある1個の電子は、やや仲間外れで、原子核による捕えられ方が、内殻電子に比べてずっと緩やかである。このため、この電子（最外殻電子）はちょっとした条件の変化で原子核からすぐ離れ、後にNa$^+$イオンを残す。このようにしてできたNa$^+$イオンのイオン半径（閉殻の半径）は約1Åであるが、最外殻電子は半径が大体2.5ÅのM

殻内の軌道上をまわっている。

　このようなNa原子が集まると、図7.4－9に示した体心立方格子が数多く前後、左右、上下に積み重なって金属ナトリウム結晶を作る。Na体心立方格子の立方体の一辺の長さ（図7.4－10のa）は4.24Åで、一番近いNa原子間の距離は$4.24 \times \sqrt{3}/2 \fallingdotseq 3.67$Åである。

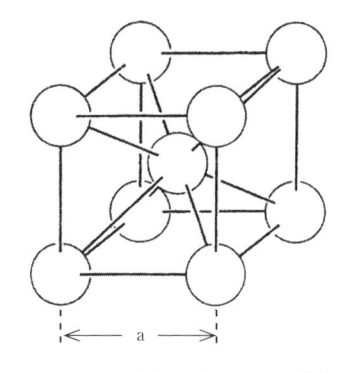

図7.4－10　金属ナトリウムの結晶構造（体心立方格子）

　この事実から次の二つのことが言える。

① Na^+イオンのイオン半径（閉殻の半径）は約1Åであるから、原子間距離に比べてかなり小さい。言い換えれば、金属ナトリウムの結晶は隙間だらけである。
② 最外殻電子（価電子）の軌道が隣の原子の縄張り内に大幅に入り込んでいる。このために、ある瞬間にある一つのNa原子に所属していた最外殻電子は次の瞬間には隣の原子へ、さらに次の瞬間にはさらに隣の原子にといったように次から次へと移動することができる。すなわち、この最外殻電子は、特定の原子の周りに居場所を定めるということはなく、結晶内をあちこちと自由に動き回ることができる。Na原子の場合、このように自由に動き回れる電子（伝導電子あるいは自由電子）は1原子当たり1個あるので、金属ナトリウム結晶1モル（23g）当たりでは6.02×10^{23}（アボガドロ数）個の伝導電子（自由電子）が存在することになる。金属に伝導電子（自由電子）が多く存在するのはこのような理由による。

　原子の結合の仕方には、上述の三つの様式の他に、一方の原子の非共有電子対を他方の原子が共有する配位結合、電気陰性度（共有結合において、原子が共有電子対を引き寄せる強さを表す指標）の大きい原子と結合したH原子が、他の分子中の電気陰性度の大きい原子との間に形成する水素結合、分子間に働く弱い引力に基づく分子結合（ファンデルワールス結合）などがあるが、これらの結合様式は、この章で扱うリサイクル材料との関連が薄いの

で、ここではその説明を省略する。

7.4.2　構造でわかる材料の性質

世の中で大量に使用されている材料は、鉄、銅やアルミニウムで代表される金属材料、ガラスや陶器などの無機材料および有機材料の一つであるプラスチックに分類される。これらの材料の性質はその構造と密接に結びついているので、まずこのことから見てみよう。

7.4.2-1　構造
（1）　金属材料

金属結晶は、伝導電子（自由電子）の海の中に金属イオンの球を、図7.4－9に示した三つの結晶構造の内の一つの形に、埋め込んだ構造をしている。そして金属イオンの球同士がばらばらにならないように繋ぎ止めておく役割を果たしているのが伝導電子（自由電子）である。したがって、金属イオンの球はどこにいても伝導電子（自由電子）によって繋ぎ止められているし、上述したように結晶内は隙間だらけであるから、金属イオンの球はかなり自由にその位置を変えて動くことができる。また、純粋な金属はその性質に関して方向性がない。金属イオンの閉殻電子は原子核にしっかり捕えられているので、前述したように、イオン半径は小さい。したがって、金属イオンの球は非常に硬く変形しない。

（2）　無機材料

無機材料の主成分である二酸化ケイ素（SiO_2）は、図7.4－11の（a）に示すように、1個のSi^{4+}イオンを4個のO^{2-}イオンが取り囲んだ正四面体を基本構造として、それが立体的に結合した（同図（b）では、わかり易くするために、平面的な結合を示した）構造をしている。

このような結晶構造をしているSi原子とO原子の結合の仕方は次の通りである。Siは原子番号が14であるから、14個の電子を持っており、その配置の仕方はK殻に2個、L殻に8個、最外殻のM殻に4個である。一方、Oは原子番号が8であるから、8個の電子を持っており、その配置の仕方はK

殻に2個、最外殻のL殻に6個である。したがって、正四面体の中心にある1個のSi原子とその周りを取り囲んでいる4個のO原子がそれぞれ1個づつ電子を出し合って共有すると、Siの最外殻（M殻）の電子数が8個となって安定なアルゴンと同じ電子配置となり、また、Oの最外殻（L殻）の電子数も8個となって安定なネオンと同じ電子配置となる。このようにしてSi原子とO原子は共有結合によって結合し、それが立体的に結びついて共有結合の結晶を形成する。

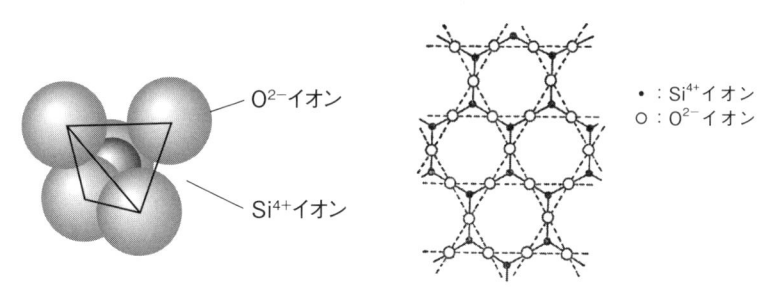

(a) SiO_2の基本構造（正四面体）　　(b) 平面的に示した正四面体の結合

図7.4 - 11　二酸化ケイ素（SiO_2）の結晶構造

（3）プラスチック

　分子量がおよそ1万以上の化合物を高分子化合物、あるいは単に高分子という。高分子化合物には、多数の原子が結合して連なり骨格をなす鎖状構造があるが、この鎖状構造の部分を主鎖という。この状況を、塩化ビニルを例に取り、図7.4 - 12に示す。このように、高分子は一本の鎖と見做すことができる。なお、高分子化合物には、炭素原子を中心とした主鎖を持つ有機高分子化合物と炭素原子を含まない主鎖を持つ無機高分子化合物とがあるが、ここでは前者に属し合成高分子化合物であるプラスチックを取り上げる。

図7.4 - 12　塩化ビニルの主鎖（出典：文献[7.3]）

プラスチックの材料としての構造は、高分子同士が化学的に結合しているのではなく、鎖状の高分子が絡み合った構造をしている。その様子を図7.4－13に示す。プラスチックの強さはこの「絡み合い」の数によって決まる。

図7.4－13　プラスチック高分子の絡み合い（出典：文献[7-2]）

7.4.2-2　性質

　金属材料、無機材料とプラスチックの代表的な性質をまとめて表7.4－3に示す。これらの性質をそれぞれの材料の構造との関連で以下に説明する。

表7.4－3　金属材料、無機材料とプラスチックの代表的な性質

		金属材料	無機材料	プラスチック
主な成分元素		金属元素	非金属元素 (C, Si, Oなど)	非金属元素 (C, H, Oなど)
結合様式		金属結合	共有結合	高分子の絡み合い
性質	電気伝導性と熱伝導性	良い	悪い	悪い
	色	不透明、金属光沢	透明	かなり透明
	硬さと変形性	硬いが展性・延性*に富む	非常に硬くて脆い	柔らかくて、曲がり易い
	化学的安定性	錆びる	錆びない	反応性がある

＊：学問的には、展性とは「圧力や打撃などの弾性限度を超えた応力によって物体が破壊されずに箔に広げられる性質」、延性とは「弾性限度を超えた応力によっても物体が破壊されずに引き延ばされる性質」と定義されているが、前者は「薄く広がる性質」、後者は「線状に延びる性質」程度の理解で差支えない。

（1） 電気伝導性と熱伝導性

　電気と熱は、結晶内で自由に動くことができる自由電子によって運ばれる。したがって、自由電子が豊富にある金属材料は電気伝導性と熱伝導性が良いが、自由電子のない、あるいは少ない無機材料とプラスチックは電気伝導性と熱伝導性が悪い。

（2） 色
① 金属材料

　光が金属に当たると、飛び回っている自由電子にぶつかって、跳ね返される。このように光が透過できないので、金属材料は不透明である。また、光は金属の表面で自由電子にぶつかって跳ね返されるので、それぞれの金属に特有の金属光沢を呈する。

② 無機材料

　共有結合で結びつけられているので、例えば、ガラスには金属のように自由に動き回っている自由電子がない。したがって、光はケイ素(Si)と酸素(O)の間を通り抜けることができる。したがって、ガラスは透明である。陶器は不透明であるが、その理由は材料の本質的な性質とは無関係である。金属もガラスもプラスチックも高温で溶けた状態から形作られるが、陶器を作るときは、細かい粒に水分を加えて練り合わせ、希望の形に成形した後、高温で焼き固める。したがって、陶器は細かい粒が集まった構造になっており、そこに光が侵入すると、粒と粒の間で散乱し、その結果不透明に見える。

③ プラスチック

　前述したように、プラスチックは、高分子の鎖が絡み合った構造をしている。したがって、光は鎖の間を通り抜けることができるので透明であるが、時々鎖にぶつかって散乱されるので、ガラスほどの透明度はない。

（3） 硬さと変形性
① 金属材料

　前述したように、金属イオンの球は硬いので、金属材料そのものも硬く、上から抑えるくらいではなかなか歪まないが、金属イオンの球はかなり自由

にその位置を変えることができるので、強い力で引っ張ったり、打撃を加えたり、滑るような力を加えると、その形を変えることができる（展性・延性に富む。）。

② 無機材料

ガラスの主成分である二酸化ケイ素を構成しているケイ素イオン（Si^{4+}）と酸素イオン（O^{2-}）は、互いに出し合った電子を介してしっかりと結合しているので（共有結合をしているので）、金属のようにイオンも電子も自分の位置を自由に変えることができず、両者ともに完全に拘束された状態にある。したがって、ガラスに外力が加わっても、イオンと電子が断固としてその位置を変えようとしない。しかし、耐えられないほどの力が加わると、ケイ素イオン（Si^{4+}）と酸素イオン（O^{2-}）の間の結合が切れてバラバラになる。したがって、ガラスは非常に硬くて脆い。

③ プラスチック

高分子の鎖同士は、化学的に結合しているのではなく、絡み合っているだけなので、ある範囲で自由に動くことができる。そのため、プラスチックは柔らかく曲がり易い。

（4） 化学的安定性

① 金属材料

人間が利用するという観点から見て代表的な金属である鉄や銅は、それぞれ酸化鉄や硫化銅のように安定な形で地中に眠っている鉱石を掘り起こしてきて、そこから酸素やイオウを取り除くことにより生産される。したがって、生産された鉄や銅は不安定な状態にあるので、空気中に置いておくと酸素と反応して安定な状態に戻ろうとする。このようにして金属材料の表面にできた酸化物を錆びという。すなわち、金属材料は錆び易い性質を持つ。

② 無機材料

ガラスの主成分である二酸化ケイ素（SiO_2）は、化学式から明らかなように、ケイ素に酸素が結びついているので、すでに錆びた状態にある。したがって、化学的には非常に安定である。無機材料の他の成分についても同じことが言える。

③ プラスチック

生物はプラスチックと同じ高分子からできている。多種多様な生物が存在するということはその高分子が反応性に富み、多種多様な高分子ができることを意味する。したがって、プラスチックも反応性に富む。

7.4.3 材料の劣化

前述したように、循環型社会の成否を決める一つの要因は材料の循環であるが、材料の循環を考える場合に「材料は使えば劣化する」という原理を十分に頭に入れておくことが不可欠である。材料を単一で使用した時にその材料内で起こる劣化と、世の中で複数の材料を使用し、それを循環しようとした時に起こる劣化とでは、その性格を全く異にするので、両者を区別して以下に説明する。

7.4.3-1 単一材料の劣化
① 金属材料

錆、変態と疲労の三種がある。

(i) 錆

金や白金などの特殊な金属を除くと、多くの金属は、化学的に安定な酸化物や硫化物の形で地中に存在していた鉱石から酸素やイオウを取り除いて生産される。したがって、このようにして生産された金属は化学的には不安定であり、空気中に放置しておくと、再び酸素と結合して安定な形に戻ろうとする。また、金属の内部にある原子は他の原子や自由電子に囲まれていて安定であるが、表面にある原子の片面には他の原子も自由電子もないので不安定である。したがって、表面にある金属原子が空気中の酸素に触れると酸化されて、酸化物を生成する。これが錆である。表面にできた錆がさらに内部に進むかどうかは錆の性質による。錆が孔だらけでそこを通って空気中の酸素が侵入できる場合には錆は内部へと進展する。この代表例が鉄の錆である。これに対して、アルミニウムやチタンの表面にできた錆は極めて緻密であるため、そこを通して空気中の酸素が侵入できない。したがって、錆が内部に進展しない。「アルミニウムやチタンは錆にくい」と言われるが、真実は、

錆びないのではなく、表面は錆びてもそれが内部に進展しないのである。

(ii) 変態

　物質が、化学組成が同一のままで、原子配列の異なる相に移ることを相転移というが、これと同じ意味に用いられたり、規則的なスピン排列が不規則な配列に変わること（磁気転移あるいは磁気変態）を意味したり、それぞれの状態そのものを意味したりするが、ここでは相転移と同じ意味での変態（相変態）を取り扱う。

　相変態とは、もう少し具体的に説明すると、温度や圧力の変化、外力の作用によって、母相とは異なった結晶構造あるいは規則度などを有する新しい相が生成する現象である。

　構造材料の多くは、図7.4 - 14に示すように、単結晶である結晶粒が集まって構成される多結晶体である。多結晶構造を有する材料の変形と破壊は、その材料の結晶粒や原子レベルでの結晶構造に極めて強く依存する。したがって、相変態を起こすということは、材料が本来持っていた性質とは全く異なる性質の材料に変化することを意味する。有名な例としてスズペストがある。スズは、変態点が291K付近にあり、その温度以上では体心立方晶のβ相であり、綺麗な白色をしているので白色スズと呼ばれる。この白色スズを変態点以下の温度に長時間放置して置くと、ダイヤモンド型構造のα相に変態し、これは極めて脆いので、崩壊して灰色の粉末状になる。帝政ロシア時代には軍服のボタンを白色スズで作っていたが、軍服をペテルスブルグの寒い倉庫に保管して置いたら数日後には白色ボタンが無残にも灰色の粉末に砕け落ちていた事件は語り草になっている。

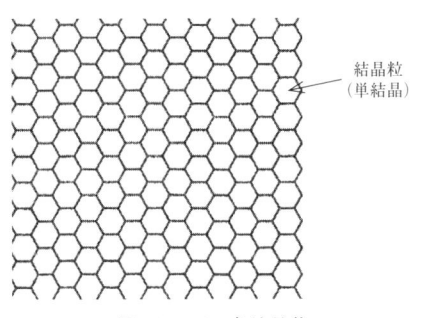

図7.4 - 14　多結晶体

結晶粒（単結晶）

(iii) 疲労

　航空機や鉄道車両・レールなどの各種交通機械、産業機械および建築構造

物などの破壊・破損事故の70〜80%が金属材料の疲労に起因すると言われている。したがって、材料の循環を考えるに当たっては、疲労に関する基本的事項を理解しておくことが有益でなる。

(イ)「応力」とは

材料に外力が加わると、その力が材料の内部断面に分布する。例えば、図7.4 − 15の (a) に示すような引張りの外力がかかると、破線で示した内部断面に引張り力が分布する。(b) は圧縮の外力がかかった場合で、この時には内部断面に圧縮力が分布する。今、材料の断面積をA(m^2)、材料にかかる外力をF (N、ニュートン) とすれば、$\sigma = F / A$ (N/m^2) を応力といい、特に引張りの場合を引張応力、圧縮の場合を圧縮応力という。符号は、引張応力を＋に、圧縮応力を－に取るのが普通である。両応力ともに断面に垂直に働くので垂直応力と呼ばれる。(c) は断面を滑らすような力（このような力をせん断力という。ハサミで物を切るときを想像すると良い。）が働く場合で、せん断力F (N) をせん断面積A(m^2) で割った$\tau = F / A$ (N/m^2) をせん断応力という。応力の単位はN/m^2であるが、これをPa（パスカル）で表す。Paの百万倍をMPa（メガパスカル）というが、材料にかかる応力を表す時には一般にこの単位が用いられる。

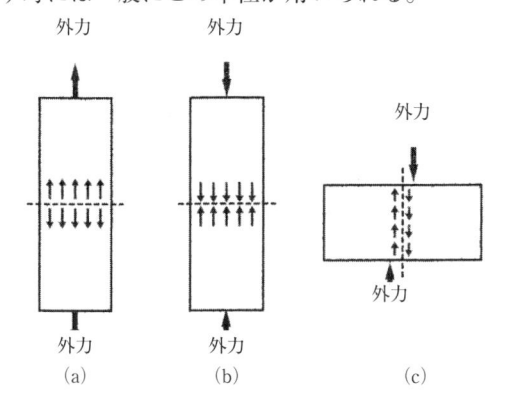

図7.4 − 15　応力の説明図

(ロ)「ひずみ」とは

材料に荷重（外力）をかけると変形する。図7.4 − 16の (a) に示すよう

に最初の長さが1の材料に引張荷重をかけたとき δ だけ延び、(b) に示すように圧縮荷重をかけたとき δ だけ縮んだとすると、 $\varepsilon = \delta / l$ を「ひずみ」という。引張ひずみを＋に取り、圧縮ひずみを－に取るのが普通である。両ひずみを合わせて垂直ひずみと呼ぶ。(c) のように一辺の長さが1の正方形の材料にせん断力が加わると平行四辺形に変形する。このときの変位を λ とすると、 $\gamma = \lambda / l$ をせん断ひずみという。

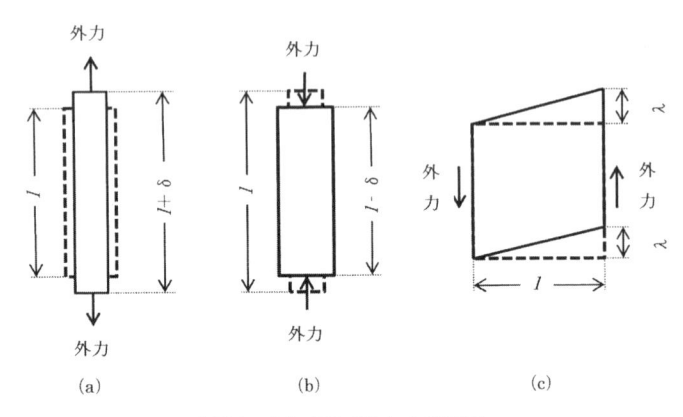

図7.4－16 「ひずみ」の説明図

(ハ) 破壊の種類

金属材料の破壊は次の三種に分類される。
(A) 単純引張、圧縮、曲げ、ねじり破壊
(B) 疲労破壊（繰り返し荷重負荷による破壊）
(C) 特殊環境下における破壊（応力腐食割れ、クリープ破壊など）

ここでは、破壊・破損事故原因の大半を占める (B) についての説明に主眼を置くが、その理解には、(A) に関する理解が助けとなるので、単純引張による破壊現象から説明する。

(ニ) 単純引張による破壊

軟鋼の棒状試験片に引張荷重をかけたときに生じる引張ひずみを測定してそれを横軸に取り、引張応力を縦軸に取って、両者の関係を図示すると、図7.4

-17に示すような曲線が得られる。このような図を応力-ひずみ曲線という。引張荷重をかけていくと、σ_Pまでは引張応力とひずみには比例関係にあるが、この点(比例限界)を過ぎると比例関係は失われて曲線を描くようになる。しかし、σ_Eの荷重までは荷重を除去（除荷）すると元の形に戻る。このような変形を弾性変形といい、σ_Eを弾性限界と呼ぶ。σ_Eを超えてさらに荷重負荷をかけると、σ_{SU}の引張応力で軟鋼材料は降伏して急に大きなひずみを生じるようになる。このような状態から除荷してももはや元の形には戻らず変形が残るようになる。このような変形を塑性変形といい、σ_{SU}に対応する点を上降伏点と呼ぶ。材料が降伏すると一旦応力が低下するが、この時リューダース帯と呼ばれる欠陥が局所的に現れ、それが試験片全域に広がっていくので、踊り場のような平坦部が現れる。この時の応力σ_{SL}に対応する点を下降伏点という。下降伏応力を示す間の伸びを降伏点伸びあるいはリューダースひずみという。リューダース帯の伝播が終わると一様な変形が生じて加工硬化するので、さらなる変形を起こさせるためにはσ_{SL}より大きな引張応力を必要とするが、最大応力σ_B（引張強さともいう）を過ぎると応力は次第に低下し、ついには破断に至る。A点の状態から除荷するとB点に戻るが、この時のひずみを塑性ひずみと呼ぶ。B点の状態の軟鋼材料を新たな試験片として再度引張荷重をかけても前述のような降伏現象は現れず、B点からA

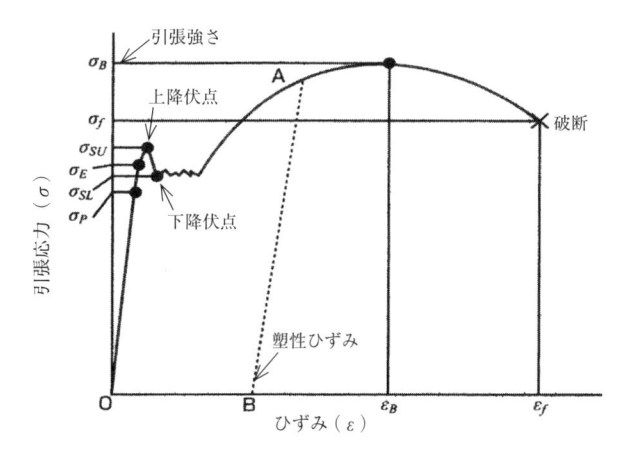

図7.4-17 軟鋼などで見られる引張応力-ひずみ曲線の模式図

点までほぼ直線的に引張応力が上昇し、降伏応力が σ_{SU} から A 点の応力まで増大するが、これは前述した加工硬化の現れである。図7.4 - 17に示したような降伏現象は、すべての金属材料で見られるのではなく、純鉄、軟鋼、モリブデン、ニオブなどの体心立方晶（図7.4 - 9の①を参照）の金属でみられることが知られている。すなわち、面心立方晶の銅やアルミニウムなどの応力-ひずみ曲線には明瞭な降伏現象が現れず、図7.4 - 18に示すような滑らかな曲線となる。このような場合には、塑性ひずみが0.2％となるときの変形応力（0.2％耐力）を降伏応力の目安として用いることが多い。

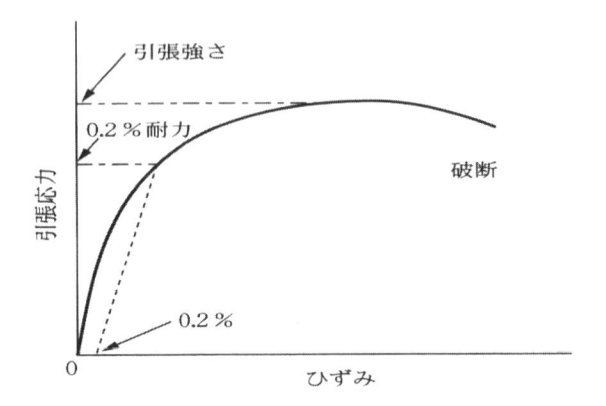

図7.4 - 18　銅、アルミニウムなどで見られる引張応力-ひずみ曲線の模式図
　　　　　　（出典：文献[7-4]）

（ホ）疲労破壊

　材料が、降伏応力以下の低い応力でも、それが繰り返し負荷されるとついには破断に至る現象を疲労破壊あるいは単に疲労という。したがって、降伏応力以上の高い応力下で起こる（ニ）の単純破壊とは根本的に異なるが、疲労破壊は塑性変形によって生ずる損傷であることに注意すべきである。

　金属材料の疲労寿命を調べる疲労試験では、図7.4 - 19に示すような繰り返し荷重が負荷されるが、疲労寿命は、繰り返し負荷（Stress, σ_a）を縦軸に取り、破断までの繰り返し数（Number of Stress Cycles, N_f）を横軸にとっ

て得られるS‐N曲線から求められる（縦軸にひずみをとって表す方法もあるが、ここでは省略する。）。σ_{max}を最大応力、σ_{min}を最少応力、σ_mを平均応力、σ_aを応力振幅という。

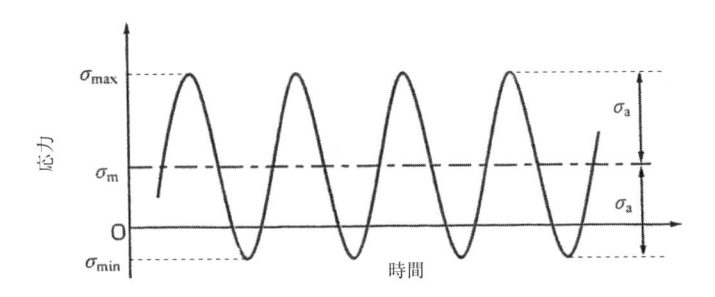

図7.4 - 19　繰り返し負荷の時間変化

　縦軸に応力振幅（σ_a）の対数、横軸に破断までの繰り返し数（N_f）の対数を取って、軟鋼などで得られるS‐N曲線の模式図を示すと図7.4 - 20のようになる。高い負荷応力では疲労寿命は短いが、負荷応力の低下に伴って疲労寿命は次第に長くなり、ある応力レベル以下では繰り返し応力を加えても決して破断しない限界の応力値が存在する。これを疲労限度あるいは疲労限という。疲労限度はすべての金属材料で現れるわけではない。非鉄金属材料では、明確な疲労限度が現れないのが一般的で、σ_aが低応力レベルまで連続的に低下する傾向がある。

　疲労破壊では、降伏応力以下の繰り返しで塑性変形を起こしてついには破断に達するが、降伏応力以下の応力でもなぜ塑性変形が起きて破断に達

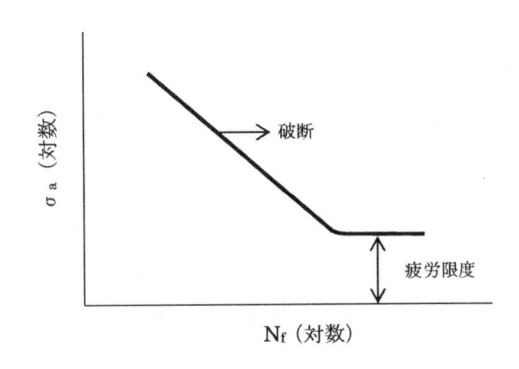

図7.4 - 20　軟鋼などで得られるS-N曲線の模式図

するのか、次にその基本的なメカニズムについて簡潔に説明する。

疲労現象は、（A）き裂の発生、（B）き裂の進展、の二つの過程を経て進行する。

（A）き裂の発生
（A-1）原子単位のすべり変形

金属材料は、図7.4 - 14に示したように、極めて多くの結晶粒が密に集積してできた多結晶体である。この中から一つの結晶粒を取り出して、そこで起きるすべり変形について考えてみよう。

結晶粒は単結晶であるから、その中で原子は立体的に規則正しく並んでいる。原子の並び方は金属の種類や温度などによって異なるが、原子は図7.4 - 9に示した結晶構造の内の一つに従った並び方をするのが普通である。同図から、いずれの結晶構造においても、結晶格子の上面、下面と側面ではそれぞれの面上で原子が規則正しく並んでいるのを見て取ることができる。このような面を格子面という。格子面はこれだけではなく、格子の斜めの方向にも存在する。面心立方格子に存在する斜めの格子面の一つを図7.4 - 21の破線の三角形で示す。

単結晶にせん断応力 τ が加わると、格子面のうちで原子が最も密に詰まっている面ですべりが起きる。このような変形をすべり変形、すべる面をすべり面という。面心立方格子の場合には、図7.4 - 21の破線の三角形で示した面がすべり面となり、せん断応力のかかり方によって図中矢印で示したいずれかの方向にすべる。この現象を原子単位で平面的に示すと図7.4 - 22のようになる。原子単位のすべり変形は、（a）から（d）へ一気に起こるのではなく、（b）や（c）の過程を経て（d）に至る。すなわち、（b）

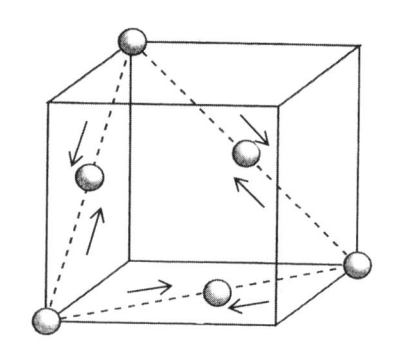

図7.4 - 21　面心立方格子に存在する斜めの格子面の一つ

に示すすべりの初期段階では、⊥印で示されているように、すべり面の上側では原子がやや密に詰まり、下側では逆に疎に詰まって、縦方向の原子の並びが切れた状態となっている。このような原子の並びが乱れた個所を転位という。この転位が順次右方向に動いて最終的に原子間隔b分の段差が生じて(d)の状態となる。(a)から(d)へ一気にすべり変形を起こさせるときには大きな力を必要とするが、転位の移動によって (a) → (b) → (c) → (d) のような経路を経る場合には、それ程大きな力を必要としない。これが、降伏応力以下の応力でも塑性変形が起こる理由である。

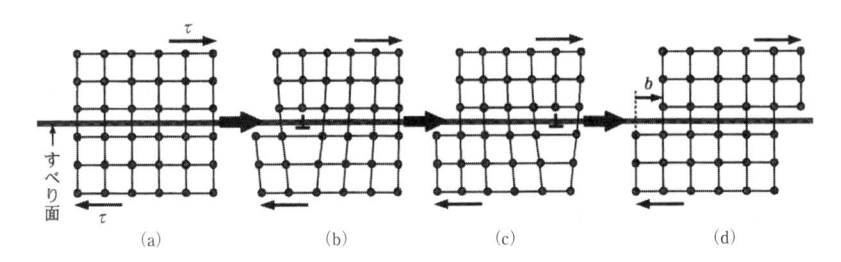

図7.4 − 22　転位の運動によって生じる原子単位のすべり変形（出典：文献[7-4]）

（A-2）一つの結晶粒内での一つのすべり変形

図7.4 − 22に示したすべりは原子間隔で起こっているので、これによって生じる段差bの大きさはÅ（10^{-10}m）のオーダーである。しかし、結晶粒内には、応力負荷によって生じる転位以外に、はじめから極めて多くの転位が存在しており、それらが一斉にすべって重なり合うので、光学顕微鏡で見れば観察できる程度の大きさの段差が生じる。

（A-3）一つの結晶粒内でのすべりの局在化

（A-2）では、一つの結晶粒内に存在する一つのすべり面におけるすべりについて説明したが、結晶粒内にはその他にも多くのすべり面が存在する。そして、各すべり面には多くの転位が存在するが、各面によってその数も異なるし、異種原子が含まれていたりするとそれが転位に捕捉されて転位を動きにくくする。その結果、すべり面ごとにすべりの難易が生じ、この状態で

繰り返し応力がかかると、図7.4 - 23に示すように、結晶粒の表面に入込み（instrusion）や突出し（extrusion）が生成する（すべりの局在化が起こる。）。

金属材料は、図7.4 - 14に示したように、多くの結晶粒の集積によって構成されている

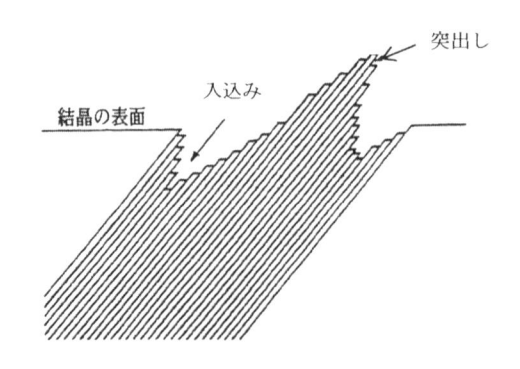

図7.4 - 23　繰り返し荷重により結晶粒表面に生じる入込みと突出し（出典：文献[7-4]）

が、内部の結晶粒はその周りの結晶粒によって囲まれているので、すべり面ですべりが起きようとしても周囲からの拘束を受ける。これに対して、表面にある結晶粒では、表面側には何もないので、すべりに対して拘束力が働かず、内部の結晶粒に比べてすべりが起こり易い。この結果、入込みや突出しは表面で発生することになる。そして、表面に発生した入込に応力が集中してき裂が発生する（ポリ袋のような柔らかいものでも切欠きがないとなかなか引き裂けないが、切欠きがあると簡単に引き裂けることを経験として知っている。これが、切欠きに応力が集中した効果である。）。

(B) き裂の進展

発生したき裂から出発して、そのき裂が進展して破壊に至る全過程を模式的に示すと、図7.4 - 24のようになる。表面で発生したき裂の初期の進展は、結晶粒2〜3個程度まですべり面に沿って起こるので、結晶方位の影響を強く受け、負荷方向と45°に近いすべり面上で進展する。この過程は、き裂進展の第I段階と呼ばれる。その後、き裂は向きを変えて、負荷方向と垂直に進展するようになる。この過程をき裂進展の第II段階と呼ぶ。第II段階の最も特徴的な様相は、疲労破面にストライエーション（striation）と呼ばれる縞模様が観察されることである。ストライエーションの形成機構は、図7.4 - 25に示すモデルに基づいて、次のように説明されている。同図は、繰

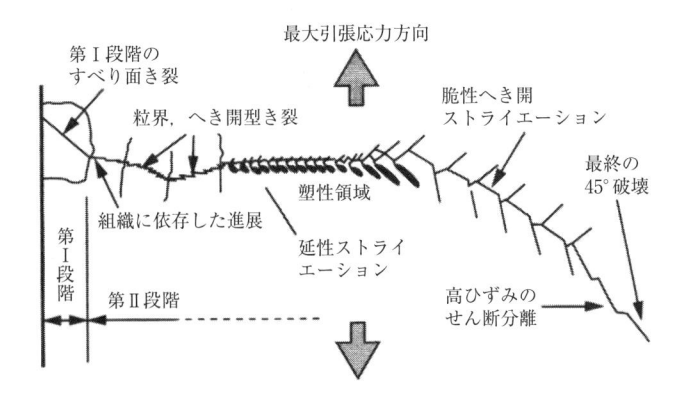

図7.4 - 24　疲労き裂の進展過程（出典：文献[7-4]）

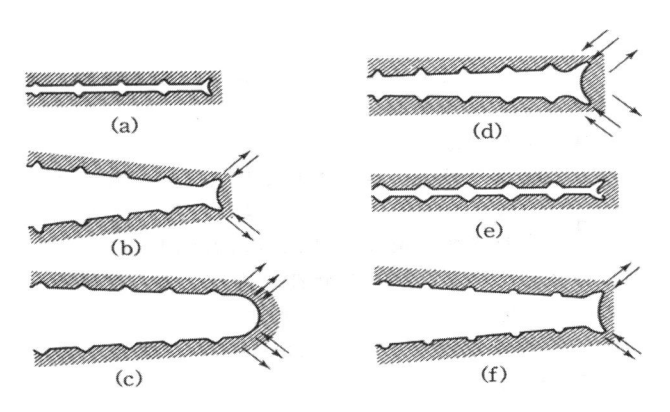

図7.4 - 25　ストライエーションの形成機構（出典：文献[7-4]）

り返し荷重が1回負荷される過程におけるき裂先端部の変形の様子を示したものである。(a)は5回の繰り返し応力を受けた場合のき裂で、一つ一つのふくらみは1回ごとの応力負荷に対応している。(a)の状態にあるき裂に引張応力がかかると、(b)に示すように、き裂先端近傍で矢印の方向にすべりを生じ、き裂の鈍化が起こる。(c)で示す最大応力負荷時には、き裂先端部で激しいすべりが生じ、さらなる鈍化が進んで丸型の形状となる。その後の除荷あるいは圧縮の過程((d))では、逆方向のすべりを生じ、き裂先端

部は再び先鋭化して、ついには1回の繰り返し応力サイクルが終了した（e）の状態に達する。(a)の状態では5つのふくらみが存在していたが、(e)の状態では6つとなり、1つ増加している。このような1回の応力サイクルによって生ずる1つのふくらみが、応力サイクルの繰り返しによって、連続して連なることにより、ストライエーションと呼ばれる縞模様が形成される。図7.4－26に、アルミニウム合金(7075T6)の疲労破面に見られるストライエーションの電子顕微鏡写真を示す。明確な縞模様が見られる。破壊破面上に現れるこのような縞模様は、その破壊が繰り返し荷重による疲労破壊であることの証拠であり、破壊事故の原因究明に役立つ。

以上の説明は、金属材料表面に全く欠陥がない場合の疲労破壊現象を対象にしていたが、実際の金属材料には、非金属介在物や加工傷や空洞などの表面欠陥が存在するし、機械を構成する部品にはネジ穴やキー溝などのくぼみや突起などの切欠きが存在する。これらのものが起点となってき裂が発生することは切欠きにおける応力集中により説明され、結晶粒の表面に生成した入込みからき裂が発生する場合と同様である。

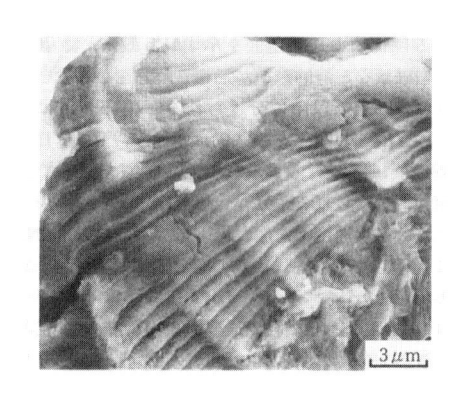

図7.4－26 アルミニウム合金(7075T6)の疲労破面に見られるストライエーション（出典：文献[7-4]）

（ヘ）特殊環境下における破壊

色々な破壊があるが、ここでは応力腐食割れとクリープ破壊の簡単な説明に止める。

（A）応力腐食割れ

種々の腐食環境下で応力を一定に保持したままで破壊に至る現象を応力腐食割れという。すべりによって新生面が現れると、新生面は活性なので電気的にアノードとなり、すべりが生じていない個所がカソードとなって、電気

化学的セルが構成され、すべり帯でアノード溶解が進んで腐食孔（ピット）が生成される。これが疲労き裂の発生へとつながる。

(B) クリープ破壊

　高温において応力を一定に保持したままで破壊に至る現象をクリープ破壊という。高温では転位の移動が容易になるために、常温では起こりえない低応力で破壊が起こる。

② 無機材料

　ガラスや陶器は、前述したように、酸化された安定な状態にあるので錆びることはなく、また、原子同士が共有結合で強く結び付けられているので、衝撃などによってキズなどが入らない限り、き裂の発生・進展も極めて起こりにくい。したがって、ガラスや陶器では、「使用すれば劣化する」という材料工学の原理は、余程長期間使用しない限り表面化しない。しかし、何らかの衝撃でキズなどが入った場合にはこの限りではない。

③ プラスチック

　プラスチックの強さは、図7.4 - 13を用いて説明したように、高分子の鎖の絡み合いの数によって決まる。一般に、人間が使用する用具としての強度を維持するためには、鎖1本当たり七カ所以上の絡み合いが必要である、と言われている。今、一本の鎖が千個の原子からできており、10カ所で絡み合っているとすると、このような状態の鎖で構成されているプラスチック材料は十分な強度を持っていると言える。しかし、この鎖が真ん中で切れると、絡み合いが5カ所になるので、強度が一気に低下し、用具としての使用に耐えられなくなる。プラスチックの劣化の主原因はこのような鎖の切断に起因する。

　また、プラスチックのある鎖状高分子の鎖は、その鎖に含まれる原子と他の鎖に含まれる原子との間に橋を架けるような結合（橋かけ結合あるいは架橋結合）をすることがある。プラスチックは長い高分子の鎖の絡み合いでできているので、外から力が加わってもその絡み合いの位置をずらすことができるので変形に対して融通性がある。しかし、橋かけ結合が生じると、この結合は共有結合なので原子同士の結合が極めて強く、その結果絡み合いの位

置の動きに融通性がなくなり、ガラスのようなガチガチの状態になる。しかし、プラスチックの強度は鎖の絡み合いの数だけで決まるのでガラスのような強さはなく、融通性がなくなると破壊する。

　プラスチックは、また、空気中の酸素と反応して化学構造そのものが変化し、本来の機能を失うことがある。変色したり、絶縁性が悪化したり、弾力性を失ったりするのがその例である。

　以上は、プラスチックの化学的な劣化であるが、プラスチックにも金属と同様のき裂やストライエーションの発生、クリープ劣化などの機械的劣化がある。

　このように、プラスチックは、「使えば劣化する」典型的な材料であり、本質的に一度しか使えない材料である。

7.4.3-2　複数の材料を使用した時の劣化

　人間は多種多様な機能を有する材料を適材適所に適用して生活を豊かにしているが、その機能の基本的要因は化学組成に依存する。金属材料を代表して展伸用アルミニウム合金および無機材料を代表して実用ガラスの標準的な化学組成をそれぞれ表7.4－4と表7.4－5に示す。このような材料をリサイクルして再び同じ目的に使用するためには、同じ機能が発揮されなければならないので、化学組成も同じでなければならない。この状況を満たすための第1条件は、各材料が完全に分別されることである。しかし、分別は人間が行う行為であるから、現在のように多種多様な材料が使用されている状況下では、完全ということはありえない。したがって、リサイクルを繰り返しているうちに、化学組成がずれてしまい、目的の機能を発揮することができなくなる。

　また、材料によっては、ある元素の混入がその材料の機能を著しく阻害し、その元素が毒物のような働きをすることがある。代表的な例が、鉄中に混入した銅である。銅が一旦鉄中に入ると、現在の技術ではもはや除去することができない。鉄中に銅がある濃度以上含まれるようになると、鉄が持っている本来の機能が著しく損なわれる（表面赤熱脆性や成形性に悪影響を及ぼす。）。天然の鉄鉱石には銅は入っていないので、鉄鉱石から生産される鉄

表7.4-4　いくつかの展伸用アルミニウム合金の標準的化学組成と特性
　　　　（文献[7-4] から引用）

合金系 (JIS規格)	標準組成（重量%）							特　性
	Si	Fe	Cu	Mn	Mg	Zn	その他	
Al-Mg 5052	<0.25	<0.40	<0.10	<0.10	2.5	<0.10	Cr0.25	成形性、溶接性、耐食性
Al-Mn-Mg 3004	<0.30	<0.7	<0.25	1.3	1	<0.25		高強度、成形性、耐食性
Al-Mg-Si 6061	0.6	<0.7	0.3	<0.15	1		Cr0.2	高強度、耐食性、押し出し加工性
Al-Cu-Mg-Si 2017	0.5	<0.7	4	0.7	0.56	<0.25	Zr+Ti <0.20	切削性
Al-Si-Cu-Mg-Ni 4032	12.2	<0.1	1	—	1	<0.25	Ni1.0	耐摩耗性、耐熱性

表7.4-5　いくつかの実用ガラスの標準的化学組成と用途
　　　　（文献[7-5] と文献[7-6] より引用）

種類	標準組成（重量%）									用途
	SiO_2	Na_2O	K_2O	CaO	MgO	BaO	PbO	B_2O_3	Al_2O_3	
板ガラス	70〜74	12〜16	—	6〜12	0〜4	—	—	—	0〜2	建築用
鉛アルカリケイ酸塩ガラス	63	7.6	6	0.3	0.2		21	0.2	0.6	電気用
アルミノホウケイ酸塩ガラス	74.7	6.4	0.5	0.9	—	2.2	—	9.6	5.6	装置用
ホウケイ酸塩ガラス	80.5	3.8	0.4	—	—	—	—	12.9	2.2	低膨張用

には銅は含まれない。しかし、鉄鋼材料は、後述するように、リサイクルの優等生で約90％がリサイクルされているので[7-7]、このようにリサイクル率が高くなると、銅を含む鉄鋼機材（モータなど）の分別が不十分となり、リサイクル鉄中に銅が含まれるようになる。近年、中国をはじめとするアジア諸国の発展には目覚ましいものがあり、これらの国による日本からの鉄スクラップの輸入が急増している。建設用から出るスクラップの銅含有量は低いが、モータ類を含む自動車用スクラップの銅含有量は高い。したがって、相手国の需要により日本からいずれのスクラップを輸出するかによって、日本

における鉄スクラップ中の銅含有量、したがって、リサイクル鉄中の銅濃度が異なってくる。このような観点に立って解析され、予測された建設用リサイクル鋼材の銅濃度の経年変化を図7.4 - 27に示す[7-8]。銅含有量の高いスクラップが多く輸出されると仮定したシナリオIでは、我が国の建設用リサイクル鋼材に含まれる銅濃度は点線のように減少するが、銅含有量の低いスクラップが多く輸出されると仮定したシナリオIIでは、実線で示されているように、我が国の建設用リサイクル鋼材に含まれる銅濃度は徐々に増加し、2015年には建設用電炉鋼材の主要な生産鋼種である棒鋼の銅含有量の許容値（0.4%）を超えると予測されている。このような状況に達すると、リサイクル鋼材を建設用に使用することが極めて困難になる。

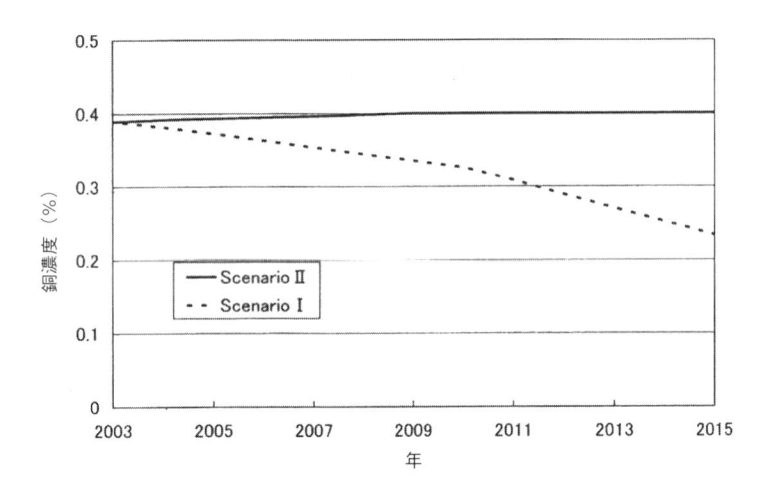

図7.4 - 27　建設用リサイクル鋼材の銅濃度の経年変化の予測（出典：文献[7-8]）

7.4.4　再使用（リユース）による材料の循環の適否

材料の循環で最も簡単にみえる方法は再使用（リユース）なので、まずこの観点から材料の循環の適否を考えてみよう。

① 金属材料

単一金属材料の劣化には、前述したように、錆、変態と疲労があるが、そ

の他に使用中にキズが付くこともある。錆や大きなキズは目で見てわかる劣化であるが、微小なキズ、変態や疲労は外見からは見て取ることが困難な劣化である。したがって、後者の劣化に気付かず、外見上は使用前と同じように見えるのでその材料を再使用すると、寿命が早期に訪れ、大事故につながる恐れがあるので十分な注意が必要である。このような危険性がある使用済み金属材料はリサイクルに回す方が良い。

② 無機材料

ガラス、陶器などの無機材料は、共有結合の物質でできているので、本来の強度は非常に強く、使用しても短期間では劣化しにくい材料であるが、何らかの原因によって目に見えないほどのキズが入ることがある。このようなキズには応力が集中するので（前述）、このような材料の再使用にはやはり危険が伴う。

③ プラスチック

プラスチックも、金属と同様に、き裂や疲労などの変化が生じる。例えば、プラスチックは弾性（外力が加わって変形しても、その力を取り除くと元の形に戻る性質）と粘性（外力が加わると、徐々にその力に馴染んで形を変える性質）の両方の性質を兼ね備えている。プラスチックが粘性を発揮する理由は、外から力が加わると、高分子の鎖が少しづつ移動し、絡み合いの場所を変化させることができるからである。したがって、プラスチックが粘性を発揮すると、絡み合いの数は変わらないので強度はほとんど変化しないが、形は変わってしまう。このようなプラスチックはもはや同じ目的には使用できない。

上記の理由で再使用（リユース）できない材料を循環させようとすると、再利用（リサイクル）による循環を考えるしかない。次に、この観点からの材料の循環の適否を考えてみよう。

7.4.5 再生利用（リサイクル）による材料の循環の適否

① 金属材料

金属は、前述したように、伝導電子（自由電子）の海の中に金属イオンが

埋め込まれた構造をしていて金属イオン間の隙間は大きいので、金属イオンはかなり自由に動くことができる。したがって、単一金属材料の場合には、変態や疲労で劣化しても、それを溶融して凝固させることにより、金属イオンの並べ替えを行って（リサイクルすることによって）、元の材料と同じ機能を持つ材料に復帰させることができる。また、複数の金属材料を循環し、その結果化学組成が変化することによる劣化に際しては、母材となる金属が添加元素や不純物元素より活性が弱い場合には、添加元素や不純物元素の除去や添加が容易なため、希望の機能を有する金属材料に戻すことができる。したがって、このような条件と経済的な条件が満たされる時には、金属材料は再生利用（リサイクル）に適した材料と言える。このような条件を満たしている典型的な金属材料が鉄、銅と白金で、事実、鉄は90％以上、銅は70％以上、白金は50〜98％（用途によって異なる）がリサイクルされている[7,7]。(ただし、鉄中に銅が混入してくると、母材である鉄の方が銅より活性なので、前述したように、現在の技術では鉄中の銅を除去することができない。したがって、リサイクルを繰り返すことにより鉄中の銅含有量が許容値を越すようになると、リサイクルのさらなる継続は困難になる。）母材金属が添加元素や不純物元素より活性が強い場合には、添加元素や不純物元素の除去が困難になるので、溶融して凝固させても元の機能を有する材料に戻すことは並大抵ではない。この状況に対応する代表的な金属がアルミニウムである。単一材料としての分別が比較的容易なアルミ缶だけはリサイクルの優等生であるが、その他のアルミニウム材料のリサイクルが遅々として進まないのはこの理由によるところが大きい。事実、アルミサッシなどの建設材料のリサイクルはあまり進んでいない。

② **無機材料**

ガラスや陶器のような無機材料は大事に使えば、長期間の使用に耐えられる材料である。また、分別を完全に行うことが困難なために複数の材料が入り混じった状態からリサイクルによって元の化学組成に戻すくらいなら、天然原料が豊富であるから、経済的には、天然原料からつくる方がはるかに有利である。この意味で、ガラスや陶器はリサイクルに適した材料とは言えない。

③ プラスチック

　プラスチックは、高分子の鎖が一旦切れてしまうと、それを簡単につなぎ合わせて元に戻す手段がないので、金属のように溶融・凝固によって元の状態を取り戻すことはできない。したがって、プラスチックはリサイクルに適しない材料である。また、次に述べる観点からも、プラスチックはリサイクルするより燃料として利用する方が有利な材料である。

　石油は、太古の動物の中に蓄積されたタンパク質や脂肪が腐敗してできたものであるから、動物と同じ高分子から成り立っている。この石油から作られるプラスチックも高分子からできているので、プラスチックを製造する時には石油の持っているエネルギーはほとんど消費されることなく、そのまま保存される。その証拠として、原油とプラスチックの代表格であるポリスチレン、ポリプロピレンとポリエチレンの発熱量を比較して表7.4 – 6に示した。

表7.4 – 6　原油とプラスチックの発熱量の比較

分　類	品　名	発熱量 MJ/kg	発熱量 kcal/kg
燃　料	原油	44.9	10,730
プラスチック	ポリスチレン	40.2	9,600
プラスチック	ポリプロピレン	44.0	10,500
プラスチック	ポリエチレン	46.0	11,000

　なお、同表に示されている発熱量の数値は、次のようにして求めたものである。原油の分類の仕方にはいろいろあるが、そのうちの一つが比重による分類で、全米石油協会によって表7.4 – 7に示すように比重によって3種に分類されている[7-9]。また、原油の発熱量は、38.2MJ/Lと報告されているので[7-10]、この値を、表7.4 – 7から原油の比重を0.85としてkg当たりの値に換算し、その値を表7.4 – 6の原油の発熱量として示した。プラスチック類の発熱量は文献[7-10]に示されている値をそのまま採用した。

表7.4 – 7　全米石油協会による原油の分類と比重（出典：文献[7-9]）

種類	比重
軽質原油	0.85以下
中質原油	0.85 ～ 0.88
重質原油	0.88以上

表7.4-6から、燃えるときに解放されるエネルギー量（発熱量）は、原油とプラスチックで僅かな差しかないことがわかる。

以上の二つの理由から、プラスチックは、一旦材料として利用した後は、リサイクルなどせずに、燃焼して熱エネルギーを取り出し、電気エネルギーに変換するのに最も適した材料である、と言える。

我が国の2005年度における石油の主要な消費分野を図7.4-28に示す[7-11]。プラスチックや合成繊維などの化学分野に使用されているのは15%にしか過ぎない。あとの85%は発電や運輸などの部門で直接燃やされているのが現状である。極めて"もったいない"石油の使い方である。石油を100%プラスチックなどの化学製品に変換し、一旦材料として働いてもらった後に、燃焼して熱エネルギーを取り出し電気エネルギーに変換すれば、まさに一石二鳥である。このようにすれば、鉄鋼材料の使用量の減少に伴ってコークス製造のための石油使用量が減少するし、材料が軽量化するのでその運搬に要する石油使用量が減少するなどの要因が積み重なって、現在の石油使用量を半減できる、という試算もある[7-2]。

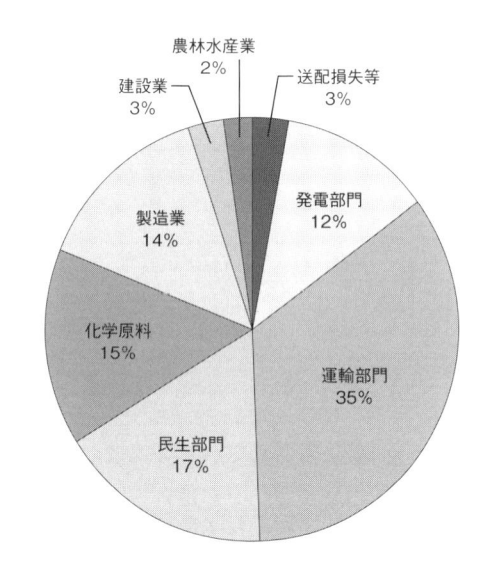

図7.4-28　我が国の2005年度における石油の主要な消費分野（出典：文献[7-11]）

7.5　循環型社会の真の姿

第7.4節の説明で、材料には循環に適しているものとそうでないものがあることを知った。また、図7.2-3は"虫のよい循環型社会"である、と指

摘した。それでは、循環に適した材料を対象とした時の真の循環型社会はどのような姿になるのかをここで検討してみよう。

図7.3－4は、前述したように、廃棄物から目的物を分離・回収する場合に、目的物の含有量が下がれば下がるほどそれを分離・回収するに必要なエネルギーや物質の量が増えることを示している。廃棄物中の目的物の含有量はまちまちであるが、現在の製造業の平均効率を念頭に置いて、それを33％と仮定し、循環型社会の真の姿を描くと、図7.5－1のようになる。この図においても、図7.2－3と同様に、人間の活動系に入ってくる物質量を1.0とし、活動後の物質の80％、すなわち0.8が循環される場合を対象にしている。0.8の廃棄物をリサイクルして同じ量の0.8を活動系（人間）入り口の原料にするためには、効率が33％であるから、0.8×3=2.4の物質を自然から回生系（人間）に供給しなければならない。浄化系（人間）にも自然からの物質の投入が必要であるが、現段階ではこの量が明確でないので、ここでは1.0と仮定した。人間の活動系、回生系と浄化系に自然から供給された物質量は、最終的には人間社会から自然界に放出されるので、その量は3.6となる。図7.1－1、

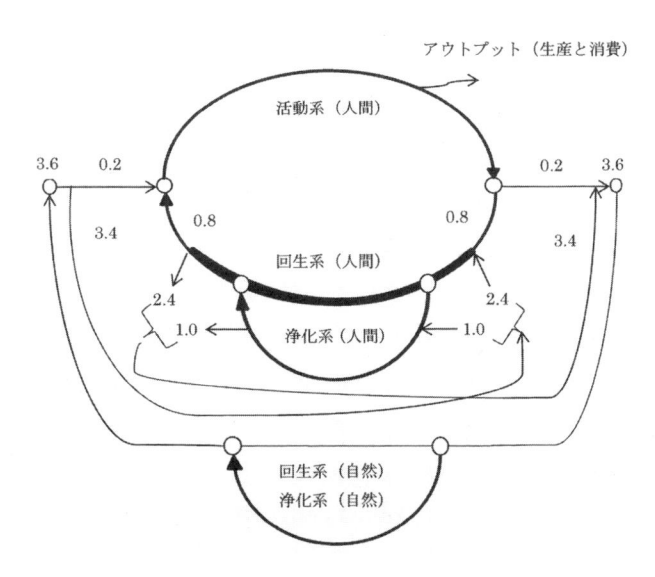

図7.5－1　循環型社会の真の姿（文献[7-2] p.127の図17を若干改変）

図7.2−1と図7.2−2に示したワンウェイ社会では、自然界から人間社会に供給される物質の量と人間社会から自然界に排出される廃棄物の量は1.0であった。しかし、循環型社会を構築するとその量が3.6に増えてしまう。循環型社会を構築する目的は、自然界から人間社会に供給される物質の量と人間社会から自然界に排出される廃棄物の量をワンウェイ社会より減らすことであった。しかし、検討した結果は全く逆の結論となる。この問題を解決できなければ循環型社会を構築する意味がなくなる。これが、循環型社会の構築を検討する場合の最大の課題である。

7.6 リサイクルの矛盾

これまでの記述でリサイクルはある限られた条件の下でしか成り立たないことを知ったが、それ以外にもいくつかの矛盾があるので、これらをまとめて以下に簡単に記載する。詳細については文献を参照されたい[7-2]。

（1） リサイクルの需給矛盾

材料は使えば劣化するので、それをリサイクルして同じ用途に使用できる材料は、前述したように、限られている。したがって、同じ用途に使用できない材料は下位の用途にリサイクルすることになる（このようなリサイクルをカスケードリサイクルと呼ぶ。）。使用済みプラスチックを公園のベンチにリサイクルしたり、製鉄所からのスラグを道路舗装材にリサイクルする、などがその例である。このリサイクルが続けば、いずれ公園はベンチで溢れてしまうし、舗装する道路はなくなってしまう。このような状態に達すればもはや下位の用途は存在しなくなる。このように需給が合わなくなるリサイクルをリサイクルの需給矛盾という。

（2） リサイクルの貿易矛盾

日本で生産される工業製品の多くは、その部品が海外で生産されている。その理由は、①原料を日本より安く調達でき、②人件費を抑えることができる、からである。したがって、部品工場の多くは海外にあり、日本では工業

製品の組み立てを行うことが主体となる。それゆえ、このような製品を使い終わった後にリサイクルしようと思っても、日本には部品工場がないので、元の部品に再生することはできない。リサイクルしようと思えば、その部品を生産した国に送り戻さなければならない。この時バーゼル条約が障壁となる。同条約によって有害廃棄物の国境を越えての移動が禁止されているので、使用済み部品をその生産国へ送り戻すことができないからである。したがって、リサイクルしようとすれば自国で行うしか方法がない。このことは、すべての部品工場を自国で持たなければならないことを意味する。これは、国ごとの特徴を生かして製品の性能や経済効果などを高めている国際分業とそれに基づく国際貿易を真っ向から否定することになる。この矛盾をリサイクルの貿易矛盾という。

(3) リサイクルの持続性矛盾

代表例が紙のリサイクルである。紙の原料は再生可能な資源である樹木である。しかし、紙のリサイクルでは再生不能資源である石油などの化石資源を多量に消費する。このように「再生可能な資源を繰り返し使うために、再生不能な資源を消費する行為」をリサイクルの持続性矛盾という。

(4) リサイクルの増幅矛盾

ペットボトルを石油から作る場合と使用済みペットボトルをリサイクルしてペットボトルを再生する場合とでは、後者の方が石油を約4倍消費する。このようにリサイクルすればするほど資源を使い、ゴミを増やす行為をリサイクルの増幅矛盾という。

〔参考文献〕

7-1) N. Masuko:『Metallurgy for Man Made Resources』, Pro. Metallurgical Processes for the Early Twenty-First Century, TMS, Vol.I (1994), pp.21-30.
7-2) 武田邦彦:『リサイクル幻想』、(文藝春秋、2000).
7-3) 目良誠二、亀谷　進、石曽根誠一（冨田　功　監修）:『よくわかる化学Ⅰ・ⅠⅠ』、(Gakken、2010).

7-4)　日本金属学会編：改訂6版・金属便覧、(丸善、2000).
7-5)　日本化学会編：第5版・化学便覧・応用化学編I、(丸善、1995).
7-6)　日本化学会編：第6版・化学便覧・応用化学編I、(丸善、2002).
7-7)　http://www.jogmec.go.jp/mric_web/jouhou/material_flow_frame.html
7-8)　藤巻大輔、五十嵐佑馬、醍醐市朗、松野泰也、足立芳寛：『鉄スクラップの輸出による国内鋼材の品位変化に関する考察』、鉄と鋼（Tetsu-to-Hagane）、Vol.92 (2006) No.6、pp.45-49.
7-9)　http://checkkeizai.ninpou.jp/economics/h20.html
7-10)　http://www.ecofukuoka.jp/image/custom/data/santei/hatunetu.pdf
7-11)　(独立行政法人) 石油天然ガス・金属鉱物資源機構・資源情報館：『日本の石油・天然ガス資源事情』.

第8章

資源の立場から見た環境問題とその対策

ここでは、各種資源の中でも環境問題と最も関係の深い金属鉱物資源を取り上げて、そこから生じる環境問題とその対策について検討する[8-1]。

8.1 金属鉱物資源の立場から見た環境問題

図8.1－1は、金属鉱物資源を原料資源として金属素材を生産し、それを消費するときの人工的物質循環（実線の矢印）とエネルギーの流れ（破線の矢印）を示したものである。

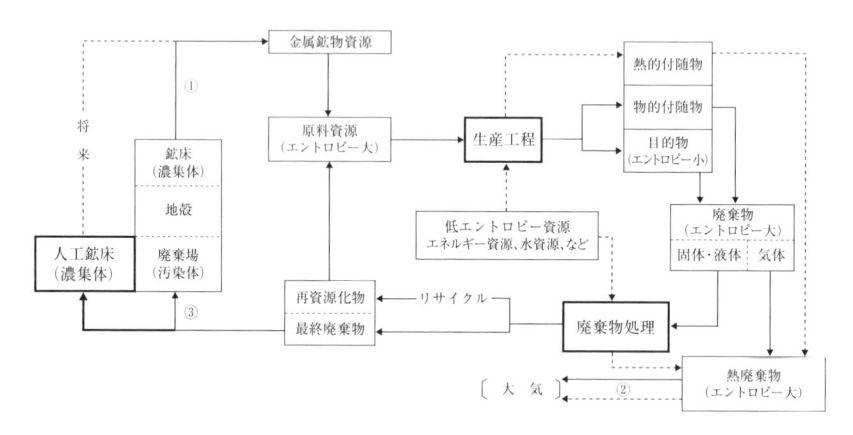

図8.1－1 金属素材の生産・消費における人工的物質循環とエネルギーの流れならびに人工鉱床の造設（文献[8-1]を改変）

地殻の濃集体である鉱床から採掘した金属鉱物資源であるエントロピーの大きな原料資源から、生産工程で、低エントロピー資源を用いてエントロピーを抜き取り、目的物であるエントロピーの小さな金属素材（第4章 第4.2節第4.2.2項で説明した製鉄の場合は鉄）を生産する。このとき同時に物的付随物（製鉄の場合はスラグと排ガス）と熱的付随物（製鉄の場合は鉄、スラグや冷却水などが持っている熱）を生成するが、このうち熱的付随物は最終的にエントロピーの大きな熱廃棄物となって大気中に拡散する。目的物と物的付随物は使用された後寿命が来るとエントロピーの大きな廃棄物となる。廃棄物は気体と固体・液体とに分かれる。気体（排ガス）は熱廃棄物となり、

大気中に放出される（この過程において、製鉄の場合には溶鉱炉の炉頂に取り付けられた発電設備によって気体の持っている熱エネルギーが電気エネルギーに変換されるし、銅精錬の場合には気体中に含まれている亜硫酸ガスから硫酸が製造されるが、これらの回収工程はここでは省略されている。）。固体・液体の廃棄物は、低エントロピー資源を用いて処理され、リサイクルのルートに乗るものは再資源化されて、原料資源として再び利用される。リサイクルルートに乗らないものは最終廃棄物となって廃棄場に棄却される。廃棄場で廃棄物から有害物質が地殻に漏洩すると、その物質の濃度が地殻存在度より高くなるが、このように人工的に濃縮された場合には濃集とは言わず、汚染と言われる（自然に濃縮された場合は濃集と言う。）。汚染された地殻を汚染体と言う。この人工的物質循環とエネルギーの流れの中で環境に大きな影響をもたらす過程は、図中に示した①鉱床を探査・調査し、開発するときに生じる環境破壊（鉱毒やエコロジカル・リュックサック*）、②熱廃棄物の大気中への放出、と③最終廃棄物の廃棄場への棄却、である。ここでは、③を取り上げる。①ついては後述する第8.3節の人工鉱床の造設で触れる。

＊：「エコロジカル・リュックサック」は、ドイツのヴッパータール研究所で提案された概念で、我々が使う製品や、受けるサービスは、それらを作り出すために動かされ、変換される自然界の物質をリュックサックに入れて背負っているという考え方である。この指標は、ある素材や製品1kgを得るために、鉱石、土砂、水その他の自然資源を何kg自然界から動かしたかによって表される。データによれば、鉄鋼は21kg、アルミニウムは85kg、再生アルミニウムは3.5kg、金は540,000kg、ダイヤモンドは53,000,000kgの自然資源を動かすとされている[8-2]。

8.2 金属系廃棄物のリサイクル

リサイクルの一般論についてはすでに第7章で説明したので、ここでは環境問題に対する対策としてのリサイクルを取り上げる。

図8.1-1に示した③の過程は、図8.2-1に示す自然ルートによる物質循環に、鉱床の採掘から始まり生産工程などを経て最終廃棄物が廃棄場に廃棄される人工ルートがバイパスとして加わったことを意味する。後者の人工ルートが太くなって自然ルートによる物質循環速度を上回るようになり、廃

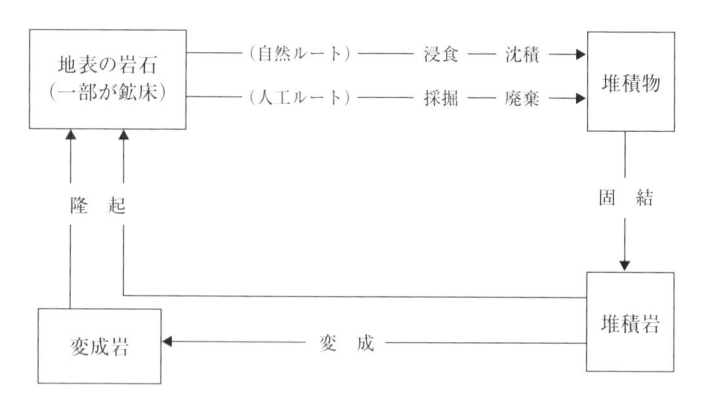

図8.2−1 自然の物質循環に人工的物質循環が加わった場合
(出典：文献[8-1])

棄場の汚染や枯渇の生じたことが③による環境問題である。そこで、③のルートを細くする目的でリサイクルが注目されるようになった。

（独立行政法人）石油天然ガス・金属鉱物資源機構（JOGMEC）は、2007年度の我が国における48元素のリサイクル率を公表している[8-3]。それによれば、各元素は一般に多くの用途に使われているが、そのうちの特殊な用途に限って、例えば、鉄鋼材料の合金元素としてのニッケル、クロム、コバルト、タングステン、モリブデン、ニオブ、珪素、触媒としてのニッケル、コバルト、モリブデン、白金、パラジウム、レニウム、缶としてのアルミニウム、電池材料としての鉛、ニッケル、砒素、歯科材料としての金、パラジウム、ドラムプリンターとしてのセレン、テルル、熱電対や坩堝としての白金、ロジウム、半導体ウェハーとしてのガリウム、などリサイクル率の高いものもあるが、用途に限らず50％以上の高リサイクル率を誇っているのは鉄、銅と白金だけである。

　上述したようにリサイクルが注目されたにも拘らず、多くの金属でこのようにリサイクル率が低いのは、次のような理由による。
（1）　リサイクルの原料は廃棄物なので、この原料は一般に天然の金属鉱物資源に比べて物エントロピーが大きい、すなわち回収したい金属の品位が低い。図8.2−2は、各種金属素材を生産するときの原料となる鉱石

中の目的金属の品位の対数にマイナスを付けた値を横軸に、その金属の価格の対数を縦軸にとって両者の関係を示したものである[8-4]。右に行く程原料である鉱石中の目的金属の品位が低くなるように取ってある。両者はほぼ直線関係にある。この事実は、原料の品位が決まると、生産コストはほぼそれだけで決まってしまうことを意味している。したがって、天然の鉱石より品位の低い（この図でいえばより右側の品位の）廃棄物を原料にして目的金属を回収しようとすると、品位が低ければ低いほどその分だけ必然的に生産コストが高くなり、これを新しい技術の開発でカバーしようと考えてもそれは至難の業であり、ほとんど不可能である。このように天然の鉱石より品位の低い（エントロピーの大きい）廃棄物を原料にすると経済的に成り立たない。

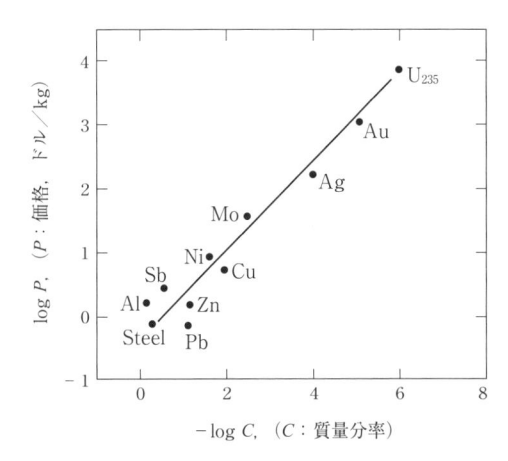

図8.2－2　鉱石中の目的金属の品位とその金属の価格の関係（出典：文献[8-4]）

(2)　第4章 第4.2節 第4.2.2項で、生産は、エントロピー的にみれば、必ず消費になることを説明した。したがって、天然の鉱石より品位の低い（エントロピーの大きい）廃棄物を原料にして目的金属を回収しようとすれば、その分だけ低エントロピー資源を余分に消費することになり、その結果天然鉱石を原料にするときに比べて汚れも一層増大する。

(3)　金属のリサイクルは、そのために独自に開発された方法で行われることもあるが、多くの場合は経済的理由で、金属含有収集物を現在稼動している製錬システムの原料資源の一部として利用することにより行われる。現行の製錬システムは大量生産を目的としている。この大量生産システムを支えているのは資源のあり方にあり、それには次の三つの条件

が要求されている。①目的金属の品位が高いこと、②不純物の種類と含有量がある範囲で一定していること、③一箇所に集中して大量に存在すること、である。したがって、このような条件を満たさない金属含有収集物はリサイクルのルートには乗らない。

　近年における家庭用電気器具、ＩＴおよび通信機器、民生用機器、医療器具など電気・電子機器の高度化には目を見張るものがあるが、その高度な機能を支えているのが多種類のレアメタルやレアアースである。この趨勢は将来にわたって予想されるため、レアメタル資源やレアアース資源に対して巨大化した非鉄メジャーによる寡占化や資源国による国家管理（資源ナショナリズム）が始まり、それに伴って資源の高騰が起こっている。この状況は、科学技術創造立国を目指し世界有数のレアメタル・レアアース消費国である我が国の産業基盤を脅かす危険性を孕んでいる。しかし、経済原則に基づき大量生産システムに乗せて行われる現行リサイクルでは、上記の廃電気・電子機器は資源としての条件を満たさないためにレアメタルやレアアースが回収されることはなく、国内に広く分散して環境に悪影響を与えるばかりでなく、貴重なレアメタル資源やレアアース資源を浪費する結果になる。この状況を打破する一つの方策として人工鉱床（人工鉱山ともいう。）を造るという考え方がある。

8.3　人工鉱床の造設

　紙や石油製品のリサイクルに比べて、金属のそれが持っている大きな優位性の一つは、前者がリサイクルするたびに再生品の品質が劣化するのに対して、金属のリサイクルは、第7章 第7.4節 第7.4.5項で説明したように、基本的に元素への再生なので、再生品の品質が天然鉱石から製造されるバージン素材のそれと変わらないことである。したがって、金属の回収を対象にした人工鉱床は、天然鉱床とほぼ同じ条件を備えた鉱床にすべきと考える。図8.1－1で人工鉱床を天然鉱床と対比させて同等に位置づけているのはこの理由による。それゆえ、人工鉱床は大量生産システムに乗せられる資源としての上述した三つの条件を備えていなければならない。そのためには、人工鉱床

をつくるための制度設計や法整備を進めるとともに、①目的金属の品位が高いこと、②不純物の種類と含有量がある範囲で一定していること、を実現するための分別・分離技術や天然資源よりも多種類の金属元素を含む人工資源に対する製・精錬技術の開発に関する検討を早急に始める必要がある。人工鉱床は、③一箇所に集中して大量に存在すること、という条件は必然的に満たしている。人工鉱床の造設は、造設地区における環境汚染の危惧があるが、科学技術的に検討し、十分な対策を取れば、天然鉱床における鉱毒よりもはるかに小さく押さえることができよう。我が国が"ものづくり"を中心とした科学技術創造立国を目指す限り、人工鉱床の造設は資源備蓄の国家戦略として不可欠な方策であると考える。日本におけるハイテク製品の生産は、見方を変えれば、国外のレアメタル・レアアース資源国からその資源を我が国に移し変えている行為と見做すこともできる。経済原則に見合わない状況下でリサイクルを急ぐ必要はない。ハイテク製品を国内で消費した後適切に処理して人工鉱床としてレアメタル・レアアースを備蓄しておけば、日本は将来レアメタル・レアアース資源国にもなりうる。日本は優れた技術を持っているが資源がなければその技術を生かすことはできない。技術と資源の両方が整えば鬼に金棒である。また、この資源は日本だけのものではなく、世界のためにも役立ちうる。人工鉱床の提案は今始まったことではなく、すでに10年前位から行われており[8-5),8-6),8-7)]、最近では白鳥らが詳細な検討を始めている[8-8),8-9)]。

〔参考文献〕

8-1) 山内　睦文：『資源の立場から見た持続性に関する一考察』、アリーナ・中部大学編（風媒社）、Vol.7(2009)、pp.32-79.

8-2) http://www.env.go.jp/policy/hakusyo/honbun.php3?kid=218&bflg=1&serial=13432

8-3) http://www.jogmec.go.jp/mric_web/jouhou/material_flow_frame.html

8-4) N. Masuko:『Metallurgy for Man Made Resiurces』、Proc. Metallurgical Processes for Early Twenty-First Century、(San Diego, 1994)、pp.21-30.

8-5) 山内睦文：『リサイクルのあり方・21世紀の展望を知る』、トヨタ技術会「知るシリーズ」最先端技術を知る！第1回講演会録、2001年7月20日.

8-6) 山内睦文:『難処理人工物と環境保全・リサイクル』、第11回基礎及び最新の分析化学講習会資料 (2001年9月25日)、pp.1-17.
8-7) 武田邦彦:『リサイクルしてはいけない』、(青春出版社、2000)、pp.75-82.
8-8) 白鳥寿一、中村　崇:『人工鉱床構想 – Reserve to Stock の考え方とその運用に関する考察 – 』、資源と素材、Vol.122 (2006) No,6,7, pp.325-329.
8-9) 白鳥寿一、中村　崇:『人工鉱床構想2 – 廃電気・電子機器の金属含有ポテンシャルの推定と経済的意味 – 』、資源と素材、Vol.123 (2007) No.4・5, pp.171-178.

第9章

地球と人間社会の持続性

9.1 コンピュータ・シミュレーションによる未来予測

　20世紀の半ば以降、大量生産→大量消費→大量廃棄のワンウェイ社会が先進諸国を席捲していた時代に、感性鋭いごく少数の人々だけが自然界の異変に気付き始め、地球の持続性に危機を感じ始めていたことを第7章第7.1節で述べたが、当時の国連事務総長のウ・タント氏、イタリア・オリベッティ社副社長のアウレリオ・ペッチェイ氏や英国の科学者でペッチェイ氏の政策アドバイザーでもあったアレクサンダー・キング氏もそのうちの一角を占めていた。ウ・タント氏は1969年の国連総会における演説の中で次のように述べた。

　「私は芝居がかっていると思われたくないけれど、事務総長として私が承知している情報から次のような結論を下しうるのみである。すなわち、国際連合加盟諸国が、古くからの係争を差し控え、軍拡競争の抑制、人間環境の改善、人口爆発の回避、および開発努力に必要な力の供与をめざして世界的な協力を開始するために残された年月は、おそらくあと10年しかない。もしもこのような世界的な協力が今後10年間のうちに進展しないならば、私が指摘した問題は驚くべき程度にまで深刻化し、われわれの制御能力をこえるにいたるであろう。」

　この勧告を背景にして、アウレリオ・ペッチェイ氏の主導のもとに、環境汚染の進行、天然資源の枯渇、開発途上国における爆発的な人口増加、大規模な軍事的破壊行為などによる人類の危機を回避する道を探り出すことを目的にして、1970年3月に、科学者、経済学者、教育者、経営者などの民間人で構成されるローマクラブが設立された（設立に先立って1968年4月にローマで最初の会合が開かれたことから、ローマクラブと名付けられた。）。

　ローマクラブは、「人類の危機に関するプロジェクト」を立ち上げ、人類の危機を回避するための道を探索するための第一段階の作業をMIT（Massachusetts Institute of Technology、マサチューセッツ工科大学）のメドウズ（Meadows）博士らのグループに委嘱し、その研究成果である「成長の限界（The Limits of Growth）」を1972年に公表した[9-1]。さらに、20年後

の1992年に「限界を超えて(Beyond the Limits)」を発表した[9-2]。その内容は、コンピュータを駆使して人類社会の未来を予測したもので、人類社会の未来を大々的に予測したコンピュータシミュレーションはこれしか存在しない。その内容を以下に簡潔に紹介する。

「成長の限界」では、(i) ウ・タント事務総長が示唆したように、人類が危機に向かう傾向を世界が協力して制御するためには本当に10年以下しか残されていないのだろうか、(ii) もしもそれを制御しえなかったら、その結果何が起こるのであろうか、(iii) 世界的な問題を解決するために人類はどのような方法を持っているのであろうか、(iv) その方法のそれぞれを用いた場合の結果はどうであろうか、という問題に対する研究結果が示されている。当時の世界的関心事であった五つの大きな傾向、①加速的に進みつつある工業化、②急速な人口増加、③広範に広がっている栄養不足、④天然資源の枯渇、⑤環境悪化、を分析するために世界モデル(この原型モデルの説明は、MITのフォレスター教授の著書「World Dynamics (Cambridge, Mass.:Wright-Allen Press, 1971)」の中で行われている。)を使って行われたコンピュータシミュレーション結果である。成長に対して、①と②は正のフィードバックループとして働き、③、④と⑤は負のフィードバックループとして作用する。

①に対して「1人当たりの工業生産」、②に対して人口、③に対して「1人当たりの食糧」、④に対して「天然資源」、⑤に対して「汚染」を取り、次の二つの仮定、
(1) 1970年において、すべての資源に関して、この年の使用率で250年分の供給量がある。
(2) 世界システムの発展を支配してきた物理的、経済的、社会的関係に将来も大きな変化は起こらない、
を置いて、計算された2100年までのコンピュータシミュレーション結果を図9.1－1に示す。なお、同図に示された変数は、それぞれ異なる尺度の縦軸に従って描かれている。

また、同図で強調されていることは、近似的にしかわからない数値ではなく、コンピュータが算出した一般的行動様式である。したがって、両軸とも

数値は明確には示されていない。メドウズらは、これを「世界モデルの標準計算」と命名し、これ以降に変数をいろいろ変化させて得られる結果を評価する時の基準とした。彼らは、図9.1－1に示した結果を次のように説明している。

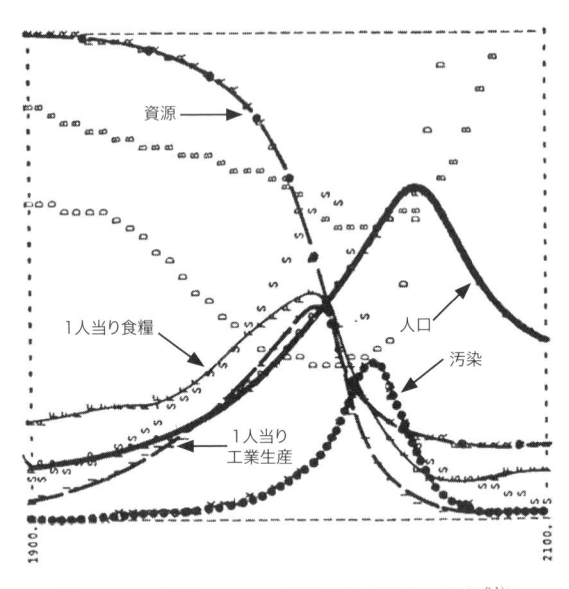

図9.1－1　世界モデルの標準計算（出典：文献[9.1]）

 1人当たり工業生産：年間一人当たりのドル換算額
 1人当たり食糧：年間一人当たりの穀類キログラム換算額
 汚染：1970年を基準とした倍数
 天然資源：100年の残存量に対する比率
B：粗出生率：年間1,000人当たりの出生数
D：粗死亡率：年間1,000人当たりの死亡数
S：1人当たりサービス：年間一人当たりのドル換算額

"これは明らかに行き過ぎと破局の行動様式である。破局は、再生不可能な天然資源の枯渇によって発生する。工業資本ストックは、資源の莫大な投入を要求するほどに成長している。その成長の過程自体で、使用可能な資源埋蔵量の大部分は底をついてしまう。資源の価格が上がり、資源が底をつくにつれて、資源を得るために、ますます多くの資本がつぎ込まれなければな

らなくなり、将来の成長のために、投資する余裕がなくなってしまう。遂に、投資は資本の減耗に追いつかなくなり、産業の基盤が崩壊し、それとともに、工業からの投入物（化学肥料、殺虫剤、医療設備、コンピュータ、そしてとくに、機械化のためのエネルギー）にたよるようになっているサービスや農業システムを巻き添えにする。年齢構造と社会適応の過程につきものの時間遅れのために、人口は増え続けるので、短期間のうちに事態はとりわけ深刻なものになる。食糧の不足と健康維持のためのサービスの不足によって、死亡率が引き上げられて、人口は、遂には減少する。"

　このように「世界モデルの標準計算」の結果では、破局の原因が再生不可能な天然資源の枯渇にあったので、この原因を回避するために、天然資源を無制限と仮定（無制限の核エネルギーにより開発可能な資源が2倍になり、核エネルギーにより広範囲な資源の再循環と代替が可能になると仮定）し、負のフィードバックループの要因を技術的に改善したケース（汚染防止、農業生産性の向上、完全な産児制限を順次付け加えていった場合）をコンピュータシミュレーションしているが、いずれの場合も21世紀の内に破局を迎える結果となっている。要するに、成長を継続し得るように負のフィードバックループを弱めたり、負のフィードバックループの作り出す圧力を隠すために考え出された技術的の解決策は、成長によって引き起こされた問題を軽減するのにある程度の短期的効果はあるが、長期的に見て、成長の行き過ぎやそれに続いて起こる破局を防ぐには何の役にも立たない、ということである。このように、技術の改善だけでは破局を避けることは不可能である。

　突発的で制御不可能な破局を招くことなく持続性を維持でき、かつすべての人々の基本的な物質的要求を充足させることのできるようにするもう一つの対処の仕方は、成長を生み出す正のフィードバックループを弱めることである。

　第1の試みとして、技術的解決策を一切取り入れていない図9.1－1に示した標準計算に正のフィードバックループである人口成長と資本成長に対して次の成長抑制政策を取り入れる。

① 1975年以降出生率を死亡率に等しくすることにより、人口が一定に保たれるようにする。

② 1985年に資本投資率を資本減耗率に等しくすることにより、工業資本の成長を止める。

　この場合の計算結果を図9.1－2に示す。1人当たりの食糧、1人当たりの工業生産、サービスは、比較的高水準を保ちながら一定値に達し、しばらくこの状態が維持される。しかし、資源を保存するための技術が導入されていないために、最終的には資源の不足が工業生産を減少させ、一時的な安定状態は破られることになる。

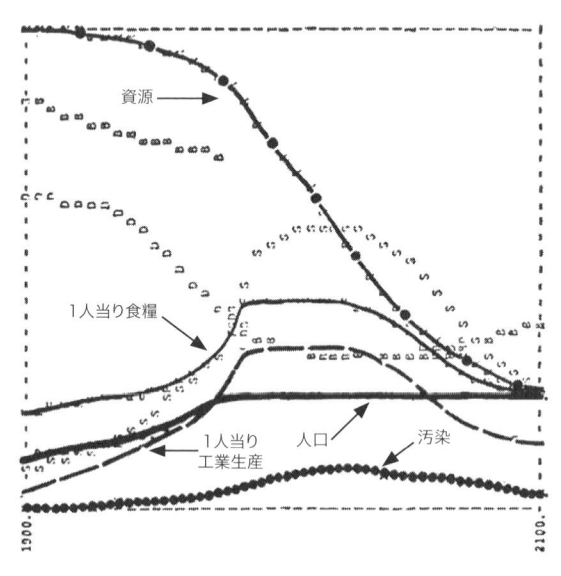

図9.1－2　人工と資本が安定化された場合の世界モデル（出典：文献[9-1]）

　そこで、この成長抑制政策に、資源の再循環、汚染防除、あらゆる形の資本寿命の延長、荒廃した土壌の再生方法などを含む技術政策を追加して計算すると、図9.1－3に示すような結果が得られる。この場合には、少なくとも21世紀中は、持続可能性が維持される。ここで用いた「人口と資本を突然に、そして完全に安定化できる」という非現実的な仮定を、現実的に実現可能な仮定に改めても同様の傾向の結果が得られる。これらのことから、「成長の限界」では、研究成果の結論を次のように要約している。

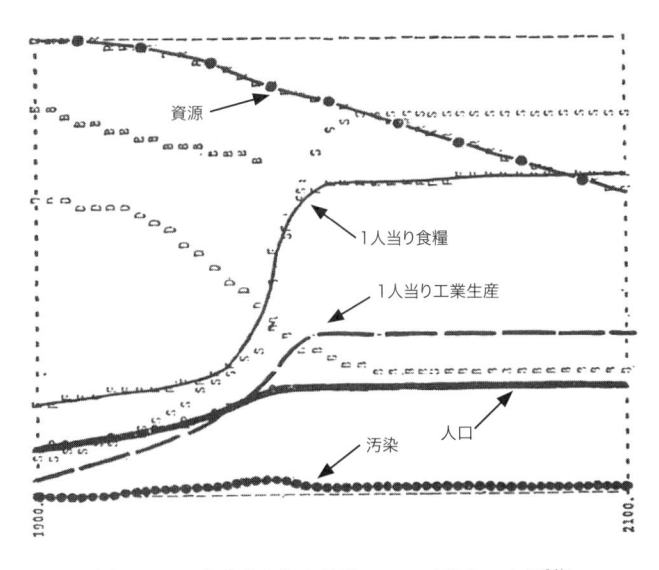

図9.1-3　安定化された世界モデル（出典：文献[9-1]）

（1）　世界人口、工業化、汚染、食糧生産、資源の消耗などの点で、現在のような成長が不変のまま続けば、今後100年の間に地球上での成長は限界に達するであろう。その結果、最も起こる見込みの強い結末は、人口と工業力の突然の、制御不可能な減退であろう。

（2）　こうした成長傾向を改め、遠い将来にまで持続可能な生態的・経済的安定状態を確立することも不可能ではない。地球上のあらゆる人々の基本的な物的ニーズが満たされ、すべての個人の潜在的な可能性を実現できる機会が平等に与えられるような、世界的に均衡のとれた状態も設計可能である。

（3）　もし世界の人々が、（1）の結末ではなく、（2）の結末にいたるために努力することを決意するなら、活動を開始する時期が早ければ早いほど成功率も高くなるだろう。

ここで出された三つの結論を検証し、必要に応じて補強するために、さらに研究が継続され、その成果が20年後の1992年に「限界を超えて（Beyond the Limits）」という書物で公表された。ここでも「成長の限界」で示され

たのと同様の研究（計算）手法が採用された。最初の計算は、「世界は特に大きな政策変更をすることなく、可能な限りこれまでの進路に沿って展開される。農業、工業、社会サービスの各分野では、これまでに確立されているパターンに従って技術が進歩する。汚染抑制や資源節約のための特別な努力はなされない。」というように「現状をそのまま維持する。」という条件下で行われた。その結果を、シナリオ1として、図9.1－4に示す。これは、「成長の限界」で示された標準計算結果の図9.1－1に対応するものである。この結果は、次のように説明されている。「人口と工業生産は、自然資源と環境の両方の制約によって資本部門が投資を維持できなくなるまで成長を続ける。工業資本は、新たな投資によって再建される速度を上回る速さで減耗し始める。工業生産の減少に伴って食料や保険サービスも減退し、平均寿命の低下と死亡率の上昇をもたらす。」

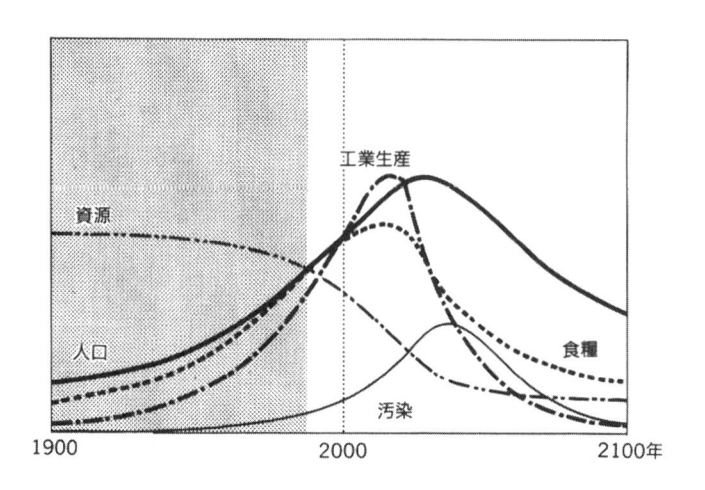

図9.1－4　シナリオ1（標準計算）（出典：文献[9-2]）

　この計算結果に、「成長の限界」で図9.1－3を求めたように、人口と工業生産の安定化を図る成長抑制政策と汚染排出、土地浸食、資源利用の削減に関する技術政策を1995年に取り入る条件を加味して、計算し直すと、図9.1－5に示すように、安定した世界モデルが得られる（「成長の限界」の図9.1

−3に対応する。)。

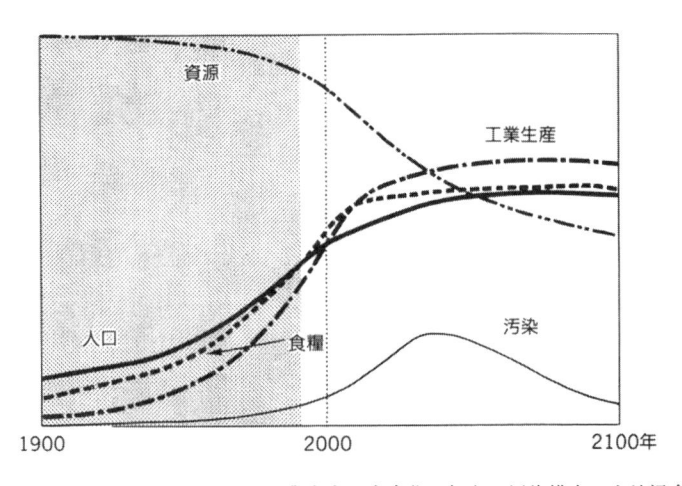

図9.1−5 シナリオ1に、人口と工業生産の安定化に加え、汚染排出、土地浸食、資源利用の削減に関する技術を1995年に取り入れた場合のシナリオ
(出典：文献[9-2])

　このように、「限界を超えて」で得られた結論は、本質的には「成長の限界」の結論と変わらないが、時間経過による世界状況の変化を配慮して、「成長の限界」で得られた結論を補強して、次のように書き換えられている。
(1)　人間が必要不可欠な資源を消費し、汚染物質を産出する速度は、多くの場合すでに物理的に持続可能な速度を超えてしまった。物質およびエネルギーのフローを大幅に削減しない限り、1人当たりの食糧生産、およびエネルギー消費量、工業生産は、何十年か後にはもはや制御できないようなかたちで減少するだろう。
(2)　しかし、こうした減少も避けられないわけではない。ただし、そのためには二つの変化が要求される。まず、物質の消費や人口を増大させるような政策や慣行を広範にわたって改めること、次に、原料やエネルギーの利用効率を速やかに、かつ大幅に改善することである。
(3)　持続可能な社会は、技術的にも経済的にもまだ実現可能である。持続可能な社会は、絶えず拡大することによって種々の問題を解決しようと

する社会よりも、はるかに望ましい社会かもしれない。持続可能な社会に移行するためには、長期目標と短期目標のバランスを慎重にとる必要がある。また、産出量の多少よりも、十分さや公平さ、生活の質などを重視しなければならない。それには、生産性や技術以上のもの、つまり、成熟、憐みの心、智慧といった要素が要求されるだろう。

ところで、「成長の限界」と「限界を超えて」の結論のうちで、（1）は人類に対する「警告」であるが、「成長の限界」の（2）と「限界を超えて」の（2）と（3）は人類に対する「希望的なメッセージ」である。それにも拘わらず、「成長の限界」が公表された時には、多くの人々が図9.1－1に示したシナリオと結論の（1）に、他のシナリオや結論以上の重要性を与えた。それがため、多くの報道機関がこの研究報告を「人類の未来に対する死刑宣告」のように報道した。しかし、原著者の真意は、生きるための選択肢として、破滅の道もあるけれども、それより希望の道も残されていることを伝えることであった。地球環境をはじめとする多くの分野で見られるように、報道機関の偏った報道を鵜呑みにすることの危険性が表面化した好例の一つである。

ここで、モデルを用いたコンピュータシミュレーションによる未来予測に対する見解を述べておきたい。モデルでは、現実世界の性質を決定している多くの要因の複雑な相互関係を抽象化・単純化して数学的方程式で表していることに加えて、成長抑制政策にしろ、技術政策にしろ、モデルの中に含ませることができるのはその時点で予測可能なデータだけである。したがって、そこから得られる未来予測は、当然のことながら、その時点から見た定性的な行動様式である。しかし、未来には、未来への出発の時点では全く予測できない新しい発明・発見があることを人類の歴史が教えている。したがって、コンピュータシミュレーションによる未来予測は、新しい発明・発見があるたびに修正されなければならないので、定量的に正確な未来予測は不可能に近い。未来予測が不可能に近いからコンピュータシミュレーションに意義がないかと言えばそうではない。人類の歩むべき方向性を定めるために、逐一コンピュータシミュレーションによる未来予測を行うことは意義があるだろう。人間は方向性を定めないと進めないし、方向性が定まったらその道を歩み、努力する過程でまた新しい発明・発見が生れるからである。

9.2 地球と人間社会の区別

　第9章の課題を論ずる前に、地球（地球の表面、人間が地下資源を採取する表層と大気から構成される部分を指す。）と人間社会の相違を明確にしておきたい。一つ目の相違は、当然のことながら、人間社会は地球に存在する数ある社会の中の一つに過ぎないということである。すなわち、人間社会は地球という大きな系の中に存在するより小さな系である。小さな系はそれを包み込む大きな系以上の能力を持ちえない。したがって、地球が持続可能でなくなれば、その中に含まれる人間社会も必然的に同じ運命をたどることになる。二つ目の相違は次の通りである。第5章第5.2節の説明で明らかなように、地球は、宇宙に対して、熱エントロピーに関しては開かれているが、物エントロピーに対しては閉ざされている。したがって、地球の物エントロピーに関しては入口も出口もない。一方、人間社会は、地球に対して熱エントロピーと物エントロピーの両方に関して開かれており、入口と出口を持つ（図9.2－1参照）。

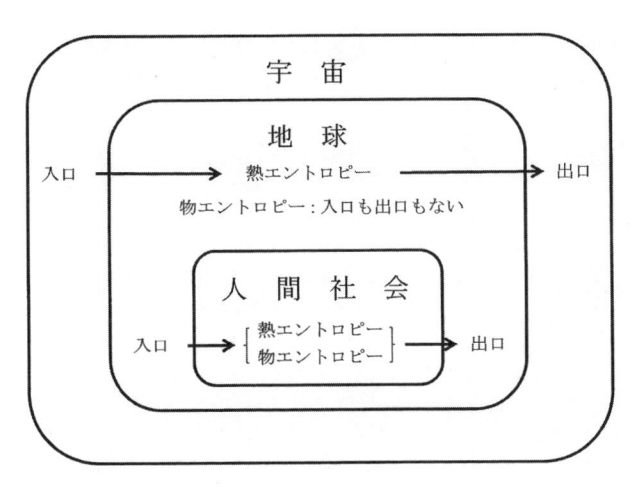

図9.2－1　地球と人間社会の区別

以上のことから、人間社会の持続性は、人間社会の出口から出る物エントロピーを収容する地球の持続性に依存していることがわかる。地球の持続性は、人間社会の出口から出される物エントロピーによって地球の物エントロピーが最終エントロピーに達したところで終わりを迎えるので、人間社会と地球の持続性を検討するためには、人間社会における人間の活動と地球における自然の活動の大きさの理解から出発する必要がある。

9.3　人間活動と自然活動の比較

　第7章 第7.1節で、図7.1-3に示した自然の活動と人間の活動によって自然界に放出されるイオウの量の経年変化から、1940年頃に人間の活動が、大自然と崇めて無限と思っていた自然の活動をすでに超えようとしていたのではないか、と推測した。これを、別のデータを使って、確かめてみよう。
　図9.3-1に、世界と日本における人口の推移を示す。横軸の西暦年は比例目盛りであり、縦軸の人口は対数目盛りに取ってある。世界の人口推移の方を見てみると、その推移は二本の直線で表され、両直線の交点に対応する

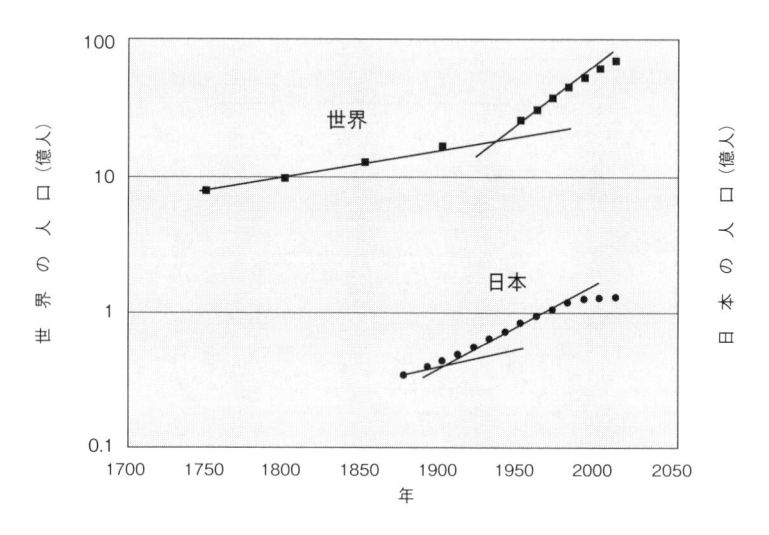

図9.3-1　世界と日本における人口の推移（文献[9.3]のデータに基づいて作成）

西暦年はほぼ1940年であることがわかる。また、図9.3－2に、世界総生産の推移を示す。世界総生産は1950年以降に急増していることが見て取れる。これは、1940年以降の人口増加を支えるための人間活動の活性化の結果と考えられる。その後は、人口増加が世界総生産の増加を促し、世界総生産の増加が人口増加を促進させるというように両者の相乗効果によって両者が急増する状態が続いてきている。これらの結果からもやはり、人間社会から排出される排出物の観点から世界を平均して見ると、1940年頃に人間社会における人間の活動が地球における自然の活動を追い越したと推測される。

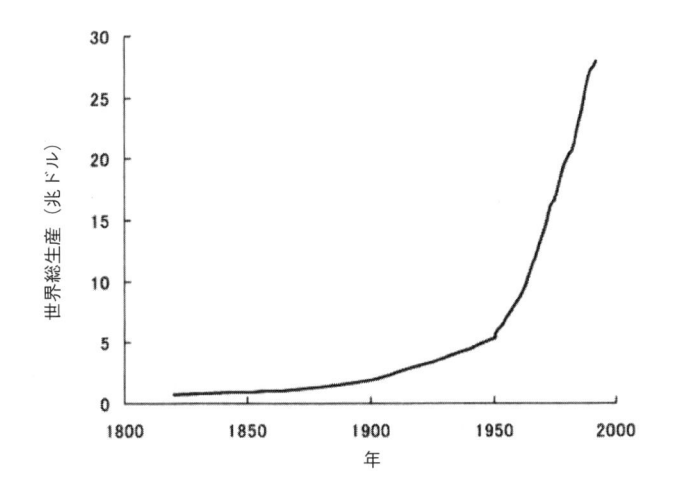

図9.3－2　世界総生産の推移（出典：文献[9-4]）

　一方、日本について図9.3－1を見てみると、人口増加を表す二本の直線が1905年頃に交差している。また、図9.3－3に示した日本の総生産の経年変化を見てみると、1915年以降に急増しているので、これらの結果から判断すると、日本では、1910年頃に人間社会における人間の活動が日本に限定した地球における自然の活動を追い越したのではないかと推測される。
　ただし、ここで行った自然活動と人間活動の比較は、人間社会から地球に排出される排出物の状態と量に依存するので、上述した世界における1940

年とか、日本における1910年という年代は、当時の排出物の状態と量に対応するものである。人間社会から排出される排出物を地球の処理能力以下にすることがもはや不可能であることを意味するものではない。

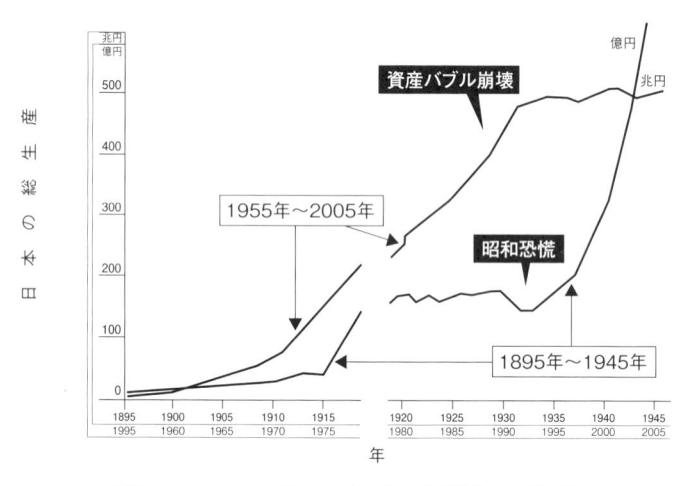

図9.3-3　日本の総生産（出典：文献[9-4]より抜粋）

9.4　日本に限定した場合の地球と人間社会の持続性へ向けての方策

　地球と人間社会の持続性を、マテリアルフローデータの信頼性が高い日本に限定して考える。この場合国民の生活水準を下げないことを前提とする。第9.3節で説明したように、人間社会における人間活動が地球における自然活動を追い越してすでに100年近く経過していると推測されるが、現在の日本の人間社会における物流を見てみると、地球から人間社会に毎年約21億トンの物質が入り、約5億トンの廃棄物が人間社会から地球に出て行っている。人間社会に入ってくる21億トンの物質のうち約4億トンはエネルギー消費に費やされ殆どが二酸化炭素と水蒸気になって大気中に逸散するので、この分を除くと、地球から人間社会に約17億トンの物質が入り、約5億トンの廃棄物が人間社会から地球に出て行っていることになる。すなわち、人間活動が自然活動を追い越して100年近く経過した現在においても日本における

人間社会は第3章 第3節 第3.1.2項のb)で説明したような耐久財による飽和状態に達しておらず、毎年約12億トンの物質が人間社会に蓄積されている。これらは廃棄物予備軍である。したがって、飽和状態に達すれば、毎年17億トンの廃棄物が出ることになる。日本における人間社会が物エントロピーによっていつ飽和状態に達するのか、また毎年17億トンの廃棄物の排出によって地球の物エントロピーがいつ最終エントロピーに達するかの定量的な予測は、多くの複雑な相互に影響し合う因子によって支配されるので困難であるが、そこに達する前のできるだけ早い時期に対策を立てておくことがホモ・サピエンスとしての人間のとるべき道であろう。

　第3章 第3.1節 第3.1.1項で説明したように、人間社会が死にいたる原因は入口側の資源不足か、出口側の廃棄物過多である。しかし、入口側の資源不足は、第5章 第5.1節で説明したように、21世紀中には起こりそうにない。そこで、ここでは出口側の廃棄物過多に対する対策を考える。

　すでに何度も繰り返してきたように、現在は人間社会における人間の活動が地球における自然の活動を上回っているので、地球の物エントロピーは、人間社会の出口から排出される物エントロピーによって、最終エントロピーに向かって増大し続けている。したがって、地球の持続性を可能な限り長く保つためには、最終エントロピーに達するまでの時間を可能な限り長くしなければならない。そのために人間社会の中で取るべき方策はただ一つ、そこから地球への物エントロピーの排出量を極力抑えることである。その方策として、すでに世の中の一部で言われていることであるが、次の二つを提案したい。

　一つ目は、都市鉱山という考え方と人工鉱床の造設である。耐久財に使用される金属素材の用途は、社会インフラの整備を主目的とする建設資材や電力資材および自動車などの輸送資材で代表される大型資材と、家庭用電気器具、ＩＴおよび通信機器、民生用機器、医療器具などの電気・電子機器で代表される小型資材の二つに大別される。前者の用途に使われる金属素材は鉄、アルミニウム、銅などで代表されるベースメタルであり、後者のそれはレアメタルとレアアースが中心である。人間社会から地表に出される前者の排出量を極力抑えるためには、人間社会に存在する大型資材を都市鉱山と見做し、

現在でも経済原則に従って行われているリサイクルのさらなる促進を図るために、経済的に成り立ちかつ有害元素を除去する技術あるいはもっと積極的にリサイクル工程に有害元素を持ち込まない易リサイクル的生産技術とシステムの開発を一層進めることである。例えば、建設資材や輸送資材に使われる亜鉛鋼板からの鉄のリサイクルは進んでいるが、亜鉛の回収は不十分である。アルミニウムにおいては缶のリサイクルは優等生であるが、建築資材に使われているアルミニウムの回収は缶のそれには到底及ばない。また、鋼材中の銅や錫の含有率が増大すると、表面赤熱脆性や成形性に悪影響を及ぼすことが知られているが、それらの経済的に成り立つ除去技術は未だに確立されていない。次に、使用済み小型資材は十分な金属ポテンシャルを持っていながら廃棄物となって地表上に広く逸散しているのが現状で、そこからレアメタル類は全くといっていいほど回収されていない。このような状態が続けば、これらのレアメタル類は永久に回収されことなく、国土を汚染し続けることになる。人工鉱床についてはすでに第8章 第8.3節で述べたので重複説明は避けるが、資源戦略と環境保護の観点から、小型資材の可燃部は一括焼却処分して体積を激減させ、燃焼熱は電気エネルギーに変換し、焼却残渣と飛灰は人工鉱床にして備蓄し、次世代へのプレゼントにすることを提案したい。

　二つ目は、消費者と生産者の取るべき姿勢である。消費者は、等エントロピー的耐久財をできる限り長く使用して等エントロピー的状態を長期に亘って維持するように努めるとともに、"足るを知る"の心を呼び起こして消費材の使用量の無駄を省くような生活に切り替えていく必要がある。このようにしても生活レベルが下がるようなことはない。生産者は、消費者のこのような生活を支える耐久財の易リサイクル的生産技術と省資源・省エネ技術の開発・改善に全力を傾注することが必要である。家電製品や自動車の平均寿命は約10年であるが、消費者はそれを6～7年しか使用しないのが現状である。生産者が製品の寿命を20年に延ばし、消費者がその寿命を全うして使用すればそれだけでも人間社会から地球に排出される廃棄物は1/4近くに減少する。これらの方策を採れば、人間社会から地球への物エントロピーの排出量を極力抑えることができる。

ここで述べた方策は世界の先進国のすべてに当てはまる。しかし、天然資源に恵まれないにも拘わらず金属素材の生産大国である日本がまずその先鞭をつけたい。

9.5 「持続可能な社会」の実現に向けて

本書の目的は、資源の立場から人類の持続性について論じることであった。そのため、第3章で、人間社会の持続性について、持続性を"生き続けられること"として捉え、その本質だけに着目して、学問の観点から検討した。さらに、それ以降の章で種々の資源の立場から持続性について考察した。その結果ならびに持続性を脅かす要因や国際的および国内的に議論されてきた「持続可能な社会」に対する視点を踏まえた上で、「持続可能な社会」の実現性について考察し、本書を締めくくりたい。

9.5.1 持続性を脅かす要因

持続性を脅かす主要因は、産業革命以降人間活動の支配的パターンとなり、人々がその結果に大いに魅せられてきた幾何級数的成長である。ここで10万円(元金)を貯蓄し、1年に10%の利息がつくときのお金の増え方を考える。単利法(元金のみに対して利息を計算する方法)の場合には、10年後の貯蓄額は、10万円 + 10万円 × 0.1／年 × 10年 = 20万円になる。すなわち、毎年増える額は1万円で一定である。このような成長の仕方は線型成長と呼ばれる。これに対して複利法(一定期間後の利息を元金に加えたものを次期の元金とし、次の期間には新元金に対して利息を計算する方法)では、1年後の貯蓄額は、10万円 + 10万円 × 0.1／年 × 1年 = 10万円 (1 + 0.1／年 × 1年) = 11万円、2年後の貯蓄額は、11万円 + 11万円 × 0.1／年 × 1年 = 11万円 (1 + 0.1／年 × 1年) = 10万円 $(1 + 0.1／年 × 1年)^2$ = 12.1万円、そして10年後の貯蓄額は、10万円 $(1 + 0.1／年 × 1年)^{10}$ = 25万9千4百円となる。ちなみに貯蓄額が最初の元金の2倍の20万円になる年数をX年として、このXを求めてみると、10万円 $(1 + 0.1／年 × 1年)^X$ = 20万円より、X = 7.3年となる。このような計算をしなくても、成長率(%／年)と倍増期間(年)とのおお

よその関係は、倍増期間＝70/成長率、で求められる[9-2]。その一例を表9.5－1に示す。このような成長の仕方は幾何級数的成長と呼ばれる（指数関数的成長と呼ばれることもある。）。第9.1節で取り上げた人口、工業資本、食糧生産量、汚染量などはすべて幾何級数的成長を、資源消費量は幾何級数的減少をする性質をもっている（例えば、図9.3－1～図9.3－3を参照）。幾何級数的変化の恐ろしさは、気が付いた時にはそれを修正する時間が極めて少なく、時には取り返しのつかない事態を招きかねないということである。それを端的に表す例え話を二つ取り上げる。

表9.5－1　倍増に要する期間

$$倍増期間 = \frac{70}{成長率}$$

成長率（%/年）	倍増期間（年）
0.1	700
0.2	350
0.5	140
0.7	100
1.0	70
2.0	35
5.0	14
7.0	10
10.0	7

（1）厚さ0.1mmの紙を50回折り重ねると（実際には50回も折り重ねることはできないが）その厚さはどのくらいになるだろうか、計算してみよう。

　　$0.0001\text{m} \times 2^{50} ≒ 1.1 \times 10^{11}\text{m} ≒ 1.1 \times 10^{8}\text{km}$ となり、これは地球と太陽の間の距離（約$1.5 \times 10^{8}\text{km}$）に近い値となる。計算してみて初めて分かる値で、計算前には想像できなかったのではないだろうか。

（2）ある池にスイレンが一株あります。これは毎日2倍に増え、30日経つと池はスイレンで埋め尽くされます。さて、池がスイレンで半分埋め尽くされるのは何日目でしょうか。もちろん、29日目である。これくらい埋め尽くされると"あれっ"と気が付くが、27日目に1/8がスイレンで覆われてもまだ大分余裕があるように感じるだろう。しかし、池全面が覆い尽くされるまでに残された時間は3日しかないのである。

　これらの例から、持続性を対象にする場合には、幾何級数的変化をする要因に細心の注意を払う必要があることが理解されよう。

9.5.2 「持続可能な社会」とは
9.5.2-1 国際的な視点
代表的な視点を時代を追って以下に列挙する。

（1）「環境と開発に関する世界委員会」の視点（1987年）[9-5]

1984年に国連の中に設置された「環境と開発に関する世界委員会（WCED: World Commission on Environment and Development、通称：ブルントラント委員会）」は、環境保護と持続可能な開発に関する法律的原則をテーマにして法律専門家の間で議論を重ね、1986年にその成果を報告書にまとめて、その中で次のことを指摘した。

① すべての人は、その健康および福祉にとって適切な環境を享受する権利を有する。
② 各国は、環境および自然資源が現在および将来の世代の利益のために保全され、利用されるようにしなければならない。
③ 各国は、多様な生物圏の働きにとって不可欠な生態系と生態過程、とりわけ、食物生産、健康および人類の生存と持続的開発のその他の側面にとって重要な生態系と生態過程を維持し、自然生息地におけるすべての種の動植物の生存を確保し、その保全を推進することによって、最大限に生物学的多様性を維持し、かつ、生物自然資源と生態系との利用に当たっては、最適な持続的利用の原則に従わなければならない。

これを受けて、「環境と開発に関する世界委員会」は、1987年に「我ら共有の未来（Our Common Future）」という報告書を作成し、「持続可能な開発」に対して"将来世代のニーズを満たす能力を損なうことが無いような形で、現在の世代のニーズも満足させるような開発"という概念を、世界で初めて、公表した。

（2）「国際自然保護連合」の視点（1991年）[9-5]

「国際自然保護連合（IUCN：International Union for Conservation of Nature and Natural Resources）は、「国連環境計画（UNEP：United Nations Environment Programme）」と「世界自然保護基金（WWF：World Wide

Fund for Nature)」と共同で、1980年に、「世界環境保全戦略（World Conservation Strategy）」を発表した。ここでは、「持続可能な開発」に関する直接的な言及はないが、開発を"人間にとって必要な事柄を満たし、人間生活の質を改善するために生物圏を改変し、人的、資金的、生物的、非生物的資源を利用すること"、とした上で、保全を"将来の世代のニーズと願望を満たす潜在能力を維持しつつ、現在の世代に最大の持続的な便益をもたらすような人間の生物圏利用の管理"として、開発のための保全の重要性を指摘した。さらに、1991年に「世界環境保全戦略」の改訂版として公表された「新世界環境保全戦略（かけがえのない地球を大切に）」では、「持続可能な開発」を"人々の生活の質的改善を、その生活支持基盤となっている各生態系の収容能力限度内で生活しつつ達成すること"としている。そして、この新世界環境保全戦略では、「持続可能な社会」の基本原則として次の9点を挙げている。

① 生命共同体を尊重し、大切にすること。
② 人間の生活の質を改善すること。
③ 地球の生命力と多様性を保全すること。
④ 再生不能な資源の消費を最小限に食い止めること。
⑤ 地球の収容能力を超えないこと。
⑥ 個人の生活態度と習慣を変えること。
⑦ 地域社会が自らそれぞれの環境を守るようにすること。
⑧ 開発と保全を統合する国家的枠組みを策定すること。
⑨ 地球規模の協力体制を創り出すこと。

（3） ハーマン・デイリーの三原則（1991年）[9-2], [9-6]

ハーマン・デイリー（Herman Daly）は、市場と規制の仕組みを組み合わせた示唆に富む持続可能な社会制度を考案し、その中で、物理的に持続可能であるための条件として次の3条件を提示した。
① 再生可能な資源の消費ペースは、その再生ペースを上回ってはならない。
② 再生不能資源の消費ペースは、それに代わりうる持続可能な再生可能資源が開発されるペースを上回ってはならない。

③　汚染の排出量は、環境の吸収能力を上回ってはならない。

（4）　メドウズらの視点（1992年)[9-2]
　　メドウズらは、1992年に発行された「限界を超えて（Beyond the Limits）」の中で、持続可能な社会を、"世代を超えて持続されうる社会であり、それを維持している物理的・社会的システムを侵害しないだけの先見の明と柔軟性、智慧を備えた社会"、と定義し、世界システムを持続可能性に向けて再構築するために必要な下記の六つのガイドラインを提示している。
①　シグナルの改善（人々の暮らし向きと、地域的および地球的なソースとシンクの状態についてもっと学び、監視を強化する。経済状態を伝えるのと同じように、政府や市民に絶えず迅速に環境の状態を告知する。）
②　対応に要する時間を短縮する（環境が圧力を受けていることを示す兆候が現れていないか積極的に探し、問題が出現した場合に何をすべきか前もって決めておく。可能ならば問題が現れる前に予測する。効果的に対応するために必要な制度と技術をあらかじめ整えておく。柔軟性、創造性、批判的思考、物理的・社会的システムを設計し直す能力を身に付けるよう教育する）。
③　再生不能資源の消費を最低限に抑える（再生可能な資源へ移行するなかでの部分的依存とする。）。
④　再生可能な資源の浸蝕を防ぐ（再生可能資源の採取に際しては、再生可能なペースを上回ってはならない。）。
⑤　あらゆる資源を最大限効率的に利用する。
⑥　人口と物的資本の幾何級数的成長を減速させ、最終的には停止させる。
　　このような議論の経過を踏まえて、1992年にブラジルのリオ・デ・ジャネイロ市で開かれた「環境と開発に関する国連会議（地球サミット）」で、21世紀に向けて持続可能な開発を実現するために各国および関係国際機関が実行すべき行動計画「アジェンダ21[9-7]」が採択され、公表された。「持続可能な社会」に対するこれらの視点は、2000年に地球憲章委員会から発表された「地球憲章[9-8]」にも集約されている。また、「アジェンダ21」の行動計画については、1992年の「環境と開発に関する国連会議（地球サミット）」

で設置が決まった国連組織である「持続可能な開発委員会（CSD:Commission on SustanableDevelopment）」が、その実施の進捗ぶりの監視や見直しなどを行っている。

9.5.2-2　国内的な視点

　我が国では、特に1992年の地球サミット以来、「持続可能な社会」に関して、内閣府、経済産業省、外務省や環境省などの各省庁、日本学術会議などで議論が進められてきているが、ここでは、第三次環境基本計画の中で公表された視点を紹介する。環境基本法に基づき政府が定める環境の保全に関する基本的な計画である環境基本計画は、1994年に「第一次」が公表されたときに5年後程度を目途に見直しを行うこととされ、その後2000年に「第二次」が、2006年に「第三次」が公表された。第三次環境基本計画では、主題を「環境から拓く新たなゆたかさへの道」として、目指すべき社会を次のように表現している。

（1）　健全で恵み豊かな環境が保全されるとともに、それを通じて国民一人一人が幸せを実感できる生活を享受でき、将来世代へも継承できる社会を目指す。そのため、環境に加え、経済的側面、社会的側面も統合的に向上することが求められる。

（2）　物質面に加え、心の面でも、安心、豊かさ、健やかで快適な暮らし、歴史と誇りある文化、地域社会の絆といったものを、我が国において将来世代にわたって約束するとともに、それを世界全体に波及させていくような社会を目指す。

9.5.2-3　共通的な視点

　「持続可能な社会」に対する国際的および国内的視点に見られる共通点を列挙すれば以下の通りである。

（1）　地球のソースとシンクは有限である。

（2）　それゆえ、「持続可能性」を将来に向けての重要な価値観として十分に認識することが求められる。

（3）　「持続可能性」は、将来世代にまで引き継ぐ長期的視点で認識する必

要がある。
（4）　環境、経済、社会などあらゆる視点からの検討が必要である。
（5）　人間の世界は地球の生態系から独立しているのではなく、生態系と共生（共存・共栄）を図りながら、物質的には浪費を避け（ハーマン・デイリーの三原則）、基礎的なニーズの充足「足るを知る」という価値観を重視して、物質面と精神面の調和を取りながら、生活の質を向上させていく新しい社会や文化の創造を図る（量的成長から質的改善への転換）。
（6）　すべての人間の多様な立場からの参加、役割分担と協力が必要であるとともに、すべての人間は公平に人間らしい生活を享受する権利を有する。

9.5.3　「持続可能な社会」の実現は可能か

　第9.5.2項で述べた「持続可能な社会」に対する視点は、おそらく万人が認めるところであろう。しかし、その視点は、新自由主義に基づく金融市場経済が席捲している現代社会のあり方と大きく乖離しているので、「持続可能な社会」の実現は可能かという疑問が常に付きまとう。すなわち、「持続可能な社会」に対する視点には、共生（共存・共栄）、公平とか「足るを知る」、「他者を思いやる心」などの利他的価値観が重視されているのに対して、新自由主義に基づく金融市場経済主導の社会では利己的価値観が主役をなしているからである。したがって、「持続可能な社会」の実現に向けては、「より多くを求める人間の欲望を抑えることは可能か」ということから考えてみる必要がある。
　西洋的価値観に基づき民主主義と市場原理主義の融合によって生じたアメリカ発のグローバル資本主義が、金融危機を発生させ、所得格差を拡大して地球規模での貧困を生み出し、地球環境破壊を促進させている。この状態を続けることが地球を破滅へと導くのであれば、グローバル資本主義の精神的支柱になっている人間の欲望を抑制し、人間が利他的に行動できるように価値観を変えていくしか未来を救う方法はない。はたして人間の欲望を抑えることは可能か。深遠な哲学的課題で正しい解答を出すには筆者の力不足は否

めないが、それでも重要な問題なので、以下に文献[9-9], [9-10]を参考にして、西洋的価値観と日本的価値観を比較しながら、あえて検討を試みてみることにする。

　西洋的価値観も日本的価値観もそのルーツは宗教にあるのではないか。もしそうだとすれば、西洋的価値観はキリスト教に、日本的価値観は仏教と神道に由来する。キリスト教のような一神教では、神が人間と自然を創り、自然の管理を人間に任せた、と教えている。したがって、そこには神→人間→自然という上下関係（階層）が明確に存在し、人間が自然と平等な立場に立って共生するという発想はない。すなわち、キリスト教の発想では、人間が自然を征服することが神の御心に適うと考えるのである。この考え方はスチュワードシップ（stewardship）と呼ばれる。このスチュワードシップに人間復興を唱えるルネッサンスが重なって近代合理主義が生まれた。その理論体系はフランシスコ・ベーコンの「自然征服論」とデカルトの「自然機械論」に集約されている。いずれにおいても、一言で要約すれば、自然は人間と心の交流はできないので、人間が好きなように征服すべき対象である、としている。

　ところで、西ローマ帝国の滅亡からルネッサンスに至るまでの西洋は、ヘレニズム文明（ギリシャ・ローマ文明）を受け継ぎイスラム文化を開花させていたイスラム世界に比べて大変遅れた野蛮な国々であった。そのため、西洋人は、11世紀末から13世紀にかけて聖地奪回という目的を掲げて十字軍の遠征を繰り返した。十字軍は、当初の目的である聖地奪回には失敗したが、その代わりにイスラム諸国から略奪の限りを尽くし、高い文化と技術を吸収した。これがルネッサンス時代に近代合理主義と結びついて近代科学革命を成立させ、産業革命へと進展させて、西洋諸国が世界を制覇するほどの力を持つようになったのである。すなわち、近代合理主義哲学では、自然は機械や物と同じで人間と心の交流はできないので自由に手を加えて征服できる対象であるがゆえに自然に対して畏怖心を持つ必要はない、と考えるから、自然を恐れることなく分析して科学を発達させることができたのである。

　このような西洋的価値観に基づき、民主主義と市場原理主義が融合することによって生れたのがアメリカ発のグローバル資本主義である。民主主義と

は個人の欲望を集計してそれを政策実行に移すシステムであり、市場原理主義は個人の自由と欲望の実現を最大限に保証するイデオロギーであるから、その融合によって生じたグローバル資本主義は個人の自由と欲望を限りなく追求する思想である。このグローバル資本主義が20世紀末から世界に猛威を振るい、少数の勝者と多数の敗者を生み出した。資本主義が国のようなある領域に閉ざされているときには、労働者が消費者にもなるので、労働者の賃金を下げればそれだけ消費も停滞することになり、むやみに労働者の待遇を下げるわけにはいかない。しかし、経済がグローバル化すると資本は環境規制などが弱く、労働賃金が低くて経費の掛からない地域へ流れるようになる。しかし、ここでつくられた物品は裕福な地域に住む人々が購入する。このようにして労働者と消費者が分離するので、労働者の賃金は限りなく抑えられ、その地域の環境も悪化する。これが敗者の姿である。一方で、富を勝ち得た勝者は幸福感に浸っているのであろうか。金銭的・物的目標を達成した後の幸福感は長続きせず、すぐに"不思議な脱力感"に襲われることは我々もしばしば経験するところである。その目標達成が貧富の差の拡大を生み、信頼関係の基盤をなす人と人との絆を破壊する原因になっているのであればなおさらである。このように勝者にも「心の空白」という精神的重圧がのしかかってきている。このように地球環境の破壊を促進し、深刻な格差拡大を助長し、社会の絆を分断して「心の空白」を生み出し社会を不安定化させた結果がグローバル資本主義、言い換えれば、西洋的価値観の行き詰まりである。このような事態を引き起こしている本質は何なんだろうか。人間は合理的な精神とともに非合理的な精神も持ち合わせている厄介な動物である。ところが、グローバル資本主義を支えている市場原理主義は、このうちの合理的な部分のみを取り出して組み立てられた経済理論であり、歴史や文化などに由来する人間の持つ非合理な部分を置き去りにしてきた。そのため人間が心のバランスを失いつつあるというのが本質ではなかろうか。これがグローバル資本主義を行き詰まらせているのならば、西洋的価値観に代わってその対極にある日本的価値観を登場させる意義があるだろう。

　日本には古くから万物に神が宿っているという考え方（神道）があったが、この考え方に拍車をかけたのが仏教（天台宗）の伝教大師・最澄である。天

台宗の思想の一つが「山川草木国土悉皆成仏」で言い表されるように、ありとあらゆるものが仏性を備えているとする強烈な平等精神である。西洋をはじめとする大陸における階級制度は異民族による征服の繰り返しの結果として生じてきたものであるが、世界で唯一異民族によって制圧されたことのない日本では、大陸諸国のような強烈な階級制度は生じず、神道に由来し仏教によって教えられた平等の精神がますます広がっていった。平安時代以降明治維新まで武士階級による政治的（権力的）支配が続いたが、武家文化の代表格である禅では、修行に当たってはどんなに権力を持った人でも身の回りのことはすべて自分で行わなければならなかったし、茶道においても茶室に入るに当たっては、武士や商人など身分に関係なく、身の回りの飾りはすべて外し、頭を低くしなければならないというように、文化においては平等主義が貫かれていた。不平等な階級制度が発達し、権力と富が上流階級に集中する国々の文化はまさしく上流階級の文化なので、そこでは自らの手を汚すような技芸・技術のようなスキルは軽んじられ、手を汚さない教養、科学、芸術などの学問が重んじられる。一方、日本のように平等精神が根底にある国では、権力と富が一極に集中せず、武士が権力を庶民が富を担う社会が成立するので、武士は戦いがないときには「武士は食わねど高楊枝」の精神で学問の修得に打ち込み、階層的には下層の庶民の間には庶民文化が発展して、そこで展開される技芸・技術などのスキルも武士階級の学問と同じように重んじられる。大陸には見られないが、日本では柿右衛門とか今右衛門のような名工の名が後世に残っているのもそのためであろう。このような状況がそれぞれの階層にそれぞれの立場で社会を支えているという当事者意識を芽生えさせた。社会を支えている人間すべてに当事者意識があるからこそ日本において中空構造と呼ばれる組織（権威、権力、富を一極に集中させることなく、中心は常に空洞化して、中心の取り巻きの間で協議して最終結論を出すような組織）が発展したのであろう。日本では織田信長のような独裁的なトップダウン型より、徳川家康のようなバランス感覚と調整に優れたボトムアップ型のリーダーの方が成功しやすいのである。しかし、このような組織の運営に当たっては、近江商人の三方よし（売り手よし、買い手よし、世間よし）のように勝者と敗者をつくることなく、長期に亘って人と人との絆や連帯感

による信頼関係を構築することが不可欠である。この信頼関係の構築は、人間の心の部分を含むので、西洋的価値感の合理主義だけでは達成されえず、人間の持つ不合理な部分も組み込む必要がある。個人の欲望に任せてグローバル資本主義を展開し、勝者と敗者をつくっていては、信頼関係は築けないのである。ここで登場しなければならないのが、西洋的価値感では不合理な部分に相当する「足るを知る」という日本民族の心の中にも根付いている仏教を機軸とする東洋思想である。「足るを知る」というのは個人の欲望を抑える思想である。そして、「足るを知る」ことを知らずしては将来の持続性が危ういと感じている人も多い。しかし、人間の欲望には洋の東西を問わず際限がないので、一旦欲望に向かって走り始めると、とことん突き進んでしまう傾向がある。したがって、「足るを知る」精神を植えつけるには幼少期からの地道な教育しかないのではないか。「足るを知る」精神はコップ一杯の水に相当する。誰にでも欲望はあるが、それはコップ一杯の水に抑えて、溢れ出た水は利他的に役立てる心を持てないことはないようにも思える。それでもこの教育が人間の持つ強欲に勝てる保証はない。教育の効果が上がらなかった場合には、とことん痛い目にあってはじめて行動に移すということになるだろう。1930年代の世界大恐慌と二つの世界大戦で散々な目にあってヨーロッパがEUの統合に向かったのが良い例である。第9.5.2項で説明した「持続可能な社会」に対する国際的視点の中にも利他的な精神が多くみられるので、西洋的価値観と日本的価値観がバランスよく融合した価値観が生まれてくることが期待される。1871年にプロイセン首相として普墺戦争と普仏戦争に勝利してドイツ統一を達成したオットー・フォン・ビスマルクは「愚者は経験に学ぶが賢者は歴史に学ぶ」と言った。賢明な人類は前者になることを避けるであろう。

　人類の過去を振り返ると、欠乏を革命で克服する歴史であった（図9.5－1参照）。10万年ほど前にアフリカで誕生したホモ・サピエンス（新人）が世界に広がりを見せ、長い時間をかけて徐々に増加していった人口は紀元前8000年頃には500万〜1000万に達した。この頃まで人々は居場所を移動する狩猟採集生活を送っていた。しかし、人口が増加するにつれて豊富に存在していた野生生物資源（植物と獲物）が欠乏するようになると、二つの行動

```
狩猟採集生活 ──人口増加──→ 農業革命 ──人口増加──→ 産業革命 ───→
           植物と獲物            土地とエネル
           の欠乏              ギーの欠乏

                                                  人口増加と工業
                                                  資本増加の停止
──人口増加──→ 持続可能な社会へ向けての革命 ─────────→ ？
化石燃料、鉱物資源、土地や                      西洋的価値観と
環境の収容能力などの欠乏                      日本的価値観の融合
日本的価値観の欠乏と                         欠乏するものは：？
西洋的価値観の蔓延
```

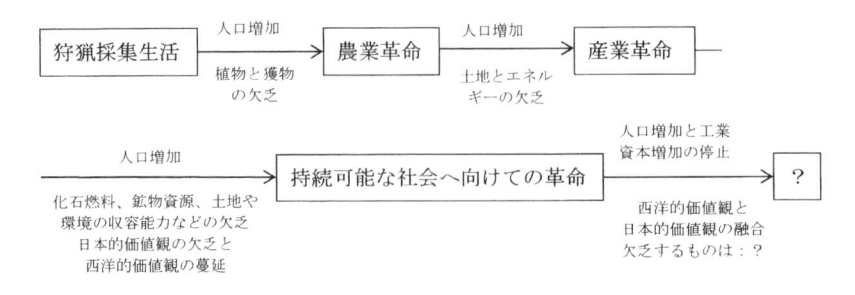

図9.5-1　人類の歴史に見る欠乏と革命の経緯

をとる人類が現れた。一つはさらに移動を重ね、新しい野生生物資源が存在する場所を見つけるグループであった。もう一つは、ある場所に定住し、土地を耕して植物を栽培し、動物を飼育して生計を立てるグループであった。後者は農業革命（新石器革命）と呼ばれる。農業革命はそれまでの価値観と生活様式を一変させた。富、財産、交易、貨幣、権力などの概念が生まれ、物の（特に食糧の）蓄積が可能になったことから、色々な職業が生まれ、町・都市が誕生した。しかし、食糧の増産は人口増加を促す。農業革命後人口は増え続け、紀元前500年には約1億人、西暦元年には約2億人、西暦1000年には約3億人、西暦1650年には約5億人、西暦1800年には約10億人に達した。すると今度は土地とエネルギーが不足するようになり、新たな革命が必要になった。そこで登場したのが豊富な石炭をエネルギー源とする産業革命であった。蒸気機関が生まれると生産手段はもはや土地ではなく、機械が主にその役割を担うことになる。道路、鉄道、工場などがいたるところにつくられ、社会制度も封建主義から資本主義や共産主義に移行し、再び人間の価値観と生活様式が一変した。このような革命後の思考様式は革命を経験する前の人間にとっては予想することが極めて困難であったと思われる。それでも、結果的には、人間は、時間をかけて価値観と生活様式を変えていくことに成功した。産業革命も、農業革命と同様に、その後の急激な人口増加をもたらした。世界の人口は、1900年に約20億人、1960年に約30億人、1987年に約50億人と幾何級数的に増え続け、2011年には70億人に達した。このような人口増加は、再び次の欠乏を招いた。それは化石燃料、鉱物資源、土地

や環境の収容能力などの欠乏である。この間に人間の価値観も変化してきており、西洋的価値観に基盤を置くアメリカ発の新自由主義に基づくグローバル資本主義のあり方に疑問符が投げかけられつつある。これからの社会に求められるのは、日本的価値観をより強く意識した西洋的価値観と日本的価値観の融合による「競争」と「共生」を両立させた「足るを知る」世界の実現である。加えて、幾何級数的に成長し地球の有限性を脅かす根本要因を排除する世界の実現である。幾何級数的成長を起こす原因は、①それ自身が自ら再生して成長する、②自己再生する何かに成長を余儀なくされる、のいずれかである[9-2]。幾何級数的成長を遂げる要因には、第9.1節で説明したように、人口と工業資本ならびに食糧生産量、資源消費量、汚染量などがある。このうち食糧生産量、資源消費量と汚染量などは人口と工業資本の増加に伴って成長を余儀なくされる要因であり、工業化された世界で自ら再生して成長し、成長の原動力となるのは人口と工業資本である。したがって、これからはこれまでのような人口と工業資本の成長を停止させる世界に向かわなければならない。このような見解はほぼ万人が認めるところであろう。しかし、頭でわかっていても行動に移せるかは別問題である。新しい価値観が徐々に醸成され、それに基づく思想や活動が種々繰り返されて、その中から取捨選択が行われ、次の世界が誕生するであろう。ホモ・サピエンスが誕生し狩猟採集生活が始まってから農業革命がおこるまでに約10万年を、農業革命から産業革命までに約1万年を要したように、人間の価値観を変えるに必要な時間は社会の進歩とともに極端に短くなってきてはいるが、それでもかなりの時間を要してきているので、産業革命から持続可能な社会に向けての革命が行われ、それがある程度の成果を生み出すまでには、現状から判断すると、少なくとも今世紀は必要ではないだろうか。幸いにして、再生不能資源も、第5章を中心にして検討してきたように、少なくとも今世紀中は心配なさそうである。資源に余裕があるうち次の新しい世界を誕生させることが必要である。そして、この次の世界もいずれ壁に突き当たり、さらなる改革によるさらなる新しい世界の誕生を必要とするであろう。将来はこのようなサイクルが繰り返されるものと考えられる。過去に人類は農業革命と産業革命という二つの大きな革命を経験し、価値観と生活様式などを大きく変化させてきた

が、持続性を失ったことはない。したがって、将来も価値観と生活様式などを変化させながら持続可能な社会を維持し続けるものと予測される。

〔参考文献〕

9-1) D.H. メドウズ、D.L. メドウズ、J. ラーンダズ、W.W. ベアランズ三世著、大来佐武郎監訳:『成長の限界（The Limits of Growth)』、（ダイヤモンド社、1972).
9-2) ネラ・H・メドウズ、デニス・L・メドウズ、ヨルゲン・ランダース著、茅陽一監訳:『限界を超えて（Beyond the Limits)』、（ダイヤモンド社、1992).
9-3) 統計局ホームページ／国勢調査トピックス No.7.
9-4) http://hoosan.air-nifty.com/blog/files/P002-016.pdf
9-5) http://www.env.go.jp/policy/hakusho/honbun.php3?kid=204&bflg=1&serial=8288
9-6) Herman Daly:『Institutions for a Steady-State Economy』, (Washington, DC : Island Press, 1991).
9-7) http://www.erc.pref.fukui.jp/info/a21.html
9-8) 地球憲章委員会:『地球憲章（日本語訳:地球憲章委員会日本支部)』、（2000年).
9-9) 中谷　巌:『資本主義はなぜ自壊したか』、（集英社インターナショナル、2008).
9-10) 中谷　巌:『日本の復元力』、（ダイヤモンド社、2010).

解説　『人類と資源』によせて

武田　邦彦

　ヘルムホルツ（Hermann Ludwig Ferdinand von Helmholtz, 1821-1894）という人は19世紀に熱力学を研究した人で、「ヘルムホルツの自由エネルギー」という名前が残っているぐらい有名で「熱」の理解にかけては当時、世界一だったでしょう。

　その人でも「太陽はなぜあれほどの熱を出し続けているのか？」という疑問を解くことができませんでした。もちろん、科学というものは普遍性をもつものですから、彼のたてた理論が地球上の現象に限定されるものなら間違っていることになります。つまり、「いくら「地上の熱」を体系化することができても「太陽の熱」を説明できなければ理論に大きな欠陥が潜んでいるかも知れない」と危惧したのです。

　太陽が薪を焚いているなら煙が出るはずですし、煙のでないほど精製した灯油を使っているとしても超大型タンカーが接岸しているようにも見えません。彼は苦心惨憺し、その結果「太陽は重力エネルギーで光っている」という結論に達したのですが、そうすると10億年ぐらいしか持たないはずです。しかし、当時、すでに太陽が誕生してから数10億年は経っていることが知られていたので、ヘルムホルツは失意のうちに研究を中断しました。

　この太陽問題は、彼がこの世を去ってから程なくしてキュリー夫人がラジウムの崩壊を観測し、人類が原子力を知ることによって解決したのです。ヘルムホルツの頭の中には「原子力」というのが無かったのですから、太陽の熱を説明できなかったのは当然だったのです。

　ところで、キュリー夫人の発見から110年がたちましたが、人間社会の「科

学への理解度」というのはそれほど高くなっているとは思えません。その一つに、20世紀後半ににわかに注目された「持続性社会」という概念であります。「持続性社会」とは、石油・石炭などの燃料はいずれ無くなるのではないか、空気や水の成分が変化しているのではないかとの恐れから来ていますから、現在の社会が持続性であるかどうかは、まずは資源や環境の科学を研究し、みんなで議論して結論をだすべきなのです。もし、それを怠ったら「太陽はなぜ光っているのか？」という質問に対して、「悪魔が火を放っている」というような非科学的な返答をするしかないからです。

つまり、「目の前で起こった驚くべき現象」や「頭で考えた新しい概念」に対して、人は二種類の動きをします。一つは、自分の頭の中にある先入観に照らし合わせて信じたり、疑ったりする方法で、これらは迷信、妄想、魔女狩りなどが発生する要因となります。もう一つの行動パターンは、これまでの学問や経験に照らして整理し、解析するということで、それは近代科学が信念としていることでもあります。

ここに書いた例では、「永久に光る太陽」は驚くべき現象の一つですし、「持続性社会」は新しい概念です。そして、多くの人が忙しいからか、この新しく複雑な概念を「信じる、信じない」の選択でケリをつけようとしています。まさに21世紀になった現在でも、19世紀のヘルムホルツ以前の太陽論争を見るような感じすらするのです。

本著は「持続性社会」に対して「これまでの学問や経験に照らして対象物を整理し、解析する」というハッキリとした意図をもって、総合的に書かれた最初の書籍と言えるでしょう。これまで持続性社会に対する膨大な書籍が出版されていますが、そのほとんどは最初から「現代文明は持続性ではない」という仮定のもとで書かれています。しかし、近代の人間の知恵とは「厳密な考証と、作り上げられた堅固な事実や論理の集積」を価値あるものと信じて、それを元にして新しい現象や概念を吟味するというプロセスを持つことですから、厳しく言えばこれまでの本には知恵がないとも言えます。

本著のもう一つの素晴らしい点は、持続性社会の整理と解析が一般社会の理解を伴わなければならないという点から、難しいことをわかりやすく書い

てあることです。19世紀ころは、まだ科学は専門家の独占的なもので、特権でもありました。事実、かのヘルムホルツがその後半生を熱力学という純粋学問に傾倒できたのも、彼の前半生で大きな発明を行ったので、その収益で生活が安定していたことにもよっています。

現代は、環境問題、資源問題、さらには原子力に至るまで、多くの人が深くその内容を知らなければならない時代になりました。だから、本来は難解で高度な学問的準備を要することについても、一般人がその本質や具体的なことを理解できることが大切なのです。たとえば2011年に起こった福島第一原発の事故のように、一般の人の理解が不十分だったことが原因して、直接的に自分自身および子孫に破滅的な影響を与えるという「恐怖の時代」でもあるのです。

「知」は広く人間の財産ですから、「お金を儲けたり利権を貪る」だけに使われるのは残念です。むしろ、知的存在としての人間が、自然や自らの社会を深く理解し、その本質に気がついて納得し、より充実した人生を送るために最大限活用されるべきでしょう。

私はこの書籍の原稿に目を通す機会を得て、その各章各節ごとに瞑想にふけりました。……メドウスの予言は論理的に正しいということはあり得るだろうか？ まだ発展途上にある貧しい生活をしている人たちにとっては持続性社会という概念そのものが何の価値もないのではないか？ 理想気体の状態方程式は実験式なのか？ ……書籍はそこに書かれた著者の整理、解析、結論だけがフルーツ（果実）ではありません。それを読んだ人が、彼の頭脳の中にあるもの、頑強な体に刻み込まれたものと対比し、批判し、そこから新しいものを産みだしていくものです。

読者の方が、実証主義に貫かれた本著をお読みになり、持続性社会という新しい概念について、近代科学の成果に基づいて考えることができる機会を持ち得たことはとても素晴らしいことと思います。

索引

■あ
ITTO プロセス　222
ITTO　222
アインシュタインの式　246
アジェンダ 21　58, 222, 357
圧縮応力　307
圧力容器　249, 250, 251, 272
アヴォガドロ数　94
アルキメデスの原理　53, 54
アルミ缶　286, 287, 289, 322
安全在庫水準　164, 165, 176

■い
イオン結合　293, 294
イオン結晶　294
一次エネルギー　141, 236, 238, 239, 241, 275
一次エネルギー自給率　239, 241
一般水力発電　264
いぶり燃焼　78
違法伐採　218, 220, 226, 227, 233
陰性元素　294

■う
Wien の変位則　16
宇宙船地球号　282
ウラン　143, 238, 247, 248, 249, 251, 270
上降伏点　309
運動エネルギー　74

■え
エントロピー増大の法則　81
栄養事情　167, 168
栄養不足人口　167, 168, 169, 176, 183
エコタウン事業　59, 89
エコロジカル・リュックサック　331
S-N 曲線　311
n 型半導体　258
エネルギー安定供給の確保　238, 241, 242
エネルギー効率　243, 268, 269, 276
エネルギー資源　130
エネルギーの環境適合性　238, 240, 242
エネルギーの経済効率性　238, 239, 242
エネルギー保存則　66, 67, 75, 76, 77
延性　302
End-of-Pipe 技術　57
EOP 技術　57, 58
エントロピー　80, 92, 95, 103

■お
応力　307
応力集中　316
応力−ひずみ曲線　309, 310
応力腐食割れ　308, 316
オームの法則　297
汚染体　331
温室効果　15, 17
温室効果ガス　18

■か
加圧水型炉　249, 251
回生系　283, 284, 285, 325
海底金属鉱物資源　150
海底熱水鉱床　150
回転遷移　16, 17
開放系（開いた系）　108, 109
海面上昇　53, 54
海洋基本計画　150
海洋基本法　150
改良型沸騰水型炉　249
可逆過程（可逆変化）　70
架橋結合　317
拡散　118, 120
拡散能力　118
確認埋蔵量　130, 131
核分裂　247, 248
核分裂エネルギー　247
核融合　246, 247
加工硬化　309, 310
可採年数　131
可視光線　15, 16
カスケード　287, 326
カスケードリサイクル　326

ガスタービン発電　251, 252
化石エネルギー資源　130
河川水　151, 152, 153, 156
硬さ　302, 303
価値関数　288
褐藻類　204
活動系　283, 325
カットオフ品位　143
価電子　293
火力発電　66, 251
還元炭素　139
完全気体　96

■き
気圧　70
気温減率　72
気温データ　20
幾何級数的成長　353, 354
希ガス　292, 293
気化熱　69
気候変動に関する政府間パネル（IPCC）　21
技術　124, 125
北アフリカ・中近東イニシアティブ　223
既発見埋蔵量　130
ギブス自由エネルギー　94
究極原始埋蔵量　130, 131
凝固熱　69
凝縮熱　69
京都会議　82, 83
京都議定書　82, 83
共有結合　294, 295
漁業生産量　198, 199, 200
漁業・養殖業生産量　197, 198, 199
キリスト教　360
汽力発電　66, 251, 252
き裂の発生　312, 317
き裂の進展　312, 314
金属結合　296, 302
金属結晶　296, 300
金属材料　300, 303, 304, 305, 320, 321
金属の結晶構造　296
近代科学革命　360

近代合理主義　360

■く
空気　70, 140
クォーク　244
Climategate 事件　24
Cleaner Production 技術　57
CP 技術　57
クリープ破壊　317
グローバル資本主義　359

■け
軽水　249
軽水炉　249
限界を超えて　339
原子　291
原子核　291
原子番号　291
原子力発電　243
原生林　215
減速材　249
顕熱　73
原油の発熱量　323

■こ
高温岩体発電　261
公海　150, 190
光合成　35
格子面　312
鉱床　330
恒星　246
合成高分子化合物　301
紅藻類　204
高速増殖炉発電　251
鉱毒　331, 335
降伏点　309
降伏点伸び　309
高分子化合物　301
公有林　228
コージェネレーション　269, 270
枯渇年数　131
国土面積　187, 188, 189, 215
国内総生産　189
穀物　156

穀物自給率　165
国有林　228, 230
湖沼水　151, 152, 156
コバルト・リッチ・クラスト　150
小麦　157
米　157
孤立系　81, 110
コンバインドサイクル発電　252
コンピュータ・シミュレーション　338

■さ
最外殻電子　293
在庫率　164
最終エントロピー　102
再使用　57, 320
再生可能資源　151
再生不能資源　130
最大出力　272, 273, 275
在来型資源　135
再生利用　58, 321
鎖状構造　301
錆び　305
産業革命　364
産業シンバイオシス（産業共生）　60
三重結合　295
三大穀物　157
三方よし　362

■し
紫外線　15, 16
自家発電　272, 273
資源循環型社会　59, 63
資源的領土面積　190, 191, 192
資源ナショナリズム　241, 334
資源ピラミッド　136, 137
仕事　72
市場原理主義　183, 184, 359, 360, 361
指数関数的成長　354
自然機械論　360
自然征服論　360
持続可能な開発　58, 355
持続可能な社会　353
持続性　107, 337
下降伏点　309

質量数　291
自由エネルギー　94, 95, 367
収穫面積　163
収集作業　286
自由正孔　257
自由電子　257
重力　70
私有林　228
主鎖　301
シュテファン・ボルツマンの法則
　　111, 112
狩猟採集生活　363, 365
循環型社会　279, 324
準静的過程（準静的変化）　71
省エネルギー　86
浄化系　283
蒸気圧　56
小規模分散型発電　276
蒸発熱　69
蒸発燃焼　77
消費　118
消費の使用価値　118, 120
小氷河期（小氷期）　22, 23, 51
食糧自給率　165, 166, 184, 185, 186,
　　187, 189, 190
食糧資源　4, 130, 150, 156, 197
自流式　256
新エネルギー　256
シンク　357, 358
シングルフラッシュ発電・
　　ダブルフラッシュ発電　259
人工鉱床（人工鉱山）　330, 331, 334
人口密度　185, 193
人工林　212, 216, 228, 229
新石器革命　364
神道　360, 361, 362
振動数　15, 16
振動遷移　16, 17
森林原則声明　220, 221, 222
森林資源　210
森林資源量　210, 220, 228, 229
森林の流域管理システム　230
森林面積　210, 211, 212, 215, 216, 217,
　　218, 219, 220, 224, 225, 226, 227,

228, 232

■す
水産資源　197
垂直応力　307
垂直ひずみ　308
水力発電　254
スズペスト　306
スチュワードシップ　360
ストライエーション　314
すべり変形　312
すべり面　312
スマートグリッド　276
スマートコミュニティー　276
スマートハウス　276

■せ
制御棒　249
正孔　257
生産　121
成長の限界　338
生物多様性　210, 215, 216, 217, 218, 224, 225, 230
西洋的価値観　359, 360
世界森林資源評価2010（FRA2010）　210, 215, 216, 233
世界総生産　349
世界モデル　339
世界モデルの標準計算　340
赤外線　15, 16
石炭　139
石炭ガス化複合発電　253, 254
石油　139
接続水域　190
ゼロエミッション　57
ゼロエミッション電源　271
線型成長　353
せん断応力　307
せん断ひずみ　308
潜熱　69

■そ
相　69
相転移　306

相変態　69, 306
相対黒点数　44
ソース　357, 358
塑性ひずみ　309
塑性変形　309
素粒子　244

■た
第一次オイルショック　238
第二次オイルショック　238
大気　70
大気循環　112
大規模集中型発電　275
大規模連続化学反応装置　272
体心立方格子　296
太陽活動　44
太陽活動周期　44
太陽圏　46
太陽光発電　257
太陽定数　45
太陽電池　257
太陽風　45
耐用年数　143
対流伝熱　14
多結晶体　306
多国間協力　230, 231
タラポト・プロポーザル　223
足るを知る　352, 359, 363, 365
単結合　295
単結晶　257, 306, 312
単収　163, 164, 165, 176, 177
淡水　153
弾性　309
弾性限界　309
弾性変形　309
断熱膨張　71, 72

■ち
地殻存在度　142
地球　110
地球温暖化　19
地球憲章　357
地球サミット　58, 83, 220, 240, 282, 357, 358

地球の働き　110
地熱発電　259
中央アメリカイニシアティブ　223
中空構造　362
中性子　244, 291
超新星爆発　47, 247
調整池式水力発電　255
貯水池式水力発電　254
沈黙の春　282

■て
鉄スクラップ　319, 320, 328
鉄の生産　94, 122, 123, 127
転位　313, 317
電気エネルギー資源　235, 236, 237
電気伝導性　302, 303
電子　244, 291
電子殻　292
電子配置　291
展性　302
伝導電子　297
天然ガス　138
電力　121
電力消費量　273

■と
同位体　248
当事者意識　362
トウモロコシ　157
動力　121
都市鉱山　351
ドライゾーン・アフリカプロセス　223

■な
内殻電子　298
内燃発電　252
内部エネルギー　77
流れ込み式水力発電　256
菜の花プロジェクト資源循環サイクル　62
南極　54

■に
二国間協力　230

二酸化ケイ素　300, 301, 304
二重結合　295
日本的価値観　360, 361, 363, 365
日本の総生産　350
ニュートロン　291
人間社会　347

■ね
熱エントロピー　96
熱機関　66
熱効率　68
熱伝導　14
熱伝導性　302, 303
熱の仕事当量　76
熱膨張　54, 57
熱容量　73
熱力学　92
熱力学第1法則　67, 74, 93
熱力学第2法則　67, 80, 81, 82, 92, 93, 94, 124
熱力学第3法則　92
熱力学ポテンシャル　94
燃焼　74
燃焼熱　119
粘性　321
燃料電池　261
燃料棒　248

■の
農業革命　364, 365
農業従事者　187, 188
農業人口　175, 176
農地面積　187, 188

■は
バーゼル条約　327
ハーマン・デイリーの三原則　356, 359
バイオエタノール　177
バイオディーゼル　177
バイオ燃料　177
バイオマス　177
排他的経済水域　190
バイナリー発電　260
破壊　308

橋かけ結合　317
波数　15
波長　15
発電効率　253, 254, 263, 268, 270, 276
発電コスト　239, 240, 243, 264, 265,
　　　　　266, 267, 268, 272, 275, 277
発電電力量　195, 237, 238, 264, 274
発電法のベストミックス　271
発電用燃料　270
汎欧州プロセス　223, 224, 225
万有引力　70

■ひ
p-n 接合　258
p 型半導体　258
ピークオイル論　132
ヒートアイランド現象　37
光　15
光の速さ　15
非在来型資源　135
比水利用可能量　155
ひずみ　307, 308
ビッグバン　245
引張応力　307
引張強さ　309
比熱　73
標準エントロピー　104
表面燃焼　77
疲労　305, 306
疲労限度　311
疲労試験　310
疲労寿命　310, 311
疲労破壊　308, 310, 311, 316

■ふ
フィラハ会議　83
風力発電　259
不可逆過程（不可逆変化）　70, 71
不活性ガス　292, 293
仏教　360, 361, 362, 363
物質不滅の法則　57, 64, 65
沸騰水型炉　249, 250
プラスチック　301
プラズマ　46

プルサーマル発電　251
プルトニウム　249, 251
ブルントラント委員会　58, 355
プロトン　291
分解燃焼　77
分子　243
分離係数　287, 288
分離工学　285, 287
分離作業　286, 288, 290
分離作業量　288, 290
分離速度　287, 288
分離ユニット　287, 288

■へ
ベースメタル　144, 351
閉殻　293
閉鎖系（閉じた系）　109, 110
ヘルシンキ・プロセス　223
ヘルムホルツ自由エネルギー　94
変形性　302, 303
変態　305, 306

■ほ
放射伝熱　14, 15
北極　53, 54
ホッケースティック曲線　21
ポテンシャルエネルギー　74, 102
ポテンシャルエントロピー　102
ボルツマン定数　15

■ま
埋蔵量　130
埋蔵量成長　131
マグマ発電　261
摩擦　74, 75
マンガン団塊　150

■み
未確認埋蔵量　130, 131
水資源　151
水循環　112
未発見埋蔵量　130
民主主義　359, 360

■む
無機高分子化合物　301
無機材料　300, 302, 303, 304, 317, 321, 322
無効エネルギー　66, 68

■め
面心立方格子　296

■も
木材伐採　218, 219
MOX 燃料　251
物エントロピー　98
モントリオール・プロセス　225, 231

■ゆ
融解熱　69
有機高分子化合物　301
有効エネルギー　66, 68
ユニット関数　288

■よ
陽子　244, 291
養殖業生産量　197, 198, 199, 200, 201, 203, 204, 207
揚水式水力発電　255
陽性元素　294
汚れ　81, 96, 98, 99, 101

■り
力学的エネルギー保存則　74
陸上金属鉱物資源　143, 147, 150
利己的価値観　359
リサイクル　58, 321
リサイクル鋼材　320
リサイクル率　288, 289, 290, 319
理想気体　96
理想カスケード理論　288
利他的価値観　359
リューダース帯　309
リユース　57, 321
リューダースひずみ　309
領海　190

■る
ルネッサンス　241, 360

■れ
レアアース　147
レアメタル　147
齢級　229
レパテリーク・プロセス　223
レプトン　244

■ろ
ローマクラブ　338
六方最密構造　296

■わ
ワンウェイ社会　280

【著者略歴】

山内　睦文（やまうち・ちかぶみ）

1939年生まれ。1962年名古屋大学工学部金属学科卒業。1965年11月、同大学大学院工学研究科金属工学専攻博士課程中退。同年12月、名古屋大学助手（工学部）。1966年9月、科学技術庁金属材料技術研究所に転任し、11年間在籍。その間の1974～76年にドイツ連邦共和国アレキサンダー・フォン・フンボルト財団の給費生としてベルリン工科大学にて研究に従事。1977年12月、名古屋大学に転任。助教授・教授を経て、2002年3月、同大学定年退官。その間に名古屋大学評議員や難処理人工物研究センター長を歴任。1996年9月、中国・東北大学名誉教授。2002年4月名古屋大学名誉教授。

2002年4月、中部大学工学部長・工学研究科長として着任、5年間従事。その後学長補佐を経て2009年3月に定年退職。同年4月から同大学の学長付・特任教授として再採用され、2011年3月、退職。同年4月より客員教授となり、現在に至る。

大学外では、1996年資源・素材学会会長、1999年日本技術者教育認定機構（JABEE）の設立に深く関与し、以後各種委員会幹事・委員、1999年8大学工学部長懇談会・工学における教育プログラム実施検討委員会副委員長、1998年通商産業省・産業技術審議会・非鉄金属系素材リサイクル促進技術開発評価委員会委員長、1999年（財）名古屋産業科学研究所・研究企画運営委員会委員長、2004年独立行政法人新エネルギー・産業技術総合開発機構（NEDO）研究評価委員会委員長などを歴任。

人類と資源　資源の立場から見た持続性

2012年4月11日　第1刷発行
（定価はカバーに表示してあります）

著　者　　山内　睦文

発行者　　山口　章

発行所　　名古屋市中区上前津2-9-14　久野ビル
振替 00880-5-5616　電話 052-331-0008　風媒社
http://www.fubaisha.com/

乱丁本・落丁本はお取り替えいたします。　＊印刷・製本／モリモト印刷
ISBN978-4-8331-4098-0